微观经济学

杨大鹏◎著

知识产权出版社
全国百佳图书出版单位

图书在版编目（CIP）数据

微观经济学/杨大鹏著. —北京：知识产权出版社，2016.7

ISBN 978-7-5130-4233-8

Ⅰ. ①微… Ⅱ. ①杨… Ⅲ. ①微观经济学 Ⅳ. ①F016

中国版本图书馆 CIP 数据核字（2016）第 137367 号

内容提要

本书融入了时代变革的元素和最新的经济数据，在保持“把注意力始终放在经济学的基本概念和核心理论”这一风格的前提下，对博弈论、网络经济学、环境经济学以及全球化背景下的国际经济与贸易做了重点论述，对前沿的实践及理论成果，如国际化外包、股息税改革、品牌价值以及行为经济学等也给出了最新的介绍。

责任编辑：蔡 虹 杨晓红 **责任出版**：刘译文

微观经济学

杨大鹏 著

出版发行：知识产权出版社有限责任公司	**网　　址**：http://www.ipph.cn
社　　址：北京市海淀区西外太平庄 55 号	**邮　　编**：100081
责编电话：010-82000860 转 8114	**责编邮箱**：1152436274@qq.com
发行电话：010-82000860 转 8101/8102	**发行传真**：010-82000893/82005070/82000270
印　　刷：三河市国英印务有限公司	**经　　销**：各大网上书店、新华书店及相关专业书店
开　　本：787mm×1092mm 1/16	**印　　张**：17
版　　次：2016 年 7 月第 1 版	**印　　次**：2016 年 7 月第 1 次印刷
字　　数：400 千字	**定　　价**：42.00 元

ISBN 978-7-5130-4233-8

前　言

本书内容是西方经济学的微观部分，但笔者希望首先能够借助前言部分对西方经济学的相关内容做一个简单而又有效的梳理。

广义上的西方经济学是一个内容相当广泛而松散的名词，我国的高鸿业教授在其著作中就指出，西方经济学本身指代了所有与经济问题有关的不同的文献、资料和统计报告，其中包括教科书、官方文件、私营经济记录、专业或非专业书籍、报纸杂志的文章和报道等。[1] 但上述列举的文献也好，资料和统计报告也好，都不过是西方经济学理论本身的载体，其中的理论知识才是笔者愿与同学们在本教材中学习和探讨的重点。

回顾经济历史，尤其是逝去的20世纪，我们会惊叹于世界上大多数人们生活水平的飞速提升，北美、西欧、东亚等地区有越来越多的国家步入富裕国家的行列。但人们确实面对经济的动荡时期，往往不禁要问：西方经济学的理论是否能拯救身处“水深火热”中的人们？历史上各位杰出的经济学家从市场运行中不断提炼出的思想精华和现代市场经济制度的普及，真解决了不少当时面临的颇为棘手的现实问题。

所以，我们可以这样说，各个时期的经济学理论，无一不是当时社会经济发展现实的某种反映，虽然它们都会或多或少地带有时代的烙印和特征。我们不妨把眼光放得更长远一些：古希腊罗马时代的经济思想，反映的是奴隶社会的经济关系和社会问题；中世纪经济思想的核心问题，是对封建社会关系的思考和研究；近代初期的重商主义学说，是针对资本原始积累时期的学说；而随后的古典经济学和新古典经济学，则对自由竞争资本主义时代经济生活进行了研究。

自从奴隶社会以来，人类社会就离不开阶级的划分，而经济思想和学说也就必然反映不同阶级、阶层或利益集团的利益。一般来说，反映当时统治阶级利益和要求的经济学说和政策主张，总是那个时代的主流和支配思想，它们通常是为解决统治阶级面临的重大经

---

[1] 高鸿业．西方经济学［M］．北京：中国人民大学出版社，2011：1.

济和社会问题而做的理论分析和政策建议，是为巩固本阶级的经济和政治服务的；而代表被压迫和被剥削阶级的经济思想或学说，通常是那个时代的支流思想，甚至是异端学说，它们通常专注于揭露和批判当时社会的弊端和矛盾，提出各种不同的改革或革命的主张。而这种主流和支流、正宗和异端的地位，又会随着社会革命的进行和时代的演变而变化，主流变成支流，正宗变成异端。例如，国家干预主义在重商主义时代是盛行的主流，到了古典经济学时代成为异端，再到凯恩斯主义时代又回归为主流。当然，虽然同样称为国家干预主义，但这并非是简单的重复，而是在不同历史条件下更高层次和内涵的重复。又如，进入资本主义时代后，反映资产阶级和无产阶级两大对立阶级的经济学说总是同时并存、相互斗争的，一刻也未停息。同资产阶级古典经济学先驱学说相对立的是早期的空想社会主义，同古典经济学相对立的则是成熟和发展的空想社会主义，当然还有反映无产阶级利益和愿望的崭新的马克思主义经济学。另外，德国历史主义经济学虽然也是资产阶级学说，但是更多反映的是"后进"资本主义国家的利益，而同"先进"英法资本主义国家的利益相对立。

正是在这些冲突、争论之中，西方经济学的体系愈加完整，但这也意味着其中理论数量的众多，对各个理论使用的条件和具有的作用也需要做出严格的划分和限定。其中，西方主流经济学理论按时代脉络可以划分为：第一阶段是前古典经济学，包括古代希腊和罗马的经济思想、中世纪封建社会的经济思想以及原始积累时期的重商主义；第二阶段是古典经济学，包括 18 世纪下半期的斯密经济学、19 世纪初期李嘉图和萨伊等人的经济学、19 世纪中期的约翰·穆勒的经济学，这是产业革命前夕到第一次产业革命完成和初期发展阶段的自由竞争资本主义经济学说；第三阶段是新古典经济学，包括始于 19 世纪 70 年代初期的边际革命，以及到 19 世纪 90 年代出现的马歇尔经济学，这种经济学的支配地位一直延续到 20 世纪 30 年代末期；第四阶段则是当代经济学阶段，学术界一般以凯恩斯主义经济学的出现为这一阶段的开端，直到现在，各国的经济学家仍然在为该学科的发展做着不懈的努力。

笔者力图在本书中重点对这些主流经济学中所包含的微观经济学思想理论进行介绍，并引导同学们进行自主的思考和讨论。笔者同时更希望同学们能够以这本书为一个出发点，产生对当代经济学理论的兴趣。要知道，当今的经济学正处于一场新的革命之中，其中的种种变化可能成为未来经济学中新的"主流"——这场革命始于半个世纪以前西方经济社会经历的一场慢性的波动，20 世纪 30 年代和 40 年代是"停滞"，50 年代和 60 年代是"膨胀"，70 年代和 80 年代是"停滞膨胀"，而 90 年代以来则是"既不停滞又不膨胀"。与此相应，凯恩斯经济学似乎也经历了一轮慢性波动，30 年代和 40 年代是"开创"和"拓展"，50 年代和 60 年代是"成熟"，70 年代和 80 年代是"扬弃"，90 年代以来则是"回归"。如何解释上述半个多世纪以来的世界经济"长波"？而新的"长波"又是什么？汽车主导产业群被微电子主导产业群替代之后，“实物资本”经济周期是否会让位于“人力资本”的经济周期？2008 年“金融风暴”又是一种什么样的新型危机？贸易逆差、汇率走弱乃至油价畸高为什么能够同强势增长的经济并行不悖？而在本书重点讨论的微观经济学方面，也有新的问题亟待解决，“（软件）版本”“锁定”“捆绑”“网络效应”“企业新边界”“需求方规模经济”等研究点都有待锐意开拓、形成共识并创建新的体系。

笔者最后建议，各位同学在学习过西方经济学后，能够利用所学反观我国经济发展的历史。在现代发展经济学和转轨经济学领域，值得关注的经济学命题可谓更多并更有价值。例如计划经济转向市场经济的逻辑步骤、新兴经济体与成熟经济体接轨中的红利分享模式、从模拟市场切换到成熟市场的临界条件和成功关键等。随着我国经济和资本市场的迅速崛起，类似的问题都正在向现有经济学理论提出更严峻的挑战。

笔者由衷希望同学们能够从这本教材中有所收获。而微观经济学将是同学们步入经济学殿堂的第一阶。此外，笔者在此对帮助完成这本书的学生、同事和领导，以及出版社的工作人员表示由衷的感谢，他们为这本书所做的努力已经充分体现在全书中。关于本书中可能出现的谬误之处，欢迎大家指出，而责任全由笔者一人承担。

杨大鹏

2016 年 4 月 29 日

目 录

第一章　绪论——微观经济学初探

第一节　什么是经济？什么是经济学？经济学的作用是什么？

在前言中，我们介绍了国内外经济学的发展历史与大师们为之付出的努力，那么在本章的开始，我们就能以此为基础，联系我们所熟知的实际生活，来回答这样三个问题，即什么是经济，什么是经济学以及经济学的作用是什么。

其实，经济这个词来源于希腊语，其意为“管理一个家庭的人”。乍一看，这个起源似乎有点奇特。但事实上，家庭和经济有着许多共同之处。

一个家庭面临着许多决策——它必须决定哪些成员去做什么，以及每个成员能得到什么回报：谁做晚饭？谁洗衣服？谁在晚餐时多得到一块甜点？谁有权选择看什么电视节目？简言之，家庭必须考虑到每个成员的能力、努力和愿望，以在各个成员中配置稀缺资源。

和家庭一样，一个社会也面临着许多决策——必须决定将要做哪些工作和谁做这些工作。社会需要一些人种粮食，另一些人做衣服，还有一些人设计电脑软件。一旦社会分配人们（以及土地、建筑物和机器）去做各种工作，它还应该分配他们生产的物品与劳务量。社会必须决定谁将吃鱼子酱而谁将吃土豆，以及必须决定谁将开保时捷跑车而谁将坐公共汽车。

由于资源稀缺，社会资源的管理就是重要的。稀缺性是指社会提供的东西少于人们想拥有的。正如一个家庭不能给每个成员想要的每一件东西一样，一个社会也不能给每个人他们向往的最高生活水平。

经济学研究社会如何管理自己的稀缺资源。在大多数领域，资源并不是由一个中央计划者来配置，而是通过千百万家庭和企业的共同行动来配置的。因此，经济学家研究人们如何做出决策：他们工作多少，购买什么，储蓄多少，以及如何把储蓄用于投资。经济学家还研究人们如何相互交易。例如，经济学家探讨一种物品众多的买者与卖者如何共同决定该物品的销售价格和销售量。最后，经济学家分析影响整个经济的力量和趋势，包括平均收入的增长、人口中找不到工作的比例以及价格上升的速度。

第二节　曼昆的经济学十大原理

经济学的研究是多方面的，其应用的范围自然也是非常宽广的。而实际上，任何一门学科都有其自身本质的内核，对于经济学而言也是如此。这就使得有些学者尝试着能否用几个中心思想来把这个领域统一起来。

下面我们将要学习的便是一个非常精辟的对经济学各个理论本质的总结——曼昆教授在其著作中所论述的"经济学十大原理"。这些原理贯穿于经济学（无论是宏观还是微观）和每一本经济学教材（无论是萨缪尔森还是高鸿业，甚至是曼昆自己的著作）之中，概括性地总结了同学们应当掌握的包括本书知识点在内的所有经济学的基础性内容。记住这些经济学的研究内容与方向（其都是经济学研究跳脱不出的框架），对同学们将来的学习是大有裨益的。

以下对"经济学十大原理"的介绍将使同学们了解到经济学研究内容的概况，由浅入深，迈出经济学学习的第一步。

一、人们如何做出决策

"经济"是什么？这个问题并没有什么神秘之处。无论我们谈论的是洛杉矶经济、美国经济还是全世界的经济，经济都只不过是在生活中相互交易的一群人而已。由于一个经济的行为反映了组成这个经济的个人的行为，所以，我们的经济学研究就从个人做出决策的四个原理开始。

原理一：人们面临交替关系

关于做出决策的第一课，可以归纳为一句谚语："天下没有白吃的午餐。"我们为了得到一件喜爱的东西，通常就不得不放弃另一件喜爱的东西。做出决策要求我们在一个目标与另一个目标之间有所取舍。

我们考虑一个学生必须决定如何配置其最宝贵的资源——时间。其可以把所有的时间用于学习经济学，可以把所有的时间用于学习心理学，也可以把时间分配在这两个学科上。其把某一个小时用于学习一门课时，就必须放弃本来可以学习另一门课的一小时。而且，对于用于学习一门课的每一个小时，其都要放弃本来可以用于睡眠、骑车、看电视或打工赚点零花钱的时间。

我们还可以考虑父母决定如何使用自己的家庭收入。他们可以购买食物、衣服，或者全家度假。他们也可以为退休或孩子的入学教育储蓄一部分收入。当他们选择把额外的一元钱用于上述用途中的一种时，他们在其他用途上就要少花一元钱。

当人们组成社会时，面临各种不同的交替关系。典型的交替关系是"大炮与黄油"之间的交替。当把更多的钱用于国防以保卫我们的海岸免受外国入侵（大炮）时，我们能用于提高国内生活水平的个人物品的消费（黄油）就少了。在现代社会里，同样重要的是清洁的环境和高收入水平之间的交替关系。要求企业减少污染的法律增加了生产物品与劳务的成本。由于成本高，结果这些企业赚的利润少了，支付的工资低了，收取的价格高了，或者是这三种结果的某种结合。因此，尽管污染管制给予我们的好处是更清洁的环境，以及由此引起的健康水平的提高，但其代价是企业所有者、工人和消费者收入的减少。

社会面临的另一种交替关系是效率与平等之间的交替。效率是指社会能从其稀缺资源中得到最多东西。平等是指这些资源的成果公平地分配给社会成员。换句话说，效率是指经济蛋糕的大小，而平等是指如何分割这块蛋糕，在设计政府政策的时候，这两个目标往往是不一致的。例如，我们考虑的目的在于实现更平等地分配经济福利的政策。某些这类政策，例如福利制度或失业保障，是要帮助那些最需要帮助的社会成员；另一些政策，例如个人所得税，是要求经济上成功的人士对政府的支持比其他人更多。这些政策虽然对实现更大平等有好处，但以降低效率为代价。当政府把富人的收入再分配给穷人时，就减少了对辛勤工作的奖励；结果，人们工作少了，生产的物品与劳务也少了。换句话说，当政府想要把经济蛋糕切为更均等的小块时，这块蛋糕也就变小了。

交替关系本身并没有告诉我们，人们将会或应该做出什么决策。一个学生不应该仅仅由于要增加用于学习经济学的时间而放弃对心理学的学习；社会不应该仅仅由于环境控制降低了我们的物质生活水平而不再保护环境；也不应该仅仅由于帮助穷人扭曲了工作激励而忽视他们。因此，认识到生活中的交替关系是非常重要的，因为只有了解他们可以得到的选择，才能做出良好的决策。

原理二：某种东西的成本是为了得到它而放弃的东西

由于人们面临交替关系，所以，做出决策就要比较可供选择的行动方案的成本与收益。但是，在许多情况下，某种行动的成本并不像乍看时那么明显。

例如，考虑是否上大学的决策。收益是使知识丰富和一生拥有更好的工作机会。但成本是什么呢？要回答这个问题，你会想到把用于学费、书籍、住房和伙食的钱加总起来。但这种总和并不真正地代表你上一年大学所放弃的东西。

这种成本计算的第一个问题是，它包括的某些东西并不是上大学的真正成本。即使离开了学校，你也需要有睡觉的地方，要吃东西。只有在大学的住宿和伙食比其他地方贵时，贵的这一部分才是上大学的成本。实际上，大学的住宿与伙食费可能还低于你自己生活时所支付的房租与食物费用。在这种情况下，住宿与伙食费的节省是上大学的收益。

这种成本计算的第二个问题是，它忽略了上大学最大的成本——时间。当你把一年的时间用于听课、读书和写文章时，你就不能把这段时间用于工作。对大多数学生而言，为上学而放弃的工资是他们受教育的最大单项成本。

一种东西的机会成本是为了得到这种东西所放弃的东西。当做出任何一项决策，例如是否上大学时，决策者应该认识到伴随每一种可能的行动而来的机会成本。实际上，决策者通常是知道这一点的。那些达到上大学年龄的运动员如果退学而从事职业运动就能赚几百万元，他们深深认识到自己上大学的机会成本极高。他们往往如此决定：不值得花费这种成本来获得上大学的收益。这一点儿也不奇怪。

原理三：理性人考虑边际量

生活中的许多决策涉及对现有行动计划进行微小的增量调整。经济学家把这些调整称为边际变动。在许多情况下，人们可以通过考虑边际量来做出最优决策。

例如，假设一位朋友请教你他应该在学校上多少年学。如果你给他用一个拥有博士学位的人的生活方式与一个没有上完小学的人进行比较，他会抱怨这种比较无助于他的决策。你的朋友很可能已经受过某种程度的教育，并要决定是否再多上一两年学。为了做出这种决策，他需要知道多上一年学所带来的额外收益和所花费的额外成本。通过比较这种边际收益与边际成本，他就可以评价多上一年学是否值得。

再举一个考虑边际量如何有助于做出决策的例子，比如一个航空公司决定对等退票的乘客收取多高的价格。假设一架200个座位的飞机横越国内飞行一次，航空公司的成本是10万元。在这种情况下，每个座位的平均成本是10万元除以200，即500元。有人会得出结论：航空公司的票价绝不应该低于500元。

然而航空公司可以通过考虑边际量而增加利润。假设一架飞机即将起飞时仍有10个空位。在登机口等退票的乘客愿意支付300元买一张票。航空公司应该卖给他票吗？当然应该。如果飞机有空位，多增加一位乘客的成本是微乎其微的。虽然一位乘客飞行的平均成本是500元，但边际成本仅仅是这位额外的乘客将消费的一包花生米和一罐汽水的成本而已。只要等退票的乘客所支付的钱大于边际成本，卖给他机票就是有利可图的。

正如这些例子说明的，个人和企业通过考虑边际量将会做出更好的决策。只有一种行动的边际收益大于边际成本，一个理性决策者才会采取这项行动。

原理四：人们会对激励做出反应

由于人们通过比较成本与收益做出决策，所以，当成本或收益变动时，人们的行为也会改变。这就是说，人们会对激励做出反应。例如，当苹果的价格上升时，人们就决定多吃梨而少吃苹果，因为购买苹果的成本高了。同时，苹果园主决定雇用更多工人并多摘苹果，因为出售苹果的收益也高了。

对设计公共政策的人来说，激励在决定行为中的中心作用是重要的。公共政策往往改变了私人行动的成本或收益。当决策者未能考虑到行为如何由于政策的原因而变化时，他们的政策就会产生意想不到的效果。

这里举个例子来说明这种意想不到的效果，比如当年美国有关安全带和汽车安全的公共政策。直到20世纪50年代，美国生产的有安全带的汽车都很少。而现在，所有的汽车都有安全带。这种变化的原因正是公共政策。20世纪60年代后期，拉尔夫·纳德尔的著作《任何速度不安全》引起公众对汽车安全的关注。美国国会的反应是通过立法要求汽车公司生产包括安全带在内的各种安全设备，安全带成为所有新汽车的标准设备。

安全带的法律如何影响汽车安全呢？其直接的影响是显而易见的。由于所有汽车都有安全带，更多的人系安全带，重大车祸发生时存活的概率就提高了。从这种意义上说，安全带拯救了一些人的生命。安全带对安全的这种直接影响正是国会要求有安全带的动机。

但是，要完全了解这个法律的影响就必须认识到，人们由于所面临的激励而改变了自己的行为。在这种情况下，相关的行为是驾驶员开车时的速度和谨慎程度。缓慢而谨慎地开车是有代价的，因为这要耗费驾驶员的时间和精力。当决定谨慎开车的程度时，理性人要比较谨慎开车的边际收益和边际成本。当提高安全程度的收益高时，他们就会更慢、更谨慎地开车。这就可以解释为什么人们在道路有冰时会比在道路干净时更缓慢而谨慎地开车。

现在来考虑安全带法律如何改变了一个理性驾驶员的成本—收益计算。安全带降低了驾驶员的车祸代价，因为它们减少了伤亡的概率。因此，安全带法律减少了缓慢而谨慎地开车的收益。人们对安全带的反应和对道路状况改善的反应一样——更快、更放肆地开车。这样，安全带法律最终的结果是更多的车祸次数。

这个法律如何影响开车死亡的人数呢？系安全带的驾驶员在任何一次车祸中存活的可能性更大，但他们可能发现车祸更多了。净效应是不确定的。此外，安全开车程度的下降对行人（以及没系安全带的驾驶员）显然有不利的影响。他们会由于这一法律而有危险，因为他们很可能发现自己遇上了车祸而又没有安全带的保护。因此，安全带的法律倾向于增加行人死亡的数量。

乍一看，这种关于激励与安全带的讨论似乎是毫无根据的猜测。然而经济学家萨姆·佩兹曼在 1975 年发表的一篇文章中指出，实际上汽车安全法有许多这类意想不到的影响。根据佩兹曼的证据，这些法律减少了每次车祸的死亡人数而增加了车祸的次数。净结果是驾驶员死亡人数变动很小，而行人死亡人数增加了。佩兹曼对汽车安全的分析仅仅举出了人们对激励做出反应的一般原理的一个例子。经济学家研究的许多激励要比汽车安全法的激励更为直接。例如，没有一个人对向苹果征税会引起人们少买苹果感到惊讶。然而正如安全带的例子所说明的，政策有时也会有事先并不明显的影响。在分析任何一种政策时，不仅应该考虑直接影响，而且还应该考虑激励发生作用的间接影响。如果政策改变了激励，它就会使人们改变自己的行为。

二、人们如何相互交易

前四个原理讨论了人们如何做出决策。在人生的旅途中，我们的许多决策不仅会影响自己，而且还会影响其他人。以下三个原理是关于人们如何互相交易的。

原理五：贸易能使每个人的状况更好

也许你在新闻中听到过，在世界经济中日本是美国的竞争对手。在某些方面，这是真的，因为美国和日本企业生产许多相同的产品。福特公司和丰田公司在汽车市场上争夺同样的顾客；康柏公司和东芝公司在个人电脑市场上争夺同样的顾客。

但在思考国家之间的竞争时，这种想法很容易造成误导。美国和日本之间的贸易并不像体育比赛一样，一方赢而另一方输。实际上，事实正好相反：两国之间的贸易可以使每个国家的状况都变得更好。

为了说明原因，我们考虑贸易如何影响家庭。你的一个家庭成员在找工作时，要与也在找工作的其他家庭成员竞争。当各个家庭购物时，他们也相互竞争，因为家庭都想以最低的价格购买最好的东西。因此，从某种意义上说，经济中每个家庭都与所有其他家庭竞争。

尽管有这种竞争，但你把自己的家庭与所有其他家庭隔绝开来并不会过得更好。如果是这样，你的家庭就必须自己种粮食，自己做衣服，自己盖房子。显然，你的家庭在与其他家庭交易的过程中受益匪浅。无论是在耕种、做衣服或盖房子方面，贸易使每个人可以专门从事自己最擅长的活动。通过与其他人交易，人们可以按较低的价格买到各种各样的物品与劳务。

国家和家庭一样也从相互交易的过程中获益。贸易使各国可以专门从事自己最擅长的活动，并享有各种各样的物品与劳务。日本人和印度人、美国人与巴西人一样，既是竞争对手，又是世界经济中的伙伴。

原理六：市场通常是组织经济活动的一种好方法

苏联和东欧共产主义的崩溃可能是20世纪后半期世界上最重要的变化。当时这些国家运行的前提是，政府的中央计划者总是能在最正确的位置上指导经济活动。这些计划者决定生产什么物品与提供何种劳务，生产多少，以及谁来生产和消费这些物品与劳务。支撑中央计划的理论是，只有政府才能以促进整个社会经济福利的方式组织经济活动。这一思想在特定时期的运用确实取得了令人瞩目的成绩，但若长此以往，效果往往就不能如当初设想的那样尽如人意。

现在大部分曾经是中央计划经济的国家已经放弃了这种制度，并努力发展市场经济。在一个市场经济中，中央计划者的决策被千百万企业和家庭的决策取代。企业决定雇用谁和生产什么。家庭决定为哪家企业工作，以及用自己的收入买什么。这些企业和家庭在市场上相互交易，价格和个人利益引导着他们的决策。

乍一看，市场经济的成功是一个谜。千百万家庭和企业分散做出决策似乎会引起混乱。但事实并非如此。事实已经证明，市场经济在以一种促进普遍经济福利的方式组织经济活动方面非常成功。

经济学家亚当·斯密在他1776年的著作《国富论》中提出了全部经济学中最有名的观察结果：家庭和企业在市场上相互交易，他们仿佛被一只“看不见的手”指引，引起了合意的市场结果。该书的目的之一就是解释这只“看不见的手”如何施展它的魔力。当学习经济学时，你会知道，价格就是“看不见的手”用来指引经济活动的工具。价格既反映了一种物品的社会价值，也反映了生产该物品的社会成本。家庭和企业由于在决定购买什么和出卖什么时关注价格，所以就不知不觉地考虑到行动的社会收益与成本。结果，价格指引这些个别决策者在大多数情况下实现了整个社会福利最大化的结果。

关于“看不见的手”在指引经济活动中的技巧有一个重要推论：当政府阻止价格根据供求自发地调整时，它就限制了“看不见的手”协调组成经济的千百万家庭和企业的能力。这个推论解释了为什么税收对资源配置有不利的影响：税收扭曲了价格，从而扭曲了家庭和企业的决策。这个推论还解释了租金控制这类直接控制价格的政策所引起的更大伤害。

原理七：政府有时可以改善市场结果

虽然市场通常是组织经济活动的一种好方法，但这个规律也有一些重要的例外。政府干预经济的原因有两类：促进效率和促进平等。这就是说，大多数政策的目标不是把经济蛋糕做大，就是改变蛋糕的分割。

“看不见的手”通常会使市场有效地配置资源。但是，由于各种原因，有时“看不见的手”不起作用。经济学家用市场失灵这个词来指市场本身不能有效配置资源的情况。

市场失灵的一个可能原因是外部性。外部性是一个人的行动对旁观者福利的影响。污染是一个典型的例子。如果一家化工厂并不承担其排放烟尘的全部成本，其就会大量排放。在这种情况下，政府就可以通过环境保护来增加经济福利。

市场失灵的另一个可能原因是市场势力。市场势力是指一个人（或一小群人）不适当地影响市场价格的能力。例如，假设镇里的每个人都需要水，但只有一口井，那么这口井的所有者对水的销售就有市场势力——在这种情况下，它是一个垄断者。这口井的所有者并不受残酷竞争的限制，而正常情况下“看不见的手”正是以这种竞争来制约个人的私利。在这种情况下，规定垄断者收取的价格有可能提高经济效率。

“看不见的手”也不能确保公平地分配经济成果。市场经济根据人们生产其他人愿意买的东西的能力来给予报酬。世界上最优秀的篮球运动员赚的钱比世界上最优秀的棋手多，只是因为人们愿意为看篮球比赛而付比看象棋比赛更多的钱。“看不见的手”并没有保证每个人都有充足的食品、体面的衣服和充分的医疗保健。许多公共政策（例如所得税和福利制度）的目标就是要实现更平等的经济福利分配。

我们说政府有时可以改善市场结果并不意味着其总能这样。公共政策并不是天使制定的，而是由极不完善的政治程序制定的。有时，政策由动机良好但信息不充分的领导人制定。学习经济学的目的之一就是帮助你判断，什么时候一项政府政策适用于促进效率与公正，而什么时候不行。

三、整体经济如何运行

我们从讨论个人如何做出决策开始，然后考察人们如何相互交易。所有这些决策和相互交易共同组成了“经济”。后三个原理涉及整体经济的运行。

原理八：一国的生活水平取决于其生产物品与劳务的能力

世界各国生活水平的差别是惊人的。1993 年，美国人的平均收入为 2.5 万美元，墨西哥人的平均收入为 7 000 美元，而尼日利亚人的平均收入为 1 500 美元。毫不奇怪，这种平均收入的巨大差别反映在生活质量的各种衡量指标上。高收入国家的公民比低收入国家的公民拥有更多电视机、更多汽车、更好的营养、更好的医疗保健以及更长的预期寿命。

随着时间的推移，生活水平的变化也很大。在美国，从历史上看，收入的增长每年为2%左右（根据生活费用变动进行调整之后）。按这个比率，其平均收入每35年翻一番。在一些国家，经济增长甚至更快。例如，日本在近20年间平均收入翻了一番，而韩国在近10年间平均收入翻了一番。

用什么来解释各国不同时期生活水平的巨大差别呢？答案之简单出人意料。几乎所有生活水平的变动都可以归因于各国生产率的差别，即一个工人一小时所生产的物品与劳务量的差别。在那些每单位时间工人能生产大量物品与劳务的国家，大多数人享有高水平生活；在那些工人生产率低的国家，大多数人必须忍受贫困的生活。同样，一国的生产增长率决定了平均收入增长率。

生产率和生活水平之间的基本关系是简单的，但意义是深远的。如果生产率是生活水平的首要决定因素，那么其他解释的重要性就应该是次要的。例如，有人想把20世纪美国工人生活水平的提高归功于工会或最低工资法，但美国工人的真正英雄行为是提高了生产率。另一个例子是，一些评论家声称，美国近年来收入增长放慢是由于日本和其他国家日益激烈的竞争；但真正的敌人不是来自国外的竞争，而是美国生产率增长的放慢。

生产率与生活水平之间的关系对公共政策也有深远的含义。在考虑任何一项政策如何影响生活水平时，关键问题是政策如何影响我们生产物品与劳务的能力。为了提高生活水平，决策者需要让工人受到良好的教育，拥有生产物品与劳务需要的工具，以及得到获取最好技术的机会。

例如，过去10年间，美国许多争论集中在政府的预算赤字上——政府的支出超过了政府收入。对预算赤字的关注主要根据它对生产率的不利影响。当政府需要为预算赤字筹资时，就要在金融市场上借钱，这就像学生要借钱为上大学筹资，或者企业要借钱为新工厂筹资一样。因此，当政府借钱为赤字筹资时，就减少了其他借款者所能得到的资金量。这样，预算赤字就减少了人力资本（学生的教育）和物质资本（企业的工厂）的投资。由于现在的低投资意味着未来的低生产率，因此，一般认为预算赤字抑制了生活水平的增长。

原理九：当政府发行了过多货币时，物价上升

1921年1月，德国一份日报的价格为0.3马克。而到了1922年11月，一份同样的报纸的价格为7 000万马克。经济中，所有其他价格都以类似的程度上升。这个事件是历史上最惊人的通货膨胀的例子。通货膨胀是经济中物价总水平的上升。

虽然美国从未经历过接近于德国20世纪20年代的情况，但通货膨胀有时也成为美国的一个经济问题。例如，20世纪70年代期间，美国的物价总水平翻了一番还多，时任总统杰拉德·福特称通货膨胀是“公众的头号敌人”。与此相比，在20世纪90年代，通货

膨胀是每年3%左右；按这个比率，物价20多年才翻一番。由于高通货膨胀给社会带来了各种代价，所以，世界各国都把保持低通货膨胀作为经济政策的一个目标。

什么引起了通货膨胀？在大多数严重或持续的通货膨胀情况下，罪魁祸首总是相同的——货币量的增长。当一个政府创造了大量本国货币时，货币的价值下降了。在20世纪20年代初的德国，当物价平均每月上升3倍时，货币量每月也增加了3倍。虽然美国的情况没有这么严重，但美国经济史也得出了类似的结论：70年代的高通货膨胀与货币量的迅速增长是相关的，而90年代的低通货膨胀与货币量的缓慢增长也是相关的。

原理十：社会面临通货膨胀与失业之间的短期交替关系

如果通货膨胀这么容易解释，为什么决策者有时却在使经济免受通货膨胀之苦上遇到麻烦呢？一个原因是人们通常认为降低通货膨胀会引起失业暂时增加。通货膨胀与失业之间的这种交替关系被称为菲利普斯曲线，这是为了纪念第一个研究了这种关系的经济学家而命名的。

在经济学中，菲利普斯曲线仍然是一个有争议的问题，但大多数经济学家现在接受了这样一种思想：通货膨胀与失业之间存在短期交替关系。根据普遍的解释，这种交替关系的产生是由于某些价格调整缓慢。例如，假定政府减少了经济中的货币量。长期来看，这种政策变动的唯一后果是物价总水平将下降。但并不是所有的价格都将立即做出调整。在所有企业都印发新目录，所有工会都做出工资让步，以及所有餐馆都印发新菜单之前，需要几年时间。这就是说，可以认为价格在短期中是黏性的。

由于价格是黏性的，各种政府政策都具有不同于长期效应的短期效应。例如，当政府减少货币量时，就减少了人们支出的数量。较低的支出与居高不下的价格结合在一起，就减少了企业销售的物品与劳务量。销售量的减少又引起企业解雇工人。因此，在对价格的变动发出完全的调整之前，货币量减少就暂时增加了失业。

通货膨胀与失业之间的交替关系只是暂时的，但可以持续数年之久。因此，菲利普斯曲线对理解经济中的许多发展是至关重要的。特别是决策者在运用各种政策工具时，可以利用这种交替关系。短期里，决策者可以通过改变政府支出量、税收量和发行的货币量来影响经济所经历的通货膨胀与失业的结合。由于货币与财政政策工具具有如此大的潜在力量，所以，决策者如何运用这些工具来控制经济一直是一个有争议的问题。

当我们掌握了经济学的原理，懂得如何“实现”资源的最优化配置时，是不是意味着我们就能够转身投入商场、股市等？遗憾的是，经济学并非一套可以立竿见影的赚钱秘籍，事实上，不少参与实际经营的经济学家都遭受过惨重损失。然而学习了经济学，我们能够掌握一套分析现实中所遇到的各种问题的工具和方法，并得出指导行为的结论。

关于这一点，凯恩斯先生说得最好：“经济学的理论并未提供一套立即可用的完整结论。它不是一种教条，而是一种方法、一种心灵的器官、一种思维的技巧。它帮助拥有经济学的人做出正确的结论。”

第三节　什么是微观经济学？微观经济学的作用是什么？

许多学科是在不同的层次上进行研究的，例如考虑生物学的情况：分子生物学家研究构成生命体的化学合成物；细胞生物学家研究细胞，细胞由许多化学合成物构成，它本身也是构成活的生物的材料；进化生物学家研究各种动物与植物，以及若干世纪以来物种如何逐步地变化。

经济学也在各种层次上进行了研究。我们可以研究个别家庭与企业如何做出决策，也可以研究某种物品与劳务市场上家庭与企业之间的相互交易，还可以研究整体经济的运行——整体经济只是市场上交易的所有决策者活动的总和。

以萨缪尔森为首的一些西方经济学家逐渐建立的新古典综合派的理论体系，就尝试将经济学领域分为两个次领域。微观经济学研究个别经济单位的行为，这些经济单位包括消费者、工人、投资者、土地所有者、厂商等，看他们为什么和怎样做出经济决策，以及分析他们在某个市场上的相互交易。宏观经济学研究整体经济现象。一个微观经济学家可以研究租金控制对纽约市住房的影响、外国竞争对美国汽车行业的影响、接受义务教育对工人收入的影响；一个宏观经济学家可以研究联邦政府借债的影响、经济中失业率随时间推移的变动、提高国民生活水平的不同政策。

微观经济学和宏观经济学是密切相关的。由于整体经济的变动产生于千百万个人的决策，所以，不考虑相关的微观经济决策而去理解宏观经济的发展是不可能的。例如，宏观经济学家研究个人所得税的减少对整个物品与劳务生产的影响。为了分析这个问题，他必须考虑所得税减少如何影响家庭关于购买物品与劳务支出的决策。

尽管微观经济学与宏观经济学之间存在固有的联系，但这两个领域仍然是不同的。在经济学中，也和生物学中一样，从最小的单位开始并向上发展看来是自然而然的。然而这样做既无必要，也并不总是最好的进行方法。在某种意义上，进化生物学建立在分子生物学之上，因为物种是由分子构成的。但进化生物学和分子生物学是不同的领域，有各自的问题与方法。同样，由于微观经济学和宏观经济学探讨不同的问题，所以，它们有时采用不同的方法，并通常在不同的课程中讲授——一般我们认为，微观经济学以充分就业为分析的前提，宏观经济学则着重研究各种不同水平的就业量的情况。

不过近年来，宏观经济学和微观经济学的界限越来越模糊了，这是因为宏观经济学也涉及了对市场的分析，如对商品和服务、劳动力以及公司债券总体上的供给与需求的分析。要了解这些总体意义上的市场是怎样运行的，必须首先了解厂商、消费者、工人以及投资者的行为，正是他们组成了这些市场。因此，宏观经济学家越来越关注总体经济现象的微观经济基础。而宏观经济学中的许多内容其实也是微观经济分析的延伸。

第四节　微观经济理论的应用及其局限

正如任何一门学科一样，经济学所关注的也是对观察到的现象进行解释和预测。例如，当生产过程中所需的原材料发生价格变化时，为什么厂商会雇用或者解雇工人呢？如果原材料价格上涨10%，那么在某一厂商或某一行业中有多少工人可能会被雇用或者解雇呢？

在经济学中，和其他学科中一样，解释和预测是建立在理论基础之上的，而理论的产生和发展是依照一套基本的规律和假设来解释观察到的现象。例如，厂商理论就是始于一个简单的假设：厂商试图使其利润最大化。该理论用这个假设来解释厂商如何选择其产量，又如何决定用于生产的劳动力、资本和原材料的数量。同时，它也解释了这些选择如何依赖投入物（如劳力、资本和原材料）的价格，又如何依赖厂商能从其产出品那儿获取的价格。

经济学理论也是进行预测的基础。因此，厂商理论可以告诉我们，随着工资率的上升或者原材料价格的下降，一个厂商的产出水平是会上升还是下降。在运用了统计学和计量经济学技术的条件下，理论可以用来构造一些模型，并由此做出定量的预测。建立在经济理论基础上的模型是一种对厂商、市场以及其他经济实体的数学上的表述。例如，我们可以建立一个特定厂商的模型，并用它预测：如果原材料价格下降10%，那么厂商产出水平会有多大的变化。

无论是在经济学、物理学还是其他学科中，没有一个理论是完全正确的。理论的有用性和有效性取决于它是否对一系列现象成功地做出解释和预测。为了达到这一目标，人们也就不断地用观察来检验理论。作为检验的结果，理论常常得以修正或完善，有时甚至被抛弃。检验和完善理论是经济学发展为一门科学的关键。当我们评价一种理论时，要切记该理论总是不完美的，在科学的每一分支内，情形都是如此。例如，在物理学中，玻意耳定律把体积、温度和气压联系起来。该定律基于这一假设：单独的气体分子就像是微小的、有弹性的弹子球一样运动。现在的物理学家们都知道，气体分子的运动事实上并不总是像弹子球，部分地由于这一原因，玻意耳定律在极端压力和温度下不再成立。然而在大多数情况下，该定律能极好地预测，当压力和体积改变时，气体的温度会如何变化。因此，该定律成为工程师和科学家的基本工具。

经济学的情况也大同小异。例如，厂商并不总是追求利润最大化的，也许因为这一点，厂商理论只在解释厂商某些行为（如资本投资决策的时机）时才获得了有限的成功。尽管如此，这一理论确实解释了有关厂商和行业的行为、成长和演变方面的大量现象，所以已经成为经理和决策者手中的一个重要工具。

第五节 实证分析和规范分析

通过以上的说明和例子，我们可以看到，微观经济学既要对付实证问题，也要对付规范问题。实证问题涉及解释和预测，规范问题研究应该如何。假设美国政府对外国汽车进口实行配额，该配额对汽车的价格及汽车的生产和销售会产生什么影响？对美国的消费者有什么影响？对汽车产业的工人有什么影响？这些都属于实证分析的范畴。实证分析是微观经济学的中心问题，如以上所解释的那样，我们发展理论是为了解释各种现象，用观察来检验理论，并用理论构造模型，通过模型来进行预测。

用经济理论来进行预测，对厂商的经理和公共政策来说都很重要。假设美国政府正在考虑提高汽油税收，税收会影响到汽油的价格、消费者对大小汽车的偏好、人们用车的频率等。为了能切合实际地制定计划，石油公司、汽车公司、汽车零部件的制造商以及旅游行业的公司都想了解该税收所产生的各种影响究竟会有多大。政府部门的决策者也需要对这些影响进行量的评估，他们想要判断：消费者所要承受的代价（可能按收入档次对消费者进行分类），对石油产业、汽车产业、旅游业的利润和就业情况的影响，以及每年可能得到的税收额。

有时我们并不满足于解释和预测，还会提出其他问题，如："什么才是最佳的？"这又包含了规范分析，而这种分析，无论是对厂商经理还是对新的公共政策的制定者来说，都是重要的。在此，我们还是考虑对汽油开征新税种的情形，一旦该税收出台，汽车公司就要决定大型车和小型车各生产多少才是最佳（即利润最大化）的方案，或者该投入多少资金来制造耗油更低的汽车。而对于决策者来说，首要的问题可能在于这项税收是否符合公共的利益。对于相同的政策目标（例如税收的增加和我们对进口石油的依赖的降低），如果改征另一种税，比如对进口石油征收关税，有可能以更低的代价实现。

规范分析不仅涉及不同的政策选择，而且还包括特定政策选择的设计。举例来说，假设一项汽油税收需要实行，在平衡了成本和收益之后，我们就会问：最佳的税收数量是多少？

所以，当经济学家讨论同一个事情的时候，由于具有不同的目标——可能甲更关注其中的实证问题，而乙更关注其中的规范问题，他们就可能会采用不同的分析方法，最终以不同的语言方式表示出来。

例如，假设有两个经济学家正在讨论最低工资法。下面是你所听到的两种表述："最低工资法引起了失业"和"政府应该提高最低工资"。

现在不管你是否同意这两种表述，应该注意的是，两个经济学家虽然针对的是同一件事情，但想要做的事情是不同的。第一个说法像一个科学家：他做出了一种关于世界如何运行的表述；第二个说法像一个决策者：他做出了一种如何改变世界的表述。

根据刚刚讲过的定义，我们就可以说，第一个说法是针对实证问题进行实证分析，进而得到实证性表述——因为实证表述是描述性的，其做出关于世界是什么的表述；而第二种说法是针对规范问题进行规范分析，进而得到规范性表述——因为规范表述是命令性的，其做出关于世界应该是什么的表述。

除了从定义的角度入手，我们辨别实证性表述和规范性表述之间的主要差别，还可以从“如何判断它们的正确性”来入手。从原则上说，我们可以通过检验证据来确认或否定实证表述。经济学家可以通过分析某一时期内最低工资变动和失业变动的数据来评价第一位经济学家的表述。与此相比，评价规范表述涉及价值观和事实。仅仅依靠数据不能判断第二位经济学家的表述。确定政策的好坏不仅仅是一个科学问题，还涉及对伦理、宗教和政治哲学的看法。

当然，实证表述与规范表述也是相关的。关于世界如何运行的实证观点影响关于什么政策合意的规范观点。如果第一位经济学家关于最低工资引起失业的说法正确，这就可能会使我们否定第二位经济学家关于政府应该提高最低工资的结论。但我们的规范结论并不能仅仅根据实证分析。相反，这种结论既需要实证分析，又需要价值判断。

当你学习经济学时，要记住实证表述与规范表述的区别。许多经济学仅仅是努力解释世界的运行，但经济学的目标往往是改善世界的运行。当经济学家做出规范表述时，说明他们已经跨过界限而从科学家变成了决策者。

除此之外，我们应当注意到，通常情况下，价值判断被作为规范分析的补充。比如，在比较汽油税和进口石油税时可能会得出这样的结论：前者虽容易实施，但会对较低收入的消费者产生更大的影响。此时，社会就必须做出价值判断，在公平和经济效率上进行权衡。当涉及价值判断时，微观经济学就无法告诉我们什么才是最佳政策，然而它能廓清权衡中的得失情况，从而有助于争论的明朗化。

其实，经济学是否涉及价值判断，以致是否应该进一步延伸到相关道德问题，一直是中外经济学家争论的中心之一。一些经济学家强调“经济学本身不谈道德”。另一些经济学家则把这种观点称为“经济学的道德误区”，强调经济学的“人文关怀”。

经济学是否应该涉及道德问题呢？这将涉及经济学的方法论问题。

理解经济学方法论的关键正是区分实证分析和规范分析。如上所述，实证分析是排斥价值判断，只客观地研究经济本身的经济学的实证方法。规范分析是以一定的价值判断为基础，评价经济现象并制定相应政策——这就是研究经济学的规范方法。

实证方法与规范方法的根本区别是对价值判断的态度。实证方法排斥价值判断，而规范方法以价值判断为依据。价值判断是对经济行为社会价值的评价，即对某种经济现象是好还是坏的看法。大而言之，可以是对一种经济体制的评价；小而言之，可以是对某种具体经济现象或行为的评价。价值判断属于社会伦理学范畴，有强烈的主观性。不同的人对同一经济现象或行为会有完全不同的价值判断。经济学的道德与不道德实际上就是是否涉及价值判断，因为价值判断正是道德问题的基础。

实证方法排斥价值判断，也就不涉及道德问题。经济现象有其内在客观规律。实证分析要解决“是什么”的问题，即要确认事实本身，研究经济本身的规律，分析经济变量之间的关系。经济规律是客观的，是不以人的意志为转移的。研究这些规律应该像研究物理与化学一样抛开价值判断。实证方法是人们客观地认识世界的工具，完全可以抛开价值判断。从这个意义上说，经济学是不涉及道德问题的。

19 世纪之前，经济学被作为一门以某种价值判断为基础的道德科学。此后，经济学家开始了经济学实证化的努力过程，力图摆脱价值判断，使经济学成为一门像自然科学一样的科学。经济学在这条路上取得了突破性进步，深化了人们对经济世界的认识，得出了许多有意义的理论。1968 年，瑞典中央银行决定设立诺贝尔经济学奖，这正是对经济学实证化的肯定。用实证方法研究经济学仍然是当前经济学的主流。经济学家在认识世界时要客观、冷静，经济学不涉及道德问题无可厚非。

但是，经济学还要帮助人们改善（而不是改造）世界，运用于政策制定。经济学的目的应该是社会经济福利的最大化，即所有人的效用最大化。关于效用的概念，我们会在之后的章节进行学习。这里，我们只需要知道效用类似于一种主观感受，就像满足感一样取决于个人的价值判断。一个社会的福利最大化当然也不能脱离价值判断。从这种意义上说，经济学又离不开道德问题和规范分析。

经济学有认识世界与改善世界的双重任务。在认识世界时，应该以客观的态度来分析，这就是经济学的不道德。制定政策是以对经济本身客观规律的认识为基础的，但是一项正确的政策离不开价值判断，这就是经济学的道德。实证分析与规范分析、道德与不道德并不绝对排斥，要看解决什么问题、用在什么地方。

那种认为经济学离不开道德问题而反对实证分析的观点并不正确。比如，我们研究经济增长的规律完全可以超脱价值判断。经济增长率和影响这种增长率的因素（劳动、资本、技术）之间的关系是客观的。研究这个问题时完全可以不涉及价值判断或道德问题，得出适用于各个社会的客观规律。“科技是第一生产力”与道德显然无关，这时经济学是实证的、不道德的。而在制定一个社会的经济增长政策时，就要考虑增长的目标、增长与社会福利等有关的价值判断问题，这时经济学是规范的、道德的。

经济学与人们的利益关系太密切。利益格局的决定有强烈的价值判断色彩。因此，经济学超脱价值判断而不涉及道德的观点难以被接受。这也是不断有人就道德问题向主流经济学提出挑战的原因。把经济学本身与经济学的运用分开，把客观规律的探讨与规律的运用分开，就会知道，其实经济学道德与不道德本身并不是一个真问题。梁小民教授有一句话说得非常好：“我们应该要探讨的不是经济学道德与否，而是什么情况下要坚持客观、公正的态度，什么情况下要有人类关怀。这样，经济学才不会陷入道德的误区。”❶

---

❶ 梁小民. 微观经济学纵横谈［M］. 北京：生活·读书·新知三联书店，2008：8.

本章关键词

经济　经济学　十大经济学原理　微观经济学　宏观经济学　实证分析　规范分析　价值判断　道德问题

思考题

1. 给出一些有关生产什么、如何生产以及为谁生产的实际例子。
2. 回想一下十大经济学原理。
3. 经济学家是怎样预测选择的改变的?
4. 在经济学家看来，制度在促进社会利益上有什么作用?
5. 实证表述和规范表述的区别是什么?请为两种类型的表述各举出一个不同于本章中的例子。
6. 什么是理论?请思考这样一句话:“在理论上也许可行，但在实践中不可行。”你认为这句话是对是错?

第二章　供给和需求

当寒流袭击我国南方时，全国各地大大小小的菜市场上的橘子价格都会上升。每年夏天，当新英格兰地区天气变暖时，加勒比地区饭店房间的价格会直线下降。当中东爆发战争时，美国的汽油价格会上升，而二手凯迪拉克轿车价格会下降。这些事件的共同之处是什么呢？它们都表现出供给与需求的作用。

本章将介绍供给与需求理论。它考虑买方和卖方的行为及其相互之间的影响。本章要说明市场经济中供给与需求如何决定价格，以及价格如何配置经济的稀缺资源。

第一节　什么是市场?

我们可以将独立的经济单位按功能分成两大类：买方和卖方。具体来说，买方包括购买物品和服务的消费者，以及购买劳动力、资金和原材料用于生产商品和提供服务的厂商。卖方包括出售商品和服务的厂商、出卖劳动力的工人，以及出租土地或出售矿物资源的资源拥有者。显然，许多人和厂商充当了买方和卖方两种角色。当他们买东西的时候，我们把他们仅仅看作买方；当他们卖东西的时候，我们又把他们仅仅看作卖方。我们会发现，这么做会给我们带来便利。

买方和卖方同时相互作用，形成市场。市场是通过相互作用决定一种或一系列产品价格的买卖双方的集合。因此，我们可以把市场看作确定价格的“地点”。一个市场包含不止一种行业；一种行业是出售相同的或紧密相关的产品的厂商的集合。事实上，一种行业是市场上的供方。

经济学家经常关注市场界定的问题，即一个特定的市场应包括哪些买者和卖者。在界定一个市场时，买卖双方间潜在的相互作用与实际的作用同样重要。黄金市场就是个例子。一个想买黄金的纽约人不太可能跑到苏黎世去，纽约绝大多数的黄金买者只会与纽约的黄金卖者交易。但如果黄金的运输成本相对于其价格而言是很低的，从而苏黎世的金价远低于纽约的金价，那么纽约的买者就会到苏黎世买进黄金。一种商品的明显价差创造了空间——人们从一个地方低价买进而在另一个地方高价卖出。正是套利存在的可能性防止了纽约与苏黎世的金价有过大的差异并创造了一个世界金市。

市场是经济活动的中心，并且许多经济上有趣的问题和争议都与市场的运行有关。例如，为什么在有些市场上，只有少数几家厂商在彼此竞争；而在其他市场上，却有那么多的厂商在竞争？如果厂商众多，消费者就一定会受益吗？如果是这样，政府就应该干预仅有少数厂商的市场吗？为什么在某些市场上，价格涨跌迅速；而在另一些市场上，价格却几乎不变？哪些市场为打算经商的企业家提供了最好的机会？

要回答这些问题，仅仅了解市场是什么是远远不够的。我们需要进一步学习市场规则最基本的构成要素——供给和需求，这样才能真正了解市场和市场机制的魔力，以及其为何为众多西方学者和政客所喜爱。

供给与需求是使市场经济运行的力量，它们决定了每种物品的产量及其出售的价格。任何一个想知道任何一种事件或政策将如何影响经济的人，无论是经济学者还是政客，都应先考虑它将如何影响供给和需求。

第二节　需求

我们对市场的研究从考察买者的行为开始。在这里，我们考虑什么因素决定任何一种物品的需求量；需求量是买者愿意而且能够购买的物品量。为了集中思考，我们牢记一种物品——冰激凌。

一、个人需求的决定因素

考虑一下你自己的冰激凌需求。你如何决定每个月买多少冰激凌，以及哪些因素会影响你的决策呢？这里是一些你可以给出的回答。

（1）价格：如果每盒冰激凌的价格上升了2元，你会少买冰激凌，而会购买酸奶。如果每盒冰激凌的价格下降2元，你会多买一些。由于需求量随着价格上升而减少，随着价格下降而增加，因此，需求量与价格负相关。价格与需求量之间的这种关系对经济中大部分物品来说都是正确的，而且这种关系如此普遍，经济学家称之为需求规律——在其他条件相同时，一种物品价格上升，则该物品需求量减少。

（2）收入：如果某个夏天你失去了工作，你对冰激凌的需求会发生什么变化呢？很可能的情况是，需求要减少。收入较低意味着总支出会减少，因此，你不得不在某些物品——而且也许是大多数物品上——少支出一些。如果当收入减少时，一种物品的需求减少，这种物品就被称为正常物品。

并不是所有物品都是正常物品。如果当收入减少时，一种物品的需求增加，这种物品就被称为低档物品。低档物品的一个例子是搭乘公共汽车。随着收入的减少，你不大可能买汽车或乘出租车，而是更可能坐公共汽车。

（3）相关物品的价格：假定酸奶的价格下降。需求规律表明你会多买酸奶。同时，你也许会少买冰激凌。因为冰激凌和酸奶都是冷而甜的食品，它们满足相似的欲望。当一种物品价格下降而减少了另一种物品的需求时，这两种物品被称为替代品。其他成对的替代品包括三明治与汉堡包、毛衣与长袖衫、电影票与录像带租金等。

有的同学可能喜欢比较西式的吃法，会将冰激凌配着华夫饼一起吃。现在，假设华夫饼的价格下降。根据需求规律，这些同学会买更多的华夫饼。与此同时，他们也会买更多冰激凌，因为他们喜欢这样的搭配。类似这样，当一种物品价格下降而增加了另一种物品的需求时，这两种物品被称为互补品。其他成对的互补品包括汽油与汽车、电脑与软件、雪橇与空中缆车票等。

（4）预期：你对未来的预期也会影响现在对物品与劳务的需求。例如，如果你预期下个月会赚到更多收入，你可能愿意用现在的一些储蓄来买冰激凌。再举一个例子，如果你预期明天冰激凌的价格会下降，你就不会太愿意以今天的价格去买冰激凌。

（5）嗜好：决定需求的最明显因素是嗜好。如果你喜欢冰激凌，你会买得多一些。经济学家通常并不想解释人们的嗜好，因为嗜好基于超越了经济学范围的历史与心理因素。但是，经济学家要考察嗜好变动时会出现什么变化。

针对上述个人需求的决定因素，有的总结则更为精辟——构成需求的两个要素是购买能力和购买欲望，两者缺一都不能成为需求。

如果将两套影响因素体系一一对应，可以说，价格、收入、相关物品的价格和预期共同影响着消费者的购买能力，其影响机制涉及之后将要学习的“弹性”这一知识点，进而包括替代效应、收入效应等都是未来必须掌握的；而购买欲望取决于消费者个人的嗜好，这种嗜好又取决于消费者的物质与精神需要、文化修养、社会地位等因素，其中包括最为重要的也是未来必须要学习的“效用”概念。

比如，鸦片战争以后，英国商人因为打开了中国这个广阔的市场而欣喜若狂。当时英国棉纺织业中心曼彻斯特的商人估计，中国有 4 亿人，假如有 1 亿人晚上戴睡帽，每人每年用两顶，整个曼彻斯特的棉纺厂日夜加班也不够，何况还要做衣服呢！于是，他们把大量洋布运到中国。结果与他们的梦想相反，中国人没有戴睡帽的习惯，衣服也用自产的丝绸或土布，洋布根本卖不出去。

按照当时中国人的购买能力，还是有相当一部分人可以消费得起洋布的，但为什么英国人的洋布根本卖不出去呢？关键在于中国人没有购买欲望。

消费者作为社会的人，其嗜好与社会消费习俗密切相关。消费习俗作为社会习俗的一部分，取决于一个社会的历史文化传统与经济发展水平。

鸦片战争后的中国仍然是一种自给自足的封建经济，并在此基础上形成了保守、封闭的社会习俗，对外国的东西采取强烈的抵制态度。这正是明清以来实行闭关锁国政策的社会基础，也是乾隆及其以后的皇帝一次又一次拒绝与外国通商的原因。鸦片战争打开了中国的大门，但并没有从根本上动摇中国自给自足的经济基础和保守封闭的意识形态。这样，洋布和其他洋货在中国受到抵制是很正常的。英国商人不了解当时的中国国情，以为用武力打开中国的国门，市场就会欢迎外国货。武力可以在短时间内侵入一个同家，但摧毁不了一个国家的传统，也改变不了一个社会的消费习俗和消费者的嗜好。英国人可以借助坚船利炮把洋布运到中国，但不能强迫中国人购买。正如一句谚语所说的：你可以把马拉到河边，但你不能强迫马喝水。

当然，消费习俗和消费者嗜好是可以改变的。企业可以通过多种方法影响消费习俗和消费者嗜好，创造出消费者的购买欲望。其中最重要的方法莫过于广告了。狂轰滥炸式的广告产品可以形成一种社会消费时尚，激起消费者的购买欲望，从而为产品打开市场。20 世纪 50 年代初，美国福特公司曾推出一种尾部翘起的汽车，然后通过铺天盖地的广告宣传这种车象征男子汉的阳刚气概。俊男靓女们在广告上反复声称这种汽车如何体现了男子汉的风采。久而久之，社会接受了这种观念，青年男性开这种车成为一种时尚，这种车的销路也打开了。现代广告无孔不入，铺天盖地，引导着社会消费时尚的变化，也促进了生产的发展。当然，广告也会有误导，但无论如何，广告的力量是不可小视的。当年如果英国人也大做广告，那么洋布在中国的销路也许不会那么惨。

在形成社会消费时尚的过程中，示范效应起着重要作用。示范效应指某些人的消费方式会引起其他人仿效的作用。消费时尚正是由这些起示范作用的人所推动形成的。在国际上，富国的消费方式对其他国家有示范效应；在国内，富人的消费方式对其他人有示范效应。消费时尚往往是富国或富人首先消费某种物品，然后其他人模仿，进而形成一种消费时尚。

英国人当年的错误在于太过相信武力了。其实他们应该先劝说王公大臣、社会名流穿洋布、戴睡帽，免费让这些人消费英国货。一旦这些上层人士以消费英国货为荣，就会引起消费习俗的改变。人们有了消费英国货的习惯，洋布等也就有市场了。在推销商品方面，武力是下策，“和平演变”才是上策。武力侵略引起受侵略国人民的排外情绪，给推销商品带来困难。所以，“和平演变”在改变一个社会的消费时尚方面比枪炮有力得多。

市场需求是企业生存与发展的关键。在面临需求不足的今天，许多企业大概都有这种体会。要使产品有市场，不仅要适应消费者的需求，还要主动去创造需求，让消费者有购买欲望。鸦片战争后英国商人的失败给我们上了一课。现代企业家一定要牢记创造消费者购买欲望这个信条。

当然，我们在本书中引用这样的例子，仅是想从一个实际的例子中向大家具体地分析需求背后影响它的因素，而无意在此去指导现代某企业或个人的具体商事行为。

二、需求表与需求曲线

我们已经知道，有许多变量决定一个人对冰激凌的需求量。我们可以构建一个关于个人消费冰激凌的需求函数，用以表示个人对冰激凌的需求数量和影响该需求数量的各种因素之间的相互关系。在这一需求函数中，影响需求数量的各个因素是自变量，冰激凌的需求数量是因变量。但是，当我们真正开始分析个人对冰激凌的需求时，我们需要对影响其需求的所有因素同时进行分析，这将使问题复杂化。所以，在实际处理这种复杂的多变量问题时，通常可以用“控制变量”的方法将问题简化，即一次把注意力集中在一个影响因素上，而同时假定其他影响因素不变。

因此，在分析一种商品的需求数量时，经济学家认为其自身的价格是决定其需求量的最基本因素。

所以，我们现在设想有一个时候除了价格之外所有这些变量都不变，并在此基础上考虑价格如何影响需求量。

我们称表 2－1 为“李雷的冰激凌需求表”，表格中的内容表示的是对应不同的冰激凌价格，一个名叫李雷的消费者每个月买多少个冰激凌。如果冰激凌是免费的，李雷买 12 个冰激凌。在每个价格为 0.5 元时，李雷买 10 个。随着价格继续上升，李雷的需求越来越少。当价格达到 3 元时，李雷根本不买冰激凌。我们称所有类似于表 2－1 的表格为需求表，即表示物品价格与其需求量之间关系的表。

表 2－1　李雷的冰激凌需求表

冰激凌的价格（元）	冰激凌的需求数量（个）
0.00	12
0.50	10
1.00	8
1.50	6
2.00	4
2.50	2
3.00	0

利用描点法，我们将表中的数据放在一个坐标系内，其横轴代表“冰激凌的需求数量”，纵轴代表“冰激凌的价格”。我们连接各个坐标点，可以得到图 2－1 中一条向右下方倾斜的曲线。该曲线同样可以用来表明一种物品的需求量如何随其价格变动而变动。我们发现，由于冰激凌的价格逐渐下降，李雷对冰激凌的需求量也逐渐增加。这条将价格与需求量联系在一起的、向右下方倾斜的曲线被称为需求曲线。

但请一直牢记，当你再次看到类似的需求表和需求曲线时，要知道它是在其他条件不变的情况下画出的。表 2－1 和图 2－1 表明的是当只有冰激凌的价格变动时，李雷的冰激凌需求会发生变化。它们背后所反映的数据，都是在假设李雷的收入、嗜好、预期和相关产品的价格相同之后才得到的。

经济学家用“其他条件相同”这个术语表明，除了正在研究的变量之外，所有相关变量都保持不变。需求曲线向右下方倾斜是因为：其他条件相同时，价格较低意味着需求量较多。

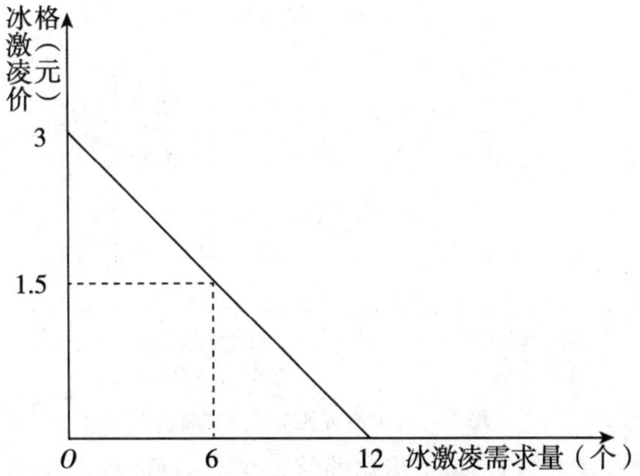

图 2－1　李雷的冰激凌需求曲线

虽然“其他条件相同”这个术语是指某些变量不变的一种假设情况，但在现实世界许多事情是在同时变动的。然而这不妨碍我们将这种方法作为日后学习其他经济学知识时的一种有力工具。它能使复杂的问题简单化，从而使我们能够更方便快速地得到想要的结论——只要我们用供给与需求工具来分析事件或政策时能够记住什么是不变的，而什么并不是，就可以了。

三、市场需求与个人需求

到现在为止，我们已经讨论了个人对一种产品的需求。为了之后能够分析市场如何运行，我们需要确定市场需求。市场需求是所有个人对某种物品或劳务需求的总和。

在上面，通过李雷关于冰激凌的需求表和需求曲线，可知在任何一种价格时他想要并能够购买多少冰激凌。而如果我们同时拥有韩梅梅关于冰激凌的需求表和需求曲线，我们也就能够知道她想要并能够购买多少冰激凌。我们假定该冰激凌市场中只有李雷和韩梅梅两个消费者，此时市场需求就是这两个个人需求的总和。而其他市场中需求者的数量可能不止李雷和韩梅梅两个人，但其中的机制是相同的——市场需求是每个消费者个人需求的总和。

进一步说，实际生活中，大部分市场内消费者的数量往往是庞大的，但这些市场需求仍是从个人需求推导出来的。这些市场的需求量也同样取决于决定个别买者需求量的因素。因此，市场需求量不仅取决于一种物品的价格，而且还取决于买者的收入、嗜好、预期，以及相关物品的价格。唯一的不同点就是市场需求量同时取决于买者的人数——如果更多消费者加入冰激凌市场，在每种价格时需求量会更多。

那么我们如何在同一坐标系表述市场需求呢？先列出市场需求表，再利用描点法不失为一种方法，但在更多的情况下，我们只需要将个人需求曲线水平相加，就可以得出市场需求曲线。在价格为 2 元时，李雷需求 4 个冰激凌，而韩梅梅需求 3 个冰激凌。在这种价格时，市场需求量是 7 个冰激凌，以此类推，可得图 2－2。

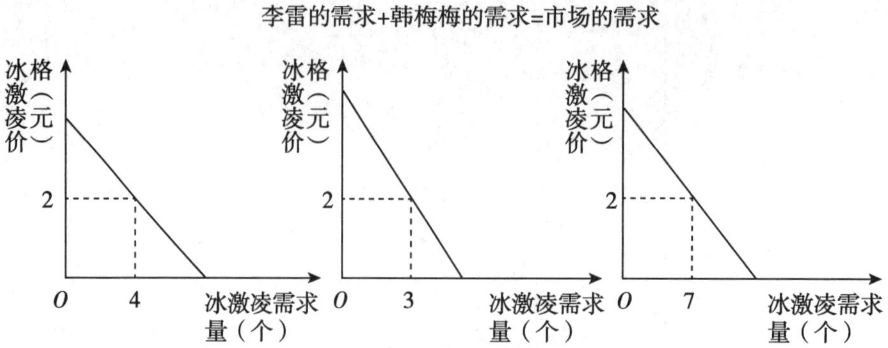

图 2－2　冰激凌的市场需求曲线

图 2－2 表示与这些需求表相应的需求曲线。要注意的是，我们把个人需求曲线水平相加，得出了市场需求曲线。这就是说，为了得出任何一种价格时的总需求量，我们要把个人需求曲线横轴上表示的个人需求量相加。我们关心的是市场如何运行，所以经常用市场需求曲线。市场需求曲线表示一种物品的总需求量如何随着该物品价格的变动而变动。

四、需求曲线的移动

要了解需求曲线的移动，必须区分需求量的变动和需求的变动这两个概念。二者虽然都是需求数量的变动，但区别在于引起这两种变动的因素是不相同的，这两种变动在几何图形中的表示也是不相同的。

需求量的变动是指在其他条件不变时，由某商品的价格变动所引起的该商品的需求数量的变动，这种变动反映为原有的同一条需求曲线上不同的坐标点。而需求的变动是指在某商品价格不变的条件下，由于其他因素变动所引起的该商品需求数量的变动，这种变动最终反映为需求曲线的移动。

比如，美国医学协会突然宣布一个新发现：那些经常吃冰激凌的人更长寿，也更健康。这个公告对冰激凌市场会有什么影响呢？我们可以用图 2－3 来表示上述需求曲线的移动情况。

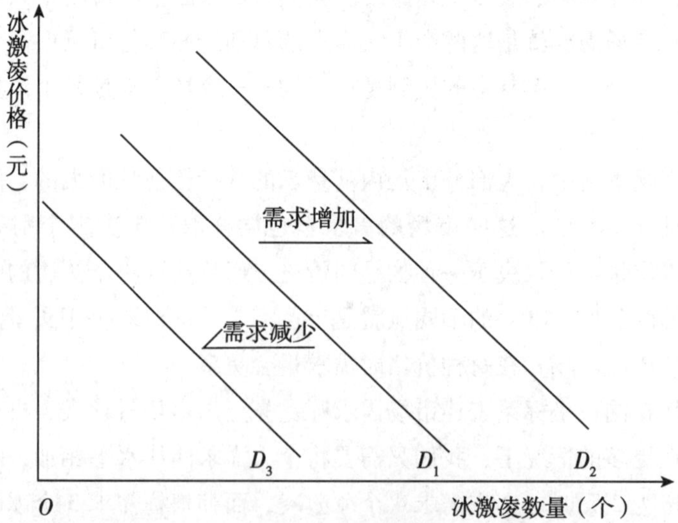

图 2－3　需求曲线的移动

这个发现改变了原来的需求曲线，在任何一种既定价格时，买者现在想买更多的冰激凌，导致冰激凌的需求曲线向右移动。

除了价格之外，任何一种决定需求的因素变动时，需求曲线都会移动。而关于其中的规律，我们可以这样描述：在某种既定价格下，任何一种在每一价格时增加需求量的变动都会使需求曲线向右移动；同样，任何一种在每一价格时减少需求量的变动都会使需求曲线向左移动。

我们会列出决定市场上需求量的变量，以及这些变量的变动如何影响需求曲线。简而言之，需求曲线表示，在其他所有决定需求的因素不变时，一种物品的价格变动，该物品的需求量会发生什么变动。当其他决定因素中的一种变动时，需求曲线会发生移动。

表 2－2　需求的决定因素

影响需求量的变量	这些变量的变动将表现为沿着需求曲线的变动
价格	需求曲线移动
收入	需求曲线移动
相关物品价格	需求曲线移动
嗜好	需求曲线移动
预期	需求曲线移动
买者数量	需求曲线移动

第三节　供给

我们将用同样的思路研究市场中卖者的行为。同学们如果已经较好地掌握了需求部分的知识点，那么不妨拿来与后面的内容对照一下，有关供给的学习就能更快地掌握了。

仿照需求的定义，我们可以说，任何一种物品或劳务的供给量是卖者愿意且能够出售的数量。而冰激凌市场仍然是我们考察的对象。

一、个人供给的决定因素

设想你经营学生甜食店，这是一家生产并销售冰激凌的甜食店。什么因素会决定你愿意生产并提供所销售的冰激凌量呢？下面是一些可能的回答。

（1）价格：冰激凌的价格是供给量的一个决定因素。当冰激凌价格高时，出售冰激凌是有利可图的，因此其供给量也大。作为冰激凌卖者，你的工作时间会更长，会购买更多台冰激凌机并雇用更多工人。相反，当冰激凌价格低时，对经营不太有利，因此，你将生产较少的冰激凌。在一个甚至更低的价格时，你会选择完全停止营业，其供给量减少为零。

由于供给量随着价格上升而增加，随着价格下降而减少，所以我们说，某种物品的供给量与价格是正相关的。价格与供给量之间的这种关系被称为供给规律：在其他条件相同时，一种物品价格上升，该物品供给量就会增加。

（2）投入价格：为了生产冰激凌，学生甜点店用了各种投入，比如奶油、糖、香料、冰激凌机、生产冰激凌的厂房，以及搅拌各种材料并操作机器的工人。当这些投入中的一种或几种价格上升时，生产冰激凌就不太有利，你的企业提供的冰激凌就较少。如果投入价格大幅度上升，你会关掉企业，不再提供冰激凌。因此，一种物品的供给与生产这种物品所用的投入的价格负相关。

（3）技术：把各种投入变为冰激凌的技术是供给量的另一个决定因素。例如，机械化冰激凌机的发明减少了生产冰激凌必需的劳动量。技术进步通过减少企业的成本增加了冰激凌的供给量。

（4）预期：你现在供给的冰激凌量还取决于自身对未来的预期。例如，如果你预期未来冰激凌的价格会上升，你就会把现在生产的一些冰激凌贮存起来，并减少今天的市场供给。

二、供给表和供给曲线

像前面讨论需求一样，我们找到一名冰激凌卖者林涛，并考察在投入价格、技术和预期不变的情况下，其供给的冰激凌数量如何随着价格的变动而变动。这样，我们可以得到一个关于林涛的冰激凌供给表（见表2－3）。

表2－3　林涛的冰激凌供给表

冰激凌的价格（元）	冰激凌的供给量（个）
0.00	0
0.50	0
1.00	1
1.50	2
2.00	3
2.50	4
3.00	5

我们能从这张供给表中得到哪些信息？

比如，在价格低于1元时，林涛不提供任何冰激凌；随着价格上升，他供给的数量越来越多；当价格进一步上涨至3元时，他愿意在这一价格水平提供5个冰激凌；如果价格继续上升，他将提供得更多。

把供给表中的数据放在与需求曲线同样的坐标系中，得到把价格与供给量联系在一起的曲线，称为供给曲线。供给曲线向右上方倾斜，这是因为在其他条件相同的情况下，价格越高意味着供给量越多。

在日后的学习中，我们就把表示一种物品价格与供给量之间关系的表格称为供给表，而把表示一种物品价格与供给量之间关系的图形称为供给曲线，后文不再另作说明。

三、市场供给与个人供给

正如市场需求是所有买者需求的总和一样，市场供给也是所有卖者供给的总和。

在任何一种价格时，林涛的供给表告诉我们林涛供给多少冰激凌，而李明的供给表告诉我们李明供给多少冰激凌。市场供给是这两个个人供给的总和。通过把个人供给曲线水平相加，可以得出市场供给曲线。在价格为 2 元时，林涛供给 3 个冰激凌，而李明供给 4 个冰激凌。在这种价格时，市场供给量是 7 个冰激凌。

市场供给量取决于决定个别卖者供给量的因素：一种物品的价格、生产该物品使用的投入的价格、可得到的技术以及预期。此外，市场供给量还取决于卖者的数量（如果林涛或李明退出了冰激凌经营，市场供给量就会减少）。供给表表示，在所有其他决定供给量的因素不变时，随着价格的变动，供给量会发生什么变动。

和需求曲线一样，我们水平地加总个人供给曲线来得出市场供给曲线。这就是说，为得到任何一种价格时的总供给量，我们要把个人供给曲线横轴上表示的个人供给量相加。市场供给曲线表示一种物品的总供给量如何随着其价格的变动而变动。

四、供给曲线的移动

同样，我们要首先区分供给量的变动和供给的变动这两个概念之间的区别，然后再通过冰激凌供给的例子来说明供给曲线的移动。

类似于对需求量的变动和需求的变动的区分，供给量的变动和供给的变动都是供给数量的变动，其区别在于引起这两种变动的因素是不相同的，这两种变动在几何图形中的表示也是不同的。

供给量的变动是指在其他条件不变时，由某商品的价格变动所引起的该商品供给数量的变动。在几何图形中，这种变动表现为商品的价格和供给数量的结合点沿着原有的供给曲线进行移动。

而供给的变动是指在某商品价格不变的条件下，由于其他因素变动所引起的该商品的供给数量的变动。这里的其他因素变动指生产成本的变动、生产技术的变动、相关商品价格的变动和生产者对未来的预期的变化等。在几何图形中，供给的变动表现为供给曲线的位置发生移动。

假设糖的价格下降了。这种变动如何影响冰激凌的供给呢？由于糖是生产冰激凌的一种投入，所以，糖的价格下降使销售冰激凌更有利可图。这就增加了冰激凌的供给：在任何一种既定价格水平时，卖者现在愿意生产更多冰激凌。因此，冰激凌的供给曲线向右移动。

除了价格以外，任何一种决定供给的因素的变动都会使供给曲线移动。任何在每一价格水平时增加供给量的变动都会使供给曲线向右移动。同样，任何在每一价格水平时减少供给量的变动都会使供给曲线向左移动。简言之，供给曲线表示在所有其他决定供给的因素不变时，若一种物品的价格变动，该物品的供给量会发生什么变动。当其他决定因素中的一种变动时，供给曲线会发生移动。

第四节　市场机制

市场由买方和卖方两大势力构成，其分别代表了市场中的需求力量和供给力量。在分别具体分析了供给与需求之后，我们把它们结合起来说明它们如何决定市场上一种物品的数量和价格。

一、均衡价格

如果我们将供给曲线和需求曲线所在的坐标系视为市场，那么要注意的是，供给和需求曲线最终相交于一点，这一点被称为市场的均衡。这两条曲线相交时的价格被称为均衡价格，而相交时的数量被称为均衡数量（图 2－4）。在这里，均衡价格是每个冰激凌 2 元，而均衡数量是 7 个冰激凌。

均衡这个词的定义是各种力量处于平衡的状态，这个定义也描述了市场均衡。在均衡价格时，买者愿意且能够购买的数量正好与卖者愿意且能够出售的数量平衡。均衡价格有时也被称为市场出清价格，因为在这种价格时，市场上的每一个人都得到满足：买者买到了想买的所有东西，而卖者卖出了想卖的所有东西。

买者与卖者的行动自然而然地使市场向供给与需求的均衡变动。为了说明原因，我们考虑当市场价格不等于均衡价格时会出现什么情况。首先假设市场价格高于均衡价格，当每个冰激凌的价格在 2.5 元时，物品的供给量（10 个冰激凌）超过了需求量（4 个冰激凌）。这时存在物品的过剩：在现行价格时，卖者不能卖出想卖的所有物品，这种情况被称为超额供给。例如，当冰激凌市场上存在超额供给时，冰激凌卖者发现，他们的冰箱越来越装满了想卖而卖不出去的冰激凌。他们对超额供给的反应是降低其价格。价格要一直下降到市场达到均衡时为止。

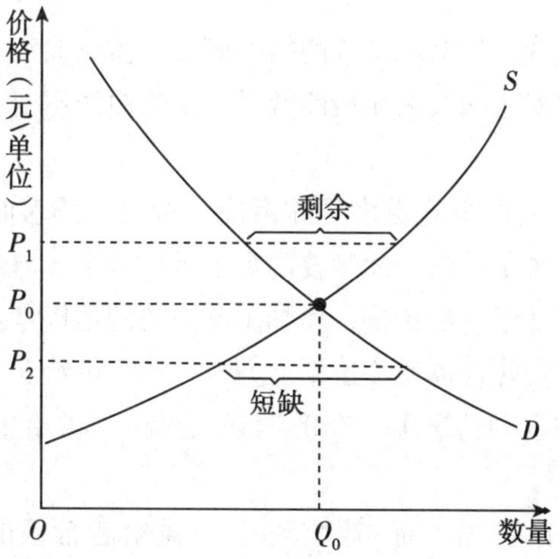

图 2－4　供给和需求

假设现在市场价格低于均衡价格，在这种情况下，每个冰激凌的价格是 1.5 元，物品需求量超过了供给量。这时存在物品短缺；需求者不能按现行价格买到想买的所有物品，这种情况被称为超额需求。例如，当冰激凌市场出现超额需求时，买者不得不排长队等候购买可提供的几个冰激凌的机会。由于太多的买者抢购太少的物品，卖者可以做出的反应是提高自己的价格而不是失去销售量。随着价格的上升，市场又一次向均衡变动。

因此，许多买者与卖者的活动自发地把市场价格推向均衡价格。一旦市场达到其均衡价格，所有买者和卖者都会得到满足，也就不存在价格上升或下降的压力。在不同市场上达到均衡的快慢是不同的，这取决于价格调整的快慢。但是，在大多数自由市场上，由于价格最终要变动到均衡水平，所以，过剩与短缺都只是暂时的。事实上，这种现象如此普遍存在，甚至有时被称为供求规律：任何一种物品价格的调整都会使该物品的供给与需求达到平衡。

二、分析均衡变动的三个步骤

到现在为止，我们说明了供给与需求如何共同决定市场均衡，市场均衡又决定物品价格，以及买者所购买和卖者所生产的该物品数量。当然，均衡价格和数量取决于供给和需求曲线的位置。当某些事件使这些曲线中的一种移动时，市场上的均衡就改变了。关于这种变动的分析被称为比较静态，因为它涉及原均衡与新均衡的比较。

当分析某个事件如何影响一个市场时，我们按三个步骤进行。第一，确定该事件是使供给曲线移动还是需求曲线移动，或是在一些情况下使两种曲线都移动；第二，确定曲线是向右移动还是向左移动；第三，用供求图来考察这种移动如何影响均衡价格和数量。

（1）举例：需求变动。

假设某一年夏季，天气特别热。这种情况会如何影响冰激凌市场呢？为了分析这个问题，我们分三个步骤进行。

第一，天气热通过改变人们对冰激凌的嗜好而影响需求曲线。这就是说，天气改变了人们在任何一种既定价格时想购买的冰激凌数量。供给曲线不变，因为天气并不直接影响销售冰激凌的企业。

第二，由于天气热使人们想吃更多的冰激凌，所以，需求曲线向右移动，需求增加了。这种移动表明，在每种价格时，冰激凌的需求量更多了。

第三，天气热提高了冰激凌的价格，增加了冰激凌的销售量。

我们注意到，当天气炎热使冰激凌价格上升时，尽管供给曲线仍然相同，但企业供给的冰激凌数量增加了。在这种情况下，经济学家说存在“供给量”增加但“供给”未变的情况。

“供给”指供给曲线的位置，而“供给量”指供给者希望出售的数量。在这个例子中，供给没有改变，因为天气并没有改变在任何一种既定价格时企业的销售愿望。相反，热天气改变了在任何一种既定价格时消费者的购买愿望，从而使需求曲线移动。需求增加引起均衡价格上升。当价格上升时，供给量增加了，这种供给量的增加用沿着供给曲线的变动来表示。

总之，供给曲线移动称为“供给变动”，而需求曲线移动称为“需求变动”；沿着一条固定供给曲线的移动称为“供给量的变动”，而沿着一条固定需求曲线的移动称为“需求量的变动”。

（2）举例：供给变动。

假设在另一个夏季，地震摧毁了几家冰激凌工厂。这个事件会如何影响冰激凌市场呢？为了回答这个问题，我们又分三个步骤进行。

第一，地震影响供给曲线。地震通过减少卖者数量而改变了在任何一种既定价格时企业生产并销售的冰激凌数量。需求曲线没变，因为地震并没有直接改变家庭希望购买的冰激凌数量。

第二，供给曲线向左移动，因为在任何一种价格时，企业愿意并能够出售的总供给量减少了。

第三，供给曲线移动使均衡价格上升，使均衡数量减少。由于地震，冰激凌的价格上升了，而销售量减少了。

（3）举例：供给和需求都变动。

现在假设天气炎热和地震同时发生。为了分析两个事件的这种结合，我们仍分三个步骤进行。

第一，我们确定，两条曲线都应该移动。天气炎热影响需求曲线，因为它改变了家庭在任何一种既定价格时想要购买的冰激凌数量。同时，地震改变了供给曲线，因为它改变了企业在任何一种既定价格时想要出售的冰激凌数量。

第二，这两条曲线移动的方向与前文分析中它们的移动方向相同：需求曲线向右移动，而供给曲线向左移动。

第三，这会引起两种可能的结果，这取决于需求移动和供给移动的相对大小。在下面两种情况下，均衡价格上升。一种情况是，需求有大幅度增加，而供给减少很小，均衡数量也增加了；另一种情况则可能是供给有大幅度减少，而需求增加很小，均衡数量减少了。因此，我们可以这样说，这些事件肯定会提高冰激凌的价格，但对冰激凌销售量的影响是不确定的。

所以，我们在生活中看到的各种摆在货柜上明码标价的商品的市场价格，在经济学家的理想状态下，都应当是该商品市场依靠供求关系所确定出来的均衡价格。在这样的情况下，市场能够达到一种被称为“市场出清”的均衡状态，即买卖双方能够在均衡价格下完成所有想要并能够完成的交易。

但市场价格是否就应当是均衡价格呢？在经济学科内部也存在不同的分歧。比如，马克思在其政治经济学理论中就认为价格应取决于物品所包含的社会必要劳动时间，而非取决于供求曲线的相交点。但实际上，劳动时间是非常难以衡量的，简单劳动与复杂劳动的换算实际上根本不可能实现，也并不能保证在这样的定价下市场能够最优化地进行资源配置。

因此，更多的西方经济学学者相信，在市场经济中决定市场价格的只能是供求。毕竟就像苏富比拍卖场中每幅名家画作一样，其不断翻涨的成交价格并不能用劳动量来解释，但以市场的供求理论就能做出较为妥当的解释。能够较为紧密地联系实际生活，这恰好也是我们要学习西方经济学的原因之一。

第五节　完全竞争市场

必须要指出的是，虽然供求理论的内涵是始终如一的，都体现为在均衡价格下调节市场生产，但是供给和需求本身，进而是交易的商品本身，在不同的市场情况下存在不同的表现形式。

这里将向同学们介绍完全竞争市场，作为大家对供求关系进一步思考的起点。

在实际生活中，有的市场组织是非常健全的，例如许多农产品市场。在这样的市场上，买者与卖者在特定的地点与时间相聚，市场上还有拍卖者帮助确定价格并安排销售。但通常情况是，市场并没有什么组织。例如，考虑一下某个镇上的冰激凌市场。冰激凌的买者并没有在任何一个时间相聚在一起，冰激凌的卖者在不同地方并提供略有差别的产品。尽管这个市场没有人组织，但冰激凌买者集团和冰激凌卖者集团形成了一个市场。每个买者都知道有一些卖者可供选择，而且每个卖者都认识到其产品与其他卖者提供的产品是相似的。冰激凌的价格和销售量并不是由任何一个买者或卖者决定的。确切地说，冰激凌的价格和销售量是由所有买者和卖者在市场上的相互交易决定的。

于是，我们称冰激凌市场以及经济中大多数类似情况的市场是高度竞争的市场。竞争市场是一个有许多买者与卖者，以致每一个人对市场价格的影响都微乎其微的市场。每一个冰激凌卖者对价格的控制是有限的，因为其他卖者也提供类似的产品。卖者没有什么原因收取低于现行价格的价格；而且，如果他收取较高价格，买者就会到其他地方购买。同样，没有一个冰激凌买者能影响冰激凌的价格，因为每个买者的购买量都很少。竞争市场上买者与卖者相互影响的过程，就是我们之前所描述的供给力量与需求力量之间相互平衡的过程，这两股力量最终决定竞争市场上某一种物品的销售量及其价格。

但实际上，市场中竞争的力量也有强弱之分，从而使得现实世界中的市场类型有多种。经济学家往往将完全竞争市场作为研究的一个起点，而我们也视其为同学们学习的一个起点。

假设某一市场是完全竞争的，那么该市场必须符合以下两个基本特征：(1) 所提供销售的物品是完全相同的。(2) 买者和卖者如此之多，以致没有一个买者或卖者可以影响市场价格。由于完全竞争市场上的买者与卖者必须接受市场决定的价格，所以，他们被称为价格接受者。要解释为什么会有这样的情况，我们必须运用刚刚学过的个人需求与个人供给，以及市场需求与市场供给的知识。我们已经知道完全竞争市场是有着大量的对单一同质物品进行交易的卖者和买者的市场，但这并不能直接说明单个个体对价格的影响就是微不足道的。而应指出的是，任何与单个个体有关的数量变化——无论是需求数量还是供给数量——都无法影响整体的市场需求与供给曲线，由此才导致由两条曲线交点所表示的均衡价格是始终如一的。

有一些市场“天生”完全适用于完全竞争的假设。例如，在小麦市场上，有成千上万出售小麦的农民和千百万使用小麦和小麦产品的消费者。由于没有一个买者或卖者能影响小麦价格，所以，每个人都把价格作为既定的。

但是，许多物品与劳务的市场并不是完全竞争的。一些市场只有一个卖者，而且这个卖者决定价格。这个卖者被称为垄断，这种市场被称为垄断市场。例如，本地的有线电视公司可能就是一种垄断。同一个市的居民也许只能从同一家有线电视公司购买有线电视服务。若一些市场只有几个卖者，而且这些卖者并不总是主动地进行竞争，则这种市场被称为寡头市场。例如，一些航线就是寡头市场。如果两个城市之间的航线只由两家公司提供服务，那么这两家公司就倾向于尽量避免激烈竞争，以维持高价格。

一些市场有许多提供略有差别产品的卖者。由于产品并不是完全相同的，每个卖者都有某种决定自己产品价格的能力，这种市场被称为垄断竞争市场。一个例子是软件行业。许多文字处理程序都在相互争夺使用者，但每一种程序都与其他程序不同，并且有自己的价格。

尽管世界上的市场类型是多种多样的，但我们从研究完全竞争开始。完全竞争市场是最容易分析的，日后同学们将要学习的大量经济学模型和理论也将依赖这一假设条件。由于大多数市场上都有某种程度的竞争，所以，我们从研究完全竞争下供给与需求中所得到的许多结论也适用于更复杂的市场。

第六节　市场的配置资源能力

本章分析了一个市场上的供给与需求。尽管分析集中在冰激凌市场上，但这里所了解到的结论也适用于大部分其他市场，而无论其竞争程度如何。只要你去商店买某种东西，你就对那种东西的需求做出了贡献；只要你找工作，你就对劳动服务的供给做出了贡献。由于供给与需求是如此普遍的经济现象，所以，供求模型是一种十分有用的分析工具。在以后各章中，我们要经常使用这个模型。

第一章中学习的曼昆先生所总结的经济学十大原理中，有一条——市场通常是一种组织经济活动的好方法。

既然是“通常”，那么要对市场运行的最终结果是好还是坏、完全竞争市场是否就是最完善的市场组织形式做出一定的判断仍然早了一点，但在本章中，我们开始了解市场是如何运行的。在任何一种经济制度中，资源都要配置到竞争性用途中。市场经济利用供给与需求的力量来实现这个目标。供给与需求共同决定了经济中许多不同物品与劳务的价格，而价格又是指导资源配置的信号。例如，考虑一下海滩土地的配置。由于这种土地量有限，并不是每一个人都能享受海滩的奢华生活。谁会得到这种资源呢？答案是愿意支付这种价格的人。海滩土地的价格要一直进行调整，直至这种土地的需求量与供给量平衡。因此，在市场经济中，价格是配置稀缺资源的机制。同样，价格决定了谁生产每种物品以及生产多少。例如，考虑一下农业的情况。由于生存需要食物，一些人从事农业是至关重要的。什么因素决定谁是农民而谁不是农民呢？在一个自由社会中，并没有做出这种决策并确保充足食物供给的政府计划机构。相反，把工人配置到农业中是根据千百万工人的工作决策，这种分散的决策制度运行良好，因为这些决策取决于价格。食物价格和农业工人工资（他们劳动的价格）的调整确保了有足够的人选择当农民。

如果一个人从未见过市场经济的运行，整个思想看来就是荒谬的。经济是一大群从事许多相互依存的活动的人。什么因素使分散决策免于陷入混乱呢？用什么来协调千百万有不同能力与欲望的人的行动呢？用什么来保证需要做到的实际上也实现了呢？若用一个词来回答，那就是价格。

在任何经济系统内，稀缺资源必须在不同的竞争性用途中进行配置。为了实现这个目标，市场经济利用了供给和需求的力量。供给和需求共同决定了经济中很多不同商品和服务的价格；价格在一定程度上（并非万能）又成为指引资源配置的信号。学过西方经济学说史，或是对斯密有所了解的同学，一定会从这样的价格体系中发现“看不见的手”的影子。

第七节　政府干预的结果——价格控制

虽然很多西方的经济学者一再坚持市场自身的控制力量，但实际上，无论是在美国还是其他绝大多数工业化国家，市场几乎很难免受政府的干预。从市场参与者的角度，政府也往往视自己为除了家庭和企业之外的下一位重要“玩家”，并能运用行政力量干涉市场力量本身。当政府对本国经济因素以至于社会政治因素抱有怀疑的时候，就会采用包括征税和给予补助在内的各种不同方法来调节市场（甚至是竞争性的市场），而有时政策又往往产生一些使其设计者不想要或没有预见到的影响。比如，如何运用供给和需求曲线来分析一种常见的政府干预的结果：价格控制？租金控制法规定了房东可以向房客收取的最高租金；最低工资法规定了企业可以向工人支付的最低工资。当决策者认为一种物品或劳务的市场价格对买者或卖者不公正时，通常会实施价格控制。然而这些政策本身会引起另一些不公平。在以后的学习中，我们会更加详尽地研究价格控制以及其他形式的政府干预和调节的结果。

为了说明价格控制如何影响市场结果，我们再来看看冰激凌市场。如果在一个没有政府管制的竞争市场上出售冰激凌，冰激凌的价格调整会使供求平衡：在均衡价格时，买者想买的冰激凌的数量正好等于卖者想卖的冰激凌的数量。具体来说，假设均衡价格是每个 3 元，并不是每个人对这种自由市场过程的结果都感到满意。比如，冰激凌消费者协会抱怨，3 元价格太高，无法使每个人每天享受一个冰激凌（该协会推荐的食品）；同时，全国冰激凌制造商组织也会抱怨，3 元的价格——“割颈式竞争”的结果——减少了其成员的收入。每个集团都在游说政府，以便通过一项借助直接控制价格来改变市场结果的法律。

当然，由于任何一种物品的买者总想要低价格，而卖者总想要高价格，所以，这两个集团的利益是冲突的。如果冰激凌消费者在游说中成功了，政府就会通过冰激凌可以卖的法定最高价格，这就称为价格上限。如果冰激凌制造商成功了，政府就会通过法定最低价格，这就称为价格下限。现在我们依次来考虑这些政策的影响。当政府受冰激凌消费者抱怨的鼓动而对冰激凌市场实行价格上限时，可能有两种结果：一是政府实行每个冰激凌为 4 元的价格上限。在这种情况下，由于使供求平衡的价格（3 元）低于上限，价格上限没有限制作用。市场力量自然而然地使经济向均衡变动，而且，价格上限没有影响。二是政府实行每个冰激凌 2 元的价格上限。由于均衡价格 3 元在价格上限之上，所以，价格上限对市场有一种限制性约束。供求力量趋向于使价格向均衡变动，但当市场价格达到上限时，就不能再上升了，因此市场价格等于价格上限。在这种价格时，冰激凌的需求量超过了供给量，存在冰激凌短缺，因此，一些在现行价格时想买冰激凌的人买不到。

当冰激凌短缺的形成是由于这种价格上限时，一些配给冰激凌的机制自然就会出现。

这种机制可能是排长队：那些愿意提前来到并排队等候的人得到一个冰激凌，而另一些不愿意等候的人得不到。另一种方法是，卖者可以根据自己的偏好来配给冰激凌，只卖给朋友、亲戚或者同一种族或民族的成员。要注意的是，尽管价格上限是由实现冰激凌买者的愿望促成的，但并不是所有买者都能从这种政策中受益。一些买者排队等候能以较低的价格得到冰激凌，而另一些买者根本得不到任何冰激凌。

冰激凌市场的例子说明了一个一般规律：当政府对竞争市场实行限制性价格上限时，就产生了物品的短缺，而且，卖者必然在大量潜在买者中配给稀缺物品。这种价格上限之下产生的配给机制很少是合意的。排长队是无效率的，因为这样做浪费了买者的时间；根据卖者偏好的歧视既无效率（因为物品并没有给予对它评价最高的买者），又可能是不公正的。与此相比，一个自由竞争市场中的配给机制既有效率又客观。当冰激凌市场达到均衡时，任何一个想支付市场价格的人都可以得到一个冰激凌。自由市场用价格来配给物品。

为了考察另一种政府价格控制的影响，我们再回到冰激凌市场。现在设想政府被全国冰激凌制造商组织的借口说服了。在这种情况下，政府将制定价格下限。价格下限和价格上限一样，也是政府要使价格保持在与均衡水平不同的水平上。价格上限是确定法定价格的最高限，而价格下限是确定法定价格的最低限。当政府对冰激凌市场实行价格下限时，可能有两种结果：如果当均衡价格是 3 元时，政府确定的价格下限是 2 元，在这种情况下，由于均衡价格高于价格下限，价格下限没有限制性。市场力量自然而然地使经济向均衡变动，而且，价格下限没有影响。而当政府把价格下限定为每个冰激凌 4 元时，由于均衡价格 3 元低于价格下限，价格下限对市场有限制性约束。供求力量使价格向均衡价格变动，但当市场价格达到下限时就不能再下降了，市场价格等于价格下限。在这种价格下限时，冰激凌的供给量超过了需求量，一些想以现行价格出售冰激凌的人卖不出去。因此，限制性价格下限引起过剩。

正如价格上限和短缺会引起不合意的配给机制一样，价格下限和过剩也是这样。在价格下限的情况下，一些卖者不能按市场价格卖出想卖的所有东西。那些也许由于种族或家族之故而受买者青睐的卖者能比那些没有受到青睐的卖者更好地出售自己的产品。与此相比，在一个自由市场中，价格起到配置机制的作用，而且卖者可以按均衡价格卖掉想卖的所有东西。

我们完成了对冰激凌市场进行的定性分析，现在尝试定量分析。这里先观察图 2 – 5。

图 2 – 5 表示的正是价格控制的结果。这里的 P_0 和 Q_0 是在没有政府调节的情况下将会通行的均衡价格和数量。然而政府觉得 P_0 太高，并规定价格不能高于它所允许的最高限价，用 $P_{最高}$ 表示。这会有什么结果呢？在这一较低的价格上，生产者（特别是那些成本较高的生产者）将减少产量，这时供给为 Q_1；另外，消费者在这一低价上将增加需求，他们愿意购买的数量为 Q_2。因此，需求大于供给，短缺产生了，称为过度需求，其数量为 $Q_2 - Q_1$。

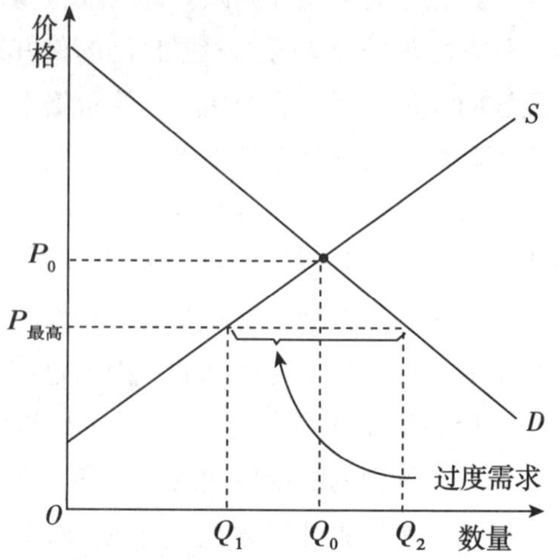

图 2-5　最高限价的结果

没有价格控制，市场在均衡价格和数量 P_0 和 Q_0 处出清，如果价格被控制在 $P_{最高}$，供给降至 Q_1，需求升至 Q_2，出现短缺。

这种过度需求时以排队为一种表现形式，例如，在 1974 年冬和 1979 年夏，美国汽车司机排队购买汽油（在这两个事例中，排队买汽油是价格控制的结果；政府控制国内石油和汽油价格，使之不因世界石油价格的上涨而上涨）。

有时，过度需求也以削减供给和配给制为形式，例如天然气价格受到控制以及随之而来的 20 世纪 70 年代中期天然气的短缺，那时天然气工业消费者只能减少其产品的供给，最终导致工厂的关闭。过度需求有时也会影响其他市场，从而人为地增加需求。例如，天然气价格的控制使得潜在的购买者转而使用石油。

价格控制使得几家欢喜几家愁。最高限价会使生产者受到损失——他们接受较低的价格，所以，一些生产者不得不退出该行业。然而有部分（并非全部）能以更低的价格购买商品，明显地从中获益；而那些在"配给外的"和根本无力购买的人，则是穷上加穷。

让我们再次回到上一节最后以及本节开始的地方，我们提到了经济学十大原理之一——"市场通常是组织经济活动的一种好方法"。我们指出，部分经济学家，也包括大部分政府官员对这一问题是持担忧态度的，其结果就是导致了他们相信"政府有时可以改善市场结果"。实际上，决策者进行价格控制是因为他们认为市场结果是不公平的，而又相信通过他们所设定的价格控制可以帮助穷人。例如，租金控制法想要使每个人都住得起房子，而最低工资法想要帮助人们摆脱贫困。但价格控制往往伤害了它想要帮助的人。租金控制可以保持低租金，但无法鼓励房东维修住房，并使找房困难。最低工资法会增加一些工人的收入，但也会使其他工人成为失业者。

正是有这些对政府干预的、可分析的不足之处，在这两种观点的交锋中，坚持前者的经济学家几乎总是反对价格上限和价格下限。在他们看来，价格并不是某些偶然过程的结果，而是隐藏在供给和需求曲线背后的千百万企业和消费者决策的结果。价格有平衡供求，从而协调经济活动的关键作用。当决策者以合法公布的方法来确定价格时，他们就模糊了正常指引社会资源配置的信号。

对于政府利用除了控制价格以外的其他方法来帮助那些需要帮助的人的行为，坚持市场力量的经济学家们也不持乐观态度。例如，政府可以通过给贫困家庭部分租金补贴来使他们租得起房子，而且与租金控制不同，这种租金补贴并不减少住房供给量，从而也就不会引起住房短缺；工资补贴提高了贫穷工人的生活水平，又没有刺激企业少雇工人；工资补贴使劳动收入税收减免，这是政府补贴低工资工人的计划。然而这些经济学家仍认为，这些替代性政策即使比价格控制要好，也是不完善的。租金和工资补贴要花费政府资金，因此要求更高的税收。

这样的争论在西方的经济学界一直持续到今天，了解西方经济学说发展历史尤其是近现代发展历史的同学会发现，在不同的时期，为了应对不同的情况，两方各自所提倡的方法是被各国交替使用的，这一情形在美国尤为明显，感兴趣的同学查阅相关书籍会发现，两方碰撞所产生的火花恰是促进今天经济学不断发展的力量之一。

本章关键词

市场　需求　控制变量　供给　市场机制　均衡　完全竞争市场　价格控制

思考题

1. 定义需求表和需求曲线；表述需求向下倾斜规律；用两个你自己经历的实例说明需求向下倾斜规律。
2. 定义供给表和供给曲线；说明供给的增加意味着供给曲线向右下方移动；把它与需求增加所意味的需求曲线向右下方移动做一下比较。
3. 什么因素可能增加对可乐的需求？什么因素可能增加其供给？价格更低的果汁饮品的出现对可乐的市场均衡会产生何种影响？
4. 阐明竞争市场的价格在供给与需求的均衡下稳定下来的理由。如果市场初始价格过高或过低，那么请分别描述由此发生的情况。
5. 什么是市场？市场机制下是用何种方式决定生产什么和如何生产的？
6. 有供给与需求的四条规律如下，填空并用供给和需求论证每一条规律：
   a）需求的增加通常会____价格和____需求量；
   b）需求的下降通常会____价格和____需求量；
   c）供给的增加通常会____价格和____需求量；
   d）供给的减少通常会____价格和____需求量。
7. 判断题：
   a）如果需求增加，需求量一定增加。（　）
   b）生产者如果预期某种商品未来价格要下降，就会降低该商品的生产。（　）

c）假定其他条件不变，某种商品价格的变化将导致它的供给量变化，但不会引起供给的变化。（ ）

d）对所有生产某种产品的厂商征税，将使该产品的供给曲线左移，使均衡价格下降而均衡产量上升。（ ）

8. 当一种物品十分有限时，有些人会提出必须采取某种方法配给稀缺品。例如拍卖、发票证、“先来先得”等。试说明每种办法的利弊，并思考在市场机制下能否解决相应的问题。

9. 我们必须承认“市场不灵”情况在实际生活中的存在，同时我们也要认可政府的职能。而是否可能存在“政府不灵”，即政府矫正市场不灵的努力甚至会导致比市场不灵更糟的后果？考虑几个政府不灵的例子。你是否能设想一种政府不灵非常严重，以致生活在市场不灵中要比“政府出面去加以纠正”更好的情况？

10. 分析下列政府干预经济的情况：空气污染管制、穷人收入补偿、对电话垄断进行价格管制。根据每一种情况：（a）解释市场不灵；（b）讨论政府对该问题的干预；（c）解释为什么政府不灵可能是政府干预而引起的。

第三章　弹性

设想你是一个种小麦的农民。由于你所有的收入都来自出售小麦，所以，你尽了最大的努力来提高土地的产量。你注意天气和土壤状况，检查田地以预防病虫害，并学习农业技术的最新进展。你知道，小麦种得越多，收成之后也就卖得越多，而收入和生活水平也就更高。有一天，某大学宣布了一项重大发现。该大学农学系的研究人员培育出一种小麦新杂交品种，该品种可以使农民每英亩田地的产量增加20%。你对这条新闻有什么反应呢？你应该采用这种新杂交品种吗？这种发现会使你比以前的生活状况变好呢，还是变坏？在本章中，我们将看到这些问题的答案出人意料。这种出人意料之处来自运用经济学最基本的工具——供给与需求——来分析小麦市场。

第一节　弹性是什么？为什么引入弹性？

上一章介绍了供给与需求。在任何一个竞争市场，例如小麦市场，向右上方倾斜的供给曲线代表卖者的行为，而向右下方倾斜的需求曲线代表买者的行为。一种物品价格的调整使该物品的需求量与供给量实现平衡。为了运用这种基本分析来解释农业科学家发现的影响，我们必须首先提出另一种工具：弹性的概念。

弹性概念的提出，有利于我们从定性分析转向定量分析。若我们想要对市场上有关供给与需求的任意一个变化所能引起的均衡的变动有一个准确和具体的了解，弹性就是衡量买者与卖者对市场条件变动反应大小的指标，它使我们可以更精确地分析供给与需求。

在上一章，我们仅仅运用供给曲线和需求曲线的模型就可以对政府的市场干预政策——价格控制的影响做出一定程度的分析，预测了买卖双方在面对价格控制时的反应，也因此能够指出与该政策相关的不足之处。然而下次研究类似事件或政策如何影响市场时，我们不仅要讨论该影响的方向，还要分析该影响的大小。因此，弹性的学习是必要的。

为什么弹性概念的引入能有如此巨大的能量？要回答这个问题，我们必须了解弹性的定义，即弹性是什么。

弹性是一个变量对另一个变量的敏感性的一种度量。具体来说，就是这样一个数字，它告诉我们一个变量发生1%的变化将会引起的另一个变量的变化的百分比。当然，也可以这样描述：某变量变化一单位时，将会引起另一个变量多少单位的变化。

接下来我们尝试将弹性概念与供给和需求结合在一起。

第二节　需求弹性

一、需求的价格弹性及其决定因素

结合对弹性概念的定义，需求的价格弹性即可用于度量需求量对价格变化的敏感性。它告诉我们，当某种商品的价格上升1%时，该商品的需求量将会发生多大百分比的变化。

这里把数量和价格分别设为Q和P，那么需求的价格弹性可以表示为：

需求价格弹性=需求量变动的百分比/价格变动的百分比，即

$$E_P = \% \Delta Q / \% \Delta P$$

式中，分子表示的就是需求数量Q的百分比变化；分母则表示价格P的百分比变化。

但是，一个变量的百分比变化只是将变量的绝对值变化除以变量的初始值，由此，需求的价格弹性又可以写成：

$$E_P = \frac{\Delta Q/Q}{\Delta P/P} = \frac{P}{Q} \cdot \frac{\Delta Q}{\Delta P}$$

在通常情况下，需求的价格弹性是一个负数，当一种商品的价格上涨时，其需求量一般会下降，因此，整个式子所求的值（由价格变化导致的需求的变化）是负值，于是，E_P也是负的。

该表达式是根据弹性定义直接得到的，在计算需求曲线上两点之间的价格弹性时非常有用。

例如，假定冰激凌的价格从2元上升到2.2元使你购买的冰激凌从每月10个减少为8个，我们计算出价格变动百分比为：

价格变动百分比=（2.20－2.00）÷2.00×100%=10%

同样，我们计算出需求量变动百分比为：

需求量变动百分比=（10－8）÷10×100%=20%

在这种情况下，需求弹性是：

需求价格弹性=20%÷10%=2

在这个例子中，弹性是2，反映了需求量变动的比例是价格变动比例的两倍。

由于一种物品的需求量与其价格负相关，所以，数量变动的百分比与价格变动的百分比总是相反的符号。在这个例子中，价格变动的百分比是正的10%（反映了上升），而需求量变动的百分比是负的20%（反映了减少）。由于这个原因，需求价格弹性有时称为负数，这在之前对公式的介绍中也有所提及。而在本书中，我们遵循一般做法，去掉负号，把所有价格弹性作为正数（数学上称这种数为绝对值）。根据这个习惯，需求价格弹性越

大，意味着需求量对价格越敏感。

但是如果假定冰激凌的价格是从2.2元下降到2元，从而使你购买的冰激凌从每月8个增加为10个，用公式求出此时需求数量的价格弹性，得到的答案将是2.75。

从这个例子中可以看出，如果运用上述从弹性定义中直接得到的弹性表达式来计算需求曲线上两点之间的需求价格弹性，我们会注意到一个令人烦恼的问题：从A点到B点的弹性似乎不同于从B点到A点的弹性。

就像上述例子中所提出的问题那样，考虑类似情况下的各种数字：

A点：价格=4元，数量=120个

B点：价格=6元，数量=80个

从A点到B点，价格上升了50%，数量减少了33%，表明需求的价格弹性是33/50，或者0.66。与此相比，从B点到A点，价格下降了33%，而数量增加了50%，表明需求的价格弹性是50/33，或1.5。

避免这个问题的一种方法是用中点法计算弹性。中点法不是用标准的方法（变动量除以原先的水平）计算变动百分比，而是用变动量除以原先水平与最后水平的中点来计算变动百分比。例如，4元和6元的中点是5元，因此，根据中点法，从4元到6元是上升了40%$[(6-4)/5\times100\%=40\%]$。同样，从6元变动到4元也是下降了40%。

无论变动的方向如何，中点法都给出了同一个答案，所以，在计算两点之间的需求价格弹性时通常用这种方法。在此例中，A点与B点之间的中点是：价格=5元，数量=100。

根据中点法，从A点到B点，价格上升40%，而数量减少40%。同样，从B点到A点，价格下降40%，而数量增加40%。在这两种方向变动时，需求价格弹性等于1。

我们称类似求得的需求曲线上两点之间的需求价格弹性为弧弹性，而无论考察的是从A点到B点还是从B点到A点。在计算过程中，对于因为计算百分比时使用的基准（分母）不同所造成的不同，我们采用中点法予以解决。所以，同学们如果日后需要计算两点之间的弹性，则应该记住中点法。

进一步思考，如果两点之间的距离非常小，即价格的变化量和需求数量的变化量都趋近于零，那么利用相同的公式，我们所求的就是需求曲线上某个点（P，Q）的弹性，更准确地说，其衡量的是价格微小变动所引起的需求量变动。

这里已经向同学们做出了解释，为了方便计算，我们往往视弹性为正数。在同是正数的情况下，根据需求曲线弹性的大小，可以对需求曲线进行分类。

当价格弹性大于1时，需求是富有弹性的。因为此时需求量百分比的下跌要大于价格百分比的上涨；如果价格弹性小于1，需求缺乏弹性，从而需求量变动的比例小于价格变动的比例；如果弹性正好是1，则需求量与价格同比例变动，则需求是单位弹性。

除上述三种情况之外，还存在两种更为极端的情况。一是零弹性，即需求完全无弹性。在这种情况下，无论价格如何，需求量总是相同的。随着弹性增大，需求曲线越来越平坦。二是完全有弹性的需求，当需求的价格弹性接近无限大时，就会出现这种情况。在这种情况下，需求曲线是水平的，反映了价格极小变动会引起需求量极大变动这一事实。

我们从定性分析的角度出发来具体介绍这 5 种情况的发生。

什么因素决定一种物品的需求是富有弹性还是缺乏弹性呢？由于任何一种物品的需求取决于消费者的偏好，所以，需求的价格弹性取决于形成个人欲望的许多经济、社会和心理因素。但是，根据经验，我们可以说出某些决定需求价格弹性的一般规律。

（1）必需品与奢侈品。必需品倾向于需求缺乏弹性，而奢侈品倾向于需求富有弹性。当看病的价格上升时，人们尽管会比平常看病的次数少一些，但不会大幅度地改变看病的次数。与此相比，当游艇价格上升时，游艇需求量会大幅度减少。原因是大多数人把看病作为必需品，而把游艇作为奢侈品。当然，一种物品是必需品还是奢侈品并不取决于物品本身固有的性质，而取决于买者的偏好。对于一个热衷于航行而不太关注自己健康的水手来说，游艇可能是需求缺乏弹性的必需品，而看病是需求富有弹性的奢侈品。

（2）相近替代品的可获得性。有相近替代品的物品往往较富有需求弹性，因为消费者从这种物品转向其他物品较为容易，这时，商品的价格弹性就比较大；如果没有较接近的替代商品，需求就往往缺乏价格弹性。例如，黄油和人造黄油很容易互相替代。假设人造黄油的价格不变，黄油价格略有上升就会引起黄油销售量大大减少。与此相比，由于鸡蛋是没有相近替代品的食物，鸡蛋的需求弹性大概就小于黄油。

（3）市场的定义。任何市场的需求弹性取决于如何定义市场的界限。定义狭窄的市场通常比定义宽泛的市场更具有需求弹性，这是因为商品的定义越窄，则越容易找到替代品。例如，食品是个宽泛的概念，所以需求相对缺乏弹性，因为人们找不到食品的替代品。而冰激凌则是食品的一个狭窄的种类，因此更具有需求弹性，因为其他甜食是冰激凌的替代品。香草冰激凌的定义更窄，所以非常具有需求弹性，因为其他口味的冰激凌几乎完全可以替代它。

从定量分析的角度出发，结合上述需求价格弹性的数学表达式，则可以得到如下结论：

需求的价格弹性是与价格变化有关的数量变化，乘以价格与数量的比值。然而当我们沿着需求曲线下移时，前者可能发生变化，后者即价格与数量的比值则始终在变化。因此，需求的价格弹性必须在需求曲线某一个特定的点上进行度量，而随着点在需求曲线上的一定变化，这一弹性一般也会变化。

这种情况在线性需求曲线上表现得最为明显，即这种需求曲线有下面的形态：

$$Q = a - bP$$

举个例子，设想有一条需求曲线为：$Q = S - 2P$

对于这条曲线而言，数量变化量和价格变化量的比值是恒定不变的，且等于 -2（P 增长1个单位导致 Q 减少2个单位）。可是，这条曲线并没有一个恒定不变的弹性。观察图3-1，当我们在曲线上向下移动时，比率 P/Q 就会减小，因此弹性的绝对值也会减小。在靠近需求曲线与价格轴的交点处，Q 是很小的，因此 $E_P = -2 \times (P/Q)$ 绝对值非常大。当 $P=2$ 且 $Q=4$ 时，E_P 的绝对值为1。在需求曲线与数量轴的交点处，$P=0$，所以 $E_P=0$。

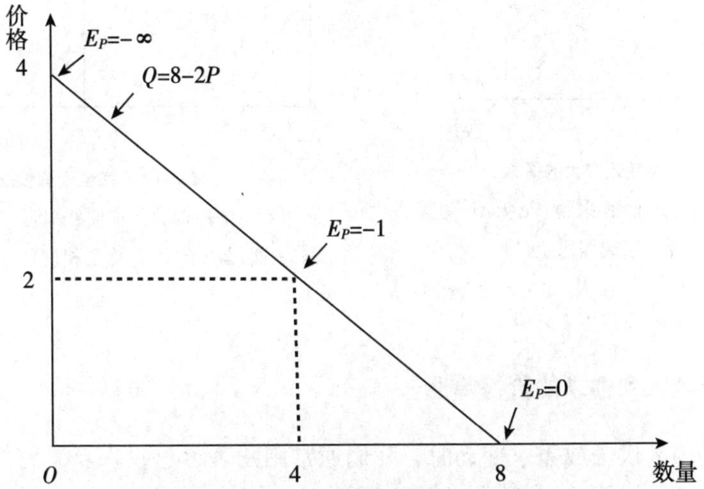

图3-1 线性需求曲线

需求的价格弹性不仅取决于需求曲线的斜率，而且取决于价格和数量。因此，随着价格与数量的变化，这种线性需求曲线的斜率是恒定不变的。靠近顶端处，价格很高，数量很少，因此弹性绝对值很大；而沿着曲线向下移动时，弹性便会逐渐减小。

二、需求曲线的种类

排除方程 $E_P = \dfrac{\Delta Q/Q}{\Delta P/P} = \dfrac{P}{Q} \cdot \dfrac{\Delta Q}{\Delta P}$ 中每一个特定点的数值对需求价格弹性的影响，剩下的另外一个部分——数量变化量与价格变化量之间的比值表明，弹性与需求曲线的斜率也密切相关。

依惯例，将价格作为纵轴，将数量作为横轴：经过某个既定点的需求曲线越平缓，需求的价格弹性越大；经过某个既定点的需求曲线越陡峭，需求的价格弹性越小。而对于任何价格和数量的组合，曲线的斜率越陡，需求的弹性越小，反之亦然。

这样一来，忽略具体特定点的影响，我们就可以将不同程度的需求价格弹性反映在不同形状/斜率的需求曲线上，结合之前学习的“富有弹性”“缺乏弹性”以及“单位弹性”三种情形，以及随后引入的两种极端情形，即“完全弹性”（见图3-2）和“完全缺乏弹性”（图3-3），一共可以表现为五种需求曲线。

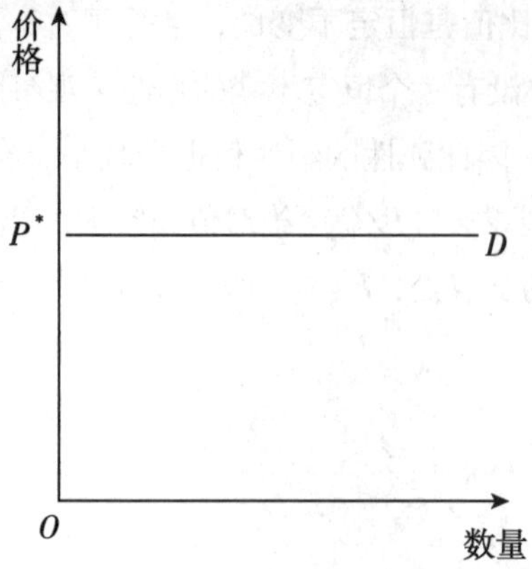

图 3-2 弹性无穷大的需求

*对一条水平的需求曲线来说，$\Delta Q/\Delta P$ 为无穷大（价格上一个小小的变化将引起需求上的巨大变化）。因此，需求的弹性无穷大。

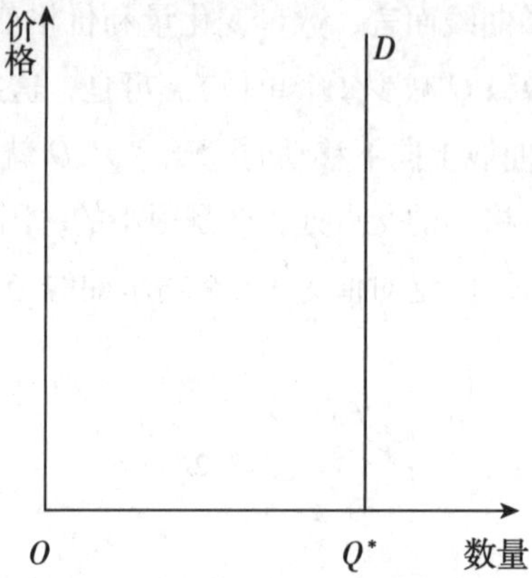

图 3-3 完全无弹性的需求

*对一条垂直的需求曲线来说，$\Delta Q/\Delta P$ 为零。无论价格怎样，需求的数量总是相同的，所以，需求的弹性为零。

三、卖方总收入和需求的价格弹性

在研究市场中的供给或需求变动时，我们通常用图表示总收入。研究的一个变量是总收入，它等于消费者向某商品卖者支付的货款总额。在任何商品市场上，商品的销售总收入等于商品的价格乘以其销量，即 $P \times Q$。总收入如图 3-4 所示。

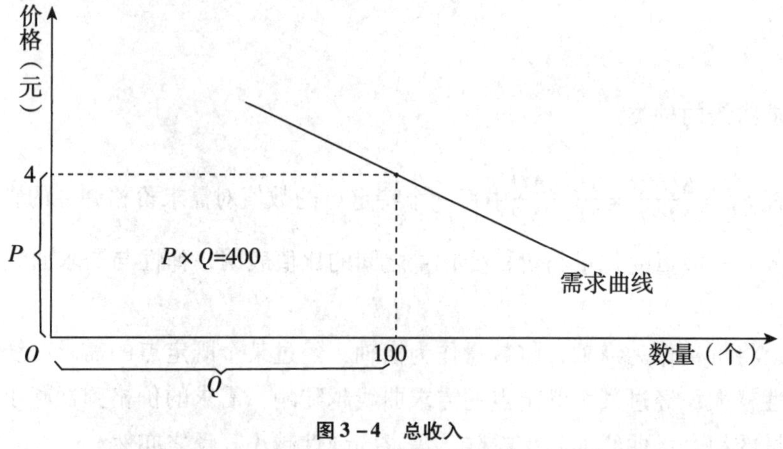

图 3-4 总收入

由买方向卖方支付的货款就是卖方得到的总收入，它等于需求曲线下方的矩形的面积 $P \times Q$。上图所示价格为 4 元时，需求量为 100 个，总收入为 400 元。

需求曲线下方的矩形的高是 P，宽是 Q。该矩形的面积 $P \times Q$ 等于该商品的销售总收入。

在图 3-4 中，$P=4$，$Q=100$，总收入 $=4 \times 100=400$（元）。

当你沿着需求曲线运动时，总收入会如何变化？答案取决于需求的价格弹性。

如果需求是缺乏弹性的，那么价格上升将导致卖方的销售总收入增加，如图 3－5 中的（a）所示。

为了看清这一点，不妨设价格从 P 上升为 P' 使得需求量从 Q 下降为 Q'，则对 Q' 这部分销量而言，因价格上升而带来的额外收入为 $(P-P')\times Q'$（如图中的面积 A 所示）；与此同时，价格上升使得销量减少，由此减少的收入为 $P\times(Q-Q')$（如图中的面积 B 所示）。从图中可以直观地看出，面积 A 大于面积 B，换句话说，价格上升带来的额外收入大于由此导致的收入损失，这意味着总收入增加。在此图中，价格从 4 元上升到 5 元，导致需求量从 100 下降为 90，因此，总收入从 400 元上升为 450 元。当你沿着需求曲线运动时，总收入会如何变化？答案取决于需求的价格弹性。

如果需求是富有弹性的，那么价格上升将导致卖方的销售总收入减少，如图 3－5（b）所示。由于需求富有弹性，价格微小上升导致需求量大幅下降，价格上升导致的收入损失大于由此带来的额外收入，在图中表现为面积 B 大于面积 A。在此图中，价格从 4 元上升为 5 元，需求量从 100 下降为 70，因此，总收入从 400 元下降为 350 元。

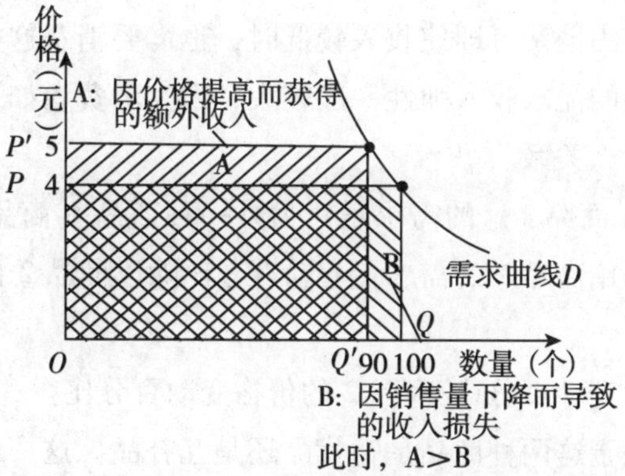

（a）需求缺乏弹性时

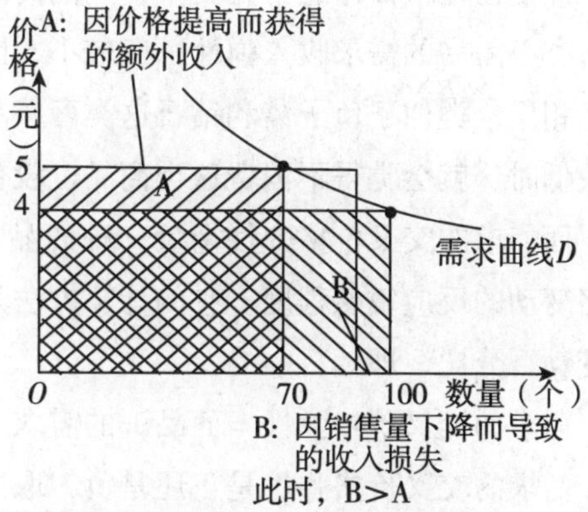

（b）需求富有弹性时

图 3－5　当价格变动时，总收入如何变化

价格变动对总收入（价格与需求量的乘积）的影响取决于需求的价格弹性。在图 3－5（a）中，需求是缺乏弹性的。在这种情况下，价格大幅上升也只会导致需求量小幅下降，所以总收入增加。

在图 3－5（b）中，需求是富有弹性的。在这种情况下，价格微小上升也会导致需求量大幅下降，因此总收入下降。

图 3－5 表明了下列一般性规则：

当需求缺乏弹性（价格弹性小于 1）时，价格和总收入的变动方向相同。

当需求富有弹性（价格弹性大于 1）时，价格和总收入的变动方向相反。

当需求是单位弹性（价格弹性等于 1）时，不论价格怎样变动，总收入都不变。

最后让我们总结一下：价格变动对总收入（价格与需求量的乘积）的影响取决于需求的价格弹性。如果需求是缺乏弹性的，价格大幅上升也只会导致需求量小幅下降，所以总收入增加。如果需求是富有弹性的，价格微小上升会导致需求量大幅下降，因此总收入下降。

四、其他的需求弹性

除了需求的价格弹性之外，经济学家还使用其他的弹性来描述市场中消费者的行为。

需求的收入弹性衡量当消费者的收入变动时需求量如何变动。它的计算方法是用需求量变动百分比除以收入变动百分比，即：

需求的收入弹性 = 需求量变动百分比/收入变动百分比

我们已经学习过正常商品这一经济学概念，并从实践中总结出其具有收入增加时需求量上升的特征。对正常商品来说，需求量和收入的变动方向相同，所以，它的需求收入弹性为正。还有一些商品，例如公交车服务是低档商品，人们在收入增加时往往会降低对这些商品的需求量。对低档商品来说，需求量和收入的变动方向相反，所以，它的需求收入弹性为负。

即使在正常商品这个大类中，不同商品的需求收入弹性也有所不同。比如，食品和衣服这类必需品的需求收入弹性一般较小，因为消费者即使收入较低时，也需要消费这类商品。相反，类似于鱼子酱和钻石这类奢侈品的需求收入弹性一般较大，因为消费者如果收入较低时，就会觉得不消费这类商品也没什么关系。

而需求的交叉价格弹性衡量一种商品（商品 1）的需求量对另外一种商品（商品 2）价格变动的反应敏感程度。它的计算方法是用商品 1 的需求量变动百分比除以商品 2 的价格变动百分比，即：

需求的交叉价格弹性 = 商品 1 的需求量变动百分比/商品 2 的价格变动百分比

需求的交叉价格弹性是正还是负，取决于这两种商品是替代品还是互补品。这一组概念也是我们之前学习过的，同学们不妨先想想二者的特点与不同，再继续接下来的学习。替代品是指通常可以互相替代使用的一组商品，例如汉堡和包子。包子价格上升促使人们消费汉堡。包子价格和汉堡需求量的运动方向是相同的，交叉价格弹性为正。相反，互补品是指通常需要一起使用的一组商品，例如计算机和软件。在这种情形下，交叉价格弹性为负，表明计算机价格上升减少了软件的需求量。

第三节　供给弹性

当某商品的价格上升时，该商品的生产者会增加供给量。为了从供给量的定性描述转向定量分析，我们再次使用弹性的概念。

我们将运用同样的思路来介绍有关供给弹性的种种，其中的很多定义、概念与需求弹性部分的定义、概念是如此相近，所以，本小节将尽可能地省略重复性的描述，以更方便同学们掌握。

一、供给的价格弹性及其决定因素

供给定律说明，价格升高时供给量增加。供给的价格弹性衡量供给量对商品价格变动的反应程度。如果某商品的供给是富有弹性的，那么供给量对价格变动的反应较大。相反，如果反应较小，则该商品的供给是缺乏弹性的。供给的价格弹性取决于卖方变动自己产量的灵活性。例如，海滨土地的供给是缺乏弹性的，因为想要增加土地的供给量几乎是不可能的。相反，书籍、汽车和电视机这类产品的供给是富有弹性的，因为当价格上升时，企业可以让工厂更长时间地运行。

在大部分市场中，供给价格弹性的一个重要决定因素是我们在什么样的时间维度内考察弹性。关于时间因素对弹性的影响，我们将在下一节进行讲解，到时同学们会发现这一因素同样对需求弹性有着极大的影响。

这里将有关供给的价格弹性概念说得更准确些。经济学家计算供给的价格弹性的方法是：用供给量变动百分比除以价格变动百分比，即：

供给的价格弹性 = 供给量变动百分比/价格变动百分比

例如，假设每单位牛奶的价格从 2.85 元上升到 3.15 元，牧场每月牛奶产量从9 000单位增加到 10 000 单位。

使用中点法分别计算出价格变动百分比和供给量变动百分比：

价格变动百分比 = （3.15 − 2.85）/2.85 × 100% = 10.5%

供给量变动百分比 = （10 000 − 9 000）/9 000 × 100% = 11.1%

所以，在本例中，牛奶的供给价格弹性 = 11.1%/10.5% = 1.1

在这个例子中，弹性为 1.1 表明供给量变动百分比是价格变动百分比的 1.1 倍，也就是说，价格上升 1% 引起供给量增加 1.1%。

二、供给曲线的种类

供给的价格弹性衡量供给量对价格变动的反应程度，它同样可以分为五种供给曲线。

在极端情形下，供给价格弹性等于 0，即供给是完全缺乏弹性的，在这种情形下，供给曲线是垂直的。随着弹性增大，供给曲线变得越来越平缓，这表明供给量对价格变动的反应程度越来越大。在另外一个极端情形下，供给是完全有弹性的。当供给价格弹性趋于无穷大时就会出现这种情形，此时供给曲线是水平的，意味着价格的微小变动都会引起供给量的极大变动。

在某些市场中，供给的价格弹性不是固定不变的，而是沿着供给曲线发生变动。在这种情形下，企业的工厂生产能力是有限的。

对于较低的供给量水平来说，供给弹性较大，表明企业对价格变动的反应较大。在供给量较低的区域，企业有多余的生产能力，例如厂房和设备全天或部分时间处于闲置状态。价格上升使得企业开始使用这些闲置的生产能力，因为有利可图。

一旦企业已经充分使用其生产能力，继续增加产量就需要建设新工厂。要想让企业愿意承担建设新工厂的费用，价格必须大幅上升，因此，供给变得缺乏弹性。

结合具体数字可以让我们的解释更为直观一些：当价格从 3 元上升到 4 元时，供给量从 100 增加到 200。使用中点法计算可知，价格上升 29% 引起供给量增加 67%。由于供给量变动百分比大于价格变动百分比，供给曲线的弹性大于 1。相反，当价格从 12 元上升到 15 元时，供给量从 500 增加到 525。使用中点法计算可知，价格上升 22% 只导致供给量增加 5%，供给量变动百分比小于价格变动百分比，供给价格弹性小于 1，如图 3－6所示。

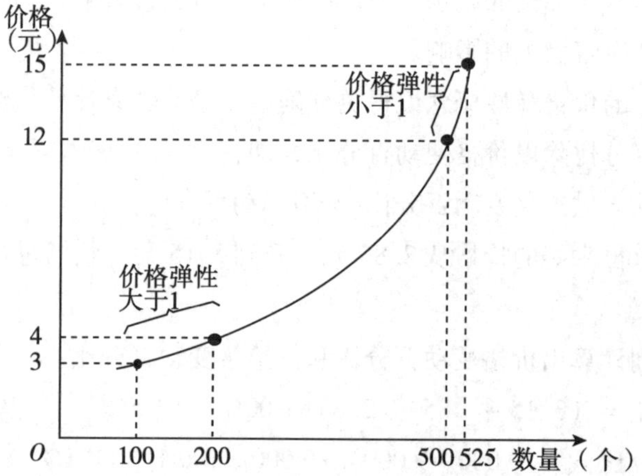

图 3－6　供给的价格弹性如何变动

我们也可以将供给弹性运用于其他变量，比如利率、工资率，以及用于生产某一产品的原材料和其他中间产品的价格。例如，对于大多数制成品来说，与原材料价格相关的供给弹性值是负的，因为原材料投入价格的上升意味着公司将支付更高的成本，所以，在其他要素保持不变的情况下，供给量便会下降。

第四节　短期弹性和长期弹性

在分析需求和供给时，有一点是非常重要的，那就是必须区分长期和短期。换句话说，如果想知道，相对于价格的变化，需求或供给会有多大的变化，就必须十分清楚度量需求量或供给量变化前的时间跨度有多大。如果时间跨度很短，比如一年或不到一年，我们面对的便是短期需求或供给。一般来说，短期需求曲线和短期供给曲线与其长期的曲线看上去显然不同。

所以，时间跨度的长短不但对需求的价格弹性有影响，也对其他的需求弹性有影响；不但对供给的价格弹性有影响，也对其他的供给弹性有影响。有鉴于此，我们在分别介绍需求弹性和供给弹性的影响因素的时候，并没有对其进行详细介绍，而是单独列出此节，以方便同学们学习。

一、需求

对于许多商品来说，长期需求远比短期需求富有价格弹性。原因之一就是人们需要较长的时间才能改变消费习惯。例如，即使咖啡价格迅速上涨，其需求量也只会随着人们慢慢开始减少咖啡的消费而逐渐下降。另一个原因是人们对某一种商品的需求可能与另一种商品的存量有关，后者只能慢慢地变化。例如，汽油的长期需求远比短期需求更富有弹性，汽油价格的迅速上涨会使开车者减少开车，从而在短期内降低了汽油的需求量，但是它会促使消费者购买更小的、更省油的汽车，这对汽油的需求具有很大的影响。然而汽车的存量只能慢慢地变化，因此，汽油的需求量也只能慢慢地下降［见图3－7（a）］。

对于有些商品来说，情况恰恰相反，短期需求的弹性要大于长期需求的弹性。这些商品（汽车、冰箱、电视机或产业部门购买的资本设备）很耐用，因此，消费者拥有每种商品的总量要大于其每年的产量。结果，消费者打算拥有的总量的一个小变化会引起购买水平的百分比的大幅度变化。例如，假定价格上升了10%，消费者打算拥有的总量下降5%。起先，这会引起购买量的下降超过5%，但随着存量的下降（并且卖掉的商品还得加以补充），需求量最终就会上升。这样，从长期来看，消费者拥有的总量会比价格上升前下降大约5%。

汽车是一个例子（美国的年需求——新车的购买量为800万～1 100万辆，但是汽车的存量大约是12 000万辆）。如果汽车价格上涨，许多人就不会急于购买新车，需求量便会急剧下降（即使消费者打算拥有的总量只下降一点点）。但是，旧车最后会报废，人们不得不买新车来替换旧车，需求将再次上扬。结果，需求量方面的长期变化比短期变化小得多［图3－7（b）］。

长期的和短期的收入弹性也不相同。对绝大多数商品与劳务（如食品、饮料、燃料、娱乐等）来说，需求的收入弹性表现为长期的弹性大于短期的弹性。以经济发展强劲时期（此时的总收入上升了10%）的汽油消费情况为例，人们最终将增加汽油消费，因为能负担得起更多的外出旅行，或许还要买一辆更大的汽车。但是，这种消费方面的变化是需要时间的，而在一开始，需求只是略有增加。因此，长期的弹性将大于短期的弹性。

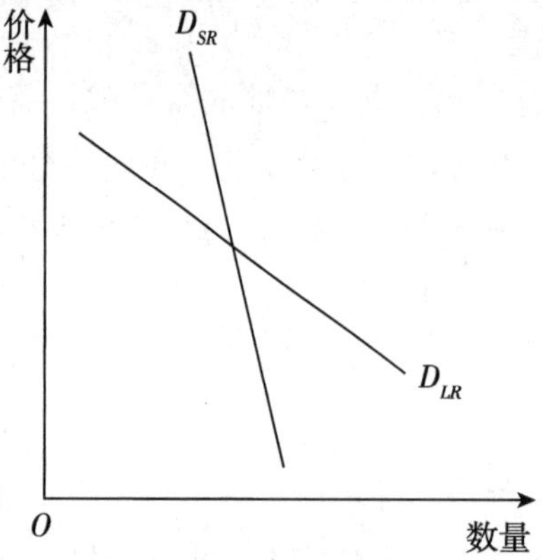

（a）汽油：短期的和长期的需求曲线

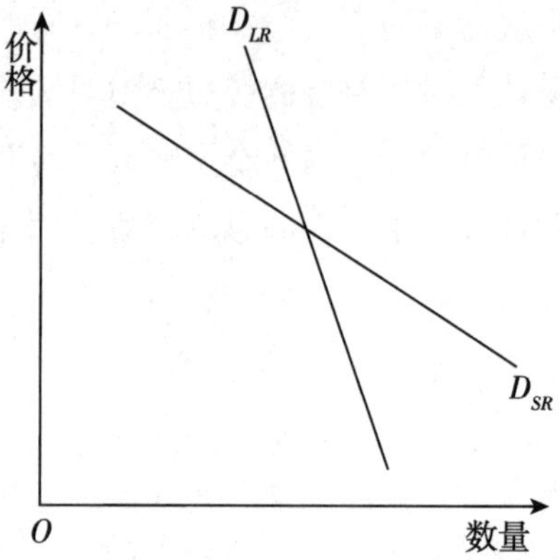

（b）汽车：短期的和长期的需求曲线

图 3 –7

从短期来看，价格的上升对汽油的需求只有很小的影响。开车人或许会减少使用汽车，但不会在一夜之间改换他们一直使用的汽车车型。然而从更长的时期来看，他们会使用更小的、更省油的汽车，价格上升的影响会增大。因此，长期的需求比短期的需求更富有弹性。

对汽车的需求情形恰好相反。如果价格上升，消费者最初不会购买新车，因此，汽车的年需求量会急剧下降。而从长期来看，人们必须购买新车来替换已经报废的旧车，所以，对汽车的年需求量会逐步上扬。因此，长期需求的弹性要小于短期需求的弹性。

对一种耐用品来说，情形正相反。这里还是来看一下汽车。如果总收入上升 10%，那么消费者打算拥有的汽车数量也会上升 5%，但这意味着汽车的现时购买量会有更大的增加（如果存量为 12 000 万辆，那么增加 5% 就是 600 万辆，这个数字或许相当于单个年份正常需求的 60%）。消费者最终成功地增加了汽车的数量，之后新买的汽车主要用于更换旧车（这些新购数量仍大于以前，因为既然在用的汽车数量更大了，那么每年也就有更多的汽车需要更换）。显然，短期的需求收入弹性要远远大于长期的收入弹性。

耐用品的需求对收入方面的短期变化所做出的波动是如此强烈，所以，制造这些商品的产业在变化不定的宏观经济状况面前，特别是在商业周期（衰退和繁荣）面前是十分脆弱的。于是，这些产业也往往被称作周期性产业——它们的销售量往往放大了国民生产总值与国民收入方面的周期性变化。

图 3 –8 和图 3 –9 表明了这一点。

图 3 –8 按照时间描绘了两个可变量：GNP 的年实际（扣除通货膨胀因素）增长率和生产者投资于耐用设备（即厂商购买的机械和其他设备）的年实际增长率。在该图中，耐用设备系列变化的形态与 GNP 的变化是一致的，但是 GNP 的变化被放大了。例如，在 1961—1966 年间，GNP 每年至少增长 4%，而耐用设备采购的增长率却要大得多（1963—1966 年间超过了 10%）。另外，在 1974—1975 年、1982 年和 1991 年的衰退期间，耐用设备采购下降的幅度大大高于 GNP 下降的幅度。

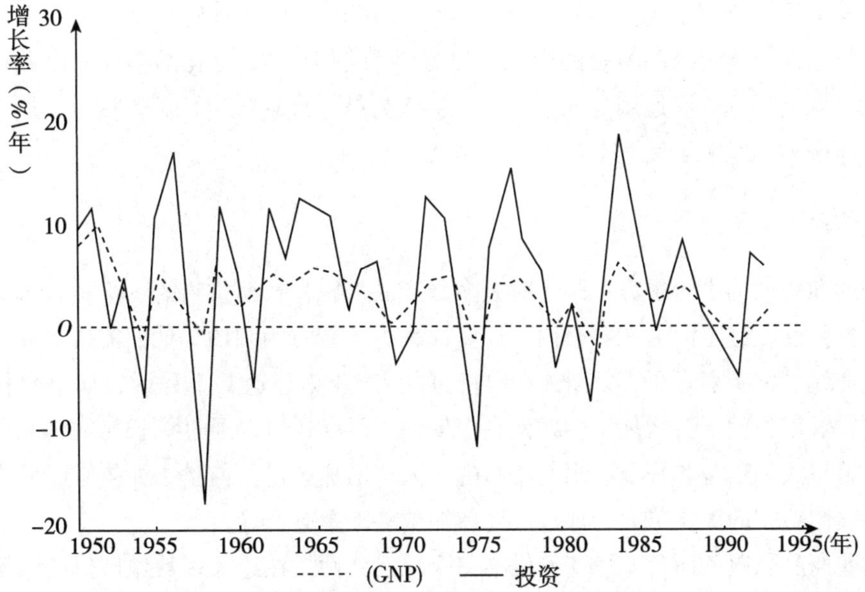

图 3-8　美国国民生产总值 GNP 和耐用设备的投资

GNP 和耐用设备投资的年增长率在此做了比较。因为短期的 GNP 需求弹性要大于耐用资本设备的长期需求弹性，所以，在设备投资方面的变化会放大 GNP 的变化，于是，资本商品产业就被看作“周期性”的。

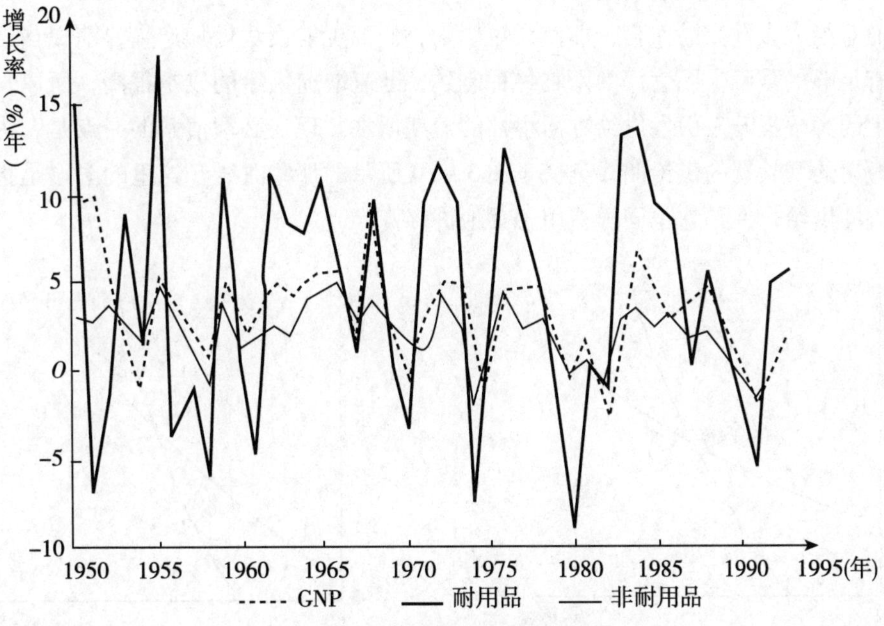

图 3-9　耐用品和非耐用品的消费

国民生产总值（GNP）、耐用品（汽车、家用电器、家具等）消费支出以及非耐用品（食物、衣服、服务等）消费支出的年增长率在此做了比较。所以，短期的需求弹性大于长期的需求弹性，像资本设备一样，制造消费类耐用品的产量是“周期性”的，即 GNP 的变化被放大；而在非耐用品方面，情形就不同了。

图 3-9 显示了 GNP 的年实际增长率，以及消费者消费耐用商品（汽车、家用电器等）和非耐用商品（食品、燃料、服装等）的年实际增长率。这两种消费系列的变化与

GNP的变化一致，但只有耐用商品系列会放大GNP的变化。非耐用品消费的变化与GNP的变化大致相同，但耐用品消费的变化幅度通常数倍于GNP变化的幅度。由此可以很清楚地知道，像通用汽车和通用电气这类公司被认为是“周期性”的，是因为不断变化的宏观经济状况极大地影响了其汽车和电器的销售。

二、供给

长期的和短期的供给也有不同。对大多数产品来说，长期供给的价格弹性远大于短期供给的价格弹性，这是因为在短期内，厂商面临生产能力的制约，他们需要时间，通过建造新的生产线、配备雇用的工人来扩展自己的生产能力。这并不是说，如果价格急剧上涨，供给在短期内就不会增加了。即使在短期内，厂商也可以通过更长时间地利用其生产设备、付给工人加班费和马上雇用一些新的工人来增加产量。但是，如果有时间来扩展生产设施和雇用更多的固定工人，那么厂商就能更多地提高产量。

对有些商品和服务而言，短期的供给完全缺乏弹性，在绝大多数城市里的租房就是一例。在很短的时间内，由于出租单元的数量是固定的，因此需求的增加只会提高租金。在更长的时间内，并且在租金缺乏调控的情况下，较高的租金会刺激人们改造现有的建筑和建造新的建筑，于是供应量就增加了。

然而对绝大多数商品而言，即使在短期内，厂商也能设法增加产量，前提当然是价格的刺激有足够的强度。因为厂商面临种种制约，迅速增加供给的成本很高，所以，可能需要价格上的大幅提升来引发供给方面小幅的短期增加。现在必须清楚的一点是，为什么许多商品短期的和长期的供给曲线类似于图3－10所示的那些曲线（这里的图形是指初级新开采的铜的供给，但是它也同样适用于其他许多商品）。

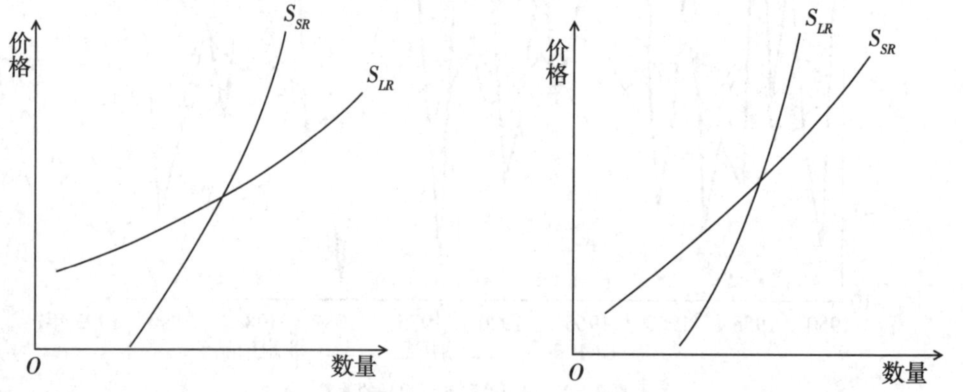

（a）初级铜：短期的和长期的供给曲线　　（b）再生铜：短期的和长期的供给曲线

图3－10

像绝大多数商品一样，长期的供给曲线富有弹性，如果价格上涨，厂商乐意多生产一些。然而在短期内，产量受到生产能力的制约。在长期内，他们能够增加能力，生产更多。

如果价格上涨，这会更大地刺激厂商将废铜转化成新的供给。因此，在最初，再生铜的供给（即来自废铜）会大幅上升；但随着废铜存量下降，再生铜供给会减少。因此，再生铜供给的长期弹性小于短期弹性。

对某些商品而言，短期供给比长期供给更富有弹性。这类商品是耐用的，它们在价格上升的时候可以作为供给的一部分而被重复利用，金属的再生供给（即废旧金属的供给，这些金属往往被熔化加以重铸）就是一个例子。铜价上升会刺激人们将废铜转化为新的供给，起初这会大大增加再生铜的供给；但随着质量较好的废铜存量的减少，铜的熔化、提炼和重铸的成本会越来越高，从而使得再生供给趋于萎缩。因此，再生供给的长期价格弹性要小于短期价格弹性。图 3－10（a）和图 3－10（b）分别显示了初级铜（开采和冶炼矿石的生产）和再生铜生产的短期的和长期的供给曲线。由于再生铜供给仅占总供给的 20%左右，所以，总供给的长期价格弹性要大于短期弹性。

第五节 了解和预测改变市场状况造成的结果

前文已经展示了如何利用需求曲线的价格弹性来了解和预测改变市场状况（即价格调整）造成的结果，但仅对供给和需求的含义和特征进行了讨论，这是定性分析。

而如果用供给和需求曲线来分析和预测改变市场造成的结果，必须赋予它们数值，以进行定量分析。

例如，要了解巴西咖啡的供给减少 50%会对世界咖啡价格造成什么样的影响，我们就需要绘制确切的供给曲线，然后算出这些曲线是如何移动的，随后价格又将如何变化。

在这一节里，我们将看到，如何通过一些简单的计算来求得线性的供给和需求曲线。尽管线性曲线通常是近似于更复杂的曲线，但我们利用它们是因为它们最易于处理。这或许会使人大吃一惊，但人们的确可以在小信封的背面，用一支铅笔和一个袖珍计算器进行一些具有信息价值的经济分析。

首先，我们必须学会怎样才能使线性的需求和供给曲线与市场数据“配合”（这里我们并不是说要进行线性回归或其他技术意义上的统计配合）。假设我们有两组某一市场的数值。第一组是在市场上一般通行的价格和数量（即“按平均值”通行的价格和数量，或当市场处于均衡状态时，或当市场状况为“正常”时的价格和数量），我们称这些数值是均衡价格和数量，用 P_0 和 Q_0 表示。第二组是市场需求和市场供给的价格弹性（在均衡点上或附近），像前面一样，我们用 E_d 和 E_s 表示。

这些数值可能来自他人的统计研究，也可能仅仅是我们认为合理的数值，或者可能是我们想在“如果……将会怎么样”的基础上加以验证的数值。我们所要做的是画出与这些数值相配合（即一致）的供给和需求曲线。然后，我们可以从数值上判断，当一个变量（如 GDP、另一种商品的价格或生产的某种成本）发生变化时，这一变化是如何引起供给或需求的变动，从而影响市场价格和数量的。

我们可用代数将这些曲线表示如下：

需求方程：$Q=a-bP$ （A1）

供给方程：$Q = c + dP$　（B1）

问题是要选数值代入常数 a、b、c 和 d。对于需求和供给，这是分两个步骤才能完成的，这里借助图 3－11 进行说明。

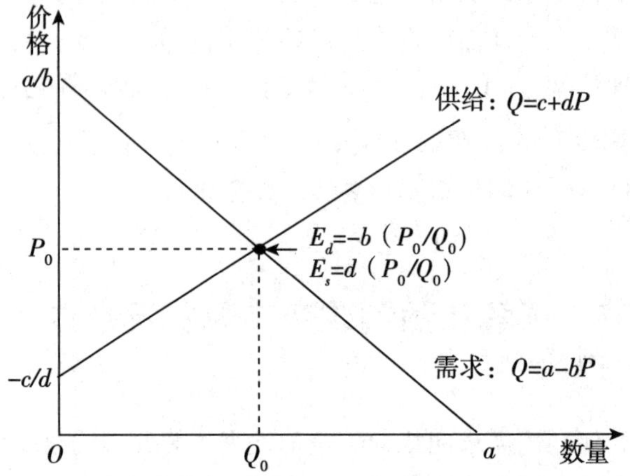

图 3－11　将线性供给曲线和需求曲线与数据配合

线性供给曲线和需求曲线为我们的分析提供了一个便利的工具，利用它们，我们就可以对市场的行为进行定量分析。

第一步：回忆一下，供给或需求的价格弹性可以表示如下：

$$E = (P/Q) \cdot (\Delta Q/\Delta P)$$

式中，$\Delta Q/\Delta P$ 是由微小的价格变动而引起的需求量或供给量的变动。

在线性曲线上，$\Delta Q/\Delta P$ 是不变的。从需求方程和供给方程中可以看到，对于供给，$\Delta Q/\Delta P = d$；对于需求，$\Delta Q/\Delta P = -b$。现在，将这些值代入弹性公式：

需求：$E_d = -b\ (P_0/Q_0)$　（A2）

供给：$E_s = d\ (P_0/Q_0)$　（B2）

式中，P_0 和 Q_0 是均衡价格和数量，我们已有数据，曲线也将与这些数值相配合。

因为 E_d、E_s、P_0 和 Q_0 是已有数值，我们可将这些数值代入（A2）（B2）而求出 b 和 d。

第二步：既然已经知道 b 和 d，我们就可以将这些数值连同 P_0 和 Q_0，代入方程（A1）和（B1），解出剩下的常数 a 和 c。例如，我们可以将方程（A1）写成：

$$a = Q_0 + bP_0$$

然后，将数据代入 P_0 和 Q_0，同时，将在第一步算出的数值代入 b，求得 a。

我们来算一个具体的例子：世界铜市场的长期供给和需求。这一市场的相关数值如下：

数量 $Q_0 = 7.5$ 百万公吨/年（mmt/yr），价格 $P_0 = 75$ 美分/磅；供给弹性 $E_s = 1.6$；需求弹性 $E_d = -0.8$（铜的价格在过去 10 年中的波动介于 50 美分和 1.30 美元之间，但是在 1980—1990 年间，75 美分是个合理的平均价格）。

我们先做供给曲线方程（B1），并运用两个步骤来计算 c 和 d 的数值。供给的长期价格弹性是1.6，$P_0=0.75$，而 $Q_0=7.5$。

第一步：将这些数值代入方程（A2），求得 d：

$$1.6=d(0.75/7.5)=0.1d$$

因此，$d=16$。

第二步：将求得的 d 值连同 P_0 和 Q_0 的值代入方程（B1），求得 c：

$$7.5=c+16\times0.75=c+12$$

所以，$c=7.5-12=-4.5$。知道了 c 和 d，因此能够写出供给曲线：

供给：$Q=-4.5+16P$

我们现在能以同样的步骤求解需求曲线的方程（A1）。这样，我们得到的需求曲线为：

$$P=13.5-8P$$

为了检验我们并没有犯过任何错误，可以令供给等于需求，并由此计算均衡价格：

供给 $=-4.5+16P=13.5-8P=$ 需求

$$16P+8P=13.5+4.5$$

即 $P=18/24=0.75$，这恰恰是我们开始时引用的均衡价格。

我们所写出的供给和需求仅由价格来决定，但它们也很容易依赖其他变量。例如，需求也会依赖收入，如同它依赖价格一样。我们便可以把需求写为：

$$Q=a-bP+fI \qquad (C)$$

式中，I 是总收入或GNP的一种指数（如，I 在基年时等于1.0，然后可以上下浮动，以反映总收入的百分比增减）。

就我们所举的铜市场的例子，对于需求的长期收入弹性，一个合理的估计值是对于线性需求曲线式（C），运用需求的收入弹性公式来计算 f：$E=(I/Q)\cdot(\Delta Q/\Delta I)$。$I$ 等于基值1.0，得到：

$$1.3=(1.0/7.5)(f)$$

所以，$f=1.3\times7.5/1.0=9.75$。最后，将数值 $b=8$，$f=9.75$，$P_0=0.75$，以及 $Q_0=7.5$ 代入式（C），就能算出 a 必定等于3.75。

我们现在已经知道如何使线性供给曲线和需求曲线与数据配合，进而就能够以此来分析市场。

本章关键词

弹性　需求的价格弹性　需求的收入弹性　需求的交叉弹性　需求曲线的五种形式　供给的价格弹性　短期弹性　长期弹性

思考题

1. “丰收通常会降低农民的收入。”用供求图演示和说明这一命题。
2. 对于下列各种物品，你认为哪一种更具有价格弹性？并说明理由：香水和食盐；青霉素和冰激凌；汽车和汽车论坛；冰激凌和巧克力冰激凌。
3. “价格下降1%，引起需求量上升2%。因此，需求富有弹性，即 $E_P>1$。”如果你把这句话中的2%变为0.5%，那么这段话中的其他两个量应该如何变化？
4. 关于弹性问题的快速问答：
   a）世界原油需求的短期价格弹性估算为0.05，如果石油的初始价格为每桶30美元，那么一种使世界石油供给下降5%的石油禁运对石油的价格和数量会产生何种影响（假设石油供给曲线完全无弹性）？
   b）请说明弹性不依赖单位。同学们可以从实际生活着手——比如夏天大家都爱吃的西瓜——计算每对需求之间的弹性：把价格单位从元改为角，把数量从千克改为斤；看看这样计算出的弹性是否相等。
   c）关于毒品和弹性的例子一直为众多教材所引述，我们也不妨试举一二。假设需求研究表明，毒品的需求价格弹性为0.5，而某国一半的毒品使用者通过犯罪来维持生计。运用供求分析说明，如果实施一项强硬的法规使得进入该国的毒品供给下降50%，这对该国犯罪会产生什么影响（假定供给是完全无弹性的）？
   d）如果使毒品合法化会导致毒品的价格下降50%，则这对犯罪活动和毒品的使用又会有什么影响？
   e）一项成功使毒品使用者数量减少一半的计划对毒品的价格和吸毒者又会有什么影响？
5. 判断题：
   a）如果价格和总收益呈同方向变化，则需求是富有弹性的。（ ）
   b）某种商品价格下降没有引起销售量增加，这是因为在这个价格段需求完全无弹性。（ ）
   c）商品短缺会带来价格变化，而相应的价格变化会进一步导致短缺数量的增加。（ ）
   d）商品越缺乏弹性，政府从这些商品中征收的税就越多。（ ）
6. 某消费者对商品A的需求函数为 $Q=(90-P)^2$，请分别计算当 $Q=60$ 和 $Q=40$ 时的价格弹性系数。
7. 已知某种商品的需求方程和供给方程分别为 $Q_d=14-3P$ 和 $Q_s=2+6P$。试求该商品的均衡价格和均衡数量，以及均衡时的需求价格弹性和供给价格弹性。
8. A公司和B公司为某一行业的两个竞争对手，这两家公司的主要产品的需求曲线如下。A公司：$P_x=1\,000-5Q_x$；B公司：$P_y=1\,600-4Q_y$。这两家公司现在的销售量分别为 100 单位 x 和 250 单位 y，求解：

a）x 和 y 当前的价格弹性是多少？

b）假定 y 降价后使 Q_y 增加到 300 单位，同时导致 x 的销量 Q_x 下降到 75 单位，A 公司的产品 x 的交叉价格弹性是多少？

c）假定 B 公司目标是谋求销售收入最大化，那么其降价在经济上是否合理？

第四章　消费者行为

在第二章第二节关于需求的学习中，在利用控制变量法进行适当简化之后，我们讨论了价格和需求数量之间的关系，由此得到的需求曲线在一定程度上能够很好地概括消费者决策——某种商品的需求曲线反映了消费者的支付意愿；当商品价格上升时，消费者愿意少买一些，因此需求量下降。

但实际中，支付意愿显然与很多其他因素也有着密不可分的联系，就像我们经常可能面对的场景那样：当走进商店时，你会遇到成千上万种想买的商品。然而由于钱有限，你无法想买什么就买什么。因此，根据你的资金预算，你会考虑各种商品的价格，购买最能满足需要和欲望的一组商品。

第一章经济学十大原理中有一条提到：人们面对着权衡。因此，人作为消费者时，也必然面对着权衡。当消费者增加某种商品的购买量时，他可以减少其他商品的购买量；当他把更多时间用于休闲时，用于工作的时间就要减少；当他现在就把收入的大部分用掉而小部分用于储蓄时，他在未来就必须接受较低的消费水平。

为了进一步深入考察需求曲线背后的决策，本章提出消费者选择理论——该理论用于分析消费者在面对这些权衡时如何进行决策，以及如何对环境的变化做出反应——来对需求提供更全面的解释，以更好地契合实际市场上的消费者行为。

通过三个步骤，能完美地理解消费者行为。第一步，研究消费者偏好，具体来说，就是需要一种实用的方法来描述人们如何更偏好一种商品；第二步，必须考虑这一事实，即消费者面对着预算约束，他们的有限收入限制了所能购买的商品数量；第三步，将消费者偏好和预算约束放在一起，以测定消费者选择，即已知其偏好和有限的收入，消费者会购买哪种组合的商品以获得最大限度的满足。

前文提到，需求取决于消费者的“购买欲望”和“购买能力”，这正好对应于接下来将要学习的“消费者偏好”和“预算约束”。其中还会涉及一些概念，如显示性偏好、效用的概念、生活成本指数等，在学习过程中同学们都将一一掌握。

第一节　消费者偏好

已知我们的工业经济提供了大量的商品和服务让人们购买，并且个人的品位五花八门、千差万别，那么我们怎样才能前后一致地描述消费者偏好？一个好办法是从市场篮子比较的角度来思考偏好的问题。一个市场篮子就是一种或多种商品的聚集。例如，它可以在一个食品杂货篮子里包含各种食物，或是消费者每月购买的食物、衣服和燃料的组合。因为人们购买的是商品的组合，所以我们便可以询问某个市场篮子是否更受欢迎。例如，市场篮子 A 有 20 个单位的食物和 30 个单位的衣服；市场篮子 B 有 10 个单位的食物和 50 个单位的衣服；等等。通过让消费者去比较这些不同的篮子，我们便可以描述他们对食物和衣服的偏好。

对于人们偏好某个市场篮子，而不喜欢另一个市场篮子，消费者行为理论先提出了三个基本的假定。我们相信，这些假定适用于绝大多数情况下的绝大多数人。

第一个假定偏好是完全的，即消费者可以比较和排列所有的篮子。换言之，有任何两个市场篮子 A 和 B，一个消费者可以偏好其中的 A，也可以偏好其中的 B，或者可以对两者都无差异（“无差异”是指消费者对两个篮子同样地喜欢）。注意，这些偏好是忽略成本的。一个消费者可能偏好汉堡而不是包子，但他或许会买包子，因为后者便宜。

第二个重要的假定偏好是可传递的。可传递性是指消费者如果在市场篮子 A 和 B 中更偏好 A，在 B 和 C 中更偏好 B，那么在 A 和 C 中就会更偏好 A。例如，如果在奔驰和卡迪拉克这两种汽车中，前者受到偏好；在卡迪拉克和雪佛兰这两种车中，前者受到偏好；那么在奔驰和雪佛兰这两种车中，前者受到偏好。这一可传递性假定保证了消费者的种种偏好是一致的，因而也是理性的。

第三个假定是所有的商品都是“好的”（即值得拥有的），这样，在不计成本的情况下，消费者总是偏好任何一种商品越多越好而不是越少越好。这一假定是出于教学的目的，它简化了图解分析。当然，还有一些物品，如空气污染可能并不值得拥有，消费者也是尽可能地回避它们。在讨论消费者选择的时候，我们并不考虑这些不值得拥有的物品，因为绝大多数消费者不会选择去购买它们。

这三个假定构成了消费者理论的基础。它们并没有阐明消费者的偏好，但的确使得这些偏好具有某种程度的合理性。在这些假定的基础之上，就可以探讨消费者行为了。

1. 无差异曲线

我们可以运用无差异曲线来图解消费者的偏好。一条无差异曲线代表了能带给一个人相同程度满足的市场篮子的所有组合。也就是说，对于该曲线上的点所代表的市场篮子，个人的偏好程度是无差异的。

考虑到上述有关偏好的三个假定，消费者总是可以在两个市场篮子中表明其偏好或无差异的对待，这一信息便可以用来排列所有可能的消费选择。

为了方便之后的说明，我们假设只有两种商品可供消费——食物 F 和衣服 C，这一假设将贯穿始终。在此，市场篮子描述了一个人可能想要消费的食物和衣服的组合。

图 4－1 展示了一部分的市场篮子。横轴度量了每周所购食物单位的数量，纵轴度量了衣服单位的数量。消费者偏好市场篮子 A（有 20 单位食物和 30 单位衣服），而不是市场篮子 G，因为 A 有更多的食物和更多的衣服（回忆一下“多比少好”的第三个假定）。同理，在市场篮子 E 和 A 中，消费者又偏好 E，因为 E 有更多的食物和更多的衣服。事实

上，我们很容易将处于阴影中的所有市场篮子（如 *E* 和 *G*）与 *A* 进行比较，因为它们的食物和衣服要么都更多一些，要么都更少一些。然而如果没有有关消费者排列的更多信息，那么市场篮子 *A* 与市场篮子 *B*、*D* 和 *H* 之间就无法进行比较。因为与 *A* 比起来，*B* 有更多的衣服但更少的食物，而 *D* 有更多的食物但更少的衣服。

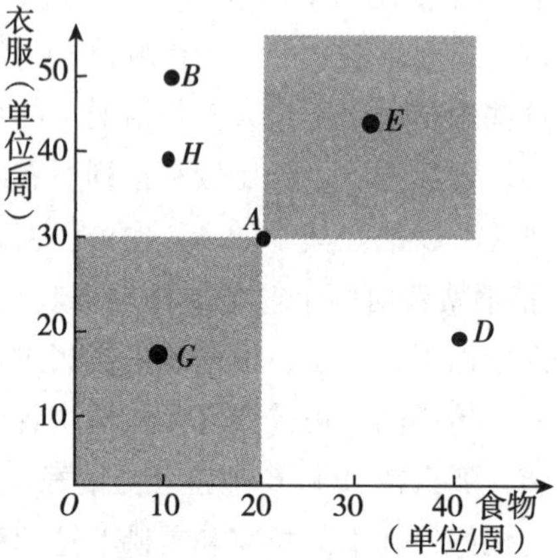

图 4－1　描述个人的偏好

因为对于每种商品，人们都是偏好多的，所以，我们能比较阴影中的市场篮子。市场篮子 *A* 显然比市场篮子 *G* 更受到偏好，而市场篮子 *E* 显然比市场篮子 *A* 更受到偏好。然而如果缺乏另外的信息，*A* 就不能与 *B*、*D* 和 *H* 进行比较。

这一另外的、更多的信息出现在图 4－2 中，该图显示了经过点 *A*、*B* 和 *D* 的一条无差异曲线，标作 U_1。这一曲线表明，消费者对这三个市场篮子的偏好是无差异的。它告诉我们，如果消费者从市场篮子 *A* 移向市场篮子 *B* 放弃了 10 单位食物而多获取了 20 单位衣服，那么他既不会感到情况有所好转，也不会感到情况有所恶化。同样，在点 *A* 和 *D*（即放弃 10 单位衣服而多获得 20 单位食物）之间，消费者的偏好也是无差异的。另外，在 *A* 和 *H* 之间，消费者偏好 *A*，因为 *H* 在无差异曲线 U_1 的下面。

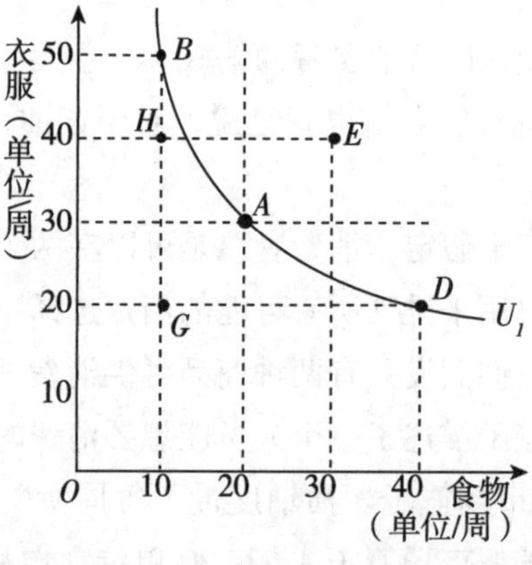

图 4－2　一条无差异曲线

一个人的无差异曲线 *U* 表明了能像市场篮子 *A* 那样带来同等程度满足的所有市场篮子。这个人偏好市场篮子 *E* 而不是 *A*，因为 *E* 在 *U* 的上方；而他偏好的是 *A* 而不是 *H* 或 *G*，因为后两者在 *U* 的下方。

无差异曲线上任何一点的斜率，等于在此点处消费者愿意以一种商品替代另外一种商品的比率。这个比率称为边际替代率（Marginal Rate of Substitution，MRS）。在本例中，边际替代率衡量了让消费者放弃1单位衣服的消费必须补偿给他多少单位的食物。由于无差异曲线不是直线，既定无差异曲线上点与点的斜率通常是不相等的。消费者愿意用一种商品交换另外一种商品的比率，取决于他已经消费了多少单位的这两种商品。也就是说，消费者愿意用衣服交换食物的比率，取决于他是更注重外在还是更注重实际生活，这又取决于他已经拥有了多少单位的衣服以及多少单位的食物。

在同一条无差异曲线的所有点上，消费者的满足程度都是相同的，但是他更喜欢其中的一些无差异曲线。由于他更喜欢多消费一些商品，就像消费者比起 *H* 代表的消费篮子更喜欢 *A* 一样，因此，位置更高的无差异曲线更能得到他的喜欢。

消费者的无差异曲线集给出了其偏好的完全排序。也就是说，我们可以使用无差异曲线为任何两个商品排序。例如，无差异曲线告诉我们，点 *D* 也比点 *H* 更能得到消费者的偏好，因为点 *D* 位于位置更高的无差异曲线上（虽然这两种商品篮子之间并不能直接进行比较）。我们可以通过比较不同点所在的无差异曲线位置的高低来为有关衣服和食物的任何商品篮子组合进行排序。

由于无差异曲线表示消费者的偏好，它们具有反映这些偏好的某些性质。下面，我们考虑大多数无差异曲线所共有的四个性质。这四个性质都与之前“多比少好”的第三条假定有密不可分的联系。

性质1：位置高的无差异曲线比位置低的更受消费者偏好。人们通常偏好多消费一些商品。这种对更高数量的偏好反映在无差异曲线中，即位置更高的无差异曲线比位置低的无差异曲线代表更高的商品数量。因此，消费者更喜欢处于位置更高的无差异曲线上。

性质2：无差异曲线是向下倾斜的。无差异曲线的斜率反映的是消费者愿意以一种商品替代另外一种商品的比率。在大多数情形下，这两种商品都是消费者所喜欢的。一种商品的数量减少，另外一种商品的数量必须增加才能使消费者的满足程度不变。所以大多数无差异曲线是向下倾斜的。

性质3：任意两条无差异曲线不能相交。为了看清原因，假设图4-3中有两条无差异曲线相交了。由于点 *A* 和点 *B* 位于同一条无差异曲线上，这两个点能带给消费者相同的满足程度。另外，由于点 *B* 和点 *C* 位于同一条无差异曲线上，这两个点带给消费者的满足程度也是相同的。然而这样的结论意味着，点 *A* 和点 *C* 带给消费者的满足程度也是相同的，尽管点 *C* 中两种商品的数量都比点 *A* 中的多。这违背了消费者总是偏好更多商品的假设。因此，无差异曲线不可能相交。

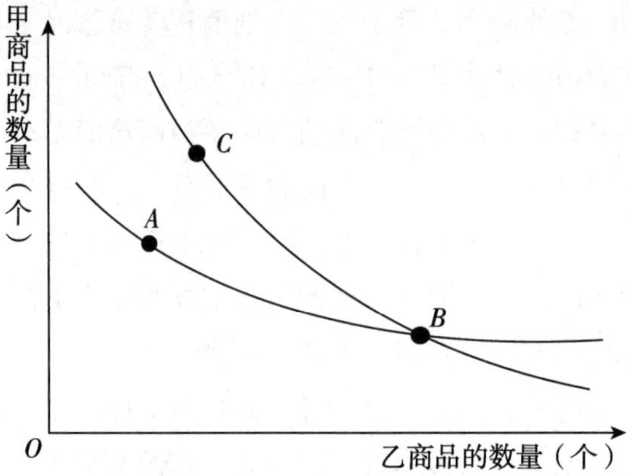

图 4－3　无差异曲线不可能相交

图 4－3 中的情形不可能发生。由这些无差异曲线可知，消费者在 A、B 和 C 的满足程度是相同的，即使点 C 中两种商品的数量都比点 A 中的多。

性质 4：无差异曲线凸向原点。无差异曲线的斜率是边际替代率——消费者愿意以一种商品替代另外一种商品的比率。边际替代率（MRS）通常取决于消费者当前消费的每种商品的数量。特别是，当人们拥有某种商品的数量越多，他越愿意用该种商品交换其他的商品；反之，他越不愿意。正因为如此，无差异曲线是凸向原点的。

无差异曲线的形状告诉了我们消费者以一种商品交换另外一种商品的意愿。当商品容易彼此替代时，无差异曲线的弓形比较平缓；当商品难以相互替代时，无差异曲线弯曲得比较厉害。为了将相关知识点学透，我们考虑两个极端例子。

假设有人提供给你 5 分硬币和 1 角硬币的不同组合。你如何将这些组合排序?

你很可能只关心每个组合的总货币价值。如果是这样，无论组合中这两种硬币有多少枚，你都会永远愿意用 2 枚 5 分硬币交换 1 枚 1 角硬币。你在 5 分硬币和 1 角硬币之间的边际替代率将为一个固定的数字——2。

我们可用无差异曲线表示你对这两种硬币的偏好，由于边际替代率是固定不变的，无差异曲线是直线。无差异曲线为直线是一种极端情形，在这种情形下，我们说两种商品是完全替代的。

假设现在有人提供给你鞋子的组合。有些鞋子适合你左脚，有些适合你右脚。你如何将这些鞋子的不同组合排序?

在这种情形下，你可能只关心鞋子有多少双。换句话说，某个组合中能配成对的鞋子越多，你越喜欢，鞋子的双数成为关键。某个组合中有 5 只左鞋和 7 只右鞋，它只能产生 5 双鞋子。如果没有左鞋相配，多 1 只右鞋也毫无价值。

我们可用无差异曲线表示你对右鞋和左鞋的偏好，在这种情形下，5 只左鞋和 5 只右鞋的组合与 5 只左鞋和 7 只右鞋的组合一样好，它也与 7 只左鞋和 5 只右鞋的组合一样好。因此，无差异曲线是直角形状。在这个极端的直角形状的无差异曲线中，我们说这两种商品是完全互补的。

当然，在现实世界中，大多数商品既不是完全替代的（像5分硬币和1角硬币），也不是完全互补的（像右鞋和左鞋）。更为常见的是，无差异曲线是向内弓起的，但是不会弓起那么厉害，甚至成了直角形状。

2. 序数排列和基数排列

在以上描述中，我们判断无差异曲线的高低都是将所给出的各个市场篮子按照偏好程度由高及低排列，而没有表明一个市场篮子在多大程度上比另一个篮子更受到偏好，这样的排列方式称为序数排列，之后将要学习的序数效用论与之同理。

很多早期研究消费者行为的经济学家一度提倡采用基数排列和基数效用论，以使个人的偏好方便地得以量化或者以基本单位加以度量。然而主观偏好无法度量，精确度量也被逐渐认为是无关紧要的。因为序数排列已经足以让人们明白，面对能够提供不同满足程度的商品篮子时，绝大多数消费者的行为是如何做出的；而如何辨别各类商品篮子所提供的满足感，则依赖边际替代率的运用。

例如，李雷在支付同样价钱的情况下，有两个商品篮子可以选择——3个面包和6瓶牛奶，或2个面包和9瓶牛奶。哪个篮子能提供给李雷更大的满足程度？对此，只需要利用边际替代率就能知道答案。对于李雷来说，3个面包、6瓶牛奶和2个面包、8瓶牛奶所能提供的满足程度是相同的，而2个面包、9瓶牛奶较之后者多了1瓶牛奶；那么利用假定三，2+9的组合为李雷提供了更大的满足感。最终，在3+6的商品篮子和2+9的商品篮子之间就可以做出比较。据此，我们就可以掌握李雷将会进行怎样的消费选择，这在现阶段保证了在不需要进一步讨论消费者实际上获得了多大程度满足的情况下，仍可以继续研究消费者行为理论。

3. 效用

经济学家讨论消费者选择理论时，可以用不同的词来表述这种理论。无差异曲线能以图解来描述消费者偏好，并建立在消费者能够排列选择这一假设之上。效用和边际效用也是一种可以用来代表偏好的方法，我们将说明所有这些概念的含义，并将它们运用于无差异曲线分析。

效用是对消费者从一组物品中得到的满足程度和幸福程度的抽象衡量。它有一个重要的心理成分，因为人们是通过获取能使他们快乐的东西、回避能使他们痛苦的东西来得到效用的。然而在经济分析中，效用更多地用于概括市场篮子的偏好排列。正因为效用的判定具有极大的心理因素，据此得到的排列多为序数排列，而非基数排列。如果买三本书比买一件衬衫使一个人更高兴，我们就说书比衬衫给那个人带来了更多的效用。

给每个市场篮子一个数值，这样，如果市场篮子 A 比市场篮子 B 更受到偏好，那么 A 的数值就会比 B 的大，通过这一途径便可以获得一个效用函数。例如，在三条无差异曲线中，最高一条线 U_3 上的市场篮子 A 可以有一个效用数量3，次高线 U_2 上的市场篮子 B 可以有一个效用数量2，最低无差异曲线 U_1 上的市场篮子 C 可以有一个效用数量1。于是，效用函数提供了与无差异图表相同的有关偏好的信息，效用函数和无差异图表都按满足程度来排列消费者的选择。

效用函数能更方便地运用于分析涉及三种或更多商品的选择，这仅仅是因为，在这种情况下很难画出无差异曲线。然而重要的是要区分效用函数的基数或序数特性，例如，与三个市场篮子 A、B 和 C 相联系的效用数量可以是 4、2 和 1，也可以是 3、2 和 1。因为绝大多数选择可以仅仅通过效用数量的序数排列来说明，所以，指标 4、2 和 1 提供的信息相同于指标 3、2 和 1 提供的信息，重要的是在选择某一组数值时给定的相对排列。

我们这里是利用了效用函数的序数特性，下面来看一个特定的函数。函数 $U(F, C)=FC$ 告诉我们，从消费 F 单位食物和 C 单位衣服之中获得的满足程度是 F 和 C 的乘积。图 4－4 显示了与这一函数相关的无差异曲线：先选择某一市场篮子，比如 $F=5$ 和 $C=5$，它产生的效用数量是 25；然后，通过寻找所有 $FC=25$（例如，$F=10$，$C=2.5$；$F=2.5$，$C=10$）的市场篮子来画出无差异曲线（又被称作等效用曲线）。第二条无差异曲线包含了所有 $FC=50$ 的市场篮子。第三条包含了所有 $FC=100$ 的市场篮子。

重要的一点在于，赋予无差异曲线的种种数值仅仅是出于便捷的目的。假设效用函数改为 $U(F, C)=4FC$，想一下原先产生效用数量 25 的任何一个市场篮子，比如 $F=5$ 和 $C=5$，现在效用数量以 4 的系数上升至 100。事实上，标 25 的无差异曲线形状不变，但现在应改标为 100，而不再是 25。与效用函数 $4FC$ 相关的无差异曲线和与效用函数 FC 相关的无差异曲线的唯一差别在于，前者的曲线标上 100、200 和 400 的数值，而后者则标的是 25、50 和 100 的数值。在使用效用函数时，我们更多的时候关心的是序数特性，而不是基数特性。在少数几种情形下，我们运用效用函数有基数意义这一更有力的假定。

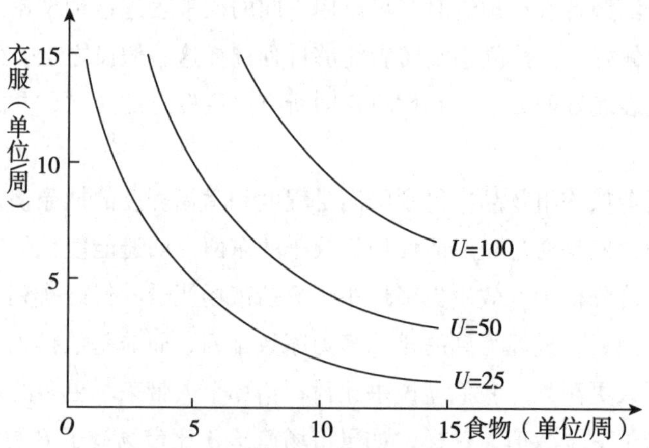

图 4－4　无差异曲线

一组无差异曲线可以代表一个效用函数，每条曲线有一个数的指标。本图显示的是三条无差异曲线，效用数量分别为 25、50 和 100。

通过引入边际效用的概念，我们能为对消费者选择的分析提供进一步的见解。首先，让我们区别从消费中获得的总效用和从消费最后一件商品中获得的满足。边际效用（Marginal Utility，MU）度量了从消费一种商品的一个额外的数量中所获得的额外的满足。例如，消费从0单位食物增至10单位食物，此时相关的边际效用可能是9；从10增至20，它可能是7；而从20增至30，它可能是5。

这些数字与边际效用递减原则相符，即随着一种商品的消费越来越多，额外数量的消费给效用带来的增加也越来越小。例如，设想一下看电视的消费——在第二或第三小时后，边际效用就可能下降（在第四或第五小时后，很可能成为负的，你可能会感觉很累，眼睛酸疼，而不想再看下去）。

我们可以按下面的方式将边际效用的概念和消费者的效用最大化问题联系起来。在图4－4的无差异曲线上下移一小段，F 的额外消费 ΔF 将会产生边际效用 MU_f，这导致效用的总增加为 $MU_f \times \Delta F$。与此同时，C 的消费减少 ΔC 将会使单位效用降低 MU_c，则效用的总减少为 $MU_c \times \Delta C$。

既然一条无差异曲线上所有的点都产生相同数量的效用，F 增加相关效用的总增加必定与减少 C 的消费所造成的损失持平，形式上为：

$$0 = MU_f (\Delta F) + MU_c (\Delta C)$$

现在我们可以重新整理一下这个等式：

$$MU_f / MU_c = -(\Delta C / \Delta F)$$

但是由于 $-(\Delta C/\Delta F)$ 是 F 对 C 的边际替代率，结果必然为：

$$MRS = MU_f / MU_c$$

最终得到的等式告诉我们，边际替代率是 F 的边际效用和 C 的边际效用之比。当消费者放弃越来越多的 C 来获取更多的 F，F 的边际效用便会下降，而 C 的边际效用就会上升。

同时，当消费者使其满足最大化的时候，F 对 C 的边际替代率等于两种商品的价格之比，即：

$$MRS = -P_f / P_c$$

既然 MRS 也等于消费 F 和 C 的边际效用之比，结果必然为：

$$MU_f / MU_c = P_f / P_c$$

或

$$MU_f / P_f = MU_c / P_c$$

根据最新得到的等式，当预算的分配使花在每一种商品上的每一元钱所带来的边际效用相同的时候，效用最大化便得以实现。要明白为什么这一点一定成立，如果一个人把一元多花在食物而不是衣服上而得到更多的效用，那么其效用会因食物的更多开支而得到增加，既然在食物上多花一元所带来的边际效用超过了在衣服上多花一元所带来的边际效用，那么其就应该将其预算移近食物而移远衣服。最后，食物的边际效用会下降（因为存在消费中的边际效用递减），而衣服的边际效用会上升（出于相同的原因）。只有当消费者使花在所有商品上的每一元所带来的边际效用相等的时候，其才会使效用最大化。这一相等边际原则是微观经济学中的一个重要概念，在我们分析消费者和生产者行为的时候，它会以不同的形式再次出现。

第二节　预算约束

一幅无差异图描绘了一个人对商品和服务的不同组合的偏好，但偏好并不说明消费者行为的一切。个人的选择也受到预算约束的影响——根据人们必须支付的各种商品和服务的价格，这一约束限制了人们的消费能力。

1. 预算线

为了理解一种预算约束是如何限制一个消费者选择的，我们考虑这样的情形：一名妇女有一笔可以花在衣服和食物上的固定收入 I，用 F 表示购买的食物数量，用 C 表示衣服的数量，再用 P_f 和 P_c 表示这两种商品的价格，于是 $P_f \cdot F$（即食物价格乘以数量）是花在食物上的货币数量，而 $P_c \cdot C$ 则是花在衣服上的货币数量。

预算线表明了在购买 F 和 C 的总支出等于收入的情况下 F 和 C 的所有组合。现在既然只有两种商品，该妇女就会将其全部收入用于购买食物和衣服。结果，她所能购买的食物和衣服组合全都在这一线上，即：

$$P_f \cdot F + P_c \cdot C = I$$

例如，假设该消费者每周的收入有 80 元，食物的价格是每单位 1 元，衣服的价格是每单位 2 元。这里列出一周用 80 元所能购买的食物和衣服的不同组合。如果她将所有的预算用于购买衣服，那么她最多能买 40 单位，在图 4－5 中以市场篮子 A 表示；如果她将所有的预算花在食物上，她可以购买 80 单位，如市场篮子 G 所示。市场篮子 B、D 和 E 表明了花 80 元购买食物和衣服的另外三种办法。

图 4－5 所表示预算线的截距由市场篮子 A 表示，当该消费者沿着这条线从市场篮子 A 移到市场篮子 G 的时候，她花在衣服上的钱越来越少，而花在食物上的钱越来越多。我们很容易明白，为了多消费 1 单位食物而必须放弃的多余衣服，是由食物价格与衣服价格之比决定的（1 元/2 元＝1/2）。由于衣服每单位要花 2 元，而食物每单位只要 1 元，所以，得到 1 单位食物就要放弃 1/2 单位衣服。图中预算线的斜率，即 $\Delta C/\Delta F = -1/2$，度量了食物和衣服的相对成本。

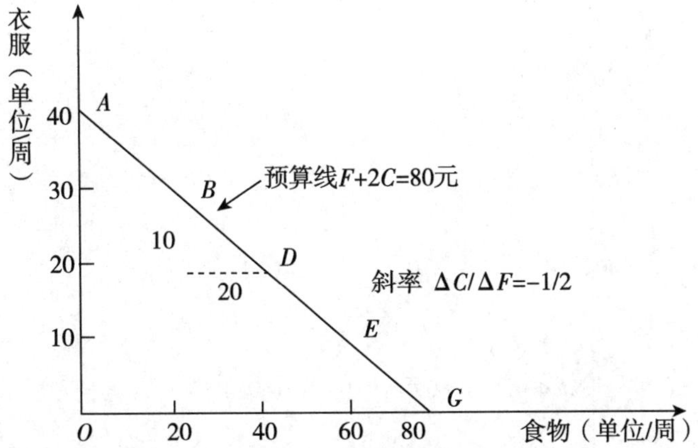

图 4-5　一条预算线

消费者的预算线描述了在收入和商品价格既定的情况下，该消费者所能购买的商品组合。AG 线表示的是与 80 元的收入、食物价格为每单位 1 元、衣服价格为每单位 2 元相联系的预算。预算线的斜率为 -1/2。

运用方程 $P_f \cdot F + P_c \cdot C = I$，可知为了多消费 F 而必须放弃的 C 的数量，方法是将方程两边除以 P_c，求得 C：

$$C = (I/P_c) - (P_f/P_c)F$$

这个等式表示的是一条直线的方程，它有一个纵向截距 I/P_c 和一个斜率 $-(P_f/P_c)$。

预算线的斜率，即 $-(P_f/P_c)$ 是两种商品价格的负比率。斜率的大小告诉了我们在不改变总支出数量的前提下两种商品可以相互替代的比率。纵向截距 I/P_c 代表了用收入 I 所能购买的 C 的最大数量。横向截距 I/P_f 告诉了我们将收入全部花在 F 上可以购买多少单位的 F。

2. 收入和价格变化对预算线的影响

预算线取决于收入和商品的价格 P_f 和 P_c，然而价格和收入经常有变化。我们来看一下这些变化是如何影响预算线的。

当收入有变化时，预算线又会怎么移动呢？由图 4-6 中的直线的方程可以看到，收入上的变化改变了预算线的纵向截距，但并不改变斜率（因为两种商品的价格都不曾有过变化）。

图 4-6 显示的是，如果收入增加了 1 倍（从 80 元增至 160 元），预算线外移（从预算线 L_1 移至预算线 L_2）。然而要注意，L_2 仍与 L_1 平行。该消费者如果愿意，那么现在可以多买 1 倍的食物和衣服。同理，如果她的收入减少一半（从 80 元减至 40 元），预算线就会内移，从 L_1 移至 L_3。

如果一种商品的价格发生变化，而另一种商品的价格保持不变，预算线又会发生什么变化呢？我们可以运用等式

$$C = (I/P_c) - (P_f/P_c)F$$

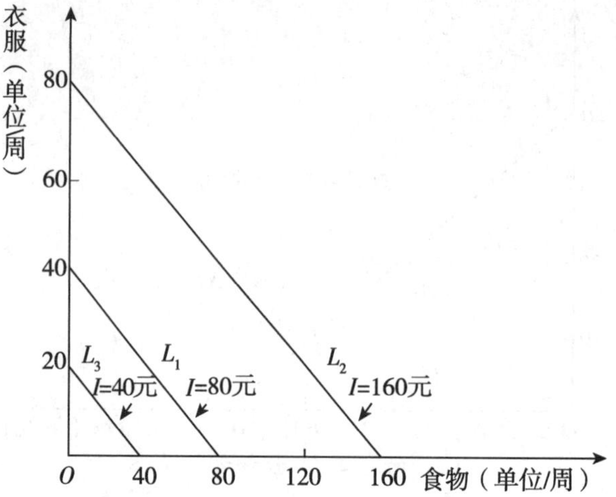

图 4－6　收入的变化对预算线的影响

收入的变化（商品价格不变）使预算线平行于原线（L_1）移动。当 80 元（L_1）上的收入增至 160 元时，预算线外移至 L_2；如果收入减至 40 元，预算线内移至 L_3。

来描述食物价格的变化对预算线的影响。假设食物价格跌去一半，从 1 元降至 0.5 元，那么预算线的纵向截距保持不变，但斜率 $-(P_f/P_c)$ 从 $-1/2$ 变为 $-1/4$。

图 4－7 中，通过以纵截距为轴向外旋转原来的预算线 L_1，我们得到了一条新的预算线 L_2。这一旋转是有道理的，因为一个只消费衣服而不消费食物的人是不受这一价格变化影响的。不过，如果一个人是消费大量食物的，那么他的购买力就增强了。食物价格下跌带来的结果是人们所能购买的食物的最大数量翻了一番。

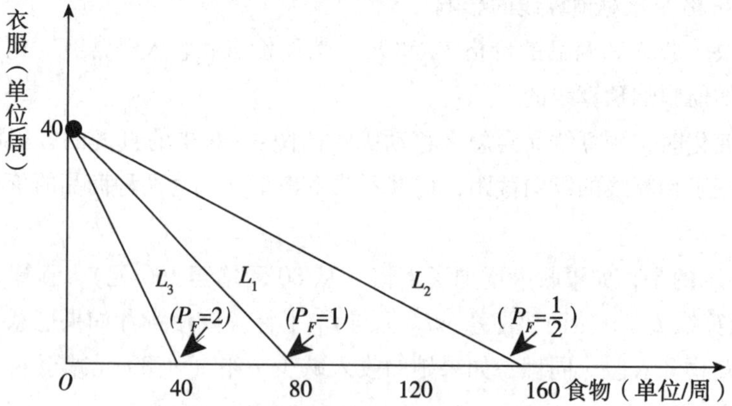

图 4－7　价格变化对于预算线的影响

一种商品价格的变化（收入保持不变）使预算线旋转一个截距。当食品价格从 1 元跌至 0.5 元，预算线从 L_1 外旋至 L_2。然而当价格从 1 元上涨至 2 元，预算线便从 L_1 向内旋转至 L_3。

另外，当食物价格上涨 1 倍，从 1 元升至 2 元，那么预算线就会向内旋转至 L_3，因为人们的购买力减少了。当然，一个只消费衣服的人是不受食物涨价影响的。

如果食物和衣服的价格都有变化，只不过两种价格之比保持不变，情况又会怎样呢？因为预算线的斜率等于两种价格之比，所以斜率保持不变，而预算线的截距必须变化，以使新的预算线平行于旧的预算线。例如，如果两种商品的价格都跌去一半，那么预算线的斜率不变，但两处截距都增加了一倍，预算线外移。

这告诉了我们有关消费者购买力的决定因素的一点情况，购买力不仅取决于收入，也取决于价格。例如，由于消费者收入增加了一倍，或由于其所购买的所有商品的价格下降了一半，其购买力都可以翻一番。

最后，如果一切都翻了一番——食物和衣服的价格以及消费者的收入，又会怎样呢？（这可以发生在一个通货膨胀的经济中。）因为价格都涨了一倍，价格之比并无变化，所以，预算线的斜率也无变化。因为衣服的价格和收入一样翻了一番，消费者所能购买的衣服的最大数量（由预算线上的纵向截距代表）保持不变；食物的情形与此相同。因此，一个价格和收入水平都按比例上升的通货膨胀不会影响消费者的预算线或者购买力。

第三节　消费者的最优化选择

1. 一个等式

在偏好和预算约束已知的情况下，可以确定消费者个人对每种商品购买多少的选择。我们假设消费者是按理性的方式进行选择的，即他们选择商品的动机是在可使用的、有限的既定预算下使他们能获得的满足最大化。

使市场篮子最大化必须满足两个条件：

第一，它必须位于预算线上。要明白这一点，在预算线左边的和下面的任何一个市场篮子都留下一部分未动用的收入，当然，这部分收入的使用可以增加消费者的满足。不言而喻，消费者可以——有时也的确——省下一些收入以备未来之需。但这意味着选择不只是在于食物和衣服之间，还在于食物或衣服的现时消费和未来消费之间。这里，为简便起见，我们假设所有的收入在现在用完。同时也要注意，在预算线右边的和上面的任何一个市场篮子在现有收入的情况下是无法购得的。这样，唯一合理的、可行的选择便是预算线上的一个市场篮子。

第二，最大化的市场篮子必须给予消费者商品和服务的最受偏好的组合。这两个条件使消费者满足最大化的问题简化成一个在预算线上选择一个合适的点的问题。

同任何两种商品一样，在食物和衣服的例子中，我们可以用图解来说明消费者选择问题的答案。图 4－8 显示了这一问题是如何解决的。这里有三条无差异曲线描绘了消费者对食物和衣服的偏好，在这三条曲线中，最外面的曲线 U_3 产生最大限度的满足，曲线 U_2 次之，曲线 U_1 最小。

第一，注意在无差异曲线 U_1 上的点 B 不是最受偏好的选择，因为收入的再分配——

花在食物上的再多一些，花在衣服上的再少一些——可以提高消费者的满足程度。尤其是通过移向点 A，消费者花费了同样多的钱，却得到了与无差异曲线 U_2 相联系的、程度增强了的满足。

第二，注意在无差异曲线 U_2 右边的和上面的市场篮子——如无差异曲线 U_3 上用 D 表示的市场篮子——能带来更高程度的满足，但以现有的收入却无法购买，于是，A 使消费者的满足最大化。

我们从这一点可以看到，能够使得满足最大化的市场篮子必定处于那条与预算线接触的、最高的无差异曲线上。点 A 是无差异曲线 U_2 和预算线的相切点。在 A 处，预算线的斜率恰好等于无差异曲线的斜率。由于 MRS 是无差异曲线斜率的负数，所以我们可以说，满足得以最大化的（在既定的预算约束下）点为：

$$MRS = P_f/P_c$$

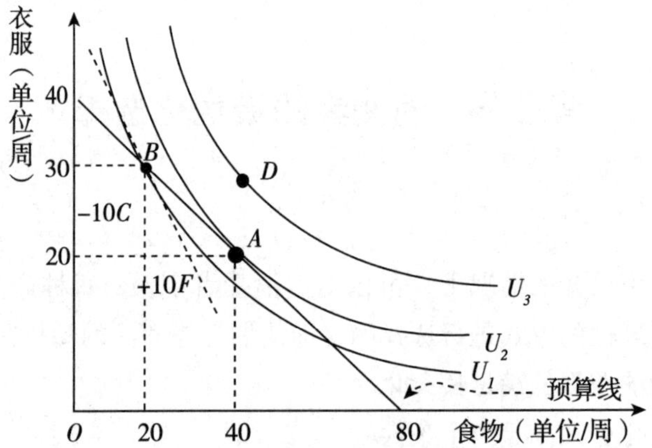

图 4-8　最大化的消费者满足

通过旋转市场篮子 A，消费者得到最大化的满足。此时，预算线和无差异曲线 U_2 是相切的，并且无法获得更高程度的满足了。在最大化的 A 点，两种商品的边际替代率等于其价格之比。然而在 B 点，边际替代率（1）大于价格之比（1/2），并没有使消费者的满足最大化。

针对这一等式，我们可以从多个不同的角度加以解释：

第一，等式中，MRS 度量的是边际收益，即与额外增加消费的 A 商品相关联的收益；预算线斜率的数值度量的是边际成本，表明消费者要获得额外单位的 A 商品所付出的成本是放弃一定单位的 B 商品。

第二，边际替代率是消费者愿意用一种物品交换另一种物品的比率。相对价格是市场愿意用一种物品交换另一种物品的比率。消费者最优的时候，消费者对两种物品的评价（用 MRS 表示）等于市场的评价（用相对价格表示）。

第三，由 $MRS = MU_a/MU_b$ 和 $MRS = P_a/P_b$，得 $MU_a/P_a = MU_b/P_b$，当预算的分配使花在每一种商品上的每一元所带来的边际效用相同的时候，效用的最大化就会实现，这一描述结果又被称为相等边际原则。

纵然有各种各样的描述方法，都不妨碍该等式作为一个重要的结果时本质上的含义，即当边际替代率（F 对 C）等于价格（F 与 C 的）之比的时候，满足得以最大化。于是，消费者可以获得最大的满足，办法是调整其商品 F 和 C 的消费，使 MRS 等于价格之比。

等式 $MRS=P_f/P_c$ 所给出的条件是出现在经济学中的那些最优化条件的一个例子。在本例中，当边际收益，即与额外 1 单位食物的消费相联系的收益等于边际成本时，最大化得以实现。边际收益是以 MRS 来度量的，在点 A，它等于 1/2（无差异曲线斜率的大小），表明消费者愿意放弃 1/2 单位的衣服来获得 1 单位的食物。在同一个点，边际成本是以预算线斜率的数值来度量的，它也等于 1/2，因为要获得 1 单位食物的成本是放弃 1/2 单位的衣服（在预算线上，$P_f=1$，$P_c=2$）。

如果 MRS 小于或者大于价格之比，那么消费者的满足还没有得到最大化。例如，将图 4－8 中的点 B 与点 A 做一下比较。在点 B，消费者购买 20 单位食物和 30 单位衣服，价格之比（或边际成本）等于 1/2，因为食物要花 1 元，衣服要 2 元。然而 MRS（或边际收益）大于 1/2（大约是 1）。结果，消费者愿意用 1 单位食物来替代 1 单位衣服而维持原来的满足程度。因为食物比衣服便宜，所以，多买食物、少买衣服是符合其利益的。例如，消费者如果少买 1 单位衣服，那么就可以多购买 2 单位食物，而事实上只需要 1 单位就可以维持其满足程度了。

预算的再分配以这种方式继续（沿着预算线移动），直至我们到达点 A，因为在点 A 处，价格之比 1/2 恰好等于 $MRS=1/2$。

这表明消费者愿意以 1 单位衣服来换取 2 单位食物。只有当条件 $MRS=1/2=P_f/P_c$ 成立时，其满足才得以最大化。

2. 拐角解

有时，消费者购买走极端，至少在商品类别之内。例如，有些人对旅游和娱乐不花一分钱。无差异曲线分析可以用来说明消费者选择不消费某种商品的情况。

图 4－8 中，面对预算线 AB，一个人选择只购买食物而不买衣服，这被称作一个拐角解，因为当一种商品不被消费时，消费约束线便会出现在图解的拐角上。在最大限度满足的点 B 处，食物对衣服的边际替代率大于预算线的斜率，这表明，如果消费者有更多的衣服可以放弃，他会很乐意用来换取更多的食物。然而在这一点上，消费者已经在消费所有的食物，而没有衣服。而要消费衣服的负数量，这是不可能的！

当有一个“拐角解”出现时，消费者的 MRS 不等于价格比。与等式 $MRS=P_f/P_c$ 不同，现在使得满意最大化的必要条件由以下等式给出：

$$MRS \geqslant P_f/P_c$$

只有当所有商品的正数量得到消费时，我们在前面部分所讨论的边际收益等于边际成本的条件才得以成立。

此处的一个重要教训是，面对变化不定的经济状况，消费者会购买一种产品的多少数量，要做这样的预测，得依赖消费者对该产品和相关产品的偏好性质，以及消费者预算线的斜率。如果食物的 *MRS* 远大于价格之比而出现了“拐角解”的情况，那么衣服价格的小幅下降并不会更改消费者的选择——他们会仅仅选择消费食物。但是，如果衣服的价格下降到足够的幅度，那么消费者便会很快地选择消费大量的衣服。

3. 收入和价格变化对消费的影响

同学们已经学习了收入和价格变化对预算线的影响，这两个因素的变化借此也将进一步对消费者在市场上的最优化选择造成影响。

我们先来分析这个选择如何随消费者的收入变动而变动。具体地说，假设收入增加。这里仍用两种商品进行分析，消费者有了更高的收入之后，能买得起更多数量的这两种商品。因此，收入增加，预算线向外移动。由于这两种商品的相对价格没有变动，预算线的斜率和原来预算线的斜率是相同的。也就是说，收入增加导致预算线平行地向外移动。

预算线的外移，使得消费者能选择衣服和食物的更好组合，这个组合位于位置更高的无差异曲线上。给定预算线的移动和无差异曲线（表示消费者的偏好），消费者的最优选择从图中的“原来最优点”移动到“新的最优点”。这一过程可以用图 4 －9 表示。

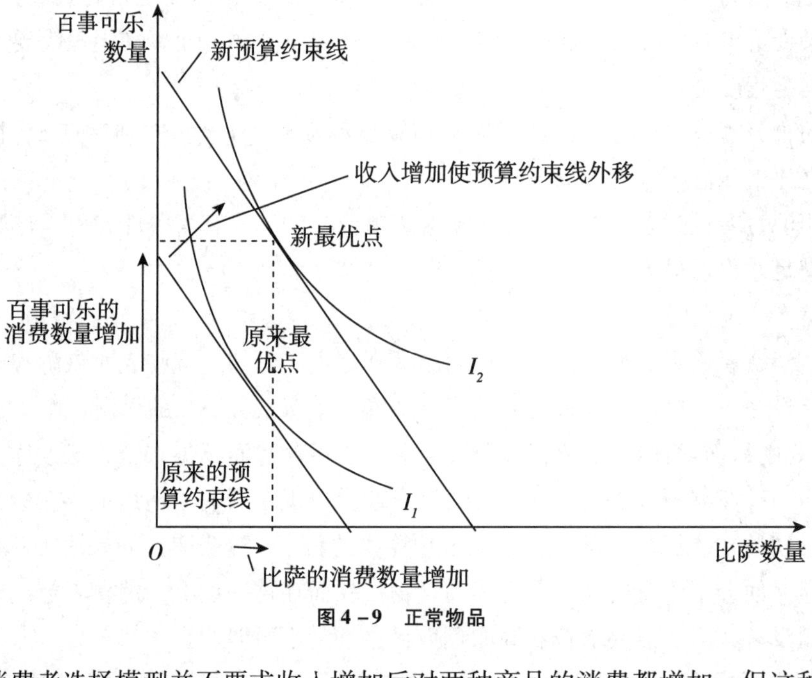

图 4 －9　正常物品

尽管消费者选择模型并不要求收入增加后对两种商品的消费都增加，但这种情形是最常见的情形。我们已经知道：当消费者的收入增加时，如果他对某商品的购买量也增加，则经济学家将这种商品称为正常商品。而在实际生活中，我们接触的往往都是正常品，食物和服务则更是如此。

但如果我们发现，消费者的收入增加以后，所得“新的最优点”表示的商品篮子中，消费者减少了对其中一种商品的消费数量，这意味着什么？先回顾这样一个概念，如果消费者收入增加后，他对某种商品的购买量反而减少，经济学家就将这样的商品称为低档商品。新得到的商品篮子就暗含这样的假设：消费数量减少的商品是一种低档商品。

尽管大多数商品都是正常商品，但世界上的确存在图 4－10 中所示的一些低档商品。公共汽车服务就是一个例子。当收入增加时，消费者更可能买车或搭乘出租车而不是乘坐公共汽车。因此，公共汽车服务就是一种低档商品。

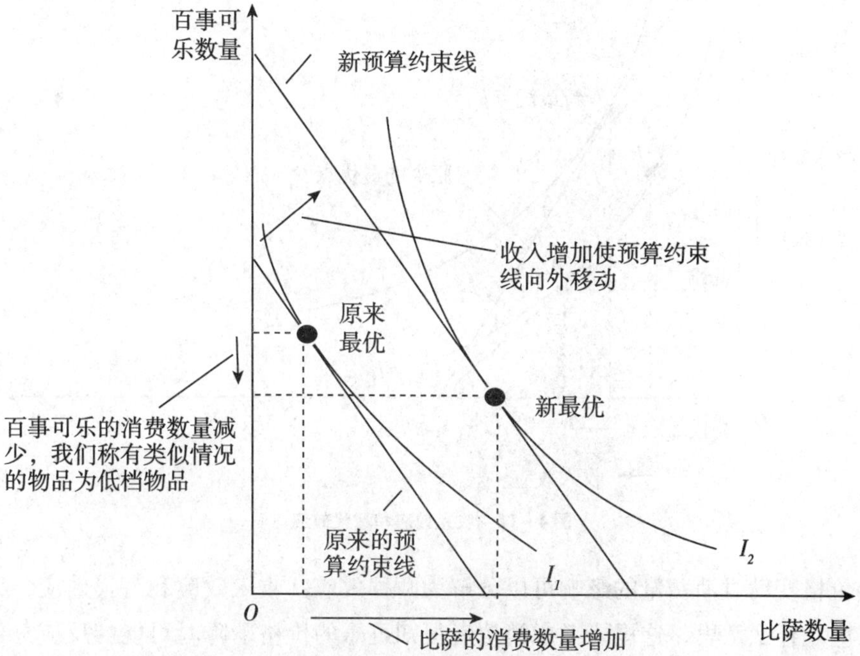

图 4－10　低档物品

下面，我们使用消费者选择模型来分析其中一种商品价格变动时，消费者的选择如何变动。具体地说，假设衣服的价格从每单位 2 元下降为 1 元。较低的价格自然地扩大了消费者的购买机会集。换句话说，任何商品价格下降，预算线都向外移动。

一种商品的价格下降如何影响消费者的预算约束线？如果消费者将全部收入用于购买食物，则衣服的价格变动对此没有影响。然而如果消费者将全部收入用于购买衣服，则他现在可以购买更多单位的衣服。因此，预算线的一个端点向外移动。

在这种情形下，预算线向外转动改变了它的斜率（这和前面的情形不同，前面的情形是两种商品的价格固定不变但消费者的收入变动，因此导致预算线向外平行移动，而斜率没发生变化）。我们已经知道，预算线的斜率反映两种商品的相对价格。由于其中一种商品的价格下降，而另一种商品的价格维持不变，现在消费者面对两种商品之间的交换比例（价格比）跟着变化。结果，新的预算线斜率更大，即更陡峭。

预算约束线的这种变动如何影响两种商品的消费量？答案取决于消费者的偏好。对于图 4－11 中的无差异曲线，消费者购买更多的可乐和更少的比萨。

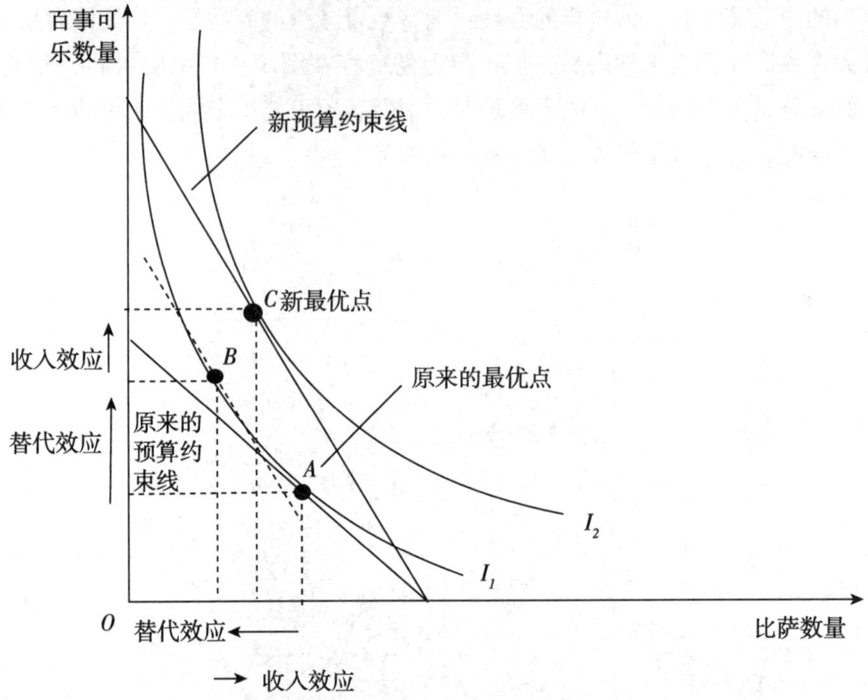

图4-11　收入效应和替代效应

商品价格变动对消费量的影响可以分解为两种效应：收入效应和替代效应。为了看清这两种效应是什么意思，这里要考虑消费者得知可乐的价格下降时可能的反应。他的推理方法可能是下面这样的：

"好消息！既然可乐更便宜了，我的收入的购买力更大了。我实际上比以前更富裕了。由于我更富裕了，我可以购买更多的比萨和更多的可乐。"（这就是收入效应。）

"既然可乐的价格下降了，若我放弃一单位比萨，我可以购买更多的可乐。由于现在比萨相对更昂贵，我应该少买比萨而多买可乐。"（这就是替代效应。）

你觉得哪种说法更能让你信服？

事实上，这两种说法都有道理。可乐的价格下降使得消费者的状况更好了。如果比萨和可乐都是正常商品，消费者会将增加后的购买力用于两种商品的购买。这种收入效应使得消费者购买更多的比萨和更多的可乐。与此同时，相对于比萨的消费来说，可乐的消费更便宜。这种替代效应使得消费者购买更少的比萨和更多的可乐。

现在，同时考虑这两种效应的结果。消费者肯定购买更多的可乐，因为收入效应和替代效应都使可乐的购买量增加。然而可乐的购买量会增加吗？答案并不明确，因为收入效应和替代效应对可乐购买量的作用是相反的。

我们可以使用无差异曲线解释收入效应和替代效应。一种商品价格下降时，收入效应是由于消费者移动到位置更高的无差异曲线而引起的消费量变动。替代效应是消费者沿着原来的无差异曲线移动到某个点（此点的边际替代率与原来的不同）引起的消费量变动。

我们可用图形表示如何将消费者的消费决策变动分解为收入效应和替代效应，如图4－11所示。当可乐的价格下降时，消费者从原来的最优点（点A）移动到新的最优点（点C）。我们可以人为地将这个变动分解为两步。第一步，消费者沿着原来的无差异曲线I_1，从点A移动到点B。这两个点（消费组合）提供给消费者的满足程度是相同的，但是，点B处的边际替代率反映了新的相对价格（通过点B的虚线与新预算线平行）。第二步，消费者移动到更高的无差异曲线I_2上，从点B移动到点C。尽管点B和点C位于不同的无差异曲线上，但它们的边际替代率是相同的。也就是说，无差异曲线I_1在点B处的斜率等于无差异曲线I_2在点C处的斜率。

尽管消费者从来没有实际选择点B，这个假设的点有助于说明两种效应如何决定了消费者的选择。从点A到点B的变动代表的是纯粹的边际替代率变动，而消费者的福利没有任何改变。类似的，从点B到点C的变动代表的是纯粹的福利变动，而边际替代率没有任何改变。因此，从点A移动到点B表示的是替代效应，从点B到点C表示的是收入效应。

第四节　显示性偏好

在本章第一节中，我们已经知道一个人的偏好如何用一系列无差异曲线表示；在第三节中，我们已经明确在既定的预算约束下偏好是如何决定选择的。

那么我们是否能将这样的思考过程倒过来，通过指导消费者的所作所为——即最终决策，反推并确定消费者的偏好？

答案是我们能，前提是有关于足够数量的选择的信息，这些选择是在价格和收入水平变化时做出的。基本思路是简单的，如果一位消费者偏好两种市场篮子中的一种，并且被选中的市场篮子要比另一种更贵，那么消费者必定偏好那个被选中的市场篮子。

假设有一个人，面对如图4－12所示的预算约束，选择了市场篮子A。我们将这个篮子与篮子B和D比较，既然那个人可以购买市场篮子B（和所有在L_1线以下的市场篮子）而并没有购买，那么我们就说A比B更受到偏好。

乍看之下，我们似乎并不能直接比较市场篮子A和D，因为D不在L_1上。但假设食物和衣服的相对价格发生变化，这样，新的预算线就是L_2，那个人便选择了市场篮子B。既然D在预算线L_2上而没被选中，那么B就比D更受到偏好（B也比在L_2线以下的所有市场篮子更受到偏好）。因为A比B更受到偏好，而B比D更受到偏好，所以，我们推断A比D更受到偏好。另外，在图4－12中，市场篮子A比出现在深色阴影区内的所有市场篮子更受到偏好。然而由于食物和衣服是“好的商品”而不是“坏的商品”，所以，在A的上方和右边的浅色阴影矩形内的所有市场篮子又比A更受到偏好。因此，穿过A的无差异曲线必定在无阴影的区域内。

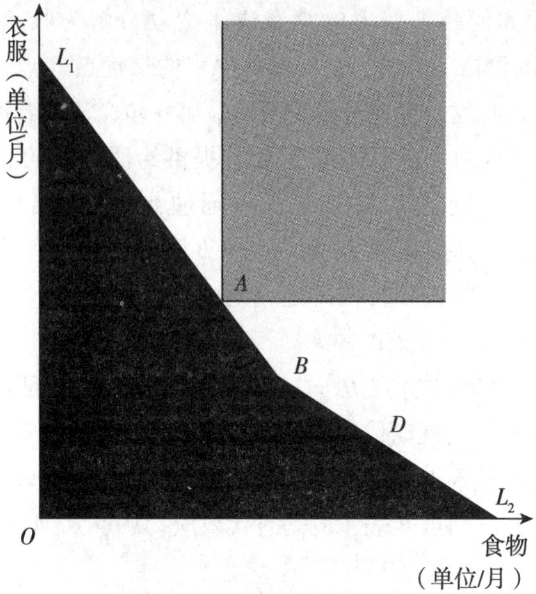

图 4-12　显示性偏好——两条预算线

面对预算线 L_1，如果一个人选择了市场篮子 A，而不是市场篮子 B，那么与 B 相比，A 受到了显示性偏好。同样，面对预算线 L_2，那个人选择了市场篮子 B，则它比 D 更受到显示性偏好。A 比在深色阴影区内所有市场篮子更受到偏好，而在浅色阴影区内的所有市场篮子又比 A 更受到偏好。

如果在价格和收入水平发生变化时能得到有关选择的更多信息，我们便能够在无差异曲线线段得到一个更好的定位，如图 4-13 所示。

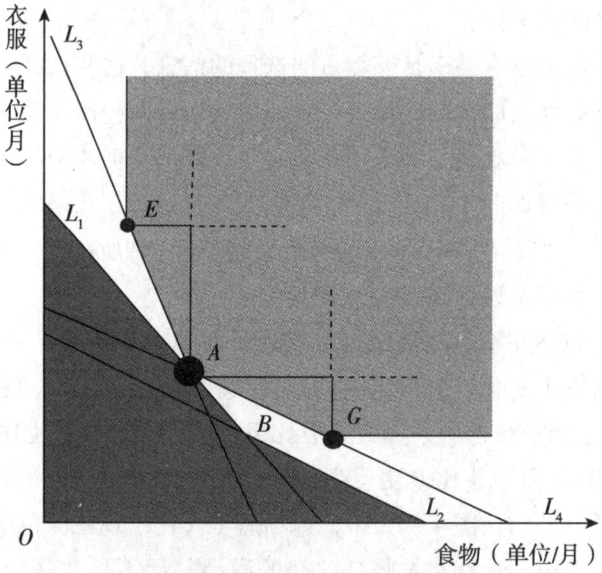

图 4-13　显示性偏好——四条预算线

面对预算线 L_3，一个人选择了 E，则它比 A 更受到显示性偏好，因为 A 原本也有可能被选中。面对预算线 L_4，他选了 G，则 G 也比 A 更受到显示性偏好。A 比在深色阴影区内的所有市场篮子更受到偏好，而在浅色阴影区内的所有市场篮子又比 A 更受到偏好。

假设那个人在面对 L_3（被选定通过 A）的情况下选择了市场篮子 E。既然 E 被选中，那么即使 A 要花相同的钱（它们在同一条预算线上），E 仍要比 A 更受到偏好，如同在 E 上方和右边的矩形内的所有点都比 A 更受到偏好一样。现在假设那个人在面对 L_4（通过 A）的情况下选择了市场篮子 G。既然 G 被选中，而 A 没有被选中，那么 G 比 A 更受到偏好，如同在 G 上方和右边的所有市场篮子都比 A 更受到偏好一样。

运用偏好是凸向原点的这一假定，我们还可以进一步看到，既然 E 比 A 更受到偏好，在图 4－13 中 AE 线上方和右边的所有市场篮子必定比 A 更受到偏好（不然的话，穿过 A 的无差异曲线就得通过 AE 上方和右边的一个点，然后下降到线下面的 E 处，这样无差异曲线就不是凸的了）。通过同样的论证，在 AG 上或在其上方的所有点也比 A 更受到偏好，因此，无差异曲线必定在无阴影的区域内。

显示性偏好这一分析法是一种有价值的手段，用来验证个人的选择是否符合消费者理论中的种种假定。显示性偏好分析甚至也被运用于动物行为的研究。通过改变某一动物的环境，人们可以测试动物的消费选择是否符合消费者理论。一项对老鼠的研究中，根据老鼠要获得食物而必须推动杠杆的次数来变动不同食物的“价格”，结果表明，老鼠的行为是符合消费者理论的：这些老鼠对必需的食物有相对低的“价格”弹性，而对非必需品则有较高的弹性。

最后，必须要指出的是，显示性偏好分析最终将有助于我们理解消费者必须在特定环境下做选择的意义，是在现实研究中非常有用的一种方法。

本章关键词

消费者偏好　无差异曲线　效用　序数排列　预算约束线　$MRS = P_a / P_b$　收入效应　替代效应　显示性偏好

思考题

1. 解释效用的含义。总效用和边际效用之间有何差异？解释边际效用递减规律，并给出一个数字例子。
2. 在消费者的收入和商品的价格既定的条件下，消费者试图使自身的效用最大，请结合无差异曲线的分析方法来说明消费者的均衡条件。
3. “当所有物品的边际效用完全相等时，效用达到最大。”这种说法是否有误？如果是错误的，请修正这种说法并解释其原因，或举出适当的例子。
4. 画出无差异曲线：

   a）像左右手套那样的互补品；

   b）像同一个商店并排放置的两瓶可乐那样完全的替代品。
5. 选择题：

   a）对于一种商品，消费者得到最大的满足，这意味着：（　）

A. 边际效用最大　　B. 总效用为零

C. 边际效用为零　　D. 总效用为正

b）序数效用论中商品的效用：（　）

A. 取决于价格　　B. 取决于使用价值

C. 可以用确切的数字表示　　D. 可以比较

c）无差异曲线的形状取决于：（　）

A. 消费者收入　　B. 消费者偏好

C. 所购买商品的价格　　D. 商品效用水平的大小

d）若 X、Y 的边际替代率 $MRS_{xy}>P_x/P_y$，消费者为达到最大满足，将：（　）

A. 增购 X，减购 Y　　B. 减购 X，增购 Y

C. 同时增购 X 和 Y　　D. X、Y 的购买数量保持不变

e）若 MRS_{xy} 递减，则 MU_x 和 MU_y 必定：（　）

A. 递增　　B. 递减

C. MU_x 递减，MU_y 递增　　D. MU_x 递增，MU_y 递减

6. 用无差异曲线说明：免费发给消费者一定量食品与发给消费者按照市场价格计算的这些食物折算的现金，哪种方法给消费者带来的效用更大？

7. 假设某人的效用函数 $U=X^2Y^3$ 依存于不劳动的闲暇日数 X 以及对商品 Y 的消费量。已知购买 Y 的支出全部来源于劳动日数 L 所得的工资，假设每日工资 50 元，商品价格为 25 元，那么要使获得的效用最大化，他每年应该安排多少个劳动日？

8. 消费 X、Y 两种商品的消费者的效用函数为 $U=XY$，X、Y 的价格均为 4，消费者的收入为 144。

a）求该消费者的需求及其效用水平。

b）若 X 的价格上升为 9，两个商品的需求有何变化？

c）X 的价格上升为 9 后，若要维持当初的效用水平，消费者的收入最少应达到多少？

d）求 X 的价格上升为 9 所带来的替代效用和收入效应。

第五章　消费需求理论

上一章同学们已经打下了消费需求理论的基础，我们探讨了消费者偏好的性质，并且明白了在预算约束既定的情况下，消费者是如何选择一个能使其满足最大化的消费篮子的。从这里出发，只需再前进一小步，便可以分析需求本身，分析对一种商品的需求是如何取决于这种商品的价格及其他商品的价格和收入的。

我们首先看一下个别消费者的需求。既然知道价格和收入的变化是如何影响一个人的预算线的，我们便可以确定这些变化是如何影响消费选择的；用同样的方法，我们也可以确定某个人对一种商品的需求曲线。其次，我们会看到个别需求曲线是如何能够聚集在一起来确定市场需求曲线的。我们也将研究需求的特性，分析为什么有些商品的需求迥然不同于另外一些商品的需求。另外，我们将表明如何运用需求曲线来测定人们在消费一种产品时所获得的利益超过他们的开支。最后，我们将简明地描述几种方法，它们可以用来获取有关需求的有用的感性信息。

第一节　个体消费者的需求曲线

一、需求曲线与消费者选择理论

前文已经说明了一种物品价格的变动如何改变了消费者的预算约束，因此也改变了他选择购买的两种物品量。

而任何一种物品的需求曲线正是用于反映这些消费决策的。需求曲线表示一种物品的价格如何影响需求量。我们可以把消费者的需求曲线作为由其预算约束线和无差异曲线引起的最优决策的总结。

每当有一种商品的价格产生变动，在收入效应和替代效应的共同作用下，可以得到任何价格下的该种商品和某一固定价格下的另一种商品所能达到的效用最大化的各个组合，需求曲线将消费者将会购买的各个组合中该种商品的数量和其价格联系了起来。

例如，我们由图 5－1 来考虑食物的需求。图 5－1（a）表示，当食物的价格下降时，消费者的预算约束线向外移动。由于收入与替代效应，消费者购买的食物数量会有所增加。而图 5－1（b）则表示由这种消费者决策引起的需求曲线。

用这种方法，消费者选择理论为消费者需求曲线提供了一个理论基础。通过学习消费者选择理论，我们也可以对需求曲线所具有的两大特征进行说明。

第一，当我们沿着曲线移动时，可以获得的效用数量会发生变化。产品的价格越低，效用的数量越高（注意图 5－1 中，当价格下跌时，便可以达到更高的无差异曲线）。这再一次明白无误地表明，当一种产品的价格下跌时，消费者的购买力增加了。

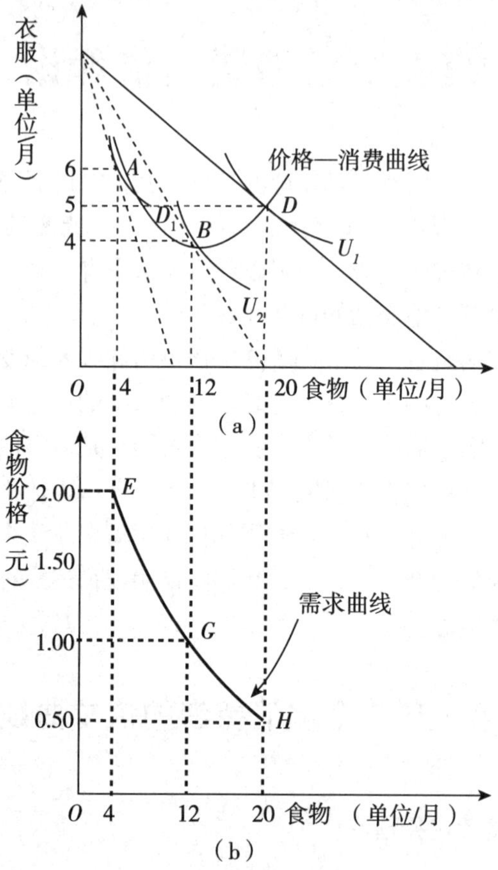

图 5－1　价格变化的影响

收入和衣服价格保持不变，而食物价格下降，这使本图中的消费者选择了一个不同的市场篮子。在图 5－1（a）中，使不同价格食物的效用最大化的市场篮子——点 *A*、*B* 和 *D* 勾画了价格—消费曲线。图 5－1（b）显示了需求曲线，它将食物的价格和需求量联系了起来（点 *E*、*G*、*H* 分别对应点 *A*、*B*、*D*）。

第二，在曲线的每一个点上，消费者通过满足食物对衣服的边际替代率等于食物和衣服价格之比这一条件来使效用最大化。当食物价格下跌时，价格比和 *MRS* 也下降。在图 5－1 中，价格比从 *E* 处（因为曲线 *A* 与预算线相切，在 *B* 处的斜率为－1）的 1（2 元/2 元）降至 *G* 处的 1/2（1 元/2 元），再降至 *H* 处的 1/4（0.50 元/2 元）。因为消费者在使效用最大化，所以当我们沿着需求曲线下移时，食物对衣服的 *MRS* 便下降。凭借直觉，这是有道理的，因为它告诉我们，当消费者购买更多食物的时候，食物的相对价值便下降了。

边际替代率沿着个别需求曲线而变化这一事实告诉了我们消费者如何估价一种商品或服务的消费。假设我们问一位消费者，在目前消费 4 单位食物的时候，其愿意为消费额外 1 单位食物支付多少钱。图 5－1 中需求曲线上的点 *E* 提供了答案：2 元。为什么？如同我们在上面指出的那样，既然食物对衣服的 *MRS* 是 *E* 处的 1，那么额外 1 单位食物就值额外

1 单位衣服。但是 1 单位衣服需花 2 元，因而这 2 元就是消费额外 1 单位食物所获得的价值（或边际收益）。于是，当我们沿着图中的需求曲线下移时，*MRS* 下降，消费者赋予额外 1 单位食物的价值也从 2 元降至 1 元，再降至 0.5 元。

虽然需求曲线自然产生于消费者选择理论得到了证实，但需求曲线的推导本身并不是提出消费者行为的理论，仅仅确定人们对价格变动的反应并不需要一个严格的分析框架。但是，消费者选择理论是极其有用的。

一般来说，当一种物品价格上升时，人们购买量减少。这种正常行为称为需求规律。这个规律表现为需求曲线向右下方倾斜。

然而就经济理论而言，需求曲线有时也会向右上方倾斜。换句话说，消费者有时会违背需求规律，并在一种物品价格上升时购买更多。为了说明这种情况可以发生，请看图 5－2。在这个例子中，消费者购买两种物品——肉和土豆。最初消费者预算约束线是从 *A* 到 *B* 的直线。最优点是 *C*。当土豆价格上升时，预算约束线向内移动，现在是从 *A* 到 *D* 的一条直线，最优点是 *E*。要注意的是，土豆价格上升使消费者购买了更多的土豆。

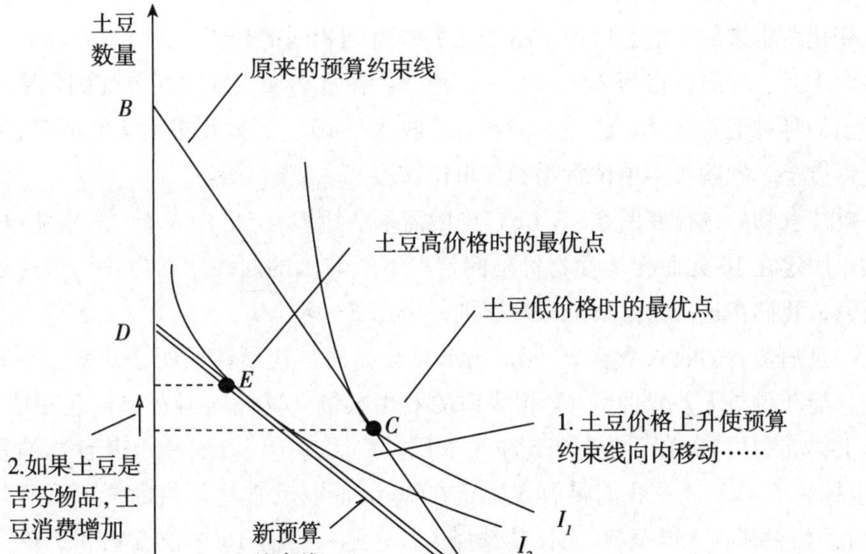

图 5－2　吉芬商品

为什么消费者以一种似乎不合理的方式做出反应呢？原因在于土豆是一种非常强的低档物品。当土豆价格上升时，消费者变穷了。收入效应使消费者想少买肉并多买土豆。同时，由于土豆相对于肉变得更为昂贵，替代效应使消费者想购买更多肉和更少土豆。但是，在这种特殊情况下，收入效应如此之大，以致超过了替代效应。结果，消费者对土豆高价格的反应是少买肉而多买土豆。

经济学家用吉芬物品这个术语来说明这种违背需求规律的物品。（这个词是以最早注意到这种可能性的经济学家罗伯特·吉芬的名字命名的）在这个例子中，土豆是一种吉芬物品。吉芬物品是收入效应大于替代效应的物品。因此，吉芬物品的需求曲线向右上方倾斜。经济学家对是否有吉芬物品的看法并不一致。一些历史学家指出，在19世纪爱尔兰土豆饥荒时期，土豆实际上是吉芬物品。土豆是当时人们如此重要的食物，以致价格上升，就有很强的收入效应。人们对自己生活水平下降的反应是削减奢侈品肉，而更多地购买土豆这种主食。因此，可以认为土豆价格上升实际上引起了土豆需求量增加。

无论这种历史记录是否正确，这里都可以很有把握地说，吉芬物品是极少的。消费者选择理论仍允许使需求曲线向右上方倾斜。但这种情况是如此罕见，因此需求规律像任何一个经济学规律一样可靠。

二、收入变化对个体需求曲线的影响

我们已经看到，当一种商品的价格发生变化时，食物和衣服的消费会有什么变化。现在我们来看一下收入发生变化的情形。

收入变化所带来的影响可以像价格变化那样得到相同的分析。图5-3（a）显示了在食物价格为1元、衣服价格为2元时，一位消费者在食物和衣服之间分配固定数量收入时可能会做出的种种消费选择。起先，消费者的收入是10元，效用最大化的消费选择便在A处，在这一点上，她购买4单位食物和3单位衣服。

这一单位食物的选择在图5-3（b）中的需求曲线D_1上也标为E。需求曲线D_1就是我们将收入固定在10元而变动食物价格的情形下所勾画的曲线。因为我们保持食物价格不变，所以，我们在这一条曲线上只观察到一个点E。

那么一旦消费者的收入增至20元，情形又会如何？其预算线便会外移。与原预算线平行，使其能获得与无差异曲线U_2相联系的效用数量。其最佳消费选择现在位于B处，在这一点上，其购买10单位食物和5单位衣服。在图5-3（b）中，其食物消费在需求曲线D_2上标为G（D_2就是我们将收入固定在20元而变动食物价格的情形下所勾画的曲线）。最后，如果其收入增至30元，其选择D，这是一个有16单位食物和7单位衣服的市场篮子，在图5-3（b）中标为H。

在图5-3（a）中，收入—消费曲线勾画了与每一种收入水平相联系的食物和衣服效用最大化的种种组合，这条收入—消费曲线是向上倾斜的，因为收入增加了，食物和衣服的消费都会增加。先前我们看到，一种商品的价格变化对应于需求曲线上的一次移动。此处的情形大不一样了。因为每一条需求曲线都是为特定的收入水平度量的，所以，收入的任何一个变化必定导致需求曲线本身的移动。于是，在图5-3（a）的收入—消费曲线上的A就对应于图5-3（b）的需求曲线上的E，而B则对应于不同的需求曲线D_2上的G。向上倾斜的收入—消费曲线表明，收入的增加导致需求曲线向右的移动，在本例中，即从D_1移向D_2，再移向D_3。

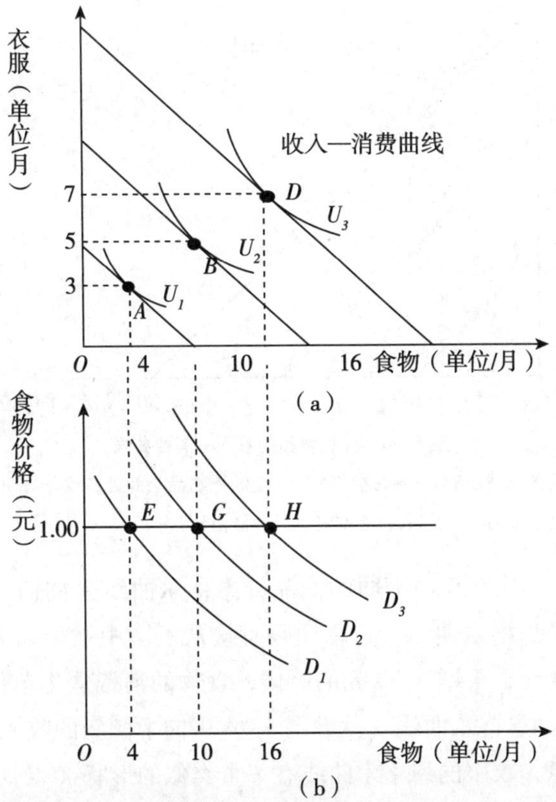

图 5－3　收入变化的影响

所有商品价格不变而消费者收入增加，会使其改变市场篮子的选择。图 5－3（a）中，在各种收入情况下使消费者满足最大化的市场篮子——点 *A*、*B* 和 *D* 勾画了收入—消费曲线。图 5－3（b）显示了因收入增加而使需求曲线向右移动（点 *E*、*G*、*H* 分别对应点 *A*、*B*、*D*）。

当收入—消费曲线的斜率为正数时，需求量随收入而增加，需求的收入弹性为正的。移向需求曲线右边的幅度越大，收入弹性也越大。在这种情况下，我们说这些商品是正常的。当消费者的收入增加时，他们想买更多的这类商品。在有些情况下，当收入增加时，需求量反而下降，需求的收入弹性是负的，我们就说这种商品是劣等的。“劣等的”这一字眼并不是贬义的，它仅仅意味着当收入上升时消费反而下降。例如，汉堡对有些人来说是劣等的，因为当他们的收入增加时，他们就想少买汉堡而多买牛排。

图 5－4 显示的就是一种劣等商品的收入—消费曲线。在收入水平相对低的时候，汉堡和牛排都是正常商品。然而当收入上升时，收入—消费曲线便向后弯曲（从点 *B* 至点 *C*）。这一情形的发生是因为汉堡已成为一种劣等商品：当收入增加之后，它的消费量反而下降。

我们可以运用恩格尔曲线来表示上述收入—消费曲线，将一种商品的消费量与收入联系起来，并可以直观地看出这种商品是正常商品还是劣等商品。

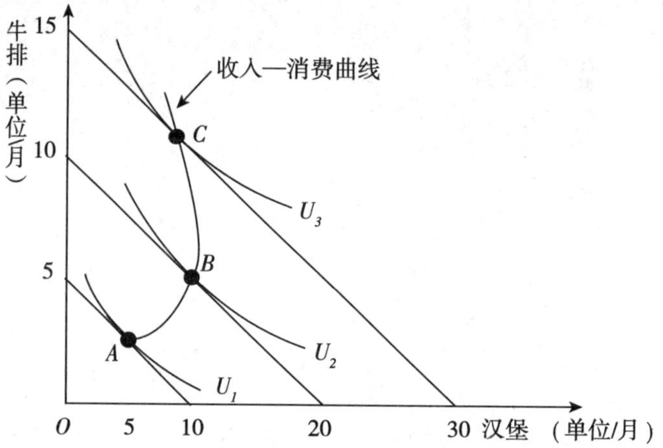

图5-4 低档物品的收入—消费曲线

当收入增加时，一种商品的消费反而减少，这种商品叫作低档物品。此处，汉堡在 A 和 B 之间为一种正常物品；但当收入—消费曲线向后弯曲于 B 和 C 之间时，它就成为一种低档物品。

图5-5分别显示了对于两种不同的商品，恩格尔曲线是如何构建的。图5-5（a）显示了一条向上倾斜的恩格尔曲线，这幅图是直接从上图中推导而来的。在这两幅图中，当收入从10元增至20元，再增至30元的时候，食物的消费从4单位增至10单位，再增至16单位。向上倾斜的恩格尔曲线（就像图5-4中向上倾斜的收入—消费曲线）适用于所有的正常商品。注意，衣服的恩格尔曲线有一个类似的形状（当收入增加时，衣服的消费从3单位增至5单位，再增至7单位）。

而图5-5（b）所显示的是汉堡的恩格尔曲线，从中可以看到，当收入从10元增至20元时，汉堡的消费从5单位增至10单位。而当收入进一步增加，从20元上升至30元时，汉堡的消费却降至8单位。恩格尔曲线上向下倾斜的部分就是汉堡成为劣等商品的收入范围。

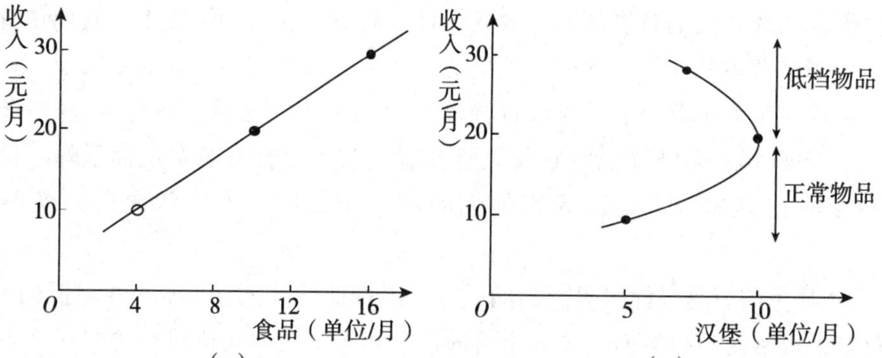

图5-5 恩格尔曲线

恩格尔曲线将一种商品的消费量与收入联系起来。在图5-5（a）中，食物是一种正常物品，恩格尔曲线向上倾斜。然而在图5-5（b）中，对于收入在20元以下的人来说，汉堡是一种正常物品；而对于收入在20元以上的人来说，它则是一种低档物品。

三、替代品、互补品与价格—消费曲线

以上需求曲线表明了在偏好、收入和其他所有商品的价格都保持不变时一种商品的价格及其需求量之间的关系。就许多商品而言，需求是和其他商品的消费和价格相联系的。棒球棒和棒球、热狗和芥末、电脑硬件和软件都是消费互补的例子。当一种商品的消费上升时，另一种商品的消费也可能上升。而另外一些商品，比如可乐和低糖可乐、业主自居住房和租用住房、电影票和录像带出租量都是可以彼此替代的，即当一种商品的消费上升时，另一种商品的消费就可能下降。

如果一种商品价格的上涨（下跌）导致另一种商品需求量的上升（下降），我们就把这两件商品称作替代品。如果电影票价格上涨了，我们可以预料个人会去租借更多的录像带，因为电影票和录像带是替代品。如果一种商品价格的上涨（下跌）导致另一种商品需求量的下降（上升），这两种商品就是互补品。如果汽油价格上涨，造成汽油消费减量，我们就可以预期机油的消费量，因为汽油和机油是被一起使用的。如果一种商品价格的变化对另一种商品的需求量没有影响，那么这两种商品就是独立的。

这两个概念在我们学习需求的交叉价格弹性之前已经有所涉及，现在要说明的是，我们可以通过查看价格—消费曲线来分清两种商品是互补品还是替代品。

在之前学习的图 5 - 1 中，价格—消费曲线向下倾斜的那部分中，食物和衣服就是替代品：食物价格的下跌导致衣服消费的减少（这也许是因为当食物开支上升时，可用于购买衣服的收入就减少了）。与此类似，在曲线向上倾斜的那部分中，食物和衣服是互补品；此处，食物价格的下跌导致衣服消费的增加（这或许是因为消费者更多地在餐馆用餐，必须穿得更体面一些）。

商品可以是互补品或替代品这一事实表明，当我们研究一个市场价格变化的影响时，看一下相关市场的结果也许是很重要的。

第二节　市场需求曲线

迄今为止，我们探讨了个别消费者的需求曲线，但是市场需求曲线又来自何方？在这一节中，我们会说明，在一个特定的市场中，作为个别需求曲线的总和，市场需求曲线是如何得到的。

表 5－1

(1) 价格（美元）	(2) 个人 A（单位）	(3) 个人 B（单位）	(4) 个人 C（单位）	(5) 市场（单位）
1	6	10	16	32
2	4	8	13	25
3	2	6	10	18
4	0	4	7	11
5	0	2	4	6

为了保持简单明了，让我们假设在一个咖啡市场上只有三位消费者（A、B 和 C）。表 5－1列出了这些消费者的每一条需求曲线上的几个点。通过将第（2）（3）和（4）列相加以确定在每一价格上的总需求量，就可以找到第（5）列的市场需求。例如，当价格为 3 美元时，总需求量是 2＋6＋10，即 18。

按照表 5－1，我们作出这三位消费者对于咖啡的需求曲线（标作 D_A、D_B 和 D_C），如图 5－6 所示。

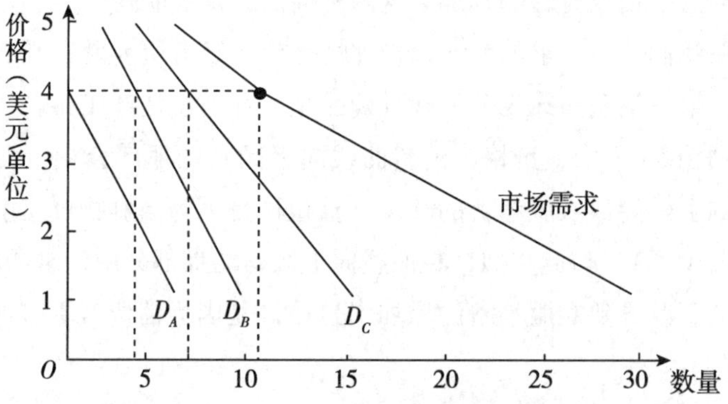

图 5－6　通过总计获得一条市场需求曲线

通过加总消费者 A、B、C 的需求曲线得到市场的需求曲线。在每一价格上，市场通过加总消费者 A、B、C 的需求曲线得到市场的需求曲线。在每一价格上，市场的食物需求量是每一个消费者需求量的总和。例如，在价格为 4 美元时，市场的需求量（11 单位）是 A（0 单位）、B（4 单位）、C（7 单位）需求量的总和。

在图 5－6 中，市场需求曲线是每个消费者需求的横向加总，我们进行横向加总为的是确定在任一既定的价格下这三位消费者所需求的总量。例如，当价格为 4 美元时，市场的需求量（11 单位）是 A（0 单位）、B（4 单位）和 C（7 单位）需求量的总和。由于所有的个别需求曲线是向下倾斜的，所以，市场需求曲线也是向下倾斜的。不过，市场需求曲线不必是一条直线，即使每一条个别需求曲线都是直的，市场需求曲线也会是折弯的，这是因为有一个消费者在其他消费者看来有吸引力的价格上（超过 4 美元的价格上）没有购买咖啡。

这里应该注意两点。第一，当更多的消费者进入市场时，市场需求曲线会右移。第二，影响许多消费者需求的因素也会影响市场需求。例如，假设在某个市场中，绝大多数的消费者在收入上有了提高，结果，他们对咖啡的需求也上升了。由于每个消费者的需求曲线都右移了，市场需求曲线也会右移。

将个别需求合计成市场需求并不仅仅是一种理论练习，当市场需求是不同人口组别或不同地区消费者需求的积累时，这种合计在实际中就变得很重要。例如，要得到有关家用电脑需求的信息，我们可以将有关有孩子家庭、无孩子家庭和单个人的需求的独立信息进行加总。我们也可以合计主要地区（如东部、南部、中西部、山区和西部）对天然气的需求来确定我国对天然气的需求。

第三节　消费者剩余

消费者购买商品，是因为这种购买能使他们的日子更好过。消费者剩余度量了消费者在市场上购买了一种商品后在总体上得到改善的程度。由于不同的消费者对某些商品的消费估价不同，他们愿意为这些商品支付的最高金额也会不同。消费者剩余就是消费者愿意为某一商品支付的数量与消费者在购买该商品时实际支付的数量之间的差额。例如，假设有一位学生愿意为了一张摇滚音乐会门票支付50元，如果她只需要支付20元，她省下的那30元就是她的消费者剩余。我们将购买某种商品的所有消费者剩余都加起来，就得到了一个总的消费者剩余的数值。

如果知道需求曲线，我们就能很容易地计算消费者剩余。要明白需求和消费者剩余之间的关系，可以看一下图5－7所显示的对音乐会门票的个别需求曲线。将需求曲线画成更像一段楼梯而不是一段直线可以使我们测定该消费者从购买门票中所获得的价值。

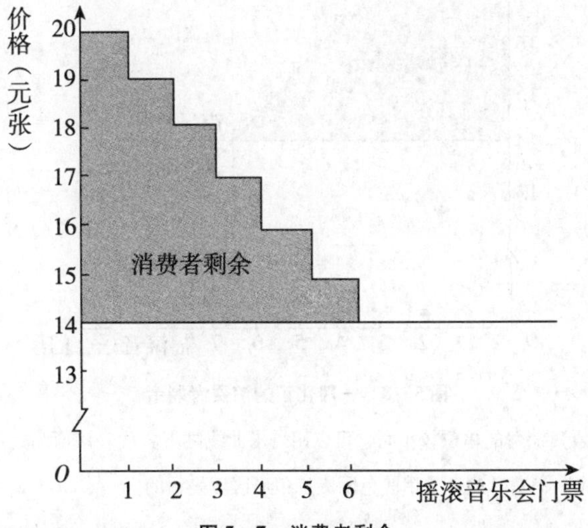

图5－7　消费者剩余

消费者剩余是从消费一种产品中得到的全部收益减去购买该产品全部成本后的余额。在本图中，与6张音乐会门票（每张票价14元）相关的消费者剩余是以阴影区域表示的。

在决定买多少票的时候，该学生可以这么算：第 1 张票要花 14 元，但值 20 元。通过运用需求曲线来确定该学生愿意为每一张额外的门票支付的最高数量（20 元是这名学生愿意为第 1 张门票支付的最高价格），就可以得到这 20 元的估价。这张门票值得购买，因为它在购买的成本之外创造了 6 元的剩余价值。第 2 张门票也值得购买，因为它产生了 5 元（19 元 - 14 元）的剩余。第 3 张门票产生了 4 元的剩余；然而第 4 张只产生了 3 元的剩余，第 5 张只有 2 元的剩余，第 6 张只有 1 元的剩余。该学生没有兴趣购买第 7 张门票（因为它的剩余为 0），也不会去买第 7 张以外的门票了，因为每张多余的门票的价值都低于其成本。

将图 5 - 7 中表示出的购买的所有单位的超额价值或剩余加起来，就得到了消费者剩余。在本例中，消费者剩余 = 6 元 + 5 元 + 4 元 + 3 元 + 2 元 + 1 元 = 21 元。

在更加一般的例子中，楼梯型的需求曲线很容易转变成一条直线型的需求曲线，方法是将商品的单位变得小而又小。在图 5 - 8 中，这个楼梯是在一半门票出售时（两个学生合一张票）画的，它已经开始接近直线型的需求曲线。我们将这些需求曲线用作近似值，相应地，也用图中的三角形来度量消费者剩余。当需求曲线不是一条直线时，是用需求曲线下面、价格线上面的区域来测定消费者剩余的。为了计算一个市场中的总消费者剩余，我们只要找到市场需求曲线下面、价格线上面的区域就行了。

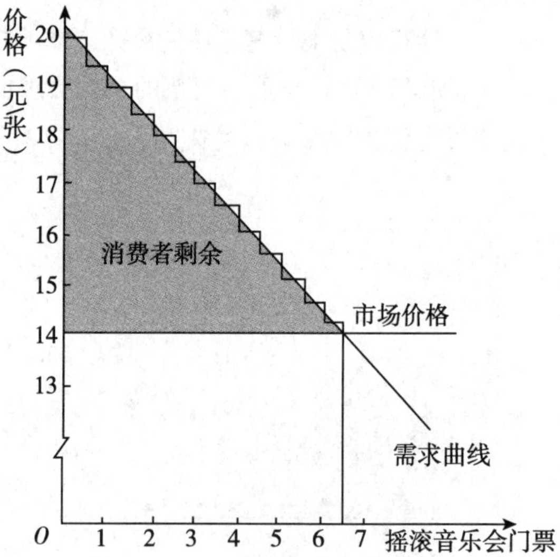

图 5 - 8　一般化了的消费者剩余

当一种商品（这里是门票）消费的单位较小时，可以用需求曲线之下、代表该商品购买价格的那条线之上的区域来度量消费者剩余。在本图中，消费者剩余是用浅色阴影三角形区域表示的。

消费者剩余在经济学中有很重要的应用。将许多个别收益加起来之后，消费者剩余度量了消费者在一个市场中购买商品所获得的总收益。我们将消费者剩余与生产者所获的总利润结合起来，便可以评价可供选择的市场结构的得失，评价公共政策的得失，而这些市场结构和公共政策可以改变处于那些市场中的消费者和厂商的行为。

第四节　连带外部效应

至今我们都假设人们对一种商品的需求都是彼此独立的。换句话说，李雷对咖啡的需求取决于李雷的口味、收入和咖啡的价格，或许还有茶叶的价格，但并不取决于韩梅梅或林涛对咖啡的需求。这一假设使我们仅仅把个别的需求相加就可以得到市场需求曲线。

然而就某些商品而言，一个人的需求也取决于其他人的需求。尤其是已经购买该商品的其他人的数量可以影响一个人的需求。如果这种情况是事实，那么就存在连带外部效应。连带外部效应可以是正的，也可以是负的。如果一名典型的消费者的商品需求量随着其他消费者购买数量的增加而增加，那么就存在一个连带外部正效应；如果相反的情况是事实，那么就存在一个连带外部负效应。

连带外部正效应的例子之一便是攀比效应。它指的是一种赶浪头的欲望，想拥有一件几乎所有人都已拥有的商品，或想沉溺于时髦之中。在儿童的玩具（例如男孩子的变形金刚、女孩子的芭比娃娃）中往往可以产生攀比效应；在销售这些玩具和给这些玩具做广告的时候，一大目标就是要制造这一效应。建立起攀比效应也常常是推销服装时成功的关键。

图5－9显示了攀比效应，图中的横轴度量了某种时髦商品的销售量，每月以千计。假设消费者以为只有20 000人购买了该商品，这一数字与一国的人口比较起来是微乎其微的，所以，消费者缺乏动力去购买这种商品以赶上浪头。有些消费者可能买它（取决于该商品的价格），但那是看中了它的内在价值。在这种情况下，需求是由曲线D_{20}表示的。

假设消费者现在认为有40 000人购买了该商品，他们发现该商品更有吸引力了，想多买一些，需求曲线是D_{40}，在D_{20}的右边。同样，如果消费者认为有60 000人购买了该商品，需求曲线就会是D_{60}，等等。消费者认为已购买该商品的人数越多，需求曲线越会移向右边。

最终，消费者会明智地感觉到有多少人已经购买了该商品。当然，这一人数取决于价格。例如，在图5－9中，如果价格是30元，将有40 000人购买该商品，因此有关的需求曲线是D_{40}。或者，如果价格是20元，80 000人会购买该商品，有关的需求曲线就是D_{80}。于是，通过连接对应于数量20 000、40 000、60 000、80 000和100 000的D_{20}、D_{40}、D_{60}、D_{80}和D_{100}曲线的点就可以确定市场需求曲线了。

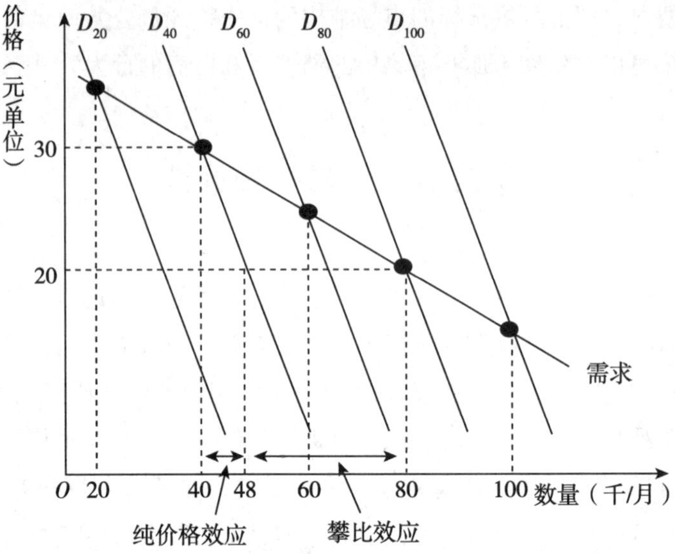

图 5－9　连带外部正效应：攀比效应

连带外部正效应的例子之一就是攀比效应。在这一效应下，个人对一种商品的需求数量随着其他人购买该商品数量的增加而增加。此处，由于攀比效应，商品的需求 D_{40} 右移到 D_{80}，而价格从 30 元跌至 20 元。

与 D_{20} 等曲线比较起来，市场需求曲线相对具有弹性。要明白为什么攀比效应会导致一条更具弹性的需求曲线，想一下在需求曲线是 D_{40} 时价格从 30 元降至 20 元的影响。如果不存在攀比效应，需求量只会从 40 000 升至 48 000；但是因为更多的人买了该商品，拥有它就变得时髦了，攀比效应将需求量进一步提升至 80 000。所以，攀比效应强化了需求对价格变化的反应（即使需求更具有弹性）。我们在后面会看到，这一结果对厂商的定价策略具有很重要的意义。

攀比效应是和流行以及新潮联系在一起的，但出现连带外部正效应也可以有其他原因。某些商品的内在价值对其拥有者来说会越来越大，如果拥有该商品的其他人越来越多，例如，如果只有我一个人拥有一台激光唱片（CD）播放机，那么厂家要制造激光唱片就不合算了；而没有唱片，那台 CD 播放机对我来说就没有什么价值了。拥有 CD 机的人越多，唱片就会生产得越多，那台播放机对我来说价值就越大。个人电脑同样如此，拥有它的人越多，软件就会编写得越多，于是，电脑对我来说用处也越大。

连带外部效应有时是负的。考虑一下虚荣效应，它是指拥有只有某些人才能享用的或独一无二的商品的欲望。拥有某种虚荣商品的人越少，该商品的需求量就越大。艺术珍品、特别设计的跑车以及定制的服装都是虚荣商品。此处，消费者从画或跑车中获得的价值部分地来源于因几乎没有人拥有与自己一样的东西这一事实而产生的特权、地位和排他性。

图 5－10 显示了虚荣效应。如果消费者认为只有 2 000 人拥有该商品，那么就适用需

求曲线 D_2。如果人们认为有4 000人拥有该商品，那么其就不再那样排外了，其虚荣价值下降了，需求量也因此下降了，适用曲线 D_4。同样，如果人们认为有 6 000 人拥有该商品，需求就更小了，适用曲线 D_6。最后，消费者知道了拥有这一商品的实际人数，因此，通过连接与数量 2 000、4 000、6 000 等实际对应的曲线 D_2、D_4、D_6 等上的点就可以确定市场需求曲线。

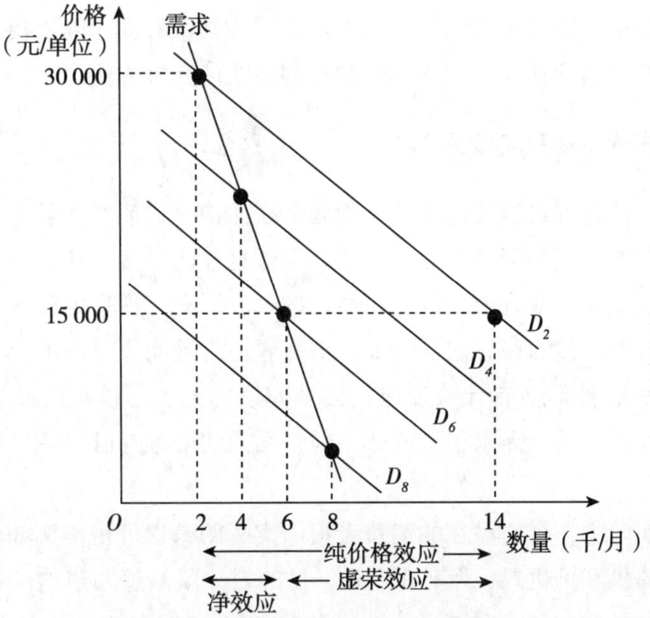

图 5－10　连带外部负效应：虚荣效应

连带外部负效应的例子之一就是虚荣效应。在这一效应下，一个人对一种商品需求的数量随着其他人购买该商品数量的增加而减少。此处，当产品的价格从 30 000 元跌至 15 000 元时，该商品的需求就从 D_2 左移至 D_6。

虚荣效应使市场需求变得缺乏弹性。为了明白其中的原因，我们假设价格最初是30 000元，有 2 000 人购买了它；后来，它降至 15 000 元，如果不存在虚荣效应，购买数量会升至 14 000（沿着曲线 D_2）。然而作为一种虚荣商品，拥有的人一多，其身价就会大跌。虚荣效应抑制了需求量的增加，将它减少了 8 000 单位，因此，销售量只净增至 6 000 单位。就许多商品而言，营销和广告都是准备好来制造一种虚荣效应的。这意味着需求会变得缺乏弹性，这一结果对定价具有重要的意义。

连带外部负效应的产生也可以有其他原因，拥挤的影响是一个常见的原因。在滑雪胜地，已购买升降机票的人越多，那么我从一张升降机票中获得的价值就越低，因为我喜欢滑山坡上的短线，那里滑雪者少一些。游乐场、溜冰场或海滩的入场券都存在同样的情形。

第五节　需求的经验估计

本节将探讨如何运用需求信息作为厂商经济决策时的一种参考。例如，通用汽车公司需要了解汽车需求以决定对新车的销售是打折还是提供低于市场利率的贷款。对需求的了解在公共政策制定中也是很重要的，如对石油需求的知情有助于政府决定是否制定相关的限价政策。这里简要地评述一下用于估计和预测需求的几种方法。

一、确定需求的面谈和实验的方法

获得有关需求信息的最直接的方法是面谈。在面谈时，消费者被问及在某个既定的价格下会乐意购买多少数量的某种商品。不过，类似这样的直接方法是不大成功的，因为人们或许缺少信息或兴趣，或许想误导主持面谈的人。因此，现在的市场研究人员往往志在设计出成功率更高的间接面谈方法。例如，消费者或许被问及目前的消费行为如何，如果某种商品打折10%，他们会有什么反应；接受面谈的人也可以被问及认为别人会怎么行动。虽然间接调查法对估计需求很有成效，但是面谈法的难处已迫使经济学家和推销专家寻找其他办法。

在直接推销实验中，会向潜在的消费者报出实际的销售价格。例如，一家航空公司可以在某些航班上提供减价机票，为期6个月，目的之一就是想知道这一价格变化是如何影响其航班需求的，其他公司又会做出什么反应。

直接实验是真实的，不是假设的，但仍有很大的问题。首先，出错的实验代价很高，并且即使在实验期间利润和销售量都上升了，公司仍无法确定这种上升是实验性价格变化的结果，因为其他因素也可能在同一时间发生变化。其次，对实验的反应（消费者往往认为这种实验时间很短）可能不同于对永久变动的反应。最后，一家公司也只能进行次数有限的实验。

二、估计需求的统计方法

厂商常常依靠基于对需求进行实际研究的市场数据。如果运用恰当，那么估计需求的统计方法可以使一个人找出某一变量（如收入和其他产品时价）对某种商品需求量的影响。这里概述统计方法中一些概念性的问题。

表5－2中的数据描述了在一个市场上每年销售的树莓的数量。树莓市场需求的信息对代表种植者的组织可能很有价值，使他们能够依据自己对价格和确定需求的其他变量做出的估计对销售量进行预测。为了使注意力集中在需求上，我们假设树莓的产量对天气状况而不是对时价很敏感（因为农民是在上年价格的基础上做出其种植决定的）。

表 5－2

年份	数量（Q）	价格（P）	收入（I）
1988	4	24	10
1989	7	20	10
1990	8	17	10
1991	13	17	17
1992	16	10	17
1993	15	15	17
1994	19	12	20
1995	20	9	20
1996	22	5	20

表 5－2 中的价格和数量变化如图 5－11 所示。如果人们认为单单价格就决定了需求，通过画一条直线（或其他合适的曲线）$Q=a-bP$——如需求曲线 D 所示的那样，它"配合"了图上的点来描述需求，这种做法貌似有理，其中会用到计量经济学中有关最小二乘法的知识，那并不是我们此时学习微观经济学时讨论的重点，同学们不必过于在意。

曲线 d（由等式 $Q=28.7-0.98P$ 算得）真代表了该商品的需求吗？答案是肯定的，但有一个前提，即除了产品价格外，没有其他重大的因素影响需求。然而表 5－2 中已包括一个被略去的变量的数据，即该产品购买者的平均收入。注意，在研究中，收入 I 增长了 1 倍，这表明农产品的需求移动了 2 次。因此，用表中数据作出的图中的需求曲线 d_1、d_2 和 d_3 更好地描绘了需求。这一需求关系可以用代数表示为：

$$Q=a-bP+cI$$

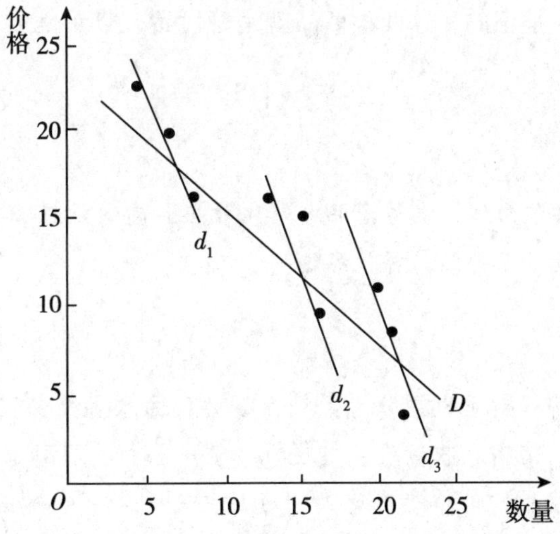

图 5－11　估计需求

价格和数量数据能用来确定需求关系的形式。但同样的数据既可以描述单一的需求曲线 D，也可以描述随着时间变化的三条需求曲线 d_1、d_2 和 d_3。

该需求等式中的收入一项使需求曲线在价格变化时以平行的方式移动（用最小二乘法来计算），需求关系是：$Q=5.07-0.40P+0.94I$。

三、需求关系的形式

上述的需求关系都是直线，所以，价格变化对需求的影响是不变的。然而需求的价格弹性随价格水平而变化。例如，就需求等式 $Q=a-bP$ 而言，价格弹性 E_p 为：

$$E_p = (\Delta Q/\Delta P)\cdot(P/Q) = -b(P/Q)$$

于是，当价格上升（而需求量下降）时，弹性在数值上也增大。

没有理由指望需求的弹性不变。不过，我们往往可以看到一条等弹性需求曲线形式——价格弹性和收入弹性都不变——在分析中很管用。若用对数—线性形式写成等式，则如下：$\ln(Q)=a-b\ln(P)+c\ln(I)$。

式中，ln 是对数函数；a、b 和 c 是需求等式中的常量。

对数—线性需求关系的引入之处在于：线的斜率 $-b$ 就是需求的价格弹性，常量 c 就是收入弹性。例如，利用本节所给需求中的数据，可得到回归线：

$$\ln(Q) = -0.81-0.24\ln(P)+1.46\ln(I)$$

这一关系告诉我们，树莓需求的价格弹性是 -0.24（即需求缺乏弹性），而收入弹性是 1.46。

不变的弹性形式在区分互补商品和替代商品的时候也很有用。假设 P' 代表了第二种商品的价格，它被认为与我们正在探讨的产品有关。这样，我们可以将需求函数写成下面的形式：

$$\ln(Q) = a-b\ln(P)+b'\ln(P')+c\ln(I)$$

若交叉价格弹性 b' 是正的，这两种商品就是替代品；若 b' 是负的，这两种商品就是互补品。

本节关键词

消费者剩余　恩格尔曲线　劣等商品　攀比效应　虚荣效应　市场需求曲线　个体需求曲线　弹性需求曲线　互补品　替代品

思考题

1. 下列物品中，哪一对可以划分为互补品、替代品和独立品？牛肉、番茄酱、羊肉、香烟、口香糖、猪肉、收音机、电视机、空中旅行、自驾旅行、出租车和平装书。请说明当一种物品的价格上升时所引起的另一种物品的需求曲线的移动。收入的变动对空中旅行的需求曲线会发生何种影响？对自驾旅行的需求曲线又会有何影响？
2. 当把越来越多的完全相同的个人需求曲线加总起来，在相同的坐标单位下，市场需求曲线会变得越来越平坦。这一事实是否说明需求曲线弹性变得越来越大呢？请详细解释你的答案。

3. 假设过桥的需求函数是 $Q=1\,000\,000-50\,000P$，其中，Q 是指对桥的需求量，P 是每次过桥的费用。

   a）如果每次过桥的费用是 0 元、1 元和 20 元，分别计算消费者剩余。

   b）假定桥的成本是 180 万元，请计算收支相抵的一次过桥费用。此时，消费者剩余是多少？

   c）假定桥的成本是 800 万元，为什么在过桥费不能弥补这一成本的情况下仍要修建这座桥？

4. 选择题：

   a）在其他条件不变时，由于商品价格的变化而引起均衡点变化的轨迹被称为（　）。

   A. 恩格尔曲线
   B. 收入—消费曲线
   C. 需求曲线
   D. 价格—消费曲线

   b）需求曲线是由（　）推导出来的。

   A. 价格—消费曲线
   B. 收入—消费曲线
   C. 需求曲线
   D. 恩格尔曲线

   c）关于收入—消费扩展曲线以及价格—消费扩展曲线，下列描述正确的有（　）（多选）。

   A. 如果第一种商品为非奢侈品，另一种商品为奢侈品，但都为正常品，则收入—消费扩展曲线随着收入的增加而向右上方倾斜，并且第二种商品数量的增加超过第一种商品的增加
   B. 如果消费者的收入增加，由消费者均衡决定的两种商品的消费量也同比例增加，则消费者的收入—消费扩展曲线是一条向右上方倾斜的直线
   C. 收入—消费扩展曲线和价格—消费扩展曲线都是由无数个预算约束线与无差异曲线相切的点描述出来的曲线
   D. 上述说法中只有 A、C 正确

   d）关于吉芬商品的需求曲线，下列说法正确的有（　）（多选）。

   A. 吉芬商品的需求曲线向右上方倾斜
   B. 商品价格下降，其替代效应为正数值
   C. 商品价格下降，其收入效应为负数值

D. 商品价格下降，收入效应的绝对值大于替代效用的绝对值

e）以下（　）的需求和价格之间的关系是需求规律的例外（多选）。

A. 面包　　B. 吉芬商品

C. 低档品　　D. 小汽车

E. 炫耀性商品

5. 为什么劣等商品的需求价格弹性可能是负的、零或正的？

6. 用图形说明正常商品、劣等品和吉芬商品的不同。

7. 所有收入用于消费 X、Y 的消费者的效用函数 $U=XY+X$，当$P_X=3$、$P_Y=2$ 时，对于这一消费者来说，X 是哪种类型的商品？

第六章　风险对消费者行为的影响

在之前对需求的论述中，我们一直假定价格、收入以及其他一些变量是可以确切地知道的。而现实生活中，人们在进行许多选择时是面临不确定性的。例如，人们往往通过借贷行为来支付大型的消费，如购房或接受高等教育，他们计划用将来的收入来偿还今天的借贷。但是，对于绝大部分人而言，未来收入是不确定的——薪水可能上升，也可能下降；我们的职位可能提升，也可能被解职，甚至会失去工作。然而如果推迟消费行为（比如暂缓购房或求学），我们又得承担消费品的实际价格上升而以后更无法支付的风险。消费者在进行消费或投资决策时，怎样才能把这些不确定性考虑进去呢？

有时，我们必须选择该承担的风险程度。例如，该如何处理你的储蓄？是采取比较安全的方式，如存入银行；还是选择一种风险较大但潜在收益也较大的方式，如投资于证券市场呢？再如职业的选择，是选择一个大型的、工作稳定但晋升机会有限的公司，还是加入（或成立）一家工作稳定性较差但晋升机会较多的新公司呢？

这些选择的背后到底是什么？为什么这些不确定性会对消费者行为产生影响？

实际上，不确定性影响的是消费者现在和未来消费商品所共同组成的商品篮子的构成，如未来的价格的不确定性导致未来商品篮子中各种商品消费数量的不确定性，进而导致消费者现在和未来共同组成的商品篮子的不确定性，导致消费者无法做出消费决定而使得一段时间内获得的效用最大化。

我们简略地介绍了风险为什么能够对消费者决策产生如此这般的影响，但要解决“什么样的风险会造成什么样的影响”“消费者如何应对风险的影响”等一系列更为具体的问题，我们必须将风险量化，并对相关知识进行系统的学习，以便在不同的选择之间进行比较。

因此，本章首先从风险的度量开始，随后研究人们对风险的不同偏好（大部分人是厌恶风险的，但也有一部分人是爱好风险的）。我们还需要研究人们如何处理风险——在某些情形中，人们可以通过多元化经营、购买保险、进行信息投资等手段来降低风险；而在另外的情形下（如证券投资），人们必须根据其将承担的风险程度进行选择。

所以，本章实际上讨论的是一段时间内持续的、多次的但又具有不确定性的消费者行为理论，是对之前两章所有知识点的又一次深化。

第一节　风险与风险量化

将风险量化首先应解决什么是风险的问题。风险是一种不确定性，是不知道某一特定行为将会发生哪种结果；然而应该知道的是所有的可能性结果和每种结果发生的可能性。所以，风险就是你知道，抛一枚硬币，50%可能正面，50%可能反面；而不是你什么都不知道。

将风险量化，就是通过一切手段，罗列出某一特定行为的所有可能性结果，并知道每一结果发生的可能性。

要用定量的语言来描述风险，第一步就是必须知道某一特定行为的所有可能性结果；第二步就是推测出每一结果发生的可能性。例如，你正考虑投资于一家从事海上石油开采的公司，如果开采计划成功，该公司股票将从每股30元上升至40元；而若开采失败，其价格将跌至每股20元。这就产生了两种可能性价格结果：每股40元或每股20元。

一、概率

概率是表示产生某种结果的可能性。在上述的例子中，石油开采计划若成功的概率是1/4，失败的概率便是3/4。概率是一个很难用形式化表述的概念，因为它的形成依赖不确定性事件本身的性质和人们的主观判断。概率的一个较为客观的衡量来源于以往同类事件发生的频率。例如，我们知道，在该公司过去的100次海上石油开采中，有25次获得成功，而75次是失败的，那么1/4这个海上石油开采成功概率的形成是比较客观的，因为它直接来源于历史上类似的试验。

但是，如果没有过去的类似试验可用于度量概率，情况又该如何呢？在无法根据过去的经验进行判断时，概率的形成取决于主观性的判断。主观性概率依据直觉进行判断。这种直觉可以基于一个人的判断力或经验，但并不必然依据过去曾真实发生过的特定事件。在概率依据主观判断形成时，不同的人会产生不同的判断，从而进行不同的选择。例如，如果在一个全新的海域寻找石油，由于甲比乙对该开采计划有更多的了解，或对石油开发业务有更多的知识、信息，甲对开发成功这一事件的主观性概率可能要高于乙。我们可以用获得信息的不同或对同一信息的不同处理能力来解释为什么不同的个体形成的主观性概率会有区别。

不管如何解释概率，它有助于我们描述、比较不同的风险选择。它主要用于两个方面：其一，告诉我们期望值；其二，告诉我们不同结果之间的方差。

二、期望值

期望值是对不确定性事件的所有可能性结果的一个加权平均，而权数正是每种结果发生的概率。期望值衡量的是总体趋势，即平均结果。在前述的石油开采例子中，有两种可能性结果；开采成功则每股价值40元，开采失败则每股价值20元。用 P_r 表示概率，则在这一例子中期望值表示如下：

期望值 =

P_r（成功）·（40 元/股）+ P_r（失败）·（20 元/股）=

（1/4）·（40 元/股）+（3/4）·（20 元/股）= 25 元

更一般的情况下，如果有两种可能性结果，其值为 X_1、X_2，可发生的概率分别为 P_{r1} 和 P_{r2}，则其期望值为：

$$E(X) = P_{r1} \cdot X_1 + P_{r_2} \cdot X_2$$

三、方差

假设你正面临就业的选择，可选择的对象是两家销售公司，它们的期望收入相同（都是 1 500 元/月）。第一家公司工作的收入是来源于佣金——收入取决于销售业绩，有两种收入可能性：业绩好时月收入为 2 000 元，业绩平平时则为 1 000 元。第二家公司的工作则是固定薪水制，一般情况下，月收入为 1510 元；但是在整个公司处于困境时，月收入仅为 510 元。表 6－1 给出了所有不同的结果，即它们的收入和期望收入及相应的概率。

表 6－1

	结果 1		结果 2	
	可能性	收入（元/月）	可能性	收入（元/月）
佣金制	0.5	2 000	0.5	1 000
固定薪水制	0.99	1 510	0.01	510

从中可以看出，这两份工作的期望收入相等：

0.5 ×（2 000 元）+0.5 ×（1 000 元）

=0.99 ×（1 510 元）+0.01 ×（510 元）=1 500 元

但由于这两份工作的收入可能出现的波动程度不相同，所以我们通常用实际值与期望值之间的差（不管是正是负）即离差来度量，以显示风险程度的大小。表 6－2 显示的是两种推销工作的实际收入与期望收入之间的离差。

表 6－2

	结果 1	离差	结果 2	离差
佣金制	2 000 元	500 元	1 000 元	500 元
固定薪水制	1 510 元	10 元	510 元	990 元

在佣金制的工作中，离差的平均值为 500 元，它是以概率为权数的各离差的加权平均值，即：

平均离差 =0.5 ×（500 元）+0.5 ×（500 元）=500 元

在固定薪水制的工作中，平均离差为：

平均离差 =0.99 ×（10 元）+0.01 ×（990 元）=19.80 元

因为第一份工作的平均离差500元要远远高于第二份工作的平均离差19.80元，所以可以认为，佣金制的风险要远高于固定薪水制的风险。

尽管这么简单，但在一些场合很难运用平均离差，因为所有为负的离差必须换算成为正的离差。避免这一麻烦的一个容易的方式是取每个离差的平方，然后总是得到为正的平方根。因此，我们将用标准差来取代平均离差。标准差衡量的是每个与其期望值偏离的平方的平均值，即方差的平方根。表6－3计算了上述例子中的相关值。

表6－3

	结果1	平方离差	结果2	平方离差	方差
佣金制	2 000元	250 000元	1 000元	250 000元	250 000元
固定薪水制	1 510元	100元	510元	980 100元	9 900元

佣金制下标准差等于250 000的平方根，即500。类似的，固定薪水制下标准差等于9 900的平方根，即99.50美元。无论我们采用何种方式来衡量风险（这仅仅是一个方便程度的问题，不影响最终结果），固定薪水制的方差和标准差都较小，它比佣金制的风险程度要低。

方差的概念同样适用于存在多种可能性结果的场合。这里不妨假设，工作1的可能收入为1 000元、1 100元、1 200元、1 900元、2 000元，相应的概率同为1/11；工作2的收入分布为1 300元、1 400元、1 500元、1 600元、1 700元，发生的概率同为1/5。

工作1较之于工作2，离散程度更大，收入的方差也更大，显然，其风险也就更大。

在上述特例中，各种收入是可能发生的，所以，工作收入的概率曲线是水平的；然而在许多情况下，它的分布图并非如此。图6－1表示的便是另外一种情形，此时，获得中间收入的可能性更大些，工作1的方差也更大。在以后的叙述中，我们一般用收入方差来衡量不同的风险程度。

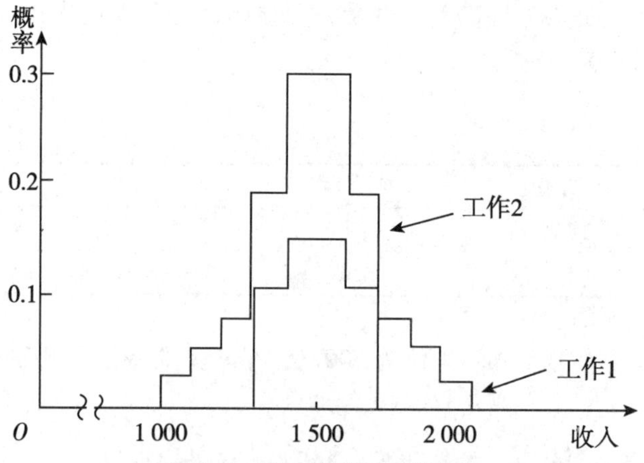

图6－1 不同概率分布下的情形

与工作2相比，工作1的收入离散程度更高，方差更大，因为取得中间收入的可能性更大。这两种分布曲线都呈上凸形状。

四、决策

结合上面的分析，我们可以说，任何一个事件所有未来可能性的结果越多样化，每种结果发生的可能性越分散，其风险就越大。而风险量化的目的就是比较风险程度的大小。

了解了这些，此时就可以进行决策了。决策过程面临以下两种情况。

情况一，不考虑风险的偏好：做出选择的人会比较不同决策最终的期望值，选择期望值较高的。

情况二，考虑风险的偏好：风险规避型、风险爱好型、风险中性等不同种类的人会将“风险”这一因素赋予不同重要程度的衡量。

我们继续用工作的例子来说明：假设仍在上述两份工作之间进行选择，你会选择哪一份呢？

如果不喜爱风险，你会选择固定薪水制，因为它与佣金制的期望收入相同，但风险较小。但考察另一种情况，佣金制的每种结果下的收入都增加 100 元，相应期望收入由1 500 元增至 1 600 元，则新的情形如下：

佣金制：期望收入 1 600 元；方差 250 000 元。

固定薪水制：期望收入 1500 元；方差 9 900 元。

此时两者相比，工作 1 的期望收入更高，但风险程度也更大，在这样的情况下，如何选择取决于你自己。一个更爱冒险或更有进取精神的人会倾向于选择工作 1，而一个较保守的择业者更愿意选择工作 2。研究期望收入与风险情况均不同的情形下人们的决策行为，需要我们进一步研究消费者选择理论。

第二节　风险的偏好

前文借用择业一例描述了人们对风险收入的评价，这样的评判原则同样适用于其他选择行为。在这一节中，我们从更一般的层次上来研究消费者选择和消费者效用理论。为简单起见，我们仅考察对单一商品的消费，即考察消费者收入，或更恰当地说，考察消费者收入的市场购买力。我们假定消费者知道所有的概率分布，并在大多数情况下以效用而不是货币为单位来衡量有关结果。

图 6 - 2 描述的是一位女士对风险的偏好程度。曲线 *OE* 表示她的效用函数，告诉我们她在不同收入（用横轴表示，单位为 1 000 元）下所得到的效用（以纵轴表示）。当收入由 10 000 元上升至 20 000 元、30 000 元时，她所获得的效用值相应地由 10 个单位上升至 16 个、18 个单位，收入的边际效用是递减的，从第一个 10 000 元的 10 下降至第二个 10 000元的 6，再下降至第三个 10 000 元的 2。

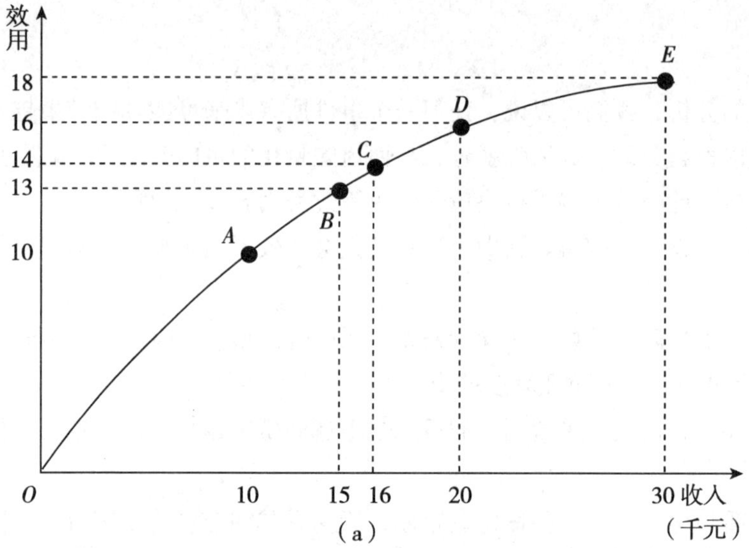

图 6-2 风险规避

假定她现在的收入为 15 000 元，正考虑从事一项新的工作，这可能会使她的收入翻番为 30 000 元，也有可能降至 10 000 元。发生每一种可能结果的概率如图 6-2（a）所示，与 10 000 元对应的效用水平为 10（*A* 点），与 30 000 元对应的效用水平为 18（*E* 点）。新工作必须与她现在的工作进行比较，现在工作收入的效用水平为 13（*B* 点）。

她可以通过计算期望收入来评价新的工作。而我们是从效用角度加以考察的，因此必须计算她得到的预期效用 $E(u)$。预期效用是各种结果下所得效用的加权平均，其权数为各种结果发生的概率。在本例中，预期效用为：

$$E(u) = 1/2 \times u(10\,000) + 1/2 \times u(30\,000)$$
$$= 0.5 \times 10 + 0.5 \times 18 = 14$$

所以，她会更愿意选择新工作，因为新工作给她带来的预期效用（14）比原来的工作要高（13）。

原先的工作没有风险——它确定地带来 15 000 元收入和 13 单位的效用水平。新工作具有风险性，但它带来了更高的预期收入——20 000 元，更重要的是带来了更高的预期效用。如果该女士希望增加预期效用，她一定会选有风险的新工作。

在上一节有关“决策”的部分我们就指出，人们承担风险的意愿是不同的。有些人是风险规避型的，有些人是风险爱好型的，还有些人则是风险中性的。风险规避者指的是那些在期望收入相同的工作中更愿意选择确定性收入的人（他们的收入的边际效用往往递减），这也是大多数人对风险的态度。这只要从现实生活中许多人采用保险来规避风险这一举措便可窥见一斑，大多数人不仅购买生命保险、健康保险、汽车保险，而且寻求一份相对稳定的工作。

“决策”部分提到的那名女士就是风险规避者。假设她可以选择一份有 20 000 元固定收入的工作，也可选择一份有 0.5 概率为 30 000 元收入、0.5 概率为 10 000 元收入的工作（期望收入同样为 20 000 元）。如图 6－2（a）所示，不固定收入给她带来的预期效用为 14，表示为 C 点，它是 A（10）点和 E（18）点效用的平均值。我们可以将该预期效用与确定收入下的预期效用进行比较。在没有风险的确定收入为 20 000 元时，效用水平为 16，表示为 D 点，很显然，这要高于具有风险的工作给她带来的预期效用。

一个风险中性者对具有同一期望收入的不确定性工作与确定性工作不加区分。在图 6－2（c）中，以等概率获得 30 000 元和 10 000 元的不确定性工作带来的效用为 12，这与 20 000 元确定收入带来的效用相等。

图 6－2（b）显示了第三种可能出现的情形——风险爱好者。在这种情形下，不确定性收入（获得 10 000 元的概率为 0.5，获得 30 000 元的概率为 0.5）带来的预期效用要高于确定性收入（20 000 元）的效用，表示为：

$$E(u) = 0.5 \times u(10\,000) + 0.5 \times u(30\,000)$$
$$= 0.5 \times 3 + 0.5 \times 18$$
$$= 10.5 > u(20\,000) = 8$$

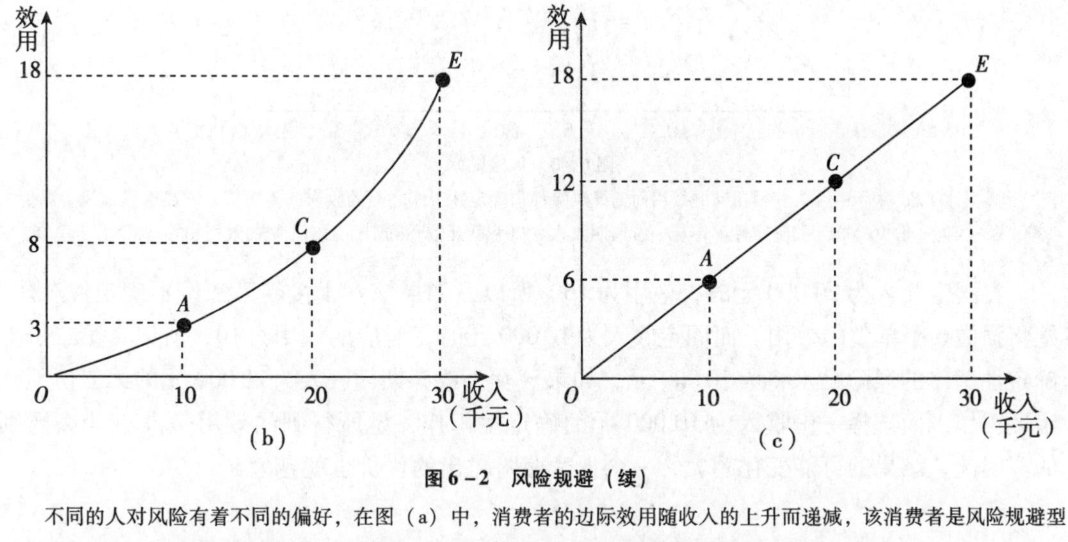

图 6－2　风险规避（续）

不同的人对风险有着不同的偏好，在图（a）中，消费者的边际效用随收入的上升而递减，该消费者是风险规避型的。因为她宁可选择一份确定收入为 20 000 元（效用为 16）的工作，而不愿选择另一份有 0.5 概率为 10 000 元、0.5 概率为 30 000 元的工作（预期效用为 14）。图（b）中的消费者是风险爱好型的，因为她的选择与图（a）相反，不确定收入给她带来的预期效用为 10.5，而固定收入的效用为 8。最后，图（c）中的消费者是风险中性的，她对期望收入相等的确定性收入工作与不确定性收入工作没有什么特别的偏好，效用水平相等。

风险爱好者存在的例证便是有许多人热衷于赌博、投机，一些犯罪学家把犯罪者描述成风险爱好者，特别是那些面临很可能被逮捕和惩罚的抢劫犯。尽管如此，风险爱好型的人毕竟是少数，特别是在进行大额消费或支出时。

风险溢价指的是风险规避者为规避风险而愿付出的代价。总体上，其规模决定于所面临的不同风险。要确定风险溢价，我们用图 6－3 进行说明。当该女士选择期望收入为

20 000元的不确定性工作时，其预期效用为14。这在图中表示为从 F 点的一条平行于横轴的线段，它与效用曲线交于 C 点，F 点均分线段 AE（这代表着10 000元、30 000元的数学平均），从中可以看出，如果该女士有一项收入为16 000元（C 点的横坐标）的确定性工作，她同样可以获得14单位的效用，此时风险溢价为4 000元，对应着 CF 的长度，等于她为获得相同的效用而愿意放弃的收入（20 000元减去16 000元）。

一个人的风险规避程度如何取决于其收入和风险的性质。一般而言，风险规避者希望结果出现较小的变化。我们考察两种情况，在收入以0.5概率为10 000元与30 000元时，风险贴水为4 000元。考察第二份不确定性工作，获得40 000元收入的可能性为0.5，而一无所获的可能性为0.5。期望收入同样为20 000元，但预期效用只有10。

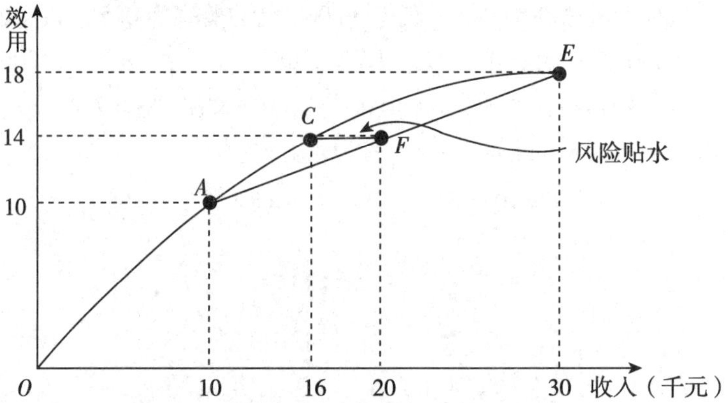

图6-3　风险贴水

风险贴水 CF，表示一个人获得相同的效用而选择风险性与确定性工作之间的收入的差额部分。在这里，风险溢价为4 000元，因为一份16 000元的确定性工作与一份预期收入为20 000元的不确定性工作带来的效用相等，同为14单位。

在固定收入为20 000元时，效用为16，所以，如果该女士接受第二份不确定性工作，她将损失6个单位的效用。而固定收入为10 000元时，对应的效用为10，所以，第二份不确定性工作的风险贴水将为10 000元，如果该女士放弃期望收入为20 000元的第二份不确定性工作，而选择一份收入为10 000元的确定性工作，她所得到的效用是没有什么区别的。因此，结果的可能变化越大，一个人为避险付出的代价也就越大。

第三节　降低风险的措施

近来国家彩票业的增长表明，在消费者的风险决策中，风险爱好型的行为有上升的趋势。然而从广泛的意义上而言，消费者大多还是风险规避型的。在本节中，我们讨论消费者常采取的三种用来降低风险的措施：多样化、保险、获取更多的决策信息。

一、多样化

假设你计划从事一项佣金制的兼职工作，是销售电器。你可以决定只销售空调或只销售加热器，或一半的时间销售空调而一半时间销售加热器。当然，你无法知道明年的天气情况会如何。为使销售工作的风险降至最低，你将如何支配时间呢?

你可以通过多样化来降低风险——把你的时间分配在两种或更多的产品销售上，而不是只销售一种产品。

假定明年可能有半年时间的天气会较热，半年时间的天气会较冷。表6－4列出了你销售空调和加热器的可能收入。

表6－4

	热天	冷天
空调	30 000 元	12 000 元
加热器	12 000 元	30 000 元

如果你只销售空调或加热器，你的可能收入或为30 000 元，或为12 000 元，期望收入将为21 000 元（0.5×30 000 元+0.5×12 000 元）。而如果你各用一半时间销售空调和加热器，那么不管天气如何变化，你的收入将固定为21 000 元。如果天气炎热，你的空调销售收入为15 000 元，加热器销售收入为6 000 元；如果天气较冷，空调销售将使你获益6 000元，加热器销售将给你带来15 000 元。因此，通过多样化，你消除了风险。

当然，多样化并非这样简单。在我们的例子中，空调与加热器的销售正好负相关——此消彼长，但多样化的原则普遍存在。只要你将精力或投资投入一些相关性较小的事件中，你就能消除一部分风险。

也即是说，此处多样化指决策多样化，而且，不同决策的结果显然应该具有互补性最好。这里仍然继续上面的例子，因为不知道未来天气是冷是热，故既卖空调也卖加热器是比较好的多样化决策；但要是既卖空调又卖风扇，可能就无法达到降低风险的目的。从数学的角度看，互补性的多样性决策确实减小了结果的方差。

表6－5

	未来情况甲 50%	未来情况乙 50%	期望	方差
方案 A	+20 000	－10 000	+5 000	225 000 000
方案 B	－30 000	+40 000	+5 000	1 225 000 000
1/2 方案 A 1/2 方案 B	－5 000	+15 000	+5 000	100 000 000

方差的减小，就意味着所面临的风险的减小。

二、保险

我们已经知道，风险规避者愿为规避风险放弃一部分收入，事实上，如果保险的价格正好等于期望损失（即避免预期损失为1 000元的措施正好标价1 000元），风险规避者会购买足够的保险，以从任何可能遭受的损失中得到全额的补偿。

其理由隐含在关于风险规避的讨论中。保险的购买使得无论有无风险损失，投保人的收入总是固定的。因为保险的支出等于期望损失，因此，固定收入总是等于风险存在时的期望收入。对于一个风险规避者而言，确定收入给他带来的效用要高于存在无损失时的高收入但有损失时的低收入这种不稳定情况带来的效用。

要阐明这一点，不妨假设李雷家中被盗的可能性为10%，损失为10 000元，我们假定他有50 000元的财富。表6－6显示了他拥有财富的两种可能性（投保或不投保）。

表6－6

	发生盗窃（$P_r=0.1$）	不发生盗窃（$P_r=0.9$）	期望财富
不投保	40 000元	50 000元	49 000元
投保	49 000元	49 000元	49 000元

投保并没有改变李雷财富的期望值，但消除了两种可能结果间的差异，这给李雷带来了更高的效用水平。究其原因，李雷购买保险后，无论被盗发生与否，其边际效用总是相同的（因为他的财富没有变化）。但如果没有投保，损失后的边际效用要高于没有损失的情况（对风险规避者而言，边际效用是递减的）。因此，财富从没有损失情况向有损失情况转移一定会增加总的效用，而这种财富的转移正是保险实现的。

消费者通常从专业的保险公司购买保险。一般而言，保险公司也是追求利润最大化的企业，其知道在销售保险合同时自己面临相对较小的风险。大数定律的存在使得大规模经营能够规避风险。该定律告诉我们，尽管孤立的事件可能是偶发的、不可预计的，但许多相似事件的平均结果是可预计的。例如，在掷硬币试验中我们无法确切地知道下一次是哪面朝上，但可以确定，在许多次投币试验中，大约有1/2的可能性是正面朝上。类似的，假如推销汽车保险，我们无法预计某个特定的司机是否会出事，但可以从过去的经历中有理由地判断出在一大群驾驶员中，事故会发生的大约次数。

在大规模经营的基础上，保险公司可以确信，在大量事件发生之后，公司的保险收入会与其总支出持平。再回到上述盗窃一例中来，李雷知道他家被盗的可能性是10%，损失为10 000元，在被盗发生前，他可以计算出他家的预计损失为1 000元（0.1×10 000元），但是其中包含了较大的风险，因为有1/10的可能会有10 000元的损失。假设现在有100个人面临与李雷同样的境地，他们都从保险公司购买了盗窃保险。因为每人面临的情况相同，保险公司向每人收取1 000元的保费。这些1 000元汇总形成了10万元的保险基金，可用以补偿损失。依据大数定律，保险公司知道这100个人的期望损失非常接近1 000元。因此，总的补偿支出将接近10万元，公司不必担心损失会超过此值。

一般而言，保险公司收取的保险费会超过预期补偿，因为公司必须支付其他一些管理费用。因此，许多人选择自保，而不是从保险公司购买保险。其中的一个方法便是采取资产多样化组合，例如购买共同互助基金。对于其他一些风险，也可以通过一定支付的方式来进行自保。比如，一个人可以将一部分钱存放在某一基金以实现自保，以弥补将来可能出现的损失，或者可以通过将钱放入个人的养老金账户的形式实现自保，以抵销未来收入的降低。

三、信息的价值

当存在不确定性时，消费者是基于有限的信息进行决策的。他如果能拥有更多的信息，就一定能进行更好的预计，因而风险也可以降低。信息是有价值的商品，人们必须进行支付才能享用它。完全信息的价值便是信息完全时进行选择的期望收益与信息不完全时进行选择的期望收益的差额。

我们来看看信息的价值究竟如何。假设你是一家商场的经理，要决定秋季服装的订货量，如果订购100套，每套的价格是180元；如果订购50套，每套进价则是200元。你标出的售价是每套300元，但你不清楚服装的销路如何，你可以将没有销出的服装退给销售厂家，但只可以得到进价的一半。在没有足够信息的情况下，你只能判断售出100套服装的概率是0.5。

表6－7

	销售50套	销售100套	预期收益
订购50套	5 000元	5 000元	5 000元
订购100套	1 500元	12 000元	6 750元

如果没有其他信息，风险中性者一定会选择进货100套，那样收益可能是12 000元，也可能是1 500元；但如果是风险规避者，或许会决定订购50套，因为这样会有5 000元的固定收益。

而如果有完全信息，你便可以做出完全正确的订货选择：如果销量为50套，你会订购50套，利润将为5 000元；如果销量为100套，你会订购100套，利润将为12 000元。这两种结果发生的可能性相等。所以，在完全信息时，你的预计收入为8 500元，信息的价值可以计算为：

完全信息的价值＝完全信息下的期望收益－不确定下的预计收益

1 750元＝8 500元－6 750元

因此，为取得对销量的准确预计而支付1 750元是值得的，即使预计也不是100%准确无误，但对于信息的投资会使以后销售的预计更为准确。

本章关键词

风险　风险量化　期望　方差　风险偏好　多样化　保险　信息获取

思考题

1. 某人是风险厌恶者，这意味着什么？为什么有些人规避风险，而有些人却爱好风险？
2. 消费者追求期望效用值的极大化，这指的是什么？你能否举出一例——某人不追求期望效用的极大化？
3. 为什么人们会对不确定情形加以保险？
4. 考察一种可能有三种结果的奖券：获得 100 元的概率为 0.1，获得 50 元的概率为 0.2，获得 10 元的概率为 0.7。
   a）该奖券的期望收益是多少？
   b）该奖券的收益方差是多少？
   c）一个风险中性者愿意花多少钱购买这种奖券？
5. 假设李雷的效用函数为：$U(I)=Y^5$，其中 I 代表以千元为单位的年收入：
   a）李雷是风险中性的，风险规避型的，还是风险爱好型的？请解释原因。
   b）假设李雷现在的年收入为 100 000 元，该工作是稳定的。而他可以获得另一份工作，收入为 16 000 元的概率为 0.5，收入为 5 000 元的概率为 0.5。李雷会做何选择？
   c）对于上述的另一份工作，李雷为了防止新工作收入的波动，愿意购买保险吗？如果愿意，他愿意支付多少保费，风险贴水又是多少？
6. 画出一条以收入为变量的效用函数曲线 $U(I)$，使得投资者在收入较低时为风险爱好型，在收入较高时为风险规避型。这样的效用函数可能存在吗？为什么？
7. 某小区安保部门正在考虑在停车监督问题上进行投入。已知的信息是：(1) 雇用 1 个监视人员，每年每人的成本为 10 000 元；(2) 雇用 1 个监视人员时，违章者受到处罚的概率为 0.25；(3) 雇用 2 个监视人员时，处罚概率为 0.5，相应地，当监视人员增至 3 个和 4 个的时候，处罚概率分别为 0.75 和 1；(4) 目前有 2 个监视人员，每次违章罚款为 20 元。
   a）假设所有司机都是风险中性的，为了在最小成本下维持现在的处罚率，安保部门会对每次违章征收多少罚款，雇用多少监视人员？
   b）假设所有司机都是风险规避型的，a）中的结果有无变化？
   c）如果司机为收到的处罚购买了保险，从公共政策角度而言，这样的保险服务合理吗？

第七章　生产者行为

之前，我们从消费者的需求偏好讨论至整个市场的需求状况。接下来，我们将从企业组织等生产者的生产行为入手，继续研究市场，从而了解市场条件是如何决定商品和服务的供给的。

第四章通过三个步骤来学习消费者行为。第一步，研究消费者偏好；第二步，确定消费者所面对的预算约束；第三步，将消费者偏好和预算约束放在一起以测定消费者选择。

研究厂商行为也可以仿照类似的步骤进行：

第一步，探讨生产的基本理论，看企业如何将投入转化成所期待的产出，生产理论还有助于我们理解为什么随着时间的推移，生产力与生活水平有所提高，以及企业是如何调整其内部行为的。

第二步，探讨企业成本的基本概念，企业总是在对成本以及各种生产要素分析的基础上决定投入哪些要素。

第三步，利用生产及成本理论来探讨企业最终将如何决策，这将为学习第八章的供给曲线提供依据。

厂商行为和消费者的最优化决策之间有着惊人的相似之处，因此，对之前讨论的消费者行为的理解有助于我们考察生产者行为。

我们曾假设消费者追求的是如何得到最大的满足感。而生产者——无论是农场、工厂还是公司、事务所，我们在之后的讨论中都假设其追求有效率的生产，即以最低成本生产出想要生产的数量；或是对于一定数量的投入，试图使产出最大化，尽可能地避免浪费。

第一节　生产理论

一、生产函数

我们之前讨论过产出。如果你拥有一定数量的投入，你能够得到多少产出呢？在实践中，其答案取决于技术状况和工程知识。在任何时点上，给定可使用的技术知识、土地和机器等，在投入劳动一定的情况下，仅仅能够得到一定数量的拖拉机或牙膏。所需要的投入和能够得到的最大产出量之间的关系，称为生产函数。

所以，我们日后只要运用生产函数，就意味着在所给情况下的产出最大化，而不用再证明是否在该要素投入数量的支持下可以取得更大的产出。因为生产函数本身的存在就能使不同的投入品比例生产同一数量的产出成为可能。

例如，我们假设有一本关于发电的生产函数方面的技术说明册，其中有关于不同规格燃气涡轮机的说明，表明了它们的投入（初始资本费用、油耗和涡轮机转动所需投入的劳动）和产出（发电量）；并描述了几种不同规模的燃煤发电厂，列出了它们的投入和产出；还有几页是关于核电站、太阳能电站等方面的信息。它们共同组成了发电的生产函数。

我们也可以考虑繁重的挖沟工作。那些昂贵的大型挖掘机往往由一个人驾驶，另一个人操纵。这个小组可以轻易地在两小时内挖一个5米深、50米长的沟渠。而如果单纯运用50个劳力，肩扛锄头，挖掘同样的一个沟渠可能会花费一天的时间。这两种技术，一种为资本密集型，另一种为劳动密集型，代表了不同的挖沟生产函数。

我们可以不加夸张地说，存在数百万个不同的生产函数。每种物品或劳务都有一个生产函数。其中大部分并没有写出来，而只存在于人们的脑海中。在经济学领域，技术在飞速地变化，如计算机软件和生物技术，一种生产函数可能使用不久便会被淘汰。其中的一些，如医学实验室或悬崖峭壁建筑的设计图，只是被用于特定的目的和地点，换个地方便毫无用处。尽管如此，经济学家还是发现生产函数对描述企业的生产能力来说是一个非常有用的方法。

从企业的生产函数出发，我们能够列出3个重要的产量概念：总产量、平均产量和边际产量。我们首先计算总的实物产量，即总产量。总产量表示生产出来的用实物单位衡量的产出总量，例如多少千克小麦或多少双双星运动鞋。图7－1（a）表示的便是总产量的概念。对于这一例子而言，它显示的是随着劳动投入量的增加总产量所做出的反应。在劳动投入量为零时，总产量为零；此后，随着劳动投入的增加，总产量相应增加。当劳动投入为5单位时，总产量达到最大值——3 900单位。

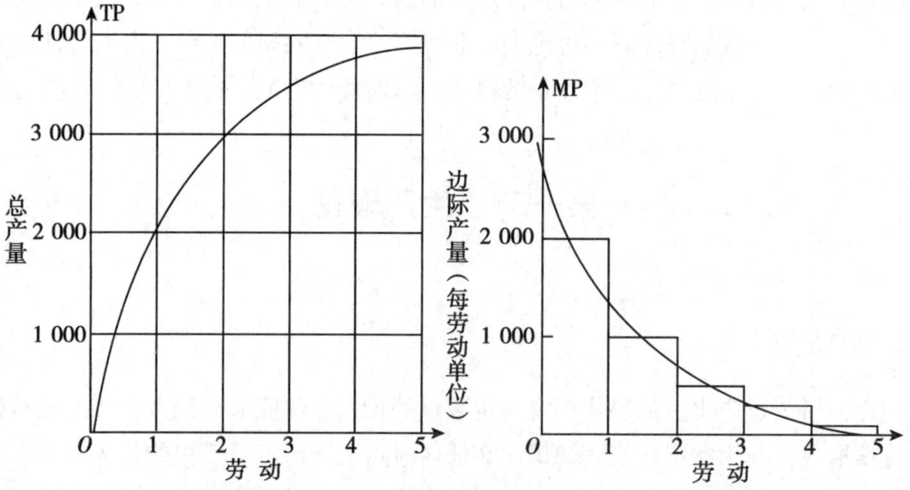

（a）总产量　　（b）总产量

图7－1

一旦懂得总产量的概念，就很容易衍生出一个同样重要的概念——边际产量。“边际”是“新增”的意思。

一种投入的边际产量是在其他投入保持不变的情况下，由于新增1单位的投入而多生产出来的产量或产出。

比如，假设保持土地、机器和其他投入不变，则劳动的边际产量为每增加1单位的劳动而多得到的产出。如图7－1（b）所示，第1单位劳动的边际产量为2 000；对于第5单位，劳动的边际产量下降到100。这种边际产量统计对理解如何决定工资等其他要素价格非常重要。

最后一个概念是平均产量，它等于总产量除以总投入的单位数。由图可知，在使用1个工人时，劳动的平均产量为每个工人2 000单位；在使用2个工人时，劳动的平均产量为每个工人1 500单位；等等。在这个例子中，在劳动投入不断增加的整个区间内，平均产量都是下降的。

而运用生产函数，我们可以理解经济学中最重要的一个规律，即边际收益递减规律。

边际收益递减规律表明，在其他投入不变时，随着某一投入量的增加，新增加的产出越来越少。换而言之，其他投入不变时，随着某一投入量的增加，其每1单位投入的边际产量会下降。

边际收益递减规律表明了一个很基本的关系。当一种投入——如劳动——被更多地追加于既定数量的土地、机器和其他投入要素上时，每单位劳动所能发挥作用的对象越来越有限。土地会越来越拥挤，机器会被过度地使用，从而劳动的边际产量会下降。

边际收益递减规律可由图7－1代表一个农民的农业试验的相关数据来说明。假定土地和其他投入不变，我们可以不断地投入劳动。显然，零劳动投入不会有任何产出。

在土地数量固定的情况下，增加1单位劳动投入，玉米的产出增加了2 000千克。下一步，继续保持其他投入不变，将劳动投入从1单位增加到2单位。第2单位的劳动仅增加了1 000千克产出，比第1单位劳动的产出增量要少。第3单位的边际产量比第2单位的还要少，第4单位更少。这正是边际收益递减规律的表现。

图7－1本身也能表明劳动的边际收益递减规律。假定土地和其他投入保持不变，我们可以看到，随着劳动投入的增加，边际产量曲线逐渐降低，这正是边际收益递减规律的表现。因此，在图7－1（a）中，边际收益递减表现为一个凸形或拱形的总产量曲线。

适用于劳动的这一法则对土地和其他投入也同样有效。我们可以把劳动换成土地。现在保持劳动不变，而改变土地要素的投入。土地的边际产量是在其他投入不变的条件下，每1单位土地的增加所带来的产出增量。我们可以计算每种投入的边际产量（劳动、土地、机器、水、肥料等），并且使边际产量适用于任何产出（小麦、大豆、玉米、钢铁等）。我们可以发现，其他投入也会体现出边际收益递减规律。

边际收益递减规律是解释为什么亚洲许多国家如此贫困的关键性因素之一。拥挤的印度和孟加拉国生活水平很低，其主要原因是每公顷的土地上都有众多的劳工，而不是农民无知或在经济激励面前无动于衷。

我们也可以用自己的学习经验做例子来说明边际收益递减规律。你也许会发现，每天学习经济学的第1个小时的收效最大——掌握了新的定律，增加了新的见识和领悟；第2个小时中，你可能会稍有走神，学到的东西会少一点；而在第3个小时中，边际收益递减规律几乎以报复的形式出现，使你在事隔一天后根本想不起第3个小时中所学的任何东西。边际收益递减规律是否在表明，平时就应合理地分配学习时间，而不是考前一天“抱佛脚”?

边际收益递减规律是一条可以被广泛遵守的经验性规律，是像地球引力规律那样的普遍真理。在许多实证研究中，人们都发现了这一规律，但的确也有不符合这一规律的例外情况存在。另外，边际收益递减规律可能并不适用于所有的产量水平。最初的劳动投入可能实际上表现出边际产量的递增，这是因为需要一个最小的劳动量才能走到田间并拿起锄头。尽管有这些例外，边际收益递减仍是一条在大多场合都能适用的规律。边际收益和边际产量递减，指的是当其他所有投入保持不变时，产出对单一投入增加的反应。我们看到，在保持土地不变时，劳动的不断增加引起作物产量以越来越小的增量增加。

而有时，我们却对增加所有投入的后果感兴趣。例如，如果土地、劳动、水和其他投入都增加相同的比例，小麦产量会发生何种变化呢？或者，如果劳动、计算机、机器人、钢和厂房都增加一倍，拖拉机的产量会有何种变化呢？这就会涉及规模报酬问题，即投入规模的增加对产出量的影响。就这个概念而言，有必要先区分以下三种情况。

规模报酬不变：所有投入的增加导致产出以同样的比例增加。例如，如果劳动、土地、资本和其他投入增加一倍，那么在规模报酬不变的情况下，产出也增加一倍。许多手工业（例如手工织布）就表现为规模报酬不变。

规模报酬递增：发生在所有投入的增加导致产出水平以更大比例增加的时候。例如，正在设计一个小规模工厂的工程师发现，劳动、资本和原料投入增加10%，会引起总产出的增长超过10%。工程研究发现，许多制造流程都有适度的规模报酬递增，包括那些当今最大规模的工厂。

规模报酬递减：发生在所有投入的均衡增加导致总产出以较小比例增加的时候。在许多流程中，规模的增大最终会达到一个极点，超过这一点就会导致低效率，这可能是管理成本或控制成本变得庞大造成的。在电力工业中有这样的例子，当企业规模变得过大时，设备利用低效率的风险就会变得很大。许多涉及自然资源的生产活动，如种植供酿酒用的葡萄或给城市提供纯净饮用水等，都表现为规模报酬递减。

工程师们普遍发现，现代大规模生产技术要求工厂具有最低限度的规模。当产出增加时，企业会将生产过程分得更细，以获得专业化和劳动化的优势。另外，大规模的生产可以更有效地利用专有资本设备，自动化生产、计算机设计与操作可以更快地完成简单和重复性的劳动。

信息技术往往具有很强的规模经济，一个很好的例子就是微软提供的操作系统。开发这种程序需要超过10亿美元的费用用于研制、改造、测试版和促销。而在一台计算机上安装一个新的操作系统的成本几乎为零，因为安装这一程序只需要几分钟时间。我们发现，较强的规模经济会使得企业拥有巨大的市场前景，但有时会对公共政策带来一些问题。

我们也必须指出，生产不仅需要劳动和土地，而且还需要时间。输油管道不可能在一夜之间就建造起来，而一旦建成，就要持续地使用几十年的时间。农民不可能在一个季节当中改种作物。一座大型发电厂的设计、建造、测试和调试并交付使用往往需要10年的时间。另外，资本设备一旦以一种具体的形式投入一个巨大的汽车装配厂，如果要拆卸并搬到另一地方或转为他用，那么在经济上就不合算了。

考虑到时间在生产和成本中所起的作用，我们区分两种不同的时期。我们定义短期为这样一个时期，在该时期里，企业能够通过改变可变要素——如原料和劳动，但不改变固定要素（如资本）来调整生产。长期定义为一个足够长的时期，因而包括资本在内的所有要素都可以得到调整。

为了更加清楚地理解这些概念，以钢铁生产对需求变动做出反应的可能方式为例。比如，日本钢铁公司只利用其高炉生产能力的70%。现在，日本或加利福尼亚的地震导致钢材的需求量突然增大。为适应钢材的高需求，该公司当然可以延长工作时间，雇用更多的工人，发掘工厂和设备的最大潜力。凡在短期内能够得到调整的要素，都称为可变要素。

假设钢铁需求的上升能持续相当长的一段时期，比如好几年，那么日本钢铁公司就会考虑它的资本需求问题，并决定应该增加其生产能力。从更一般的意义上讲，公司可能考察所有的固定要素，即那些由于受到物质条件或法律合同限制在短期内不能得到调整的要素。所有要素投入——包括固定的和可变的——都能够得到调整所需要的时期，称为长期。在长期中，日本钢铁公司可能增加新的、更加有效的生产工艺，铺设轨道连接或安装计算机控制系统，或者在墨西哥建造一个新的钢铁厂。当所有要素均得以调整时，钢的总产量就可以大大增加，效率水平也会得到提升。

自20世纪初以来，经济史所记录的美国总产量的增长幅度超过了10倍。其中的功劳一部分归于投入的增加，例如劳动和机器。然而产量增长的主要原因还是在于技术变革，它带来了生产力和生活水平的迅速提高。

技术变革的事例往往激动人心：宽体式喷气飞机使得每单位投入的（产出）乘客/英里数几乎增加了50%；光导纤维降低了成本，提高了远距离通信的可靠性；计算机技术的改进使计算能力在30年的时间里提高了1 000倍。其他形式的技术变革则以更微妙的形式表现，例如，企业通过调整生产工艺以减少次品和增加产出。

我们要区分产品创新和工艺创新，前者指新的或改良的产品被推向市场；后者则指对已有产品采用新的或改良的生产加工技术。例如，工艺创新使公司以相同的投入获得了更多的产出，或者能够用更少的投入生产出相同数量的产出，换句话说，工艺创新等同于生产函数的改变。

现在我们来考虑一下创造或改进产品的产品创新。产品创新要比工艺创新难以量化得多，但从长期来看，它是提高生活水平更为重要的因素。今天琳琅满目的物品与服务比起50年前已经大相径庭。医药、通信和娱乐也是产品创新的重要领域。

但技术变动是否可能存在相反的情况，即技术退步呢？对于一个正常运行的市场经济来说，回答是否定的。事实上，技术进步是市场经济相对于行政管制经济或传统计划经济的关键优势之一。在市场经济中，较低劣的技术会有被淘汰的倾向，而较先进的技术则由于提高了创新企业的利润而不断地被引入生产之中。例如，若某人发明了一种昂贵的新型捕鼠器，而该捕鼠器却捉不到一只老鼠，则任何一个以追求利润为目的的企业都不会生产这种装置。即使有个管理不善的企业执意要生产它，生活在鼠患地区的明智的消费者也绝不会购买。可见，运行良好的市场势必只接受那些受用的而非低劣的物品与服务的创新（包括能发挥作用的捕鼠器）。

在出现市场不灵的时候，技术退步也会在市场经济中发生。一个不受管制的企业可能采用一种浪费社会资源的生产方式，比如采用一种将有毒废弃物倒入河流的生产方式，因为那种生产工艺比较便宜。但这是由于污染的社会损失没有被纳入企业的生产成本之中，企业才侥幸获得了经济利益。如果污染成本被纳入企业决策之中，比如通过严格的责任制度或污染税等方式，那么这种低劣的生产工艺就不可能使其继续盈利。在竞争性的市场中，劣品势必被市场的力量淘汰。

以上迈出了学习生产函数的第一步，讨论了函数中各个自变量（劳动、资本、原料等）对最终结果（产出）的影响，并介绍了外部因素（时间、技术）对生产函数本身的作用。

二、等产量线

为了方便起见，我们假定只有两种投入品——劳动 L 和资本 K，这种假设将在之后的讨论中用到，此时生产函数可以表达为：

$$Q=F\ (L,\ K)$$

假设投入品为劳动和资本，生产出来的是食物。表 7－1 给出了不同投入品可能得到的产出。

表 7－1　两种可变投入下的生产

资本投入＼劳动投入	1	2	3	4	5
1	20	40	55	65	75
2	40	60	75	85	90
3	55	75	90	100	105
4	65	85	100	110	115
5	75	90	105	115	120

表7-1中最上一行为劳动的投入，最左一列为资本的投入。表中每一项表示在一个时段内相应的劳动与资本的组合最多（技术上富有效率）能生产出的产品（例如，4单位劳动与2单位资本组合生产出85单位的食品）。从横向来看，在资本投入量一定的前提下，产量随劳动投入的增加而增加；从纵向来看，在劳动投入一定的前提下，产量随资本投入的增加而增加。

在几何上，就可以用等产量线来表示同样的信息。所谓等产量线，即由生产出同一产量的不同投入组合形成的曲线。图7-2表示的是三条等产量线（每一坐标轴对应着投入品的量；考虑到投入品的细分可能，把它们勾勒成平滑的曲线）。

等产量线 Q_1 上每一点对应着劳动与资本年投入量的某种组合，在该组合下，最终得到55单位的产出。其中的 A、D 两点与表7-1中的数据相对应，在 A 点，1单位的劳动与3单位资本结合得到55单位产出；而在 D 点，3单位劳动与1单位资本结合也得到同样的产出。等产量线 Q_2 代表的是产出为75单位时投入品的各种组合，对应着表中呈对角线状分布的四点（如在 B 点为2单位资本与3单位劳动的组合）。等产量线 Q_2 位于 Q_1 的右上方，因为要生产出更多的产量，必须投入更多的劳动和/或资本。等产量线 Q_3 表示的是产量为90单位时的劳动资本组合，点 C 对应3单位劳动和3单位资本的投入，而点 E 则对应着2单位劳动和5个单位资本的投入。值得一提的是，我们所言的投入和产出都是流量。厂商每年使用一定数量的劳动和资本生产出一定数量的产品，为简便计算，我们通常不提及时间，而仅仅指代劳动、资本和产出的数量。

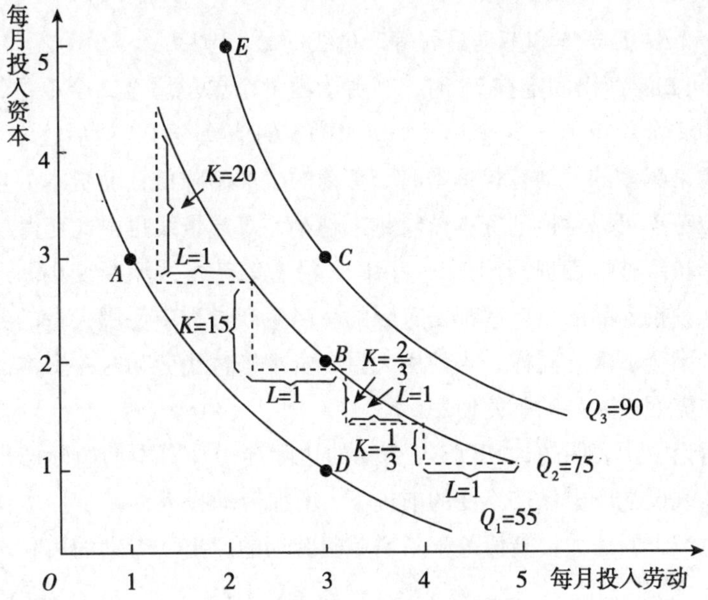

图7-2 等产量线和边际技术替代率

等产量线与我们用来研究消费者理论的无差异曲线非常相似，无差异曲线将消费者的满足程度按从低到高的顺序排列，等产量线则按产出水平的高低做同样的处理。其与无差异曲线相区别的是，每一条等产量线都对应着特定的产出水平，而无差异曲线只是排序意义上的——效用水平越高对应的无差异曲线位置越高，但我们无法像度量产出那样度量效用。

等产量线图是等产量线的集合，其中每一条线表示的是在各种投入品组合下能得到的最大产出。正如无差异曲线反映了效用函数一样，等产量图也是生产函数的另一种描述方式，每一条等产量线与某一产量水平相对应。当等产量线向右上方移动时，产出水平也上升。

等产量线给出了厂商进行生产决策的可行性空间——为得到特定的产出，厂商可以使用不同的投入品组合。对于企业经理人员，这个可行性空间有着十分重要的意义，比如，一家快餐馆最近缺乏年轻低薪的雇员，老板即可以通过实现自动化——如增加色拉自助台或引进更高级的烹调设备来进行弥补，也可招聘一些年老的员工来替代。正如我们会看到的，经理人员在拥有了生产过程中的这些可行性后，可以选择投入组合，以达到成本最小而利润最大。

当两种投入品可变化时，经理人员往往会考虑用一种投入品替代另一种投入品，等产量线的斜率表明了在保持产出不变的前提下一种投入品与其他投入品之间替换的关系。在去除了负号之后，我们称此斜率为边际技术替代率（Marginal Rate of Technical Substitution, MRTS）。劳动—资本的边际技术替代率指的是在保持产出不变的前提下，多投入一单位劳动时资本的投入可以减少的量。这与消费者理论中的边际替代率十分相似，像 MRS 一样，MRTS 也一直为正数，在产量的水平一定时，其公式表达为：

$$\text{MRTS} = -\text{资本投入的改变量}/\text{劳动投入的改变量}$$
$$= -\Delta K/\Delta L$$

式中，ΔK 和 ΔL 是资本和劳动沿着等产量线的微小改变。

由图 7-2 可知，产出固定在 75 时，当劳动由 1 个单位增至 2 个单位，MRTS 等于 2。但是，当劳动由 2 个单位增至 3 个单位时，MRTS 的值降至 1，然后逐渐降至 2/3、1/3。很明显，当用越来越多的劳动替代资本时，劳动的生产率降低，而资本的生产率会相对上升。所以，单位劳动可以替换的资本数量越来越小，等产量线也由此变得越来越平坦。

因此，等产量线整体表现为凸形——MRTS 沿着等产量线不断变小。递减的 MRTS 告诉我们，任何一种投入品的生产率都是有限的。当生产过程中使用大量的劳动来替代资本时，劳动的生产率会下降。同样，当使用大量的资本来替代劳动时，资本的生产率也会下降，生产过程中需要投入品的平衡使用。

如刚才的讨论中所表明的，MRTS 与劳动的边际产出和资本的边际产出很相关。这里要说明这一点，假设在产出保持不变的前提下，增加劳动投入，减少资本投入。劳动投入的增加会带来总产出的增加，其值等于新增单位劳动的产出（劳动的边际产出）与新增劳动的乘积，即：

劳动投入增加产生的产量的增加 $= MP_L \times \Delta L$

同样，资本投入减少带来的总产出的下降等于新增单位资本的产出（资本的边际产出）乘以资本投入的减少量，即：

资本投入减少产生的产量的下降 = $MP_K \cdot \Delta K$

在等产量线上，总产出不变，其改变量为0，因此可得：

$$MP_L \cdot \Delta L + MP_K \cdot \Delta K = 0$$

重新整理后，可得：

$$MP_L / MP_K = -\Delta K / \Delta L = \text{MRTS}$$

该等式告诉我们，沿着等产量线，不断地用劳动替代资本，资本的边际产出逐渐上升，而劳动的边际产出逐渐下降。这两者的结果是：当等产量线越来越平坦时，边际技术替代率的值越来越少。

三、生产函数的两个特例

关于生产过程中的投入品替代，有两种极端情形下的生产函数。在第一种情形下，如图 7－3 所示，两种投入品之间是完全可替代的。

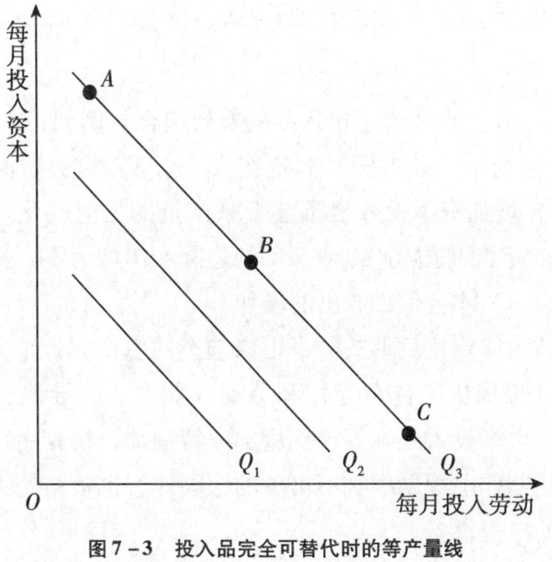

图 7－3　投入品完全可替代时的等产量线

等产量线为一条直线时，MRTS 为一常数。因此，不管投入的水平如何，资本与劳动的相互替代率总是固定不变。

这里，MRTS 在等产量线上的所有点处均为常数。因此，可以用大量的资本（如 A 点）或大量的劳动（如 C 点）或两者的均衡组合（如 B 点）生产出同样的产量。这方面的例子很多，公路或大桥的收费可以采用自动化手段，也可以由人工完成；乐器的制造可以完全由机器制作，也可以由技艺高超的匠人借助少量的工具完成。

而图 7－4 显示了另一种极端情形——固定比例的生产函数。此时，投入品之间不能进行任何替代。任一特定的产量水平需要特定的劳动与资本组合。只有按相同的比例增加劳动和资本的投入，才可增加产量。因此，等产量线呈 L 型。比如，用风镐对混凝土人行道进行翻建，一个工人用一台风镐，一台风镐也只能由一人操作，两个人一台风镐或一个人两台风镐都不能增加产量。

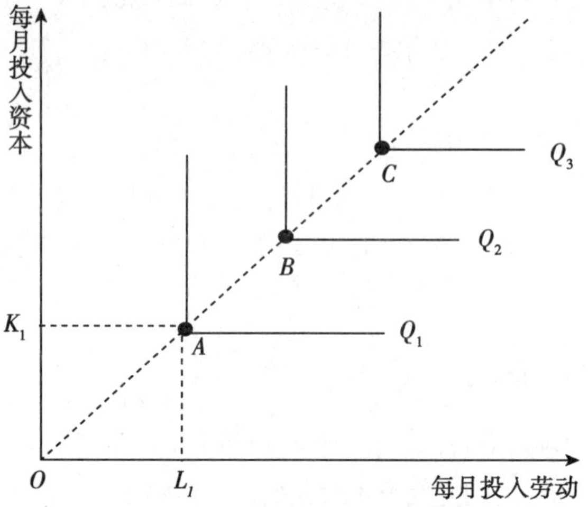

图 7－4　固定比例的生产函数

等产量线为 L 型，要生产出特定的产量，必须有特定的劳动与资本组合。劳动或资本的单独增加都不会带来产出的增加。

图 7－4 中，A、B、C 三点代表了投入品的有效组合。例如，生产出 Q_1，可以使用 L_1 劳动和 K_1 资本，如 A 点所示。如果资本固定在 K_1 上，劳动的增加不会改变产出；当然，当劳动固定在 L_1 上时，增加资本投入也不会带来产量的任何变化。因此，在 L 型等产量线的垂直和水平部分，资本的边际产出或劳动的边际产出均为零，只有劳动与资本同时增加，如从组合 A 到组合 B，才会带来产出的增加。

当企业的生产函数为固定比例形式时，可以选择的生产方式十分有限。例如，电视剧的制作可能需要资本（摄像机、音响等）和劳动（制片人、导演、演员）的组合。要制作更多的电视剧，所有生产投入必须等比例增加。特别地，很难用增加资本投入的方式来取代劳动，因为演员是制作电视剧中必不可少的；同样，也很难用人工替代资本，因为现在的制作需要很复杂的电视设备。

由上面两种特殊情况可以看出，等产量线可以形象地表示出有关生产函数的种种特性与情况，包括之前学习的规模报酬、技术进步等。

第二节　成本分析

所以，生产几乎无处不在，而生产的后面是与其形影不离的成本。企业必须为自己的投入进行支付：螺钉、溶剂、软件、纱布、秘书以及统计员。盈利的企业制定生产战略时，总是非常明智地考虑到这一简单的事实，因为每多花 1 元不必要的成本，企业的利润就会减少相同的金额。

但是，成本远远不只是影响生产和利润的水平。成本还会影响投入的选择、投资的决定，甚至可以决定企业是否继续保持该业务。是添加一个新雇员合算，还是给现有职员加班费合算？是开一家新厂，还是扩建旧厂？是在国内投资一家工厂，还是到海外另起炉灶？企业还要选择有效的生产方法，即以最低成本创造产出的方法。

本章主要对成本进行系统的分析。首先，我们全面考察经济中的成本，其中包括一个非常重要的概念——边际成本。然后，我们考察企业的会计师在实际中是如何计算成本的。最后，我们讨论一个更广泛地应用于决策的概念—— 机会成本。对成本的全面研究将为以后对企业供给决策的理解奠定基础。

一、固定成本

总成本（Total Cost，TC）分为两部分：总的固定成本（Fixed Cost，FC）和总的可变成本（Variable Costs，VC）。

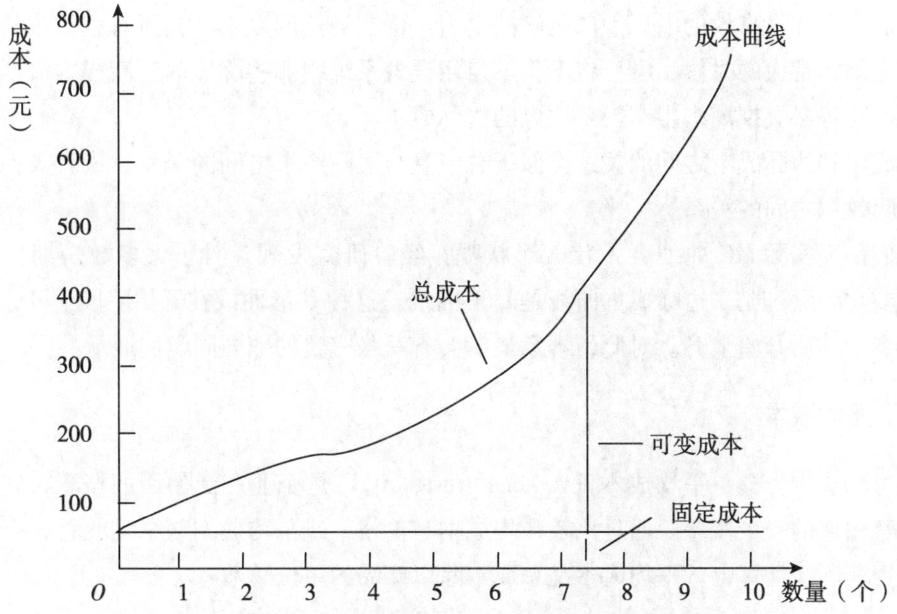

图 7－5　总成本、固定成本和可变成本

什么是企业的固定成本呢？有时，固定成本也称为“固定开销”或“沉没成本”。它由许多部分构成，如厂房和办公室的租金、根据合同支付的设备费、债务支付的利息、长期工作人员的薪水等。即使企业的生产量为零，其也必须支付这些开支。即使产量发生变化，这些开支也不会改变。例如，一个法律事务所可能拥有 10 年的办公室合约，即使该事务所人员规模缩减到原来的一半，其仍有支付租金的义务。由于 FC 是无论产量水平如何都必须支付的数量，因此，它的数值保持不变。

可变成本是随着产出水平的变化而变化的那些成本。它包括生产所需要的原料（如生产汽车所需要的钢材)、为生产线配置的工人、进行生产所需要的能源等。在一个超市中,收银员是可变成本,因为经理可以轻易地调整收银员的工作时间来适应商店中顾客的流量。

根据定义,当产量为零时,VC 的起始值为零。它是 TC 中随着产量增加而增加的部分。实际上,在任何两种产量之间,TC 的变化量就是 VC 的变化量。为什么?因为 FC 的数值一直不变,因而在比较不同产出水平之间的成本时可以抵销。

二、边际成本

在经济学领域,边际成本(Marginal Cost,MC)是最重要的概念之一。边际成本表示多生产 1 单位产出而增加的成本。例如,一个企业生产 1 000 张光盘的总成本为 10 000 元。如果生产 1 001 张光盘的总成本为 10 006 元,那么生产第 1 001 张光盘的边际成本就为 6 元。

有时,多生产 1 单位产出的边际成本可能非常低。对于一架有空位的客机,增加一个旅客的边际成本微不足道,不需要增加任何资本(飞机)或劳动(飞行员和空中服务人员)。增加 1 单位产出的边际成本也可能会很高。以电力系统为例,在正常情况下,它对以用最低成本和最高效的电厂生产足够的电力:但在炎热的夏季,当所有空调都打开,电力需求变得非常大的时候,电厂将不得不启用设备系统中那些陈旧的、高成本又低效率的发电机。这势必会推高多生产 1 单位电的边际成本。

总成本和边际成本之间的关系类似于总产量与边际产量之间的关系,或者类似于总效用与边际效用之间的关系。

我们预期实际 MC 曲线会是什么形状呢?经验研究发现,对于大多数短期生产活动(当资本存量不变时),边际成本曲线是 U 形曲线。这种 U 形曲线在开始阶段下降,接着达到最低点,然后开始上升。对此,本章最后会有一张完整的图向同学们展示。

三、平均成本

同边际成本一样,平均成本(Average Cost,AC)是企业广泛使用的概念,它是与总成本紧密相连的一个概念。通过比较平均成本与价格,或平均成本与平均收益,企业就能得知是否获利。计算上,平均成本是总成本除以产品的单位总数:

$$AC = TC/q$$

平均成本一般也表现为一条 U 形曲线,不过它应当处于作为其来源的 TC 曲线的下方。

同时,我们会发现:当 MC 在 AC 之下时,它将平均成本拉低;当 MC 在 AC 之上时,它将平均成本拉高;当 MC 等于 AC 时,平均成本不上升也不下降,并且处于最低点。

因此,在 U 形 AC 曲线的底部,有 MC = AC 的最小值。

这意味着,一个追求最低平均成本的企业应当使其产出位于平均成本与边际成本相等的水平。

正如我们把总成本分解为固定成本和可变成本一样,我们也可以把平均成本细分为平均固定成本和平均可变成本两个部分。平均固定成本（Average Fixed Cost，AFC）被定义为 FC/q。由于总固定成本是不变的，因此，除以不断增加的产量，就得到一条不断下降的平均固定成本曲线 。换句话说，企业卖出越来越多的产品，不变的 FC 为越来越多的产量单位所分摊。例如，一家软件公司可能拥有一大批编程人员来开发一个图形程序。卖出的拷贝数不直接影响所需的开发人员数量，这使其成为固定成本。因此，如果该图形程序非常畅销，则该程序的 AFC 会非常低；如果该程序销售不佳，则 AFC 会很高。

AFC 曲线一般表现为一支双曲线，渐近于两个轴；随着被更多单位的产品分担，它逐渐降低，接近水平轴。如果我们允许产量 q 的单位无限细分，将从无穷大开始，因为有限的固定成本分摊到无穷小的产量 Q 上。

平均可变成本（Average Variable Cost，AVC）等于可变成本除以产量，或写作 VC/q。正如 AVC 曲线一般开始时下降，然后上升。

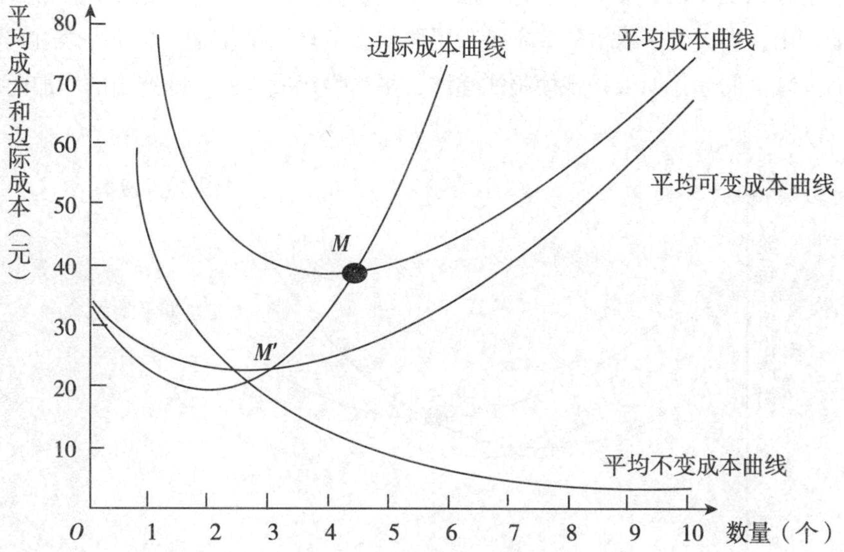

图 7-6　平均成本和边际成本

注意：

（1）边际成本曲线先下降，后上升。

（2）边际成本曲线与平均成本曲线相交于平均成本曲线的最低点。

四、短期成本曲线和长期成本曲线分析

对生产进行分析时，运用到两个不同的时期，即短期和长期。同样的概念也适用于成本，因为某一项成本是固定的还是可变的取决于我们所考察的时间跨度。比如，短期内，一般认为资本是固定成本，而劳动是可变成本；但长期中，资本的投入量也是可变的。

上面所做的关于成本的分析都是基于短期概念，所以我们先要借此解释有关短期成本曲线的一个知识点：为什么短期成本曲线是 U 形的？

从短期来看，资本是固定的，劳动是可变的，在这种情况下，可变要素的边际报酬是递减的，因为每新增一单位的劳动所对应的资本是下降的。产出的边际成本会上升，因为在经历过开始的边际产量递增阶段后，每新增 1 单位的劳动所能带来的产出增量在降低，即可变要素的边际报酬递减意味着短期边际成本的递增。

然而一旦在长期内考察企业的生产成本，很多解释就会因此改变。我们仍借助类似的问题作为突破点来学习：为什么长期成本曲线是 U 形的？

长期中，企业能够改变资本的数量，从而降低成本。这使得决定长期平均成本曲线和边际成本曲线形状的最重要因素不再是边际报酬递减规律，而是观察企业是否存在递增的、不变的或递减的规模报酬。例如，假定企业生产过程显示出在各个产出水平上规模报酬不变，那么双倍的投入就会引起双倍的产出。因为当产出变化时，投入要素的价格不变，所以，在所有产出水平上平均生产成本必然是相同的。

设想将上述情况换成企业的生产过程服从于规模报酬递增规律的情形。双倍的投入引起两倍以上的产出，那么由于双倍的成本带来了两倍多的产出的增加，因而平均生产成本随产出的增加而递减。同理，如果是规模报酬递增，平均生产成本就会随产出的增加而增加。

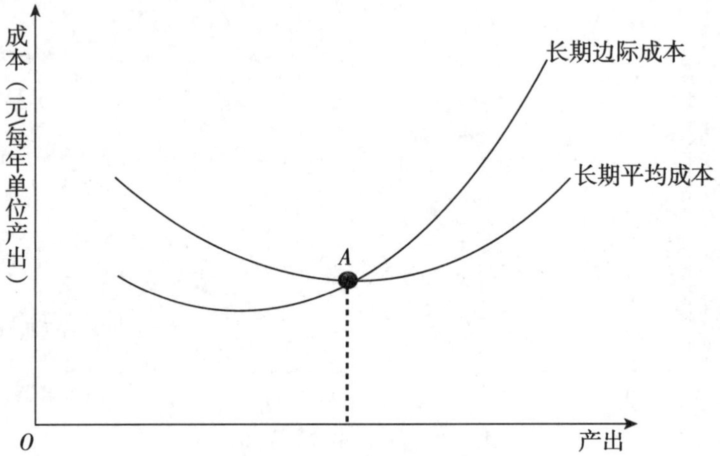

图 7－7　长期平均成本和长期边际成本

当企业在长期平均成本 LAC 处于下降阶段生产一定产出时，长期边际成本 LMC 低于长期平均成本。当长期平均成本处于上升阶段时，长期边际成本高于长期平均成本。

长期中，多数企业的生产技术显示出规模报酬首先是递增的，而后是不变的，最后则是递减的。图 7－7 显示了一条与这种对生产过程的描述相一致的典型的长期平均成本曲线 LAC。如短期平均成本曲线一样，长期平均成本曲线也是 U 形的，但这是由于递增的和递减的规模报酬的存在，而不是由于生产的某一要素的报酬递减。

长期边际成本曲线（LMC）是由长期平均成本曲线决定的，它表示当产出不断增加时长期总成本的变化。当 LAC 下降时，LMC 则位于长期平均成本曲线之下；当 LAC 上升时，LMC 则位于长期平均成本曲线之上。在长期平均成本曲线达到最低点处，两条曲线交于 *A*

点。在特定情况下，即 LAC 为常数时，LAC 与 LMC 相等。

接下来，我们将继续学习长期成本曲线的知识，并结合图形解释短期成本和长期成本的关系。

假定企业在对其产品的未来市场需求不确定的情况下考虑三个不同的企业规模。在图7－8中，三个企业的短期成本曲线由 SAC_1、SAC_2 和 SAC_3 给出。这项决策是重要的，因为企业一旦建成之后，在一段时间内是无法改变规模的。

图7－8 就表明了长期中规模收益不变的情形。企业如果打算生产 Q_1 的产出，就应该建造最小规模的工厂。此时，企业的平均生产成本为 10 元；这是企业的最小成本，因为短期边际成本曲线（SMC）与短期平均成本曲线（SAC）在 10 元处相交。企业如果打算生产 Q_2 的产出，中等规模的工厂就是最优选择，平均生产成本也是 10 元。企业如果打算生产 Q_3 的产出，就应选择第三种工厂。在这些工厂规模条件下，介于 Q_1 和 Q_2 之间的任何生产选择都将承担平均生产成本的增加，介于 Q_2 和 Q_3 之间的任何生产水平也是如此。

什么是企业的长期成本曲线呢？长期中，企业可以改变工厂的规模，从而如果起初生产 Q_1 的产出，并想将产出增至 Q_2 或 Q_3，企业可以在不增加平均生产成本的条件下做到这一点。因此，长期平均成本曲线就由短期平均成本曲线的十字影线部分给出，因为这些短期成本曲线表示各种产出水平上的最低成本。长期平均成本曲线是短期平均成本曲线的包络线——它将短期平均成本曲线包围在里面。

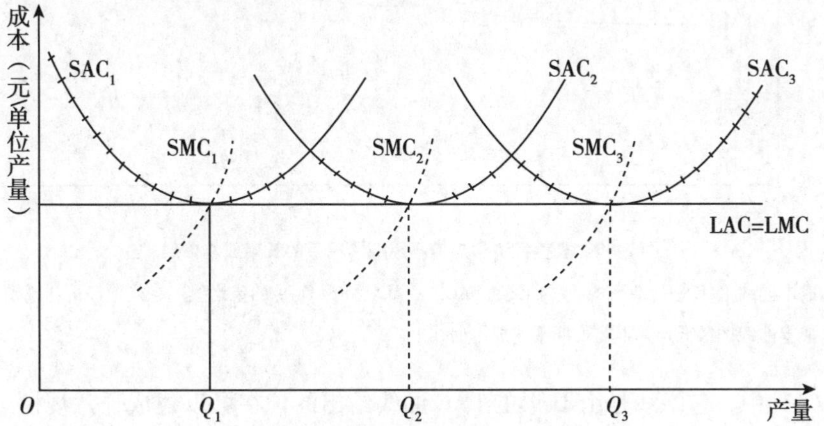

图7－8　规模报酬不变的长期成本

与长期边际成本曲线 LAC 相同的长期平均成本曲线 LMC 是短期平均成本曲线的包络线（如图所示的 SAC_1、SAC_2 和 SAC_3）。在规模报酬不变的条件下，长期平均成本曲线由短期平均成本曲线的最低点构成。

现在我们假定工厂的规模有多种选择，每个规模下的短期平均成本曲线的最低点均为 10 元；而且，长期平均成本曲线是短期平均成本曲线的包络线。在图 7－8 中，它是一条直线（LAC）。企业不管生产多少，可以选择工厂规模（和资本与劳动的组合），从而能以 10 元的最低平均成本进行生产。

在规模经济或规模不经济的情况下，分析基本上是一致的，但是长期平均成本不再是一条水平直线。图 7－9 就表明了有三种工厂规模供选择的典型情况，其中，中等规模工厂的最低平均成本是最小的。因此，长期平均成本曲线起初显示了规模经济，但是当产出水平较高时就显示出规模不经济。在此值得重申一下的是，十字影线显示了与三个工厂相联系的包络线。

要弄清楚短期成本曲线与长期成本曲线之间的关系，我们得考察一下图 7－9 所示的打算生产 Q_1 的产出的企业。如果建造了最小的工厂，与之相关的短期平均成本曲线是 SAC_1，从而平均生产成本就是 8 元（在 SAC_1 的 B 点）。选择较小规模的工厂比选择平均生产成本为 10 元（在 SAC_2 的 A 点）的中等规模工厂要好。因此，B 点就成为仅有三种工厂可供选择的情况下长期成本函数上的一个点。如果能够建成其他规模大小的工厂，其中至少有一个规模可以使企业能以低于每单位 8 元的成本生产 Q_1 的产出，那么 B 点就不再是长期成本曲线上的点了。

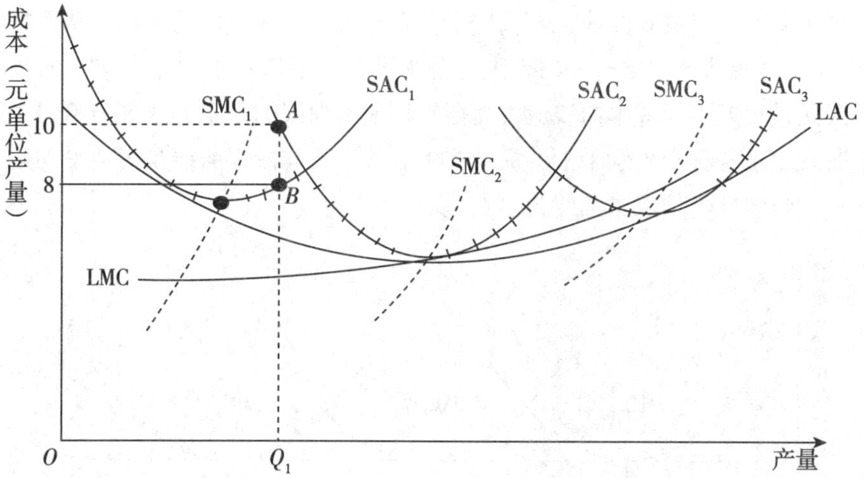

图 7－9　规模经济和规模不经济情况下的长期成本曲线

长期平均成本曲线 LAC 是短期平均成本曲线（SAC_1、SAC_2 和 SAC_3）的包络线。在规模经济和规模不经济的情况下，短期平均成本曲线的最低点并不在长期平均成本曲线上。

在图 7－9 中，包络线是由 U 形的 LAC 曲线给出的，在可以建成任意规模工厂的情况下，它会逐渐上升。再次请大家记住，LAC 曲线绝不会位于任何短期平均成本曲线之上。同时，还请大家记住，最小和最大规模工厂的平均成本曲线的最低点不会位于长期平均成本曲线上，这是因为长期中存在规模经济和规模不经济。例如，一个小规模工厂以最低平均成本经营是低效率的，因为规模较大的工厂可以利用规模报酬递增的优势以更低的平均成本进行生产。

最后，请大家注意，长期边际成本曲线（LMC）并非短期边际成本曲线的包络线。短期边际成本曲线适用于特定的工厂；长期边际成本曲线则适用于各种规模的所有工厂，长期边际成本曲线上的每个点代表了成本效率最高的工厂的短期边际成本。

第三节　生产者的投入选择

以上的学习中，我们说工厂是生产者，农场是生产者，公司是生产者，事务所是生产者。最终我们发现，在现代经济社会，每一种产品几乎都是由类似于上述的专业组织完成的，我们称那些形成专业化组织以便于管理生产过程的团体为企业。

而无论这些企业是个人业主制的，是合伙制的，抑或是公司制的，无论这些企业的所有者是承担无限责任还是承担有限责任等，这些企业、这些所有者本质的生产行为是相同的——每个企业都必须决定如何生产其产出。应该用石油还是用煤发电？汽车应该在美国还是在墨西哥组装？应该聘用教师还是研究生授课？我们不妨用边际产量的概念来说明企业如何按照最小成本法则选择其投入组合。

分析中，我们将基于一个基本的假设，即企业追求生产成本的最小化。成本最小化假设不仅对任何形式的企业都适用，对任何环境下的企业也同样适用——无论完全竞争条件下还是不完全竞争条件下的企业，而且对于垄断者（这一概念是我们之后学习的内容），甚至像大学或医院这些非营利性组织也一样适用。这一假设表明，企业应该力求在最低可能的成本上进行生产，从而使利润或其他目标达到最大。

一个简单的例子可以说明企业如何在不同的投入组合之间进行选择。比如，某企业的工程师计算出用两组选择都能生产出所需要的 9 单位的产出水平。在这两种情况下，燃料 E 的成本为每单位 2 元，而每小时劳动 L 的成本为 5 元。在第一种选择下，投入组合为 $E=10$ 和 $L=2$；第二种组合为 $E=4$ 和 $L=5$。在市场价格下，第一种选择的生产总成本为：$2\times10+5\times2=30$ 元；而第二种选择的总成本为：$2\times4+5\times5=33$ 元。因此，第一种选择是较好的最小成本的投入组合。

更普遍的情况是，存在许多种可能的投入组合，而不仅仅是两组。但是，我们没有必要去计算每种投入组合的成本，以找到最小的成本组合。这里有一个求最小成本组合的方法：首先，计算每一种投入的边际产量（Marginal Product，MP）。然后，用边际产量除以每种要素的价格，得到每 1 元投入的边际产量。每 1 元投入的边际产量对各种投入都相等时，就得到了最低成本的投入组合。也就是说，每 1 元的劳动、土地、石油等对产量的边际贡献都必须正好相等。

根据这一推论，当每 1 元投入的边际产量对每一种生产要素都相等时，企业的生产总成本就达到了最低水平。这一结论称为最小成本法则。换言之，为了以最小成本生产出一定数量的产出，应该购买各种投入，直到花费在每一投入上的每 1 元的边际产量都相等时为止。

企业的这一法则完全类似于追求效用最大化的消费者所遵循的原则。在分析消费者选择中，为了使效用最大化，消费者购买物品时要使花费在每一消费品上的每 1 元的边际效用相对于各种物品都相等。

用以下方式可以理解最小成本法则：将每一要素细分成价值1元的单位。因此，最小成本法则说明，每1元的单位投入的边际产量相等。如果每1元投入的边际产量不相等，就可以减少单位人民币边际产量比较低的那种投入，并增加单位人民币边际产量高的那种投入，从而在更低的成本下得到同样的产量。

最小成本法则的一个推论就是替代法则：如果一种要素的价格下降，而所有其他要素的价格保持不变，则企业用现在更便宜的要素替代所有其他要素，直到所有投入的单位人民币边际产量都相等，这便是有利可图的。

我们以劳动为例。劳动价格的下降会提高 MP_L/P_L 的比率，从而使 MP_L/P_L 高于所有其他投入的 MP/P。根据边际报酬递减规律，增加的劳动雇用量降低了 MP_L，从而降低了 MP_L/P_L。劳动的较低价格和较低的 MP 使得每元劳动的边际产量重新与其他要素的比率相等。

我们将最小成本法则的等式整理成：

（L 的边际产量/K 的边际产量）=（L 的价格/K 的价格）

同时，模仿预算约束线创造等成本线的概念：

$C = w \times L + r \times K$，其中，$w$ 为 L 的价格，r 为 K 的价格。

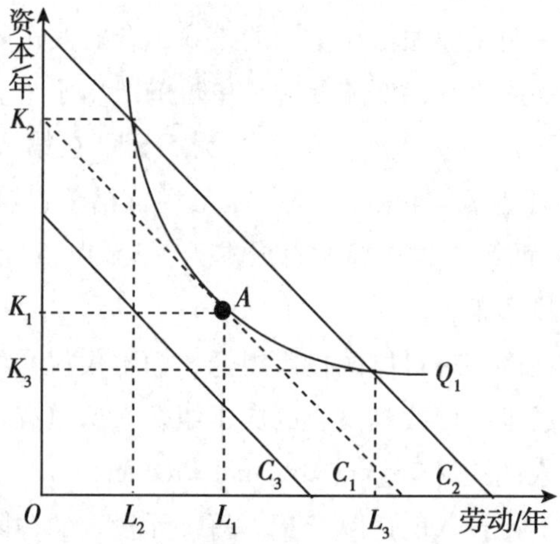

图7-10　等成本线

等成本曲线描绘了消耗企业相同成本的投入生产的要素组合。等成本线 C_1 与等产量线相切于 A 点，这表明可以以劳动投入为 L_1 和资本投入为 K_1 的最低成本来生产 Q_1 的产出。而其他的要素组合——L_2 和 K_2、L_3 和 K_3——则在成本较高的情况下生产相同的产出。

我们发现，整理后，式子右端恰为等成本线斜率。结合前文的等产量线，线上每点的切线斜率（K 的数量/L 的数量）恰好与等式左端表述的意思一致。综上，就可以将最小成本法则图形化/几何化，表现为图7-10。

长期生产过程中，在投入要素都可变的情况下，描绘一系列的点，就得到了如

图 7－11所示的扩张路径。

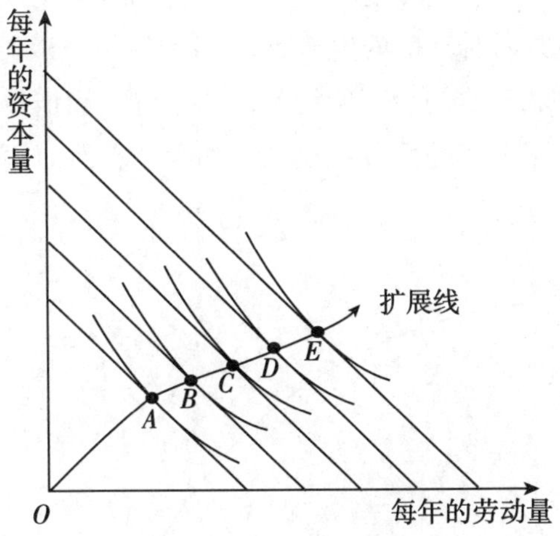

图 7－11　企业的扩张路径

扩张路径表明，在长期中两种投入要素均可变的条件下，可以用以生产各种不同水平的产出的成本最低的资本和劳动的组合。

A、*B*、*C*、*D*、*E* 点均代表等成本曲线与等产量曲线的切点，将其连接起来，形成一条由原点向右上方移动的曲线，就是企业的扩张路径。扩张路径描述了企业在每一产出水平上所选择的（长期）成本最小化的各种劳动和资本组合。

总结一下，本节我们学习了以下内容：

消费者选择——在预算约束下，使效用最大化——花费在每一消费品上的每 1 元的边际效用相对于各种物品都相等。

生产者选择——成本最小化的情况下，达到所想要达到的产量——毕竟，如果每 1 元的单位投入的边际产量不相等，就可以减少单位元的边际产量比较低的那种投入，并增加单位元的边际产量高的投入，从而在更低的成本下得到同样的产量。

第四节　范围经济

许多企业生产不止一种的产品。有时候，企业的产品和其他产品紧密相关——养鸡场生产鸡和鸡蛋，汽车公司生产小汽车和卡车，大学进行教学和科研。还有些时候，企业所生产的产品在性质上没有关系。然而在上述两种情况下，企业通常在生产两种以上产品时拥有生产和成本的优势。这些优势可能来源于投入要素或生产设备的联合运用、联合市场计划、能降低成本的共同管理。在有些情况下，某种产品的生产会产生自动的和不可避免的副产品，而它对企业是有用的。例如，金属片生产商生产其所能销售的剃须刀片。

要想研究联合生产的优势，我们来考察一家生产两种产品——小汽车和拖拉机——的汽车公司。两种产品均以资本（厂房和机器）和劳动作为投入要素。同一工厂生产小汽车和拖拉机并不算典型，但两种产品共享了管理资源，而且均依赖相似的机器和熟练的劳动。公司的经营者必须选择各种产品的生产数量。图 7－12 显示了两条产品转换曲线。每条曲线显示了给定的劳动和机器的投入所能生产的小汽车和拖拉机的组合，曲线 O_1 描绘了能以相对较低的投入水平生产的两种产出的不同组合；而曲线 O_2 则描绘了与两倍的投入相联系的产出的组合。

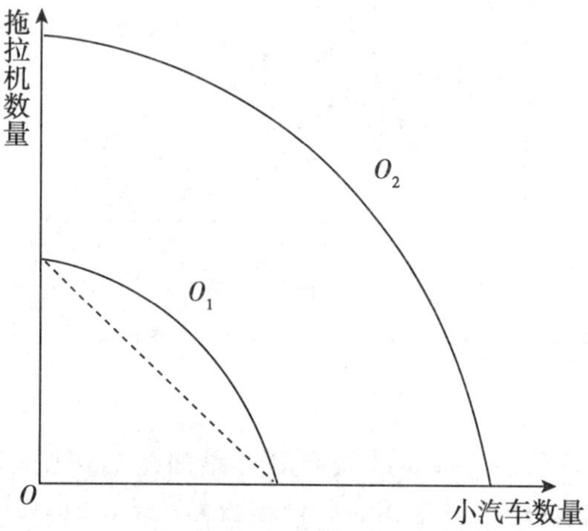

图 7－12　产品转换曲线

产品转换曲线描绘了能以固定数量的投入生产的两种产出的不同组合。产品转换曲线向外弯曲或呈凹形，是因为存在生产的范围经济。

企业要获得更多的某种产品，必须放弃另外一些产品，因而产品转换曲线的斜率是负的。例如，一个重视小汽车生产的企业会将较少的资源分配用于生产拖拉机。在这种情况下，O_2 曲线到原点的距离是 O_1 曲线的两倍，这表明企业的生产过程显示出两种产品生产的规模报酬不变。

如果曲线 O_1 是一条直线，那么联合生产不会承担任何收益（或损失）。一个专业生产小汽车的小公司和另一个专业生产拖拉机的小公司可以生产出与一个同时生产两种产品的公司相同的产出。然而由于联合生产通常具有使单个企业以相同的资源生产出比两个单独生产的企业更多的小汽车和拖拉机的优势，从而产品转换曲线向外弯曲（或呈凹形）。这些生产优势包括投入要素的共同分享，统一的管理可以在安排日程、组织生产和处理财务会计方面比各自单独管理更为有效。

总之，范围经济存在于单个企业的联合产出超过两个各自生产一种产品的企业所能达到的产量之时（两个企业分配到的投入物相等）。如果企业的联合产出低于独立企业所能达到的产量，那么其生产过程就涉及范围不经济。这种情况在一种产品的生产与另一种产品的生产有冲突时可能会发生。

规模经济与范围经济之间并无直接联系。一家生产两种产品的企业可以在其生产过程涉及规模不经济时获得范围经济。例如，联合生产长笛和短笛要比各自生产相对便宜。然而该生产过程涉及高度熟练的劳动，并非以小规模生产是最富有效率的。同样，一家联合产品企业在各个单独产品方面具有规模经济，但不拥有范围经济。例如，可以想象一个拥有多家企业的大型联合企业大规模有效地生产，但其并不拥有范围经济的优势，因为这些企业是各自单独管理的。

范围经济的程度可以通过研究企业的成本来确定。如果单个企业使用一定的投入组合生产出比两个各自独立生产的企业更多的产出，那么单个企业的成本就低于独自生产的企业的成本。要计量范围经济的程度，我们应该提问：当两种（或更多）产品被联合生产出来，而不是各自独立生产时，节约生产成本的百分比是多少？我们用等式计量这种成本节约的范围经济程度：

范围经济程度 $= [C(Q_1) + C(Q_2) - C(Q_1, Q_2)] / C(Q_1, Q_2)$

式中，$C(Q_1)$ 表示生产 Q_1 的产出所耗费的成本；$C(Q_2)$ 表示生产 Q_2 的产出所耗费的成本；$C(Q_1, Q_2)$ 是生产两种产出所耗费的联合生产成本。

当产出的物质单位可加时，如同小汽车和拖拉机的例子那样，就可以表示为 $C(Q_1 + Q_2)$。

在范围经济的情况下，联合成本低于各自单独成本之和，因此 $[C(Q_1) + C(Q_2) - C(Q_1, Q_2)] / C(Q_1, Q_2) > 0$。当范围不经济时，则为负值。总之，结果的值越大，范围经济的程度就越高。

第五节　成本估计

打算扩大或缩小经营的企业需要预测成本是如何随产出变动而变动的。假定我们打算描绘汽车产业的短期生产成本的特点。我们能够获得关于每个汽车公司生产的汽车数量 Q 的数据，并将此信息与可变生产成本（VC）相联系。使用可变成本而不用总成本旨在避免将多种产品企业生产过程中的固定成本分配给正被研究的特定产品的问题。

图 7－13 显示了典型的成本和产业数据模型。图中的每一点均将汽车公司的产出与其可变生产成本联系在一起。要想准确地预测成本，我们需要确定可变成本与产出的潜在关系。如果企业扩大生产，我们就能够计算出相关的成本是多少。图中的曲线是基于这样的想法绘出的——它要与成本数据合理地相吻合（典型地，最小二乘法回归分析可以用来使曲线与数据相吻合）。然而什么形状的曲线最合适呢？我们该如何用几何图形将它表示出来呢？

我们可以选择下面的成本方程：

$$\mathrm{VC} = \beta Q$$

这种成本与产出之间的线性关系用起来很方便，但它仅当边际成本为常数时才适用。产出每增加一单位，可变成本增加 β，从而边际成本为常数，等于 β。

如果希望考虑到长期平均成本曲线是U形的，并且边际成本不是常数，我们就必须使用更复杂的成本函数。这可能是二次成本函数，它将可变成本与产出和产出的平方联系在一起。

$$VC = \beta Q + \gamma Q^2$$

这意味着边际成本曲线是一条直线，$MC = \beta + 2\gamma Q$。

如果 γ 是正数，那么边际成本随产出增加而增加；如果 γ 是负数，那么边际成本随产出增加而减少。

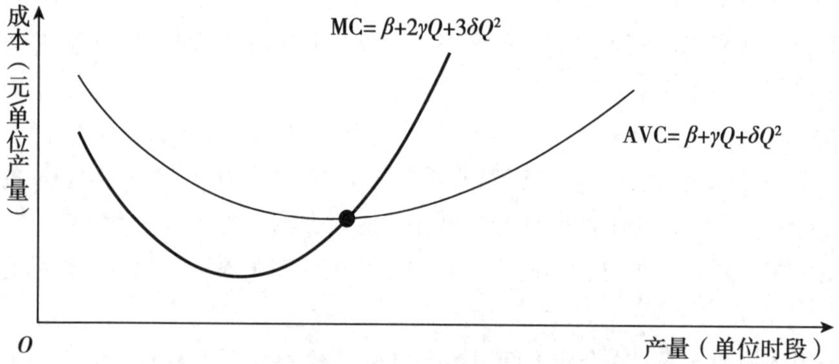

图 7－13　三次成本函数

三次成本函数意味着边际成本曲线和平均成本曲线一样，是U形的。

如果边际成本曲线是非线性的，我们就要用三次成本函数来表示，即：

$$VC = \beta Q + \gamma Q^2 + \delta Q^3$$

图 7－13 显示了这样的三次成本函数。它意味着边际成本曲线与平均成本曲线一样，是U形的。

成本函数可能难以计量。首先，产出的数据经常代表各种不同产品的加总。例如，通用汽车公司总计生产的汽车包括各种型号的汽车。其次，成本数据通常是从难以反映机会成本的会计信息中直接得到的。最后，当企业是一个生产多种产品系列的集团企业时，将维修成本和其他企业费用归集到特定产品中去就有困难了。

本章关键词

生产函数　边际报酬递减　规模经济　边际技术替代率　成本曲线　最小成本法则　范围经济

思考题

1. 某公司支付给会计人员 100 000 元的年费，这笔年费属于哪种成本？
2. 假定某沙发制造商发现其生产过程中资本对劳动的边际技术替代率实质上大于机器租金与工人工资率的比率。他会如何改变资本和劳动的使用，为什么？

3. 若产品的边际成本递增，是否意味着平均可变成本递增或递减？请解释原因。
4. 若企业的平均成本曲线为U形，为什么其平均可变成本曲线比平均总成本曲线在较低的产出水平上达到其最低点？
5. 区分规模经济与范围经济的差别。为什么其中一个能在另一个不存在的情况下存在？
6. 试分析说明MC与AVC、AC相交于其U形曲线的最低点的原因。
7. 选择题：

a）对于一种可变生产要素的生产函数 $Q=f(L, \overline{K})$ 而言，当 TP_L 达到最大值而开始递减时，MP_L 处于（　）阶段。

A. 递减且 $MP_L<0$　　B. 递减但 $MP_L>0$

C. $MP_L=0$　　D. 无法确定 MP_L 的值

b）在经济学中，短期是指（　）。

A. 在一年或一年以内的时期

B. 在这一时期内，所有投入要素均是固定不变的

C. 在这一时期内，所有投入要素均是可以变动的

D. 在这一时期内，生产者来不及调整全部生产要素的数量，至少有一种生产要素的数量是固定不变的

c）实现生产要素的最优组合是厂商实现利润最大化的（　）。

A. 充分条件　　B. 必要条件

C. 充分必要条件　　D. 既不充分也不必要条件

d）某汽配厂在各种产出水平上都显示出规模报酬递增的情形，于是厂领导决定将其划分为两个相等规模的小厂，其拆分后总产出将会（　）。

A. 增加　　B. 减少

C. 不变　　D. 无法确定

e）当边际成本曲线MC达到最低点时，（　）。

A. 平均成本曲线AC呈现递减状态

B. 平均可变成本曲线AVC呈现递增状态

C. 平均产量曲线AP达到最大值

D. 总产量曲线TP达到最大值

f）边际成本曲线MC（　）。

A. 穿过平均总成本曲线ATC和平均固定成本曲线AFC的最低点

B. 穿过平均可变成本曲线AVC和平均固定成本曲线AFC的最低点

C. 穿过平均可变成本曲线AVC和平均成本曲线AC的最低点

D. 仅穿过平均可变成本曲线AVC的最低点

g）边际收益递减规律成立的条件是（　）（多选）。

A. 生产技术水平保持不变

B. 保持其他生产要素投入数量的不变，只改变一种生产要素的投入量

C. 边际产量递减发生在可变投入增加到一定程度之后

D. 扩大固定资本的存量

h）平均可变成本曲线呈U形的原因在于（　）（多选）。

A. 边际收益递减规律

B. 平均可变成本与可变投入的平均产量之间呈反方向变动关系

C. 由于平均产量随着可变投入的增加先上升后下降，所以，平均可变成本曲线也随着产量的增加先下降后上升

D. 以上全对

i）在下列生产函数中，属于规模报酬递增的函数有（　）（多选）。

A. $Q=2.4K^4L$　　B. $Q=13.8K^{0.4}L^{0.9}$

C. $F(K, L)=13K+4L$　　D. $F(K, L, W)=(K^5-L^3W)^{1/4}$

j）在下列生产函数中，属于规模报酬不变的函数有（　）（多选）。

A. $Q=6K^{0.6}L^{0.4}$　　B. $Q=\max\{aK, bL\}$

C. $Q=\min\{cK, dL\}$　　D. $F(K, L)=(3K^6-5L^5)^{1/4}$

8. 已知某厂商的生产函数为 $Q=f(K, L)=15KL/(2K+L)$，求解：

a）劳动的边际产量MPL及劳动的平均产量APL函数。

b）劳动边际产量的增减性。

9. 已知厂商的生产函数为 $Q=L^{3/7}K^{4/7}$，又设 $P=8$ 元，$P_K=10$ 元。如果该厂商要生产150单位产品，那么他应该使用多少单位的劳动 L 和资本 K 才能使其成本降至最低？

10. 如果某厂商短期总成本函数为 $STC=1\,200+24Q-4Q^2+(1/3)Q^3$，$Q$ 为产量，试问：

a）当SMC达到最小值的时候，它的产量是多少？

b）当AVC达到最小值的时候，它的产量是多少？

第八章　竞争性市场与供给

之前对生产和成本的讨论适用于各类市场上的厂商，这些厂商遵循着最小成本法则，从而保证自身能在给定生产函数和要素价格的情况下，以最小的成本实现任何一个生产目标/产量。

生产者会选择怎样一个生产目标?

经济学家为在所有类型的市场上——竞争和非竞争——的厂商提供了一条规则，假设其生产目标是追求利润的最大化：

每一个产量乘以产品价格为收入，每一个产量都有一个最低的成本予以对应，收入减去成本就是利润；互相比较之后，就能得到一个最大的利润，这个最大的利润反过来也对应着一个固定的生产目标。

本章分析的是完全竞争市场中生产者的行为，本书第二章中就介绍了这一理想化的市场，所有单个的生产者和消费者的影响都很小，因而无法影响市场价格。

之后的章节将介绍其他市场，但其中的基本道理就像在第二章中说的那样，是一以贯之的。

第一节　竞争企业的供给行为

首先，我们来分析一家完全竞争的企业。假设李雷拥有这样一家企业，他会生产多少产品？如果小麦的售价为每千克 3 元，那么李雷应该生产多少小麦?

在分析完全竞争企业的供给行为时，需要注意两点：首先，假设完全竞争企业所追求的是利润最大化。其次，完全竞争的世界是由原子式的企业构成的，而且其都是价格接受者。

一、利润最大化

为什么一个企业会追求利润最大化？请回忆一下，利润等于总收入减去总成本。它就像是公司的净盈利或实得收益。它代表一个企业能够用于股东分红、投资于新工厂和设备，或者用于金融投资的资金数量。所有这些活动都提高了企业对其所有者的价值。

利润最大化要求企业进行卓有成效的内部管理（防止浪费、鼓舞员工士气、选择有效的生产工艺等），并且做出明智的市场决策（以最低成本购买数量适当的投入品，并选择最优的产量水平)。由于利润涉及成本和收入两个方面，因此，企业应很好地掌握其成本结构问题。

二、完全竞争

完全竞争的世界是一个价格接受者的世界。完全竞争企业出售无差异的产品（与行业中其他企业出售的产品相同)。这种企业相对于市场来说是如此之小，因而它不能影响市场价格，而只是将市场价格作为既定价格加以接受。当李雷出售小麦这种无差异的产品时，他面对的是众多购买者想支付每千克3元的市场价格。正如大多数消费者必须接受由网络服务供应商或影剧院所收取的价格一样，竞争企业也必须接受其所生产的小麦或石油的市场价格。

为讨论作为价格接受者的完全竞争企业的行为，我们首先来看一看其需求曲线的形状。图8－1对照的是整个行业的需求曲线（*DD*曲线）与单个竞争企业所面临的需求曲线（*dd*曲线)。由于一个竞争行业是由许多相对于市场而言很小的企业组成，因此，一个企业的需求曲线只是整个行业的需求曲线的一个微小部分。由图可知，竞争企业的需求曲线所占的份额是如此之小，因而以一个完全竞争者的眼光来看，该企业的需求曲线是完全水平的或弹性是无穷大的。图8－1说明了为何单个竞争者的需求弹性要比整个市场的需求弹性大得多。

由于竞争企业不能影响价格，所以，每单位销售为其带来的额外收入都等于产品的价格。比如，当市场价格为每单位40元时，竞争企业可以以40元的价格出售想要出售的数量。如果其决定出售101单位而不是100单位，那么收入将会整整增加40元。

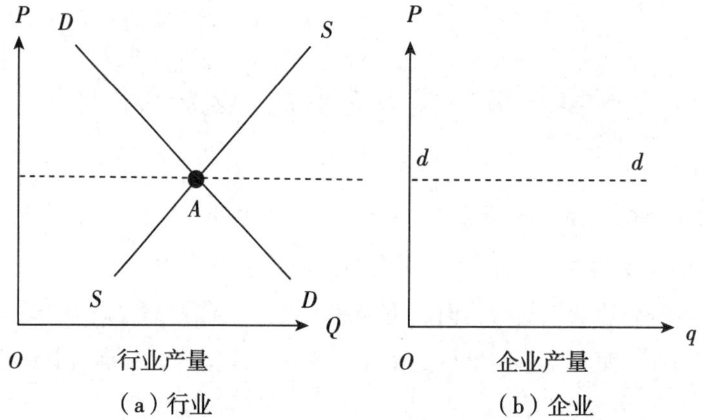

图8－1　对于一个完全竞争企业而言，需求曲线是完全有弹性的

在市场均衡点*A*处，图8－1（a）中的行业需求曲线具有缺乏弹性的需求。而图8－1（b）中完全竞争企业的需求曲线是水平的，即完全有弹性。这是由于单个完全竞争者所占有的市场份额是如此之小，因而可以按照市场价格出售想卖的所有产品。

请牢牢记住以下几点：

第一，在完全竞争条件下，有许多规模较小的企业，每一个企业都生产相同的产品；

并且，每一个企业的规模都太小，不可能影响市场的价格。

第二，完全竞争条件下的生产者面临的是一条完全水平的需求曲线 *dd*。

第三，从所追加的每一单位的出售中，企业获得的额外收入正好等于市场价格。

三、边际成本等于价格时的竞争供给

给定一个竞争企业的成本和需求，以及获得最大利润的愿望，它将如何决定愿意供给的数量呢？假设你在经营一个油厂，并且你必须做出利润最大化的产出决策。考察图 8－2 中的数据，假设石油的市场价格为每单位 40 元（虽然同学们可能认为这是在现实生活中不可能出现的数据）。若油厂最初出售 3 000 单位的石油，则这一销售量产生的总收入为 40×3 000＝12（万元），若总成本为 13 万元，则亏损 1 万元。

分析了经营情况后，你会发现，如果出售更多的石油，那么从每单位中获得的收入为 40 元，而边际成本仅为 21 元。所增加的单位投入产生了高于成本的收入，所以，你可以将产量提高到 4 000 单位。在这个产量水平上，企业的总收入为 40×4 000＝16（万元），总成本为 16 万元，净利润为零。

(1) 产　量 q	(2) 总成本 TC	(3) 每单位的 边际成本 MC	(4) 平均成本 AC	(5) 价　格 P	(6) 总收入 TR	(7) 利　润
0	55 000					
1 000	85 000	27	85	40	40 000	–45 000
2 000	110 000	22	55	40	80 000	–30 000
3 000	130 000	21	4 333	40	120 000	–10 000
3 999	159 960.01	38.98	40.000	40	159 960	–0.01
		39.99				
4 000	160 000	40	40	40	160 000	0
		40.01				
4 001	160 040.01	40.02	40.000	40	160 040	–0.01
5 000	210 000	60	42	40	200 000	–10 000

图 8－2　竞争企业的供给决策

也许成功带来的喜悦会使你决定再提高一些产量，比如提高到 5 000 单位。在这一产量水平上，企业获得的总收益为 40×5 000＝ 20（万元），此时成本为 21 万元，这时会亏损 1 万元。这是怎么回事呢？

翻开账本看看，你会发现，在 5 000 单位的产量水平上，边际成本为 60 元，高于 40 元的市场价格，因此，每多生产 1 单位就损失 20 元（等于价格减边际成本）。现在，你可

以看出眉目了：最大利润的产量发生在边际成本等于价格的产量水平上。

这一命题背后的道理在于：只要最后1单位的价格高于其边际成本，竞争企业往往就能够获得额外的利润。而当出售额外的产量再也不能获得任何额外的利润时，总利润就达到了其最高点——最大化。在最大利润点，生产最后1单位产品所带来的收入额正好等于该单位的成本。额外的收入是每单位的价格。额外的成本是边际成本。

我们通过考察图8－2中的数据来检验这一原则。从4 000单位的利润最大化产量开始，如果多出售1单位的产量，那么该单位产量所带来的价格为40元，而该单位产量的边际成本为40.01元。因此，企业在第4 001单位上要遭受损失。同样，企业如果少生产1单位的产品，则会损失0.01元。这说明企业的最大利润的产量就发生在 $q=4\,000$ 上，此时，价格等于边际成本。

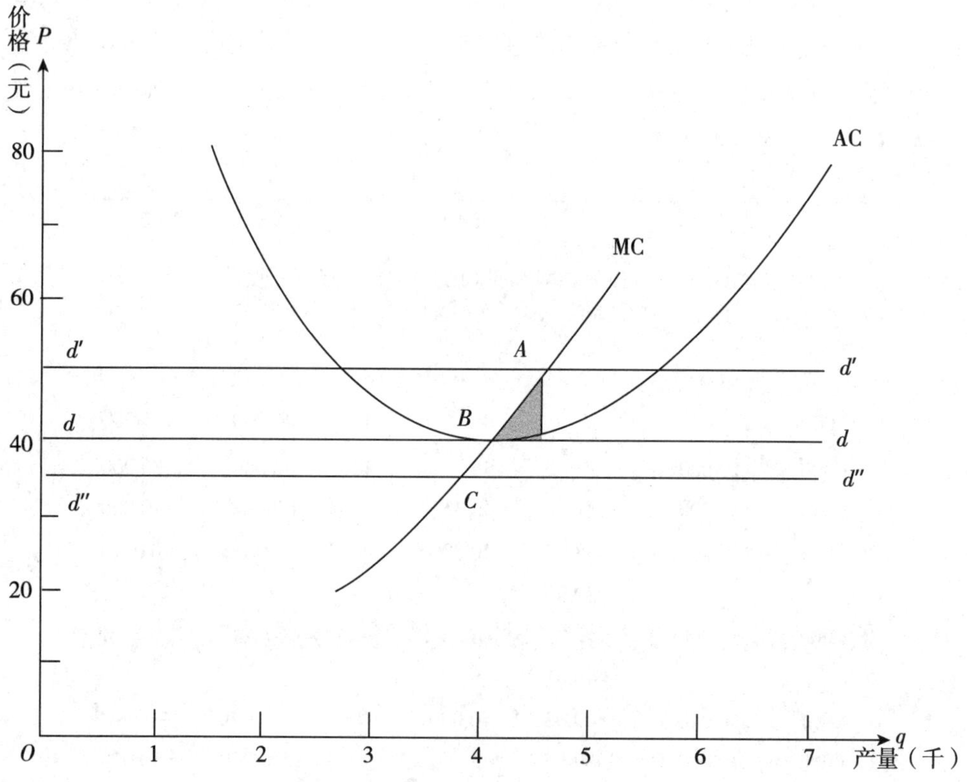

图8－3　企业的供给和边际成本

企业的供给曲线是其边际成本曲线MC的上升部分。

而图8－3说明了一个企业的供给决策。当产品的市场价格为40元时，企业查阅图8－2中的成本数据发现，与40元的边际成本相对应的产量为4 000单位。因此，在40元的市场价格水平上，企业会希望生产并出售4 000单位。这一产量等于图中40元的价格线与MC曲线的交点 B 所代表的产量。

通常，企业的边际成本曲线可以用来寻找最佳产量水平：最大利润的产量发生在价格线与边际成本曲线的相交点上。

我们选用这个例子是为了说明在利润最大化的产量上，企业得到零利润，总收入正好等于总成本。这里讲的是经济利润，包括所有机会成本，例如所有者的劳动和资本。B 点就是零利润点，它表示在这一价格水平上企业得到的是零利润；在零利润点上，价格刚好等于平均成本，因此收入正好弥补成本。

如果企业选择错误的产量，情况又会怎样呢？假设企业在市场价格为 40 元时选择了图 8－3 中 A 的产量水平。因为最后 1 单位的边际成本超过了价格，所以这样做会造成亏损。我们可以计算出其利润损失，如图中的阴影三角形面积所示。这个三角形描绘出在 B 和 A 之间的产量水平上价格高于 MC 的剩余额。

这样总结下来，一般的原则是：一个利润最大化的企业将其产量确定在能使边际成本等于价格的水平上。用图形来说，这就意味着企业的边际成本曲线也是其供给曲线。

四、总成本与停业条件

企业供给的一般原则产生一种可能性：价格是如此之低，以致企业想要停止营业。在价格等于边际成本的均衡点上，我们经营的油厂难道就不可能因为损失一大笔钱而决定停业吗？一般来说，在短期内，当企业再也不能弥补其可变成本时，其会想要停止营业。

例如，假设企业面临 35 元的市场价格，如图 8－3 中水平的 $d''d''$ 线所示。在这一价格水平下，企业的 MC 在 C 点等于价格。在这一点，价格实际上要小于平均生产成本。企业尽管遭受了损失，但还会继续生产吗？

令人奇怪的是，答案是“会”。企业应该使其亏损最小化，也就是使利润最大化。由于企业的固定成本为 5.5 万元，在 C 点进行生产仅亏损了 2 万元，而停业就会损失 3.5 万元，所以，企业会继续生产。

为了理解这一点，请记住，企业即使在没有生产任何产品时也须履行契约。在短期内，企业必须支付固定成本，如银行利息、厂房租金和董事们的薪金。企业成本的剩余部分是可变成本，如原料、生产工人和燃料的成本等，在未进行生产时，这部分成本为零。当价格与 MC 一样高时，只要收入足以弥补可变成本，继续生产就会比较合算。

在这个市场价格水平，企业的收入正好等于可变成本（或者说损失正好等于固定成本），这个关键的低市场价格称为停业点。面对高于停业点的价格，企业将沿着其边际成本曲线进行生产，这是因为，企业尽管可能在生产中遭受损失，但若停止营业则遭受的损失更大。而面对低于停业点的价格，企业将会完全停止生产，因为停止营业时，企业仅仅损失了其固定成本。于是，我们可以推出企业的停业原则：

企业在收入刚好抵补其可变成本或者损失正好等于固定成本时，停业点就会出现。当价格低于平均可变成本时，企业就会停业以使其利润最大化（即损失最小化）。

图 8－4 显示了一个企业的停业点和零利润点。零利润点出现在价格等于 AC 时，而停止营业点出现在价格等于 AVC 时。因此，企业的供给曲线就由图中的黑色实线来体现。它首先沿纵轴上升到与停业点相应的价格，然后跳至停止营业点 M'，此时价格 P 等于 AVC 的水平；此后，在高于停业点的价格上，沿 MC 曲线继续上升。

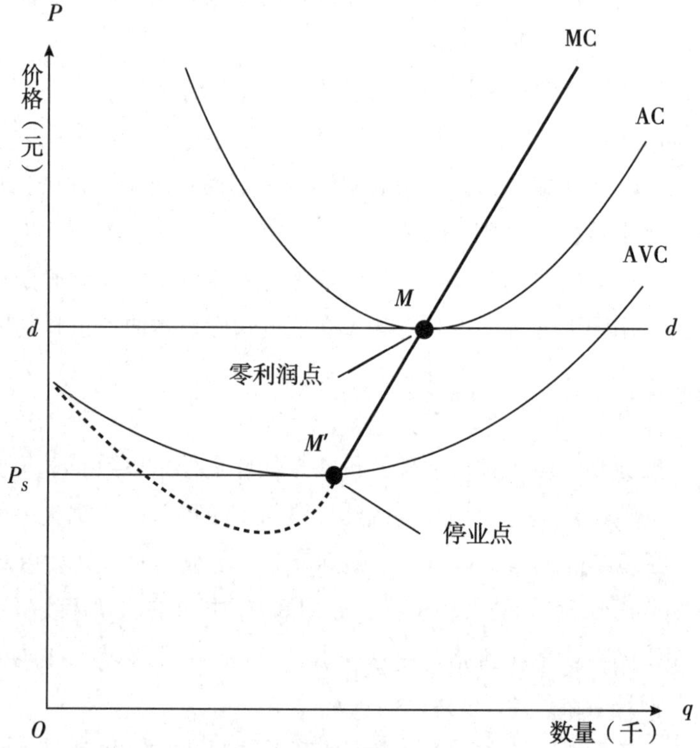

图 8－4　零利润点和停业点

企业的供给曲线沿其边际成本曲线 MC 向下延伸到停业点。

关于企业停业点的分析得出了一个出人意料的结论：追求利润最大化的企业即使亏损，也可能在短期内继续经营。尤其是对于大量负债，从而拥有较高的固定成本的企业（航空公司就是很好的例子）来说，情况更是这样。因为对于这些企业来说，只要亏损小于固定成本，其支付固定成本并且继续营业就是实现利润最大化和损失最小化。

停业原则的一个典型例子出现在美国的石油行业。1985 年，当原油的价格为每桶 27 美元时，美国大概有 3.5 万个油井。但到了第二年，油井的数量不到 1.9 万个，减少了将近一半。难道油田都枯竭了吗？当然不是。实际上，产量锐减是由于石油的价格下跌到每桶 14 美元的水平，降幅将近一半。也就是说，是利润而不是油井干涸了。因此，石油公司就将钻塔卸掉。从相反的方向讨论这个原则也同样起作用。1990 年海湾战争期间，石油价格飞涨，钻井也随着该行业利润的增长而大大增加。

第二节　竞争行业的供给行为

到现在为止，我们讨论的还只是单个企业的问题。然而一个竞争市场是由众多企业组成的，我们感兴趣的也是所有企业的总体供给行为，而不是单个企业的供给行为。如何能从一个企业的供给行为转变到许多企业的总体行为呢？例如，如何从油厂的经营情况推广到整个石油行业呢？

一、加总所有企业的供给曲线可得到市场供给曲线

假设我们正在研究一个石油类的竞争市场。在某一既定价格水平上，A 企业会向市场供应若干数量，B 企业则会供应另一数量，C、D 等企业也是如此。在每一种情况下，每个企业的供给量都由其边际成本决定。在某一既定价格下，市场供应总量一定是各个企业在这一价格下的单个供应数量的总和。

由此可知，单个企业供给与整个市场供给之间的关系如下：

为了得到某一物品的市场供给曲线，我们必须按水平方向将该物品的各个独立的生产者的供给曲线加总在一起。

图 8－5 用两个企业的情况说明了这一点。为了得到行业的供给曲线 *SS*，将在同一价格水平上的所有企业的供给曲线 *ss* 以水平方向相加在一起。在 40 元的价格时，A 企业供应 4 000 单位，而 B 企业供应 11 000 单位。因此，如图所示，行业的供给曲线把两种供应加在一起：在 40 元的价格时，行业的总供给为 15 000 单位。如果有 200 万个企业，而不是 2 个企业，我们仍然可以在现行市场价格条件下将 200 万个企业的供应量加在一起而得到行业的供应量。在每一价格水平上，将产量以水平方向加总可得到行业的供给曲线。

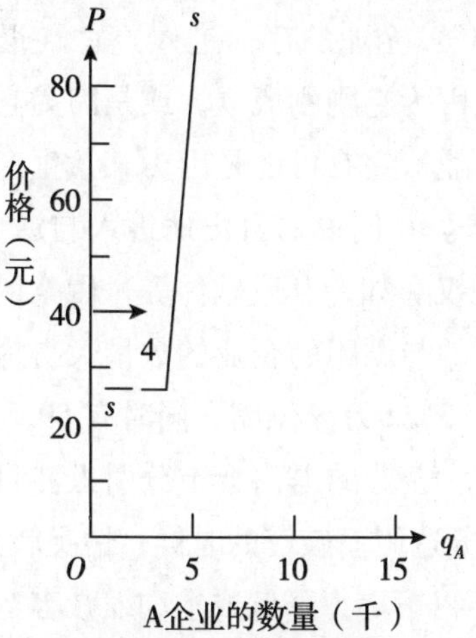

（a）A企业的供给

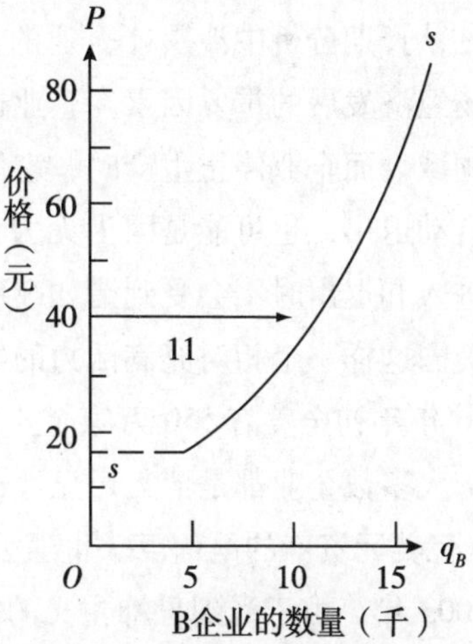

（b）B企业的供给

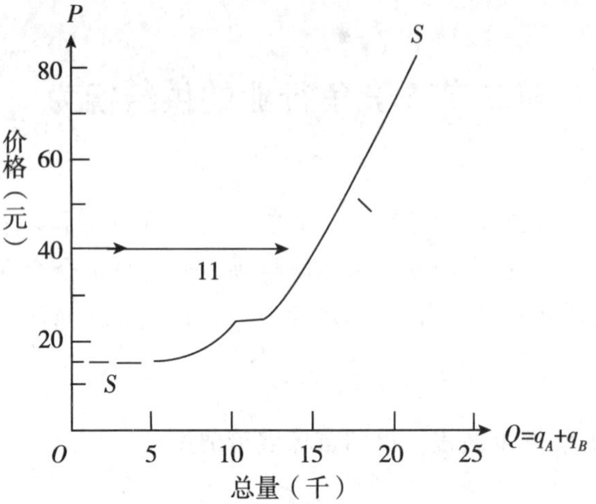

（c）市场供给

图 8－5　将所有企业的供给曲线加在一起得到市场供给曲线

由图可见，供给曲线 *SS* 如何由两条独立的供给曲线 *ss* 组成。我们将每一企业在 40 元价格上的供给量以水平方向加在一起，得到 40 元价格上的市场总供给。这种方法适用于任一价格水平和任何数量的企业，如果有 1 000 个和 A 或 B 企业相同的企业，那么市场供给曲线看上去就像 A 或 B 企业的供给曲线一样，只不过横轴的单位变化了 1 000 倍。

二、短期均衡和长期均衡

大约一个世纪以前，剑桥大学伟大的经济学家艾尔弗雷德·马歇尔发明了我们今天运用的供求工具。他发现，需求移动在短期内会比在长期内引起更大的价格调整和更小的数量调整。通过区分与不同的成本范畴相对应的两个不同时期的市场均衡，我们能够理解这一发现：

（1）短期均衡，企业在提高或降低产量时，所用的是固定数量的厂房和设备。

（2）长期均衡，资本和所有要素都是可变的，因而企业可以自由地进入或退出该行业。

可见，长期分析中涉及“企业的自由进入与退出”。企业的存（进入）亡（退出）是影响市场经济发展的重要因素。企业进入某一行业是因为它刚刚成立，或是因为它打算进入新的领域。而企业停止生产时，它便退出了这一行业；它有可能是因为某条生产线无利可图而自动退出，也可能是因为无力支付债务而破产。我们说的自由地进入与退出是指，企业在进入和退出时不会受到诸如政府管制、知识产权（如专利或软件等）因素的阻碍。

在美国这样一个相对充满活力的经济体中，新生的与倒闭的企业的数量大得惊人。例如，1996 年年初全美有 550 万家企业，而那一年中有 51.2 万家倒闭，同时有 59.8 万家企业诞生。大多数企业都是悄无声息地退出的，但有时大企业的退出会十分引人注目，当拥有 1 040 亿美元资产的电信巨头世通公司因为巨额财务造假而破产的时候，情况就是如此。2001—2003 年，由于受到恐怖主义的威胁，航空业不得不竭力降低成本和缩减客运量，几家主要的航空公司都相继破产。尽管平滑的成本曲线不会让每家企业都上演生死存亡的大戏，其背后的价格与 MC 和 AC 的逻辑关系却是推动主要产业的成长与衰退的强大动力。

我们举例来说明这两者之间的区别。例如，鲜鱼市场的供应者是当地的捕鱼船队。假设对鱼的需求增加，在图 8 -6 中表现为需求从 *DD* 上升到 *D′D′*。在较高的价格下，捕鱼船队的队长就愿意提高捕鱼量。在短期内，他们不可能建造新的渔船，但可以雇用更多的船员并工作更长的时间。增加可变要素的投入会导致鱼的供应量沿着短期供给曲线 S_SS_S 上升，如图 8 -6（a）所示。短期供给曲线与新的需求曲线相交于 *E′*点，这一点也就是短期均衡点。

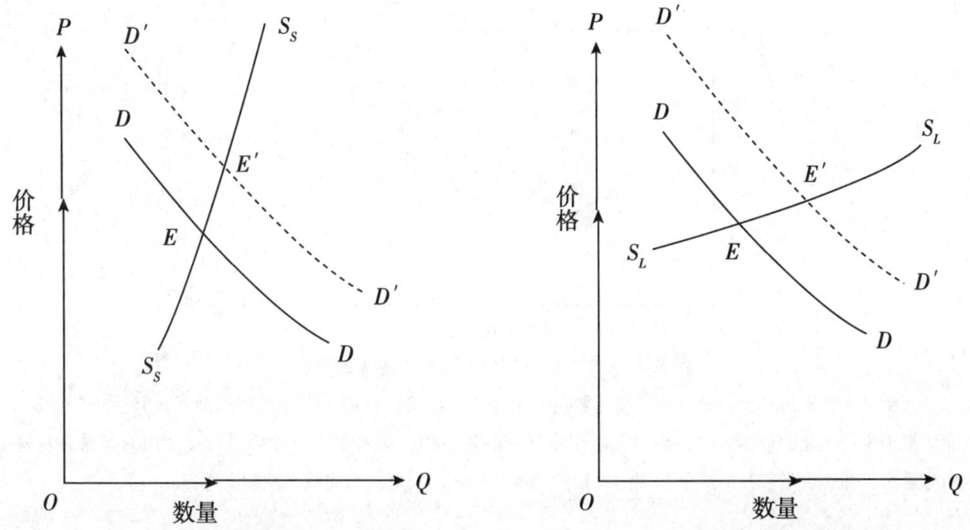

（a）短期均衡　（b）长期均衡

图 8 -6　在不同的时期，需求增加对价格的影响不同

我们区分不同的时期，在这些时期内，企业有时间做出：(a) 对劳动等可变要素的调整（短期均衡）；(b) 对所有要素的充分调整，固定要素也发生变化（长期均衡）。调整的时间越长，供给弹性的反应越大，价格上升的幅度越小。

在长期内，高价格能带来高利润，从而刺激造船业发展，吸引更多的水手加入该行业，同时也引导新企业进入该行业。这就产生了图 8 -6（b）中的长期供给曲线 S_LS_L 及长期的均衡点 *E′*。当所有的经济条件（包括船只、造船厂和企业的数量）都得到调整以适应新的需求水平时，就达到了长期供给曲线与新的需求曲线的相交点所产生的长期均衡。

一个产业的长期供给曲线具有何种形状呢？假设完全相同的企业可以自由进入某一产业。这些企业如果使用一般性的投入（如不熟练劳工），即企业可以从其他用途中大量地抽调这种投入品而不会影响它的价格，那么便处于成本不变的情况，如图 8 -7 中水平的供给曲线所示。

相反，假设该产业所使用的投入品的供给相对短缺，例如酿酒业的数量有限的葡萄园或夏日度假时稀缺的海边住所，那么酿酒业或度假业的供给曲线必然是向下倾斜的，如图 8 -7中的 S_LS_L'所示。

为什么使用稀缺要素的产业的长期供给曲线必然上升呢？对此，我们必须回顾一下边际收益递减规律。对于数量有限的葡萄园这种情况而言，企业把不断增加的劳动投入数量固定的土地上时，其得到的酿酒葡萄的产量的增加会越来越少，但是，每单位劳动都要花费同样的工资，因此，葡萄酒的 MC 是上升的。这种长期上升意味着长期供给曲线必然也是上升的。

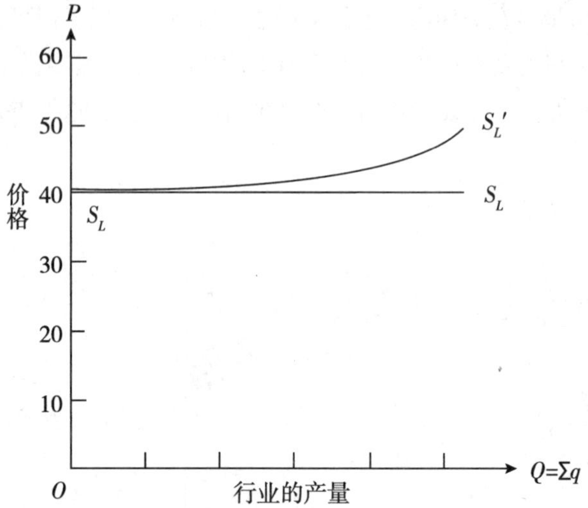

图 8－7　产业的长期供给取决于成本的情况

在可以自由进入和退出某个行业，而且任何数量的企业都可以按同样的、不变的成本曲线进行生产的情况下，长期供给曲线等于每个企业的最低成本、平均成本或零利润的价格的一条水平线。如果该行业使用的是某种特殊要素，如稀缺的海景房，那么由于较高的产量利用的是较少的配套投入，长期供给曲线必然向上倾斜。

三、一个竞争性产业的长期行为

关于零利润条件的分析表明，即使无利可图，企业也仍然可能继续经营一段时间。对于那些固定成本较高的企业来说，这种情况尤其可能发生。这一结论也可以解释：为什么在经济大滑坡中，美国的许多大公司，例如通用汽车，尽管亏损几十亿美元也仍然要继续经营。

这种亏损提出了一个令人困惑的问题。资本主义是否可能趋向“资本家的安乐死”的状态，即竞争的加剧是否会最终导致长期的亏损？对于这一问题，我们需要分析长期的条件。我们已经说明，当企业再也不能弥补其可变成本时，就会停止营业。然而在长期内，所有成本都是可变的，亏损的企业可以清偿债券、解雇管理人员、终止租约。在长期内，所有承诺都可以再次加以选择，所以，企业仅仅在价格等于或高于零利润点（在该点，价格等于平均成本）时才愿意进行生产。

如果企业想长期经营某一产业，那么长期的价格不能处于关键性的零利润点之下，换句话说，长期价格必须自掏腰包地弥补各种成本，如劳动、原料、设备、税收和其他支出，还要“支付”机会成本，如所有者投入资本的竞争性收益等。这就意味着长期内价格必须等于或高于长期平均成本。

当长期价格跌到零利润水平以下时，会出现什么情况呢？企业会因为无法盈利而退出该产业。由于正在生产的企业的数量下降，市场的供给曲线就会向左移动，价格也会随之上涨（你可以自己画图）。最后，当价格上涨到足够高时，该产业就有利可图了。

这个道理从另一个角度考虑也是成立的。假设长期价格高于长期平均成本，企业就可以获得经济利润。现在，我们假设所有企业进入该行业在长期内是完全自由的，从而任何数量的相同企业都可以进入该行业，并且可以用和该行业内的企业完全相同的成本进行生产。在这种情况下，新企业为预期的利润所吸引，供给曲线就会向右移动，价格下降。最后，价格下降到零利润水平，该行业就不会再吸引其他企业了。

我们可以得出这样一个结论，在长期内，一个行业的价格趋向某一关键点，在该点，同行业的企业正好能补偿其全部竞争成本。低于这一关键性的长期价格水平，企业就会退出该行业，直到价格恢复到长期平均成本水平为止。高于这一长期价格水平，新企业就会进入该行业，从而将市场价格降低到长期均衡价格，在这一价格水平上，所有竞争成本刚好能够得到补偿。

因此，长期的零利润均衡表示为：当行业的供给是由具有完全相同成本曲线的竞争企业提供的，而且这些企业又可以自由地进入或退出该行业时，长期均衡的条件就是：对于每一个完全相同的企业来说，价格等于边际成本，又等于最低长期平均成本点，即$P=\mathrm{MC}=$最低长期 $\mathrm{AC}=$零利润的价格，这就是长期的零经济利润条件。

关于长期中竞争性资本主义的获利能力问题，我们能够得出一个惊人的结论。竞争的力量趋于把各企业和各行业推向零利润的长期状态：竞争企业将长期获得正常的投资收益，但不可能获得超额的收益。那些有利可图的行业会吸引新企业进入，从而使价格下降，利润减少到零。与之相比，那些正在遭受亏损的行业趋于挤出或流失企业。因为企业会寻找其他的拥有较好盈利机会的行业。随后，价格和利润再趋于上升。因此，在一个竞争性行业中，长期均衡是一种没有经济利润的均衡。

第三节　竞争市场的各种特殊情况

到现在为止，我们已经讨论了供求分析的基本原理。本部分将进一步探讨供给分析，我们首先分析竞争市场的一般性命题，然后再讨论一些特殊情况。

一、一般原则

前文分析了竞争市场上需求和供给的移动的影响。这些发现结果适用于鲟鱼、褐煤、日元、中石油的股票等任何竞争市场。那么有没有一般性的原则呢？在下面的命题中，我们考察供给或需求的移动对价格和交易数量的影响。必须时刻记住，我们所说的供给或需求的移动是指供给曲线（表）或需求曲线（表）的移动，而不是指沿着曲线的移动。

需求原则：①一般情况下，某一物品需求的增加（供给曲线保持不变）会提高该物品的价格；②对于大多数物品来说，需求的增加会增加需求量，而需求的下降会产生相反的影响。

供给原则：某一物品供给的增加（需求曲线保持不变）一般都会降低价格，增加交易数量；供给的下降会产生相反的影响。

供给和需求的这两条原则总结了供给和需求的移动所能产生的本质性影响。但是，价格和数量在量的方面具体变动的程度则取决于供给和需求曲线的准确形状。在下面的例子中，我们将看到几种重要的成本和供给情况。

二、成本的变换

许多物品的生产，比如纺织品，可以简单地通过重复增添厂房、机器和劳动而扩大。每天生产 20 万件衬衫和每天生产 10 万件衬衫的过程是完全一样的，只是规模扩大了 1 倍而已。此外，我们不妨假设纺织业与经济的其余部分以同样的比例使用土地、劳动和其他投入品。

在这种情况下，如图 8－8 所示，其中的长期供给曲线 SS 是在不变的单位产品成本水平上的一条水平线。需求从 DD 上升到 $D'D'$ 会产生新的交点 E'，提高产量 Q，但价格 P 不变。

一些产业，如酿酒业和海滨地产业，其产品的供给需要某些稀缺的投入要素。对于葡萄种植来说，优质土地的数量有限。葡萄酒的年产量可以通过在每英亩土地上投入更多的劳动而得到一定程度的增加。但是，如果把可变生产要素——如劳动——增加到某种固定数量的要素（如土地）上，那么边际收益递减规律最终还是会发生作用。

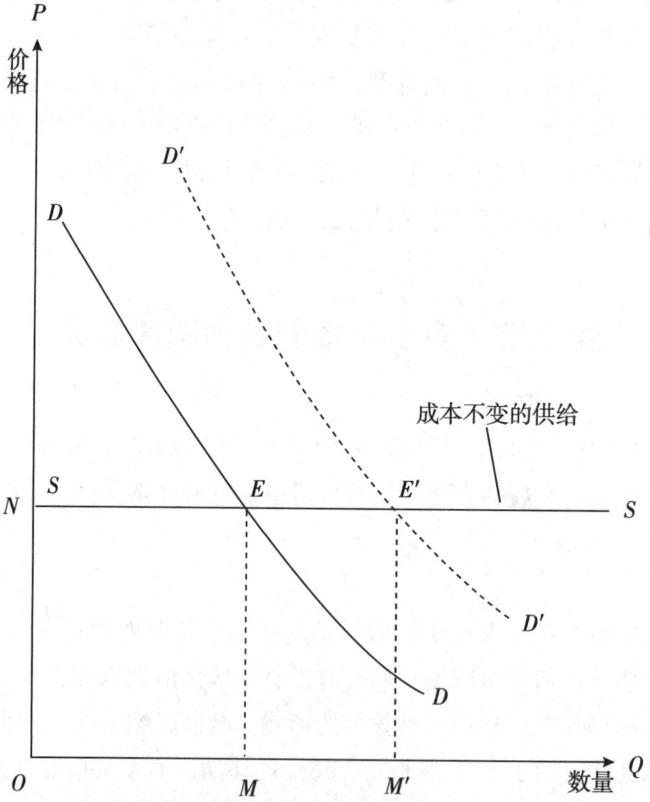

图 8－8　成本不变的情况

其结果是：生产葡萄酒的边际成本随着葡萄酒产量的上升而上升。

而图 8－9 表明了不断上升的供给曲线 SS。

需求增加对价格会产生何种影响呢？图 8－9 表明，即使在长期内有同样企业自由进入和退出的情况下，较高的需求也提高了这种物品的价格。

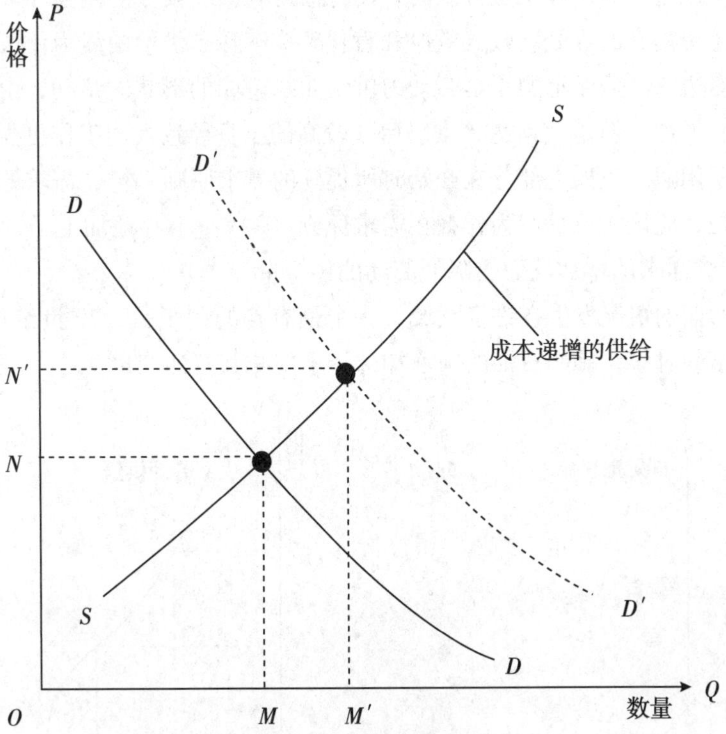

图 8－9　成本递增的情况

三、固定的供给与经济租金

无论价格如何，某些物品或生产要素的数量是完全固定不变的。蒙娜丽莎画像全世界也只有一幅。自然界最初赋予的土地也可以被看成数量不变的。提高土地的售价并不能使土地的数量增加；提高体育明星的薪水也不可能改变他的实力。当供给数量不随价格的变化而改变时，对这种生产要素的支付称为租金或纯经济租金。

当供给独立于价格时，供给曲线在相关领（区）域是垂直的。无论价格如何，土地都将继续对生产做出贡献。图 8－9 以土地为例说明了价格的上涨并不能引起产量的增加。

固定要素的需求的增加仅仅会影响到价格，供给量并没有变化，价格上升的幅度正好等于需求向上移动的幅度。

在向固定数量的商品征收一种税时，税赋完全由供给者（比如土地所有者）支付，或“转嫁”给供给者，让他用经济租金来支付税赋。消费者购买的物品或服务仍然和过去一样多，并没有支付更高的价格。

四、向后弯曲的供给曲线

贫穷国家的企业发现，当提高工资时，本地的工人反而会减少工作时间。当工资增加1倍时，工人并不需要每周工作6天，而可能把3天花在钓鱼上；在高收入国家，情况也是如此。当技术改进引起实际工资提高时，人们感到应该以较多的闲暇和较早的退休来部分地享受实际工资提高的好处。收入效应和替代效应解释了供给曲线为什么会向后弯曲。

图8－10右边的部分显示的正是劳动力供给曲线可能的形状。最初，由于高工资的诱惑，劳工供给会增加。但是，到达 T 点以后，较高的工资导致人们工作更少的时间，并把更多的时间用于闲暇。正如本部分在开始时所提到的需求原则一样，需求的增加提高了劳动的价格。但是，应该注意我们为什么在需求原则（2）中小心地加上了“对于大多数物品”。现在来看，需求的增加反而会降低劳动的供应量。

供给向后弯曲的情况发生在许多领域。一个最有趣的例子是，20世纪70年代初期石油价格上升4倍的时候，盛产石油的国家却选择了削减其石油产量。

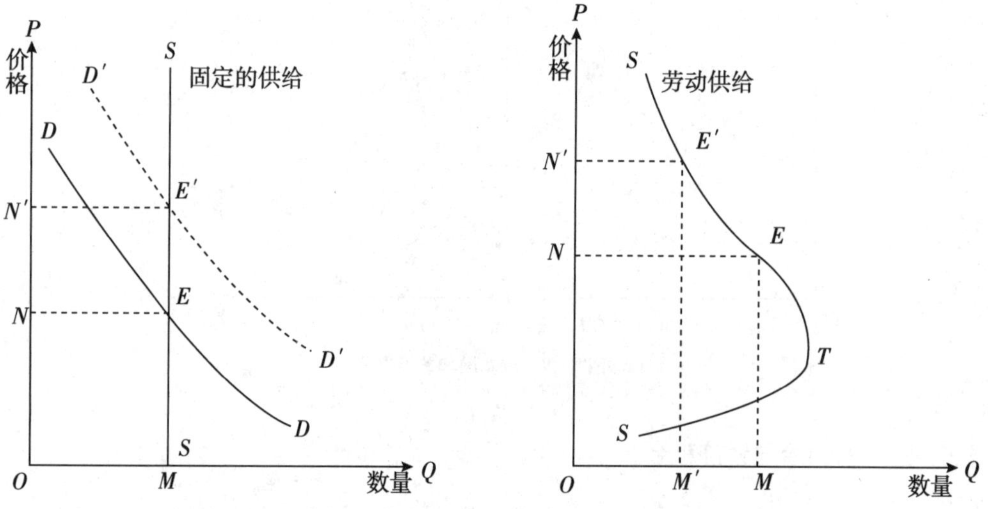

图8－10　供给不变的要素获取租金的情况和向后弯曲的供给曲线

五、供给的变动

以上讨论都是关于需求的移动和供给不变的情况。为了分析供给原则，我们现在必须移动供给，并保持需求不变。如果需求向下倾斜的规律是正确的，那么供给的增加必然会降低价格并增加需求的数量。你可以自己画出供给曲线与需求曲线，证明供给原则的以下数量推论：

（1）当需求缺乏弹性时，供给的增加使价格 P 下降的幅度最大。

（2）当需求缺乏弹性时，供给的增加使数量 Q 增加的幅度最小。

从常识上讲，这些原则的理由是什么呢？对此，同学们不妨思考一下汽车的需求量有弹性和电的需求缺乏弹性这两种情况。

第四节　完全竞争市场的效率

关于之前的学习中遇到的关于完全竞争市场的假定，我们这里再次总结一下，以说明完全竞争市场的含义是有益的。

（1）价格承担者。每个厂商出售的产量占全部行业产量的比重充分地小，因而其决策对市场价格不产生影响。所以，每个厂商视价格为给定的。同样，每个消费者的购买量占行业产量的比重也充分地小，因而其对价格没有影响，其也将价格视为给定的。陈述价格承担者假定的另一个方式是市场上有大量独立的厂商和消费者。厂商和消费者认为（正确地）他们的决策对价格没有影响。

（2）产品同质。所有厂商生产相同的产品。所以，消费者在选择买哪家厂商的产品时仅考虑价格。任何一个厂商如果想将其产品的价格提高到市场价格之上，必然丧失其销售。产品同质性的假定保证了单一市场价格的存在，这使市场供求的分析变得有意义。

（3）资源的完全流动性。厂商一旦看到盈利机会就会自由地进入市场，而一旦亏损就会退出市场。这意味着一个厂商总可以雇用到所需要的劳动，购买到所需要的资本和原材料。同样，厂商如果需要关闭或重置生产，也总可以处置这些生产要素。

（4）完全的信息。厂商对其偏好、收入水平、产品的价格和购买的商品质量拥有完全的信息。同样，厂商对其成本、价格和技术也拥有完全的信息。

如果这些条件成立，厂商在长期内赚得的经济利润将为零，供求曲线可用于分析市场价格的行为。当然，在大多数市场上，这些假定条件不可能真正成立。确实，一些学生会因此认为完全竞争模型是不太有用的。然而我们会看到，这一说法是个误解。有一些市场，如农产品市场，几乎可以满足完全竞争理论的这四个假定条件。对此而言，我们可以将完全竞争模型多少视为参照。不过，即使这四个假定条件中的一个或多个并不成立，并且市场不是完全竞争的，通过与完全竞争的理想模式进行比较，我们仍然能得到很大的启迪。

所以可以说，在以上假设成立的情况下，任何一个经济学者都会赞同完全竞争市场的优越性，市场自身依靠市场机制/价格机制/“看不见的手”就能够发挥出最大的影响力，从而进行许多微妙的调节。

但有的经济学家可能和同学们抱有同样的疑惑：如果假设条件在实际生活中并不能成立怎么办？经济学家之间也会产生很多辩论。

一、为什么有经济学家主张国家放弃行政干预，主张价格机制，主张建立具有竞争性的市场?

因为经济学中最深刻的结论之一就是，资源在完全竞争市场中的配置是有效率的。

当任何可能的生产资源重组都不能在不使其他人的情况变坏的条件下使得任何一个人的福利变好时，就达到了配置效率或效率。因此，在实现了配置效率的条件下，只有降低某个人的效用才能增加另一个人的满足或效用。

我们可以直观地利用生产可能性边界来分析效率的概念。如果一个经济处于其生产可能性曲线之内，那么该经济显然是低效率的。如果我们使经济向外推移到生产可能性边界上，就没有人会蒙受效用减少之苦。效率经济至少应该在其之上。但是，效率如果进一步提高，所需要的就不仅仅是所生产物品的正确组合了，还需要这些物品在分配给消费者时使消费者满足程度最大化。

我们用一个简化的例子来说明竞争市场的效率具有的一般原则：首先，考虑一种所有个人都完全相同的理想情况。我们进一步假设：第一，每个人都从事粮食生产的工作。当人们增加劳动时间而缩短闲暇时间时，每增加 1 小时劳动时间就会令人越来越厌倦。第二，增加的每单位粮食消费都会带来递减的边际效用 *MU*。第三，由于在一块数量不变的土地上进行粮食的生产，根据边际收益递减规律，每增加 1 分钟的劳动时间会带来越来越少的新增粮食。

图 8－11 显示了在简化的竞争经济中的供给和需求。把完全相同的农民的同样供给曲线水平相加，我们就得到了一条向上倾斜的边际成本曲线。正如我们在本章的前一部分已经看到的，*MC* 曲线也是该行业的供给曲线，因此，该图表示了 *MC* = *SS*。同样，需求曲线是将完全相同的个人的边际效用（或粮食需求）曲线按水平方向加总而获得的；在图中，它用粮食的阶梯形向下倾斜的 *MU* = *DD* 曲线来表示。

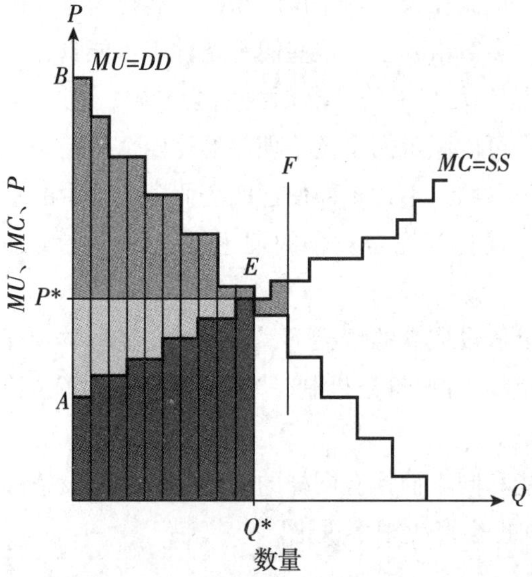

图 8－11　在竞争性均衡点 *E*，粮食的边际成本和边际效用正好相等

SS 和 *DD* 曲线的相交点是粮食业的竞争性均衡点：在 *E* 点，农民的供应量正好等于消费者在均衡的市场价格下想要购买的数量。此时，每个人都将使自己的劳动达到这一关键

点，在这一点，递减的粮食消费的边际效用曲线与递增的粮食生产的边际成本曲线相交。图 8－11 还证明了经济剩余这个概念，如图中均衡时供给和需求曲线之间的部分所示。经济剩余是之前所提到的消费者剩余以及生产者剩余的总和，在图 8－11 中，消费者剩余表现为需求曲线和价格线之间的部分；生产者剩余则表现为价格线和 SS 曲线之间的部分，生产者剩余包括企业和特殊投入所有者的租金和利润，意味着超过生产成本的超额收入。经济剩余是从生产和消费某一种物品中所得到的福利或净效用，它等于消费者剩余与生产者剩余之和。

对竞争性均衡的详细分析将证明，它使产业中可能的经济剩余达到最大化。因此，它是具有经济效率的。在图 8－11 中的竞争性均衡点 E，代表性消费者会获得比在其他任何可能的资源配置状态下更高的效用或经济剩余。

衡量竞争性均衡的效率还有一种方法，就是比较均衡点 E 的微小变化所带来的经济影响。如以下的三步分析所示，如果 $MU = P = MC$，配置就是有效率的。

$P = MU$：消费者选择购买的粮食量会一直增加到 $P = MU$ 时为止。其结果是，每个人从消费最后的 1 单位粮食中得到的满足的“尤特尔”正好是 P（满足的“尤特尔”由闲暇的、不变的边际效用度量）。

$P = MC$：作为生产者，每个人都会提供粮食，直到粮食的价格正好等于所供给的最后 1 单位粮食的 MC（在这里，MC 是按生产最后 1 单位粮食所放弃的闲暇的成本来计算的）。这样，价格就等于为增加最后 1 单位粮食所失去的闲暇时间满足的“尤特尔”。

最后，把这两个等式放在一起，我们得出 $MU = MC$。这意味着，从最后 1 单位的粮食消费中所得的“尤特尔”正好等于生产最后 1 单位粮食所失去的闲暇“尤特尔”。它也完全符合这一条件：社会从消费最后 1 单位中得到的边际收益等于社会生产最后 1 单位的边际成本，从而保证了竞争性均衡的效率。

二、为什么有经济学家主张国家行政干预，主张利用“看得见的手”来进行适当的资源配置？

国家行政干预会产生无谓损失。比如，当政府要求生产者的价格低于市场出清价格时，经济效率（消费者和生产者福利总和）降低了。当然，这并不意味着该政策不好，它可能达到了政策制定者及公众心目中的重要目标，然而政策有效率成本——生产者和消费者剩余共减少了无谓损失那么多。

虽然不少经济学家坚持认为，如果达到经济效率是唯一目标，最好让竞争市场自由运行，但反对者也有自己的坚持，他们声称有时候情况并不总是这样。而在两种情形下，政府干预能增加其他竞争市场中消费者和生产者的总福利。

第一种情形是，给消费者或生产者带来损益的行为在市场价格中得不到反映。我们称这些损益为外部性，因为对于市场来说，它们是“外在”的，例如，如果化工污染造成的社会成本没有政府干预，生产者绝不会考虑污染的社会成本。

市场失灵是政府干预能增进自由运行的竞争市场产出的另一种情形。我们之前就大致介绍过，失灵是指价格不能向消费者和生产者提供正确的信号，因而市场不按我们所描述的那样运行。比如，消费者由于缺乏关于商品质量或特性的信息，不能做出效用最大化的购买决策。因而政府干预例如要求“标识的真实”就是适当的。市场失灵及其含义将在之后的学习中详细讨论。

除了外在性或市场失灵以外，无管制的竞争市场确实能导致经济上有效的产出水平。为了说明这一点，我们需要考虑在价格受限而不是均衡的市场出清价格时会出现什么情况。

我们已经考察了价格上限的影响（即价格控制在市场出清价格之下），即生产下降[表现为图 8-12（a）中数量从 Q_0 降到 Q_1]，相应的总剩余损失（图中无谓损失 $B+C$）生产得太少，消费者和生产者总体境况恶化。

现在，假设情况相反，政府要求价格高于市场出清价格，比如是 P_2 而不是 P_1。如图 8-12（b）所示，在较高价格水平上，生产者将生产更多的产品 Q_2，但消费者愿意购买的数量下降为 Q_3。如果我们假设生产者以销定产，市场产出水平将为 Q_3，这里再次出现总剩余的净损失。图中，矩形 A 现在表示消费者转移给生产者的剩余（现在接受了更高的价格），但三角形 B 和 C 还是无谓损失。由于价格更高，一些消费者不再购买商品（消费者剩余损失为三角形 B），一些生产者不再生产这部分产品（生产者剩余损失为三角形 C）。

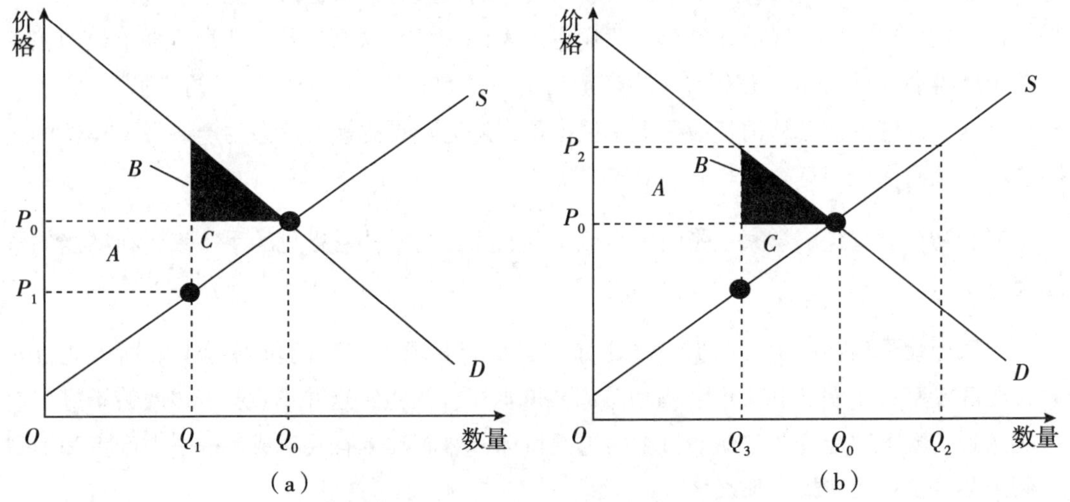

图 8-12　价格分别低于和高于市场出清价格时的福利损失

图 8-12（a）表示，当价格规定不得高于 P_1 时，导致所谓损失为三角形 B + 三角形 C。

图 8-12（b）表示，当价格规定不得低于 P_2 时，需求量仅为 Q_3。如果只生产 Q_3，无谓损失为三角形 B + 三角形 C。在价格 P_2 下，产量高于 Q_3，无谓损失更大。

事实上，图中无谓损失部分即三角形 B + 三角形 C 还只是对迫使价格高于市场出清水平的政策效率成本的乐观评价。然而有些生产者受高价 P_2 诱惑，则可能提高生产能力和产出水平，导致产品滞销（这种情况曾在民航业发生过，当时民航委员会规定票价高于市场出清价）；或者，政府出面买下全部滞销商品，以维持产量（这便是我国农业的情形）。在这两种情况下，总的无谓损失将远远超过三角形 B 和三角形 C。

本章关键词

利润最大化　最大利润的产量　停业点　完全竞争市场假定　经济剩余　经济损失　外部性　市场失灵

思考题

1. 为什么完全竞争中的厂商不愿意为产品做广告而花费任何金钱？
2. 为什么利润极大化原则 $MC=MR$ 在完全竞争条件下可以表述为 $MC=P$？
3. 如果行业中每个企业都处于长期均衡状态，整个行业是否必定处于长期均衡状态？如果企业和行业都处于长期均衡状态，它们是否必然处于短期均衡状态？
4. 为什么在完全竞争市场，厂商和行业的短期供给曲线都是一条向右上方倾斜的曲线？行业长期供给曲线是否也一定向右上方倾斜？
5. 选择题：

a）在一个成本不变的完全竞争行业中，长期中需求的增加会导致市场价格（　）。

A. 提高　　B. 不变

C. 降低　　D. 先增后降

E. 不能确定

b）在（　）情况下，一个完全竞争的厂商会处于短期均衡。

A. AVC 是下降的　　B. AC 是下降的

C. MC 是下降的　　D. 以上都不对

c）完全竞争厂商能够通过（　）手段来获得非正常利润。

A. 制定一个高于其竞争对手的价格

B. 制定一个低于其竞争对手的价格

C. 进行技术创新

D. 使其产品有别于其他厂商的产品

d）在完全竞争的市场中，行业的长期供给曲线取决于（　）。

A. SAC 曲线最低点的轨迹　　B. SMC 曲线最低点的轨迹

C. LAC 曲线最低点的轨迹　　D. LMC 曲线最低点的轨迹

e）如果一个行业是成本递增行业，则（　）。

A. 生产中使用的生产要素供给曲线是垂直的

B. 行业的长期供给曲线有一正的斜率

C. 行业的长期供给曲线有一负的斜率

D. 短期平均成本曲线不是U形的

f）以下说法中不正确的是（　）（多选）。

A. 完全竞争厂商面对的需求曲线是由市场价格决定的，故其完全缺乏弹性

B. 对于一个完全竞争厂商来说，其边际收益与市场价格是相同的

C. 完全竞争模型毫无意义，因为其假设极不现实

D. 长期中，完全竞争厂商利润为零使厂商倾向于退出该行业

E. 由于完全竞争厂商的需求曲线是平行的，所以其边际成本曲线也必定是平行的

g）对于一个规模效益不变的完全竞争厂商来说，下列说法中不正确的是（　）（多选）。

A. 在长期中，它可以通过增加一倍的投入获得加倍的利润

B. 当利润开始削减的时候，它可以提高价格

C. 在长期中，它增加投入可以获得相同的利润

D. 当有厂商进入这一行业时，它将得不到利润

h）在完全竞争市场上，以下说法中不正确的是（　）（多选）。

A. 如果市场价格低于厂商的平均成本，或总收益小于总成本，厂商将停止营业

B. 规模收益递减与外部不经济都会导致行业的长期供给曲线向右上方倾斜

C. 长期中，如果一个行业是成本不变的，那么市场需求的变化将完全反映在产量的调整上

D. 如果在一个极短的时期内，一个行业的供给曲线是完全垂直的，那么市场需求的变化将完全反映在价格的调整上

E. 如果一个厂商处于长期均衡中，那么它也处于短期均衡中

6. 假设一个完全竞争的成本递增行业的每一厂商的长期总成本函数为 $LTC = q^3 - 2q^2 + (10 + 0.0001q)Q$，其中，$Q$ 是整个行业的产量，q 是单个厂商的产量；进一步假设，单个厂商的产量变动不影响行业的产量。如果行业的需求函数由 $Q_d = 5\,000 - 200P$ 增加到 $Q_d = 10\,000 - 200P$，试求此行业长期均衡价格的增长率。

7. 假定某完全竞争的行业中有100家完全相同的厂商，每个厂商的成本函数为 $STC = 0.5q^2 + q + 10$：

a）求市场的供给函数。

b）假定市场的需求函数为 $Q_D = 2\,400 - 400P$，求市场的均衡价格。

c）假定对每单位产品征收0.9元的税，那么新的市场均衡价格和产量又为多少？厂商和消费者的税收负担各为多少？

8. 完全竞争行业中某厂商的成本函数为 $STC = Q^3 - 6Q^2 + 30Q + 40$，假设产品的价格为66元：

a）求利润极大时的产量和利润总额。

b）由于竞争市场供求发生变化，由此决定的新价格为 30 元。在新的价格下，厂商是否会发生亏损？如果会，最小的亏损额是多少？

c）该厂商在什么情况下才会停止生产？

9. 完全竞争市场存在大量的潜在进入者（如果该行业存在经济利润）。假设每个厂商有相同的成本曲线，其长期平均成本最低点在其产量为 20 单位时是 10 元，市场需求曲线为 $Q_D = 1500 - 50P$。

a）求该行业的长期供给函数。

b）求长期中该行业的均衡价格—产量组合及其厂商的数目。

c）使得厂商位于长期均衡中的短期成本函数为 $TC = 0.5q^2 - 10q + 200$，求厂商的短期平均成本函数和边际成本函数，以及当短期平均成本函数最低时的产出水平。

d）求厂商和行业的短期供给函数。

e）假设市场需求曲线变为 $Q_D = 2\,000 - 50P$，如果厂商无法在极短的时间内调整产出水平，求此时的价格水平及每个厂商的经济利润水平。

第九章 不完全竞争市场

在现实经济生活中，完全竞争市场只是理想化的，也有着一定的限制与不足。构成完全竞争市场的原子式企业，在实际中会被那些大到足以影响市场价格的企业代替。而我们实际面对的经济生活中，多数市场就往往是为几家这样的大型企业所支配，它们所代表的就是一个不完全竞争的世界。

第一节 不完全竞争模式

不完全竞争的主要类型是垄断、寡头和垄断竞争，在既定的技术水平条件下，与完全竞争相比，不完全竞争的价格较高，而产量较低。不完全竞争虽然有缺点，但是，大企业可以利用规模经济优势，同时也负责大部分的技术创新，从而推动经济长期发展。只有了解不完全竞争市场的运行，才能对现代产业经济有更透彻的理解。

完全竞争到底是什么？在一个完全竞争的市场里，没有任何企业会大到足以影响市场的价格。按照这个严格的定义，世界上没有哪个国家有一个完全竞争的市场，美国也不能例外。下列商品——飞机、铝、汽车、计算机软件、麦片、口香糖、香烟、电力、冰箱和小麦中，有哪个商品能符合完全竞争的严格定义呢？的确，飞机和铝不符合，汽车也不符合。我们仍以最开放的美国市场为例，直至第二次世界大战，美国只有一家铝公司——美国铝公司。就算在今天，最大的四家企业也仍然控制着美国铝产量的3/4。世界商业飞机市场如今也主要受两家大公司支配，即波音和空中客车。同样，在汽车业中，美国小汽车与小型卡车市场80%的份额仍然为前五大汽车制造厂商（包括丰田和本田）所控制；在软件业中，尽管已经有了巨大的创新，但是大部分的应用软件——无论是税收报表软件还是文字处理软件——也都是由一小部分在市场上占主导地位的公司生产的。早餐麦片、口香糖、香烟和冰箱呢？这些市场几乎为数量更少的几大公司所支配。电力市场同样也不符合完全竞争市场的定义。在大多数城镇中，仅有一家公司为当地居民供电，操纵着电力市场，几乎没有人认为用自家的发电机或风车发电会更加经济！

梳理各个产业会发现，按严格的定义，恐怕只有小麦市场还能属于完全竞争范畴，对此，我们在之前的学习中一直反复强调过。所有其他产品，从汽车到香烟，都无法通过竞争性的检验。其原因很简单，每一行业中都存在一些企业能够通过改变其销售数量去影响市场价格。换句话说，在某种程度上都有能力控制其产品的市场价格。

一、不完全竞争的定义

如果一个企业能够明显地影响其产品的市场价格，那么该企业就是一个“不完全竞争者”。

当个别卖者在一定程度上具有控制某一行业产品价格的能力时，该行业就处于不完全竞争之中。

不完全竞争并非指某一企业对其产品的价格具有绝对的控制力。以可乐市场为例，可口可乐公司与百事可乐公司占据了大部分市场份额，显然已经是不完全竞争。如果市场中其他生产者生产的苏打水的平均市场价格为4元，那么百事可乐公司完全能够以每罐3元的价格在该市场上生存。当然，其不能把价格定为1元或2元，否则可能会无法经营。从中可以看出，一个不完全竞争者对其价格的确拥有某些但又绝不是全部的拍板权。

另外，决定价格的自由度在不同的行业之间也有差异。在某些不完全竞争行业，垄断力量的强度非常微小。例如，在计算机零售行业，在价格上高出几个百分点的差异通常就会对其销售量产生明显的影响。与之相反的是，在操作系统市场，微软公司具有明显的垄断地位，在很大程度上可以自由决定其所生产的操作系统的价格。

图9－1说明了完全竞争与不完全竞争之间的差异。该图让我们想起完全竞争者面临一条水平的需求曲线，这表明其能按现行市场价格出售想出售的全部产品。而一个不完全竞争者面临的却是一条向下倾斜的需求曲线。正如我们在图中所看到的，一个不完全竞争的企业如果增加其销售量，就必然会对其产品的市场价格产生向下的压力，使它沿着需求曲线 *dd* 向下移动。

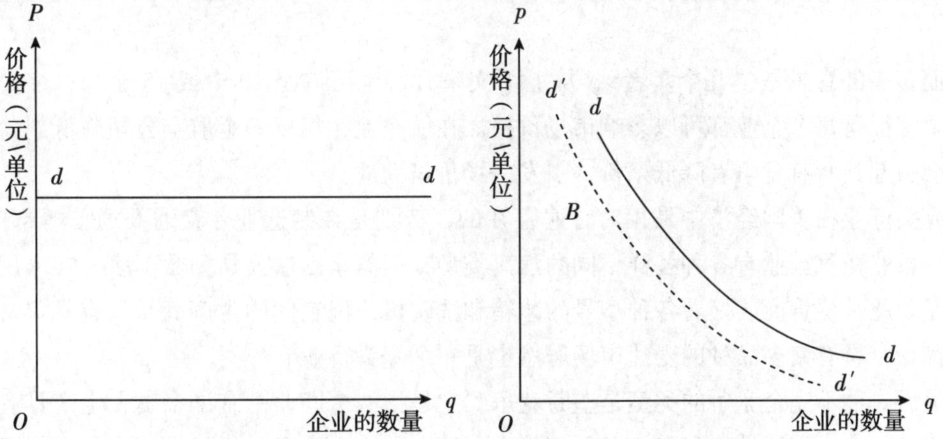

（a）完全竞争下的企业需求　　　（b）不完全竞争下的企业需求

图9－1　检验不完全竞争的关键是企业的需求曲线是否向下倾斜

图9－1（a）中完全竞争的企业可以沿着其水平 *dd* 曲线出售想要出售的全部产品，而不会压低市场价格。

图9－1（b）中不完全竞争者却会发现，其需求曲线向下方倾斜，即较高的销售量会压低价格。除非该企业是一个受保护的垄断者，否则，其竞争对手的价格的下降会在很大程度上使其需求曲线 *dd* 移动到左下方 *d′d′*。

我们也可以从中看到完全竞争与不完全竞争在价格弹性方面的差异。对于一个完全竞争者而言，需求是完全有弹性的；对于一个不完全竞争者而言，需求则仅具有一定的弹性。经过细致的衡量可以看出，在图9－1中的*B*点，价格弹性大约为2。

二、不完全竞争者

“一定的弹性”是有程度大小之分的，不同的弹性意味着不完全竞争可以达到的不同的“不完全程度”。

那么不完全竞争可以达到怎样不完全的程度呢？极端的情况就是垄断：单一的卖者完全控制某一行业（这个单一的卖者称为“垄断者”，“垄断者”这个词来源于希腊语中的“单个”和“卖者”这两个词）。单一的卖者是其所在行业的唯一生产者，同时，没有任何其他一个行业能够生产出相近的替代品。

完全的垄断在今天是罕见的。实际上，许多典型的垄断案例仅仅存在于那些受政府保护的产业中。例如，如果一家制药企业研制出一种神奇的药品，那么其可以获得一项专利，并在若干年内保持自己对这种药品的垄断权。另一个重要的例子是获得当地公用事业的特许经营权，例如一家提供自来水的公司。在这样的例子中，仅仅只有一家卖者提供这项服务，而且没有相近的替代品。没有政府许可的垄断的例子很少，其中之一就是微软的操作系统，其在如今的网络经济时代显然已经取得了垄断地位。

尽管如此，即使是一个垄断者，也必须经常回头看看那些潜在的竞争者。上面说的那家制药企业会发现竞争者很可能正在生产类似的药品；10年前还处于垄断地位的电话公司现在必须考虑移动电话给其带来的冲击；比尔·盖茨称，某个小公司正虎视眈眈地待在微软身边，随时准备推翻其垄断地位。在长期内，没有一个垄断者能确保自己免受竞争的冲击。

而寡头的意思是“几个卖者”，从上下文来看，也可以是10个或15个那么多。寡头的重要特征是每个企业都可以影响市场价格。在航空业，仅仅一个航空公司降低票价的决定就会引起其所有竞争者降低票价，引发一场价格大战。

寡头产业在美国经济中是相对普遍存在的，特别是在制造业、交通及通信等部门中。例如，虽然在汽车业有各种各样不同的汽车类型，但汽车制造公司为数不多。在家用电器业也是如此，尽管商店摆着各种型号的冰箱和洗碗机，但它们的生产商却只有几家。你也许会惊讶：具有繁多品种的麦片市场居然也是一个寡头行业。

最后一种不完全竞争的类型是垄断竞争，它是指一个产业中有许多卖者生产具有差异化的产品。这一市场结构与完全竞争相似：市场上有许多卖者，但任何一个卖者都没有太大的市场份额。其与完全竞争不相同的是：不同企业销售的产品并不相同。差异化产品在重要的特征上表现不同。例如，个人电脑在速度、内存、硬盘、调制解调器、大小和重量等方面具有不同的特性。正是由于这些差异，计算机在销售的时候价格会有少许的不同。

垄断竞争的典型例子是美国的零售汽油市场。消费者可以光顾当地的壳牌公司加油站，尽管它的价格要稍高一些，但因为它正好在上班的路上，大家自然也就接受了。但是，如果壳牌的油价再上升到比其他竞争者高出几美分时，美国的那些消费者就会去光顾稍远一点的表瑞特加油站。

事实上，这个例子表明了地理位置是产品差异化的重要来源之一。去银行或杂货店要花一定的时间，而到达不同商店所需时间的差异就会影响购买决策。用经济语言来说，购买一件商品的总价格不仅包括它的货币价格，还包括搜寻商品的机会成本、耗费的时间及其他成本。因为去当地商店购买的总价格要低一些，所以人们倾向于就近购买。这种结论同样也可以用来解释为什么商品种类繁多的商场会那么流行：因为这样可以一次性买好多东西而节约时间。如今，网上购物越来越盛行，因为相比于步行或驱车去商店买东西，网上购物无须耗费太多时间，即便消费者要多花一些邮寄费用。

如今，质量问题成为产品差异化中越来越重要的因素。产品价格不同，性能也会有差异。大多数个人电脑可以运行同样的软件，而且拥有众多的制造商。然而个人电脑仍然是个垄断竞争的市场，这是因为电脑在速度、型号、内存、维修服务以及如 DVD - ROM、调制解调器和声音系统之类的配件等方面都有很大的差异。实际上，铺天盖地的电脑杂志就是用来介绍这些垄断竞争的电脑制造商产品之间的差异的！

三、不完全竞争的根源

为什么某些产业表现出接近于完全竞争，而另一些产业则为少数大企业所控制？多数不完全竞争的例子可以归于这样两条主要的原因。

（1）当大规模生产出现规模效益并降低成本时，一个产业中的竞争者就会越来越少。在这些条件下，大企业就可以比小企业以更低的成本进行生产；而小企业只能以低于成本的价格销售，因而无法生存。这种情况下，也许是单个垄断者主宰整个行业；更有可能的是有几个大企业控制市场的大部分份额；或者会存在许多企业，各自的产品存在一定的差异。不管是哪种结果，我们都能发现其终究逃不出不完全竞争的范畴，更不会出现完全竞争中企业仅仅是作为价格的接受者的情况。

其中一个重要的例子是自然垄断。自然垄断是指行业中只有一家企业能够有效率地进行生产。当技术在产量满足全部需求的范围内表现出规模经济时，这种情况就会出现。技术始终显示规模报酬递增的特性，进而平均成本和边际成本就会永远呈下降的趋势。随着产量的提高，企业可以不断地降低价格，并且保持一定的利润，因为这时其平均成本是下降的。成千上万个完全竞争者要想和平地竞争共处几乎是不可能的，因为一个大企业具有远远高于一批小企业的效率。

一些自然垄断的例子是电话、电力、天然气和自来水以及铁路、公路和电力传输等公用事业。一个最重要的自然垄断是"网络产业"。然而技术上的进步会削弱自然垄断。现在美国大多数人都可以享受两种无线电话服务——它们使用无线电波，而不是固定线路，从而降低了对传统的有线电话服务的需求。其他产业领域——如有线电视——也有这种趋势，竞争者纷纷进入，打破该行业自然垄断的状态，并可能最终将之转变成寡头格局。

（2）当出现“进入壁垒”，即新的企业很难加入某一行业时，也有可能出现不完全竞争。在某些情况下，政府的一些限制竞争者数量的法律或法规也会产生这些壁垒。在其他情况下，新企业也可能因为进入市场的成本太高而被拒之门外。

①法律限制。有时，政府会通过法律来限制某些产业的竞争。重要的法律限制包括专利、准入限制、关税与配额。专利是赋予发明者本人在一定时期内独自（或垄断）使用某种产品或工艺的特权。例如，制药业经常就一些新的药物授予各种各样的专利，因为研制这些药物要花几亿美元。专利是一种政府许可的垄断形式，已经得到经济学家的普遍认同。政府赋予专利垄断权，目的是鼓励发明活动。这对小企业和个人来说尤其有利。没有专利保护的前提，一个公司或单个发明者就不会愿意花那么多的时间和资源来进行研究和开发。暂时的垄断高价及其所导致的低效率，实际上是商业社会为发明所付出的代价。

政府也对许多产业实施了准入限制，最典型的是针对一些公用事业，例如电话、电力和自来水业，政府往往授予其在当地享有特许垄断权。在这种情况下，政府授予企业提供某种服务的排他性权利。作为回应，该企业同意限制其利润，并向所有消费者提供服务，包括给有些消费者提供并不能盈利的服务。

②进入的高成本。进入壁垒除了法规上的，还有经济上的。某些产业的进入成本是很高的，例如商业飞机制造业。对新飞机的设计和检测的成本之高，足以使潜在的进入者丧气，大概只有两家公司（波音和空中客车）能付得起开发下一代飞机所需的100亿~150亿美元的高成本。

另外，一些公司还进行了大量的无形投资，这些昂贵的投资也使潜在的进入者望而生畏。我们不妨考虑软件业。一旦电子表格软件（如Excel）或文字处理软件（如Word）被广泛接受，潜在的竞争者就很难再进入该市场。因为用户一旦掌握了一种软件以后，就不大愿意去学习另一种。因此，为了设法让人们接受一种新软件，潜在的竞争者就必须参与一场激烈的促销大战。这当然要花很多的钱，而且很可能还会亏本。

③广告与产品差异化。有时候，企业也可以通过广告和产品差异化来构筑对付潜在竞争者的进入壁垒。广告可以打开产品的知名度并形成名牌效应。例如，百事可乐公司和可口可乐公司每年都要花费上亿美元做广告。这样，潜在的竞争者要进入可乐市场就必须花费很高的成本。

此外，产品差异化本身也会形成进入壁垒，提高生产者的市场力量。在许多行业（如麦片、汽车、家用电器、香烟业），通常是由少数几家厂商生产许许多多、形形色色的品牌、型号和产品。一方面，产品的多样化可以吸引最大范围的消费者；另一方面，大量具有差异化的产品使潜在的竞争者很难鼓足勇气加入这个市场。每一种有差异化的产品的需求是如此之小，以致这些市场不能维持许多企业到达其U形成本曲线的最低点进行生产。其后果是图9-2（a）中完全竞争的*DD*曲线向左方收缩，直到图9-2（b）和图9-2（c）中所示的寡头和垄断的情况。因此，产品差异化和关税一样导致了更高的集中程度和更加不完全的竞争。

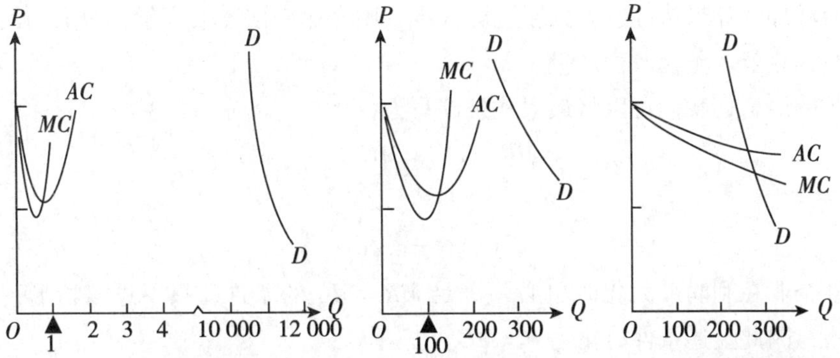

（a）完全竞争　（b）寡头　（c）自然垄断

图 9-2　市场结构取决于相对成本和需求因素

成本与需求条件影响市场结构，在图 9-2（a）中完全竞争的情况下，相对于单一企业的效率规模而言，产业的总需求 *DD* 相当大，许多完全竞争者可以在此共存；在图 9-2（b）中，相对于产业的总需求 *DD* 来说，成本在较高的产量水平才开始上升，为数众多的完全竞争者已不可能共存，寡头将会出现；当成本像图 9-2（c）中自然垄断的情况那样迅速且无限制地下降时，一个企业就能扩大规模来垄断整个行业。

第二节　垄断市场

如果行业中企业的规模普遍较小且数量众多，那么这个行业就可能是竞争性行业。它的对立面是另一个极端，即行业中只有一家企业的市场结构，这就是完全垄断市场。

当某市场只有一家企业时，就不能再认为该企业是价格接受者。相反，垄断企业会认识到其对市场价格的影响力，因此会选择能使利润最大的价格和产量组合。

当然，其也不能独立地选择价格和产出水平；对于任何给定的价格，垄断企业只能销售市场可以承受的产量。其如果定价高，那么只能卖出很少的数量。消费者的需求行为会约束垄断企业对价格和销量的选择。

我们可以认为，垄断企业选择价格，令消费者根据这个价格选择购买数量；或者垄断企业选择产量，令消费者决定针对这些产量愿意支付的价格。第一种方法可能更自然一些，但是第二种方法更便于分析。当然，如果计算时不出错，这两种方法是等价的。

一、最大化利润

我们首先分析垄断企业的利润最大化问题。令 $P(y)$ 表示市场反需求曲线，$C(y)$ 表示垄断企业的成本函数，$R(y)=P(y)\times y$ 表示它的收入函数。垄断企业的利润最大化问题可以表示为：

$$\max\ [R(y)-C(y)]$$

这个问题的最优条件非常直观：在最优产量水平上必有边际收入等于边际成本。如果边际收入小于边际成本，则企业应该减少产量，这么做收入会减少，但成本减少得更多，因此利润会增加；如果边际收入大于边际成本，则企业应该增加产量；只有边际收入等于边际成本时，企业才不会改变产量。

用代数的语言，我们可以将最大化条件写为：

$$MR(y) = MC(y)$$

或：

$$\mathrm{d}r/\mathrm{d}y = \mathrm{d}c/\mathrm{d}y$$

竞争性企业在利润最大化时也必须满足 $MR = MC$ 的条件，只不过该情形下，边际收入等于价格，因此上述条件简化为 $P = MC$。

对于垄断企业来说，边际收入稍微有些复杂。如果垄断企业决定将产量增加 $\mathrm{d}y$，这将对收入产生两种效应。第一种效应是，它卖出更多的产品，收入增加了 $p \cdot \mathrm{d}y$。第二种效应是，垄断企业将价格压低了 $\mathrm{d}p$，而且所有的产量都按压低后的价格（$p - \mathrm{d}p$）销售。

所以，产量变动 $\mathrm{d}y$ 对收入的总效应为：

$$\mathrm{d}r = p \cdot \mathrm{d}y + y \cdot \mathrm{d}p$$

因此，收入变动除以产量变动，即边际收入为：

$$\mathrm{d}r/\mathrm{d}y = p + (\mathrm{d}p/\mathrm{d}y) \cdot y$$

另外一种推导方法是，可认为垄断企业同时做出产量和价格决策——当然，它的决策要受到需求曲线的约束。垄断企业如果想卖更多的产品，就必须降低价格。然而降低价格意味着它的所有销量都要按照这个降低后的价格出售，新价格不只适用于多卖的那部分产品。因此，就得到了 $y \cdot \mathrm{d}p$ 这一项。

在竞争情形下，如果某企业的定价小于其他企业的价格，则其会迅速占有整个市场。但在垄断情形下，垄断企业已经拥有了整个市场；当其降低价格时，其必须考虑降价对其全部销量的影响。

我们可以将边际收入用弹性进行表达：

$$MR(y) = P(y) \cdot [1 + 1/\varepsilon(y)]$$

这样就可以将“边际收入等于边际成本”这个最优条件写为：

$$MR(y) = P(y) \cdot [1 + 1/\varepsilon(y)] = MC(y)$$

由于需求价格弹性一般为负，可以将上式写为：

$$P(y) \cdot [1 - 1/|\varepsilon(y)|] = MC(y)$$

从这些式子中很容易看出其与竞争情形的联系：在竞争情形下，企业面对的是水平的需求曲线，该曲线的弹性为无穷。这表示 $1/\varepsilon = 1/\infty = 0$，因此上式变为 $P(y) = MC(y)$，即对于竞争企业来说，均衡条件是价格等于边际成本。

注意，垄断企业绝对不会在需求曲线缺乏弹性的那一段进行生产。因为若 $|\varepsilon| < 1$，则 $1/|\varepsilon| > 1$，此时边际收入为负，因此不可能等于边际成本。想想需求曲线缺乏弹性的含义，我们就能看清这一点：若 $|\varepsilon| < 1$，则减少销量可以增加收入，而且减少产量必然会减

少总成本，因此利润必定上升。所以，任何一点只要$|\varepsilon|<1$，该点就不可能是垄断企业的利润最大化的选择点，因为此时减少销量可以增加利润。也就是说，能够实现利润最大化的点必然满足$|\varepsilon|\geqslant 1$。

二、线性需求曲线和垄断

假设垄断企业面对的需求曲线为线性：

$$P(y)=a-by$$

故有：

$$R(y)=P(y)\times y=ay-by^2$$

边际收入函数因此为：

$$MR(y)=a-2by$$

图9－3表示的是垄断企业需求曲线为线性的情形。垄断企业利润最大化的产量位于边际收入等于边际成本之处。

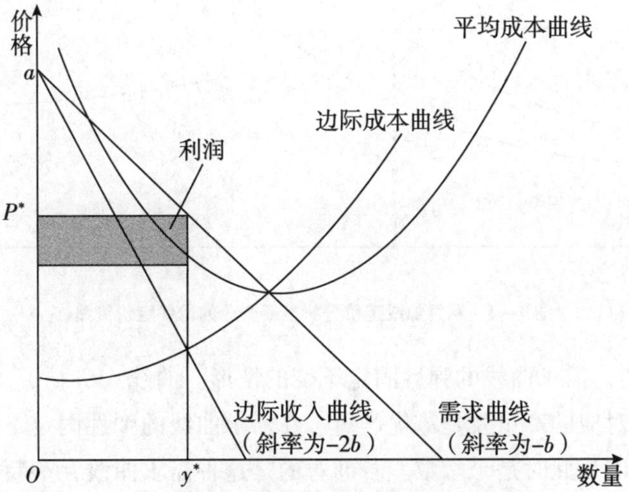

图9－3 垄断企业需求曲线为线性

注意，边际收入函数和需求函数的纵截距相同，但前者的斜率是后者的2倍。这样，我们就很容易画出边际收入曲线。我们知道纵截距为a。为了得到边际收入曲线的横截距，只要取需求曲线横截距的一半即可。将这两个截距点用直线连接起来，就得到了边际收入曲线，如图9－3所示。

最优产量y^*位于边际收入曲线与边际成本曲线相交之处。垄断企业在这个产量上会索要最高的价格$P(y^*)$。在该产量上，垄断企业的收入为$P(y^*)\cdot y^*$，成本为$C(y^*)=AC(y^*)\cdot y^*$，二者相减即得到利润，如图9－3中标注的长方形区域所示。

三、加成定价

我们还有一种方法分析垄断企业的最优定价策略，就是使用边际收入和弹性的关系表

达式。将 $P(y)\cdot[1-1/|\varepsilon(y)|]=MC(y)$ 变形可得：

$$P(y)=MC(y)/[1-1/|\varepsilon(y)|]$$

这个式子表明市场价格是边际成本的一个加成价，其中，加成数量取决于需求价格弹性。加成数为：

$$1/[1-1/|\varepsilon(y)|]$$

由于垄断企业总是在需求曲线具有弹性处生产，我们断定 $|\varepsilon|>1$，因此加成数大于1。

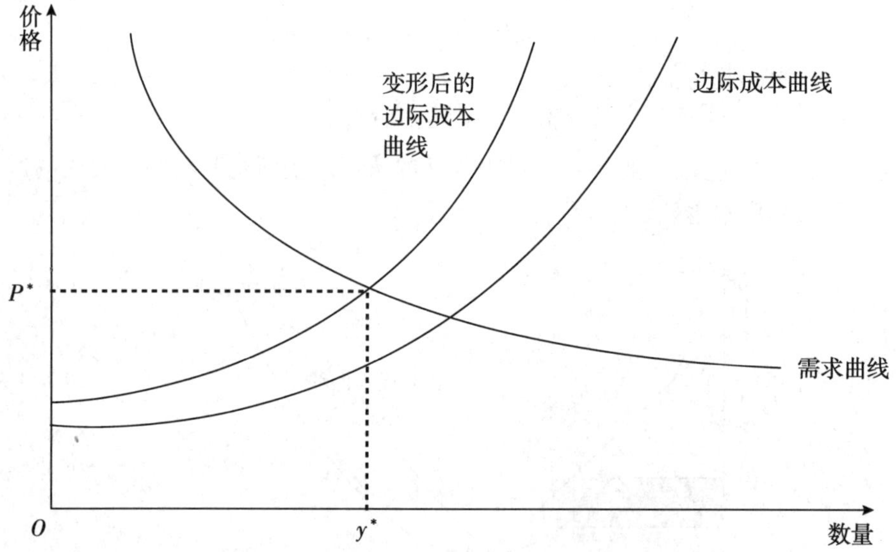

图9－4　利用加成定价分析垄断企业的最优定价策略

图9－4所示的是需求曲线的弹性固定不变的情形。曲线 $MC(y)/[1-1/|\varepsilon(y)|]$ 与需求曲线的交点对应的产量就是最优产量。在需求曲线的弹性固定不变的情形下，这个表达式更为简单，因为此时是个常数。若面对的是这种需求曲线，垄断企业将按边际成本加成定价时，加成数是一个常数。在该图中，曲线 $MC(y)/[1-1/|\varepsilon(y)|]$ 的高度是边际成本曲线高度的 $1/[1-1/|\varepsilon(y)|]$ 倍；最优产量位于 $P=MC/[1-1/|\varepsilon(y)|]$ 之处。

四、税收对垄断企业的影响

如果某企业的边际成本固定不变，那么对它征收从量税会对它的价格有何影响？边际成本上升的幅度显然等于单位税额，但是它对市场价格有何影响呢？

我们首先考虑需求曲线为线性的情形，如图9－5所示。当边际成本曲线MC向上移动到MC＋t 时（移动幅度等于单位税额 t），边际收入和边际成本曲线的交点则向左移动。由于需求曲线的斜率是边际成本曲线斜率的一半，价格上升幅度等于单位税额的一半，即 $t/2$。

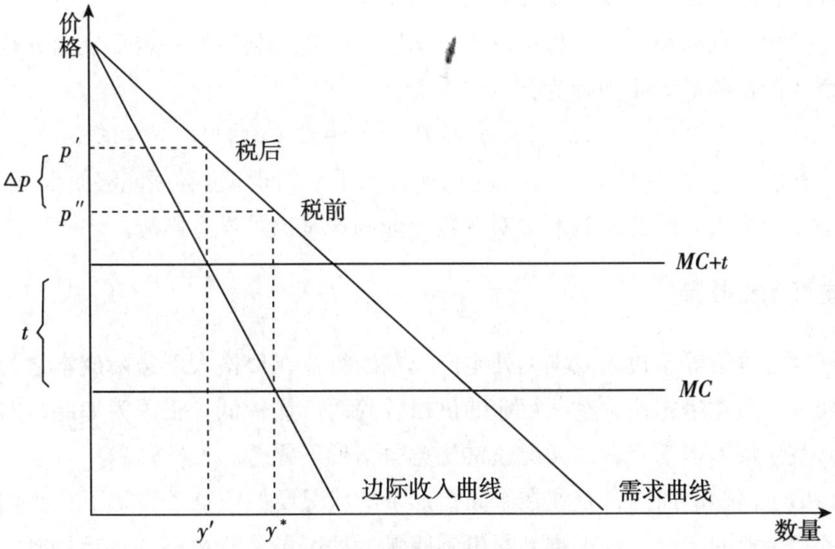

图 9－5　税收对垄断企业的影响

若某垄断企业的需求曲线为线性的，对其征税后，市场价格将上升，上升幅度等于单位税额的一半。

使用代数方法也容易看清楚这一点。征税后，最优条件变为边际收入等于边际成本加上单位税额，即

$$a-2by=c+t$$

解出 y 可得：

$$y=(a-c-t)/2b$$

因此，产量的变动为：

$$\mathrm{d}y/\mathrm{d}t=-1/2b$$

需求曲线为：

$$P(y)=a-by$$

因此，价格的变动等于 $-b$ 乘以产量的变动：

$$\mathrm{d}p/dt=(-b)\times(-1/2b)=1/2$$

上式中出现 1/2 的原因是线性需求函数以及边际成本不变的假设。在这两个假设之下，价格上涨幅度小于单位税额。这个结论具有一般性吗？答案是否定的——一般来说，征税后，价格上涨幅度可能大于也可能小于单位税额。

我们再来看看垄断企业需求曲线的弹性为固定不变时的情形。该情形下，有：

$$P(y)=(c+t)/(1-1/|\varepsilon|)$$

因此，

$$\mathrm{d}p/\mathrm{d}t=1/(1-1/|\varepsilon|)$$

该式显然大于 1。在这种情形下，价格上升幅度大于单位税额，这意味着消费者不仅

承担了全部的税收，而且还要忍受额外的价格增量。

另外一种税是利润税。在这种情形下，垄断企业要将利润的一定百分比 η 作为税收缴给政府，企业面对的最大化问题为：

$$\max\ (1-\eta)\ [P\ (y)\ -C\ (y)]$$

而能使利润 $P\ (y)\ -C\ (y)$ 最大化的产量水平 y，同样也必须能够使得 $(1-\eta)\ [P\ (y)\ -C\ (y)]$ 最大。因此，利润税对垄断企业的产量决策没有影响。

五、垄断的低效率

竞争行业在价格等于边际成本之处生产。垄断行业在价格大于边际成本之处生产。因此，一般来说，与竞争相比，垄断行业的价格较高而产量较低。正因为如此，对于同一个行业来说，垄断情形下消费者的状况通常比竞争情形下要差。

但是，出于同样的原因，企业在垄断情形下的状况要好于竞争情形下！我们如果同时考虑消费者和企业的状况，则很难判断出到底哪一种市场是“更好”的市场制度。回答这样的问题，似乎要对消费者和企业的相对福利做出价值判断。然而我们如果仅站在效率的角度，就会反对垄断。

下面分析垄断的情形，如图 9－6 所示。假设我们不需要花费成本就能让该企业变为竞争的企业，即命令它接受预先设定的市场价格。这样，我们就得到了竞争的价格和产量 $(P_c,\ Y_c)$，其中下标 c 表示竞争。如果我们不强迫企业这么做，那么它就是个垄断企业，它会制定价格和产量决策以使利润最大化，垄断情形下的价格和产量为 $(P_m,\ Y_m)$，其中下标 m 表示垄断。

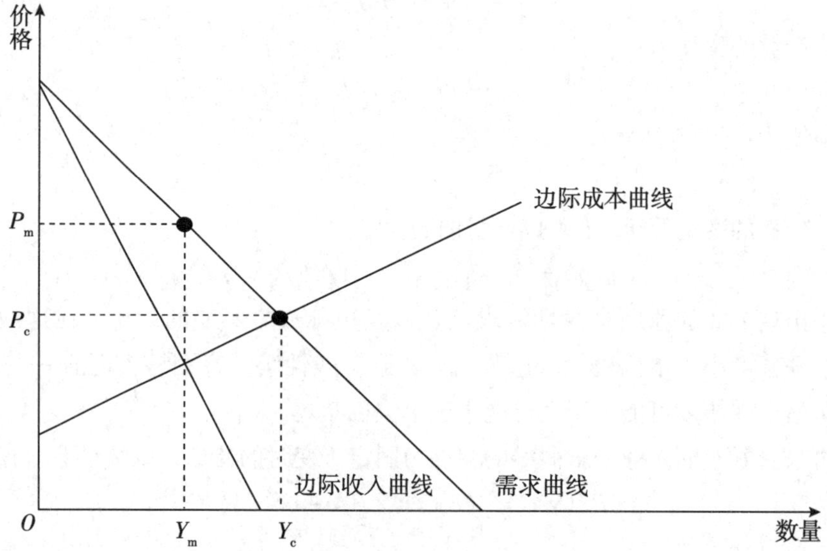

图 9－6　垄断的低效率

我们以前说过，一种经济制度如果已无法做到在不损害其他人的利益的情况下让任何人的状况变好，那么它就是帕累托有效率（Pareto Efficient）的。垄断情形下的产量水平是帕累托有效率的吗?

由反需求曲线的定义可知，在每个产量水平上，$P(y)$ 衡量消费者愿意为额外一单位产品支付的价格。对于闭区间 $[Y_m, Y_c]$ 中的任何产量水平，$P(y)$ 都大于 $MC(y)$。这意味着对于这个区间的产量，消费者愿意支付高于边际成本的价格，以让企业多生产。这显然就存在帕累托改进的余地!

例如，在垄断产量 Y_m 处，由于 $P(Y_m) > MC(Y_m)$，这意味着如果企业多生产一单位产品，一定有人愿意支付高于边际成本的价格购买这件产品。如果企业真得生产出这一单位产品，而且以价格 P [该价格满足 $P(Y_m) > P > MC(Y_m)$] 卖给该消费者，那么该消费者的状况就改善了，因为他原本愿意支付 $P(Y_m)$ 元购买该件产品，但他实际支付价格为 P 元，而 P 小于 $P(Y_m)$。类似的，垄断企业生产这件产品的成本为 $MC(Y_m)$，却卖得了 P 元，而 P 大于 $MC(Y_m)$。由于以前的产量仍按原来的价格销售，因此这对原来的那部分利润没有影响。而该企业再多销售一单位产品后，交易双方都得到了一些额外剩余，交易双方的状况都得到了改善，而且其他人的状况没变差，这样我们就找到了一个帕累托改进（当然，我们不能否认还存在其他帕累托改进）方案。

垄断为什么会造成低效率？对此，有必要分析一下。有效率的产量是使得消费者的边际支付意愿等于生产者的边际生产成本的那个产量。竞争企业会将自己的边际成本与消费者的支付意愿进行比较。但是，垄断企业还要考虑产量增加的另外一种效应，即对边际以内那些产量销售收入的影响，这些边际以内的产量和效率无关。

至于这样的低效率会造成怎样的损失，我们在学习完所有不完全竞争市场之后再进行讨论。

现在讲一个例子：专利的最佳保护期限。

专利让发明人享有对发明利益的独占权，当然，专利有一定的保护期限限制。因此，专利提供了一种有限的垄断。保护专利的原因是鼓励发明创造。如果缺少专利保护制度，那么个人和企业可能不愿意投资于专利的研发，因为即使创造出来也会很快被竞争者仿效。

美国对专利的保护期限是 17 年。在保护期限内，专利持有人对其发明享有独占权；过了该期限，任何人都可以使用这样的专利技术。专利保护期限越长，发明人从中获利越多，因此越有研发的干劲。然而独占的时间越长，它造成的净损失越大。较长专利保护期的收益是鼓励了创新，然而这是以鼓励垄断为代价的。专利的“最佳”保护期限是使得这两种互相冲突的效应取得平衡的期限。

耶鲁大学学者威廉·诺德豪斯曾分析过专利的最佳保护期限问题。他指出，最佳期限问题非常复杂，涉及的未知关系众多。然而通过简单的计算就可以发现，专利现有的保护期限与上面估计的利益和成本是否相一致。

诺德豪斯发现，对于普通的发明来说，17 年的保护期限能实现大约 90% 的效率，也就是说，能够实现 90% 的最大可能的消费者剩余。由这些计算结果可知，似乎没有迫切的理由去大幅修改现有的专利保护制度。

我们就专利问题再举一个例子：专利丛林。

对专利的知识产权进行保护有利于创新，但是这项权利容易被滥用。有些研究表明，由于知识产权保护已延伸到商业流程、软件和其他领域，专利的质量降低了。

我们可以认为一项专利有三个维度：长、宽和高。“长度”是指该专利适用的保护期限；“宽度”是专利内容涉及的范围；“高度”是专利的创新程度。然而只有长度容易量化，其他两个维度具有很大的主观性。

因为近年来获得专利非常容易，很多企业对自己从事的业务各个方面都申请了专利，从而形成了专利组合。想进入该行业的人很快就会发现，其要竞争的企业个个拥有大量专利，从而其会产生身处专利丛林的感觉。

即使经营良好的企业也会发现，有必要获得投资组合。2004 年，微软公司向 Inter Trust 技术公司支付了 4.4 亿美元，以购买该公司的一套和计算机安全相关的专利组合的使用权。同年，微软公司和 Sun Microsystems 公司签订了一项长达 10 年期限的合同，依据该合同，微软向该公司支付了 9 亿美元以解决专利争端。2003—2004 年间，微软获得了 1 000多项专利。

为什么企业那么重视专利组合？对于微软这样的大公司来说，专利组合的主要作用体现在当与其他公司签订专利交叉许可协议时能增加谈判的筹码。

每个公司建立起来的专利丛林，宛如“冷战”时期的美国和苏联的原子弹战略。这两个国家都将足够的原子弹瞄准对方，如果谁敢率先发起攻击，大家就会“同归于尽”。因此，哪一方都不敢冒险发动攻击。

专利丛林类似于原子弹战略。如果 IBM 起诉惠普（HP）专利侵权，惠普也会拿出自己的专利反诉 IBM，说对方的某些技术也侵犯了自己的利益。有些公司即使不是特别愿意申请专利也必须这么做，因为只有这样才能有足够的能力防御类似的诉讼。

专利丛林的“原子弹”按钮是“预先禁令”。在某些情形下，法官会责令被告停止出售涉嫌侵权的商品。有时，被告会因此付出惨重的代价。1986 年，由于法院下达预先禁令，柯达公司被迫完全关闭了自己的快速成像业务。最终，柯达因专利侵权不得不赔偿了 10 亿美元。

预先禁令停止生产的规定对某些企业是巨大的威胁，对某些企业则毫无影响。因为后者什么也不生产。例如，Inter Trust 公司不出售任何东西，当然如果出售东西也可以，因为它出售的产品完全是专利技术。因此，Inter Trust 公司可以以起诉对方侵权来威胁对方，却不怎么担心对方的反诉讼威胁。

六、自然垄断与政府对策

我们已经介绍过自然垄断，具体学习过垄断之后，我们进而继续对自然垄断进行讨论。我们已经知道，某行业帕累托有效率的产量出现在价格等于边际成本之处。然而垄断生产者在边际收入等于边际成本之处生产，因此它的产量太少。勒令垄断企业消除低效率似乎并不难以做到，因为只要将价格设定成等于它的边际成本，企业的利润最大化目标会帮助完成其他的事情。然而这种分析忘记了一个重要问题：在这样的价格水平上，垄断企业的利润可能为负。

我们用图 9－7 说明这样的情形。图中，平均成本曲线的最低点位于需求曲线的右侧，需求曲线和边际成本曲线的交点位于平均成本曲线的下方。尽管产量 Y_{MC} 是有效率的，但利润此时为负。如果硬性规定它的产量水平必须为 Y_{MC}，那么垄断企业宁可退出该行业。

这类情形通常在公用事业领域出现，例如煤气公司。对于煤气公司来说，它要投入数额巨大的固定成本，例如铺设和维护输气管道的成本；而一旦这些管道铺设好以后，额外多输送一单位煤气的成本却很小，即边际成本很小。类似的，一家区域电话公司前期也要投入大量的固定成本，因为它要架设电话线和建立交换网络；然而当这一切做好以后，它提供额外一单位电话服务的边际成本却很小。如果高额的固定成本和较小的边际成本并存，就很容易出现图 9－7 中所示的情形。这种情形称为自然垄断。

如果一个自然垄断企业在价格等于边际成本之处生产，那么它的产量会很少。

虽然这样是有效率的，但是在此产量上它连成本都收不回来（即亏损）。如果规定它在价格等于平均成本之处生产，则它的产量恰好能够补偿总成本，但与有效率的产量相比，这个产量显然太低了。

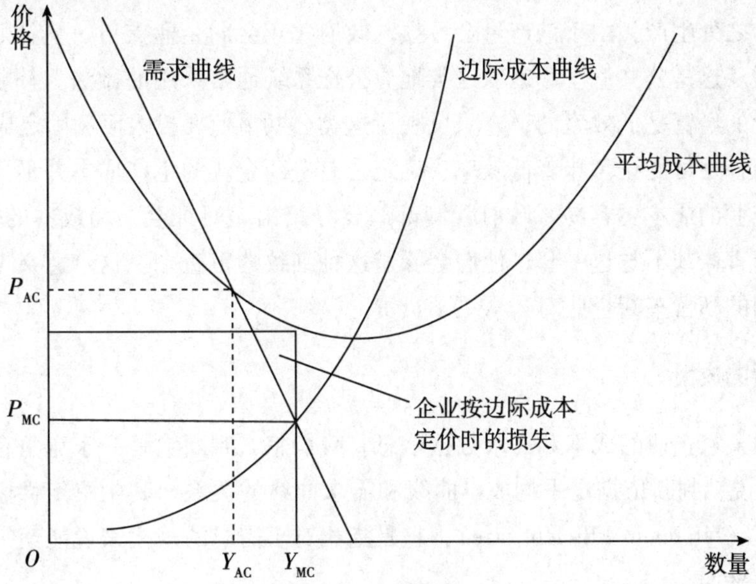

图 9－7 自然垄断

自然垄断厂商的垄断价格决策会造成帕累托低效率，这和前面的分析是一样的。如果我们不喜欢这种低效率的结果而强迫它按照竞争价格生产，又行不通，因为这样做它只能取得负利润。还有其他的管制办法吗？世界上大部分国家都会对自然垄断进行管制，或者由政府亲自经营这样的企业。不同的国家有不同的方法。电话行业在某些国家是由政府运行；而在其他国家则由私营企业运行，但政府要对这样的企业进行管制。这两种方法各有优缺点。

我们先分析政府对自然垄断企业进行管制的情形。如果政府对受管制企业不给予补贴，则该企业必定要取得正利润，这意味着它必须在平均成本曲线上或者在该曲线的上方生产。它如果向所有愿意付费的消费者提供服务，那么还必须在需求曲线上生产。因此，受管制企业的生产之处是类似于图 9 - 7 中（P_{AC}，Y_{AC}）这样的点。由于在这一点上，企业产品价格等于平均成本，因此它能恰好将全部成本收回，但与有效率的产量相比，此时的产量太低了。

政府通常采取上述这种办法为自然垄断企业制定合理的价格政策。政府制定的价格通常要考虑公用事业的性质。理想的定价方法是，制定的价格要恰好使得企业不赚不赔，即让垄断企业在价格等于平均成本之处生产。为了合理定价，政府必须确定垄断企业的真实生产成本。这项任务政府通常交给公用事业委员会来做。其调查垄断企业的生产成本，并计算出该企业真正的平均成本，然后将价格设定在平均成本水平上。（当然，其中一项成本是该企业对他人借入资金引起的，因此该企业必须向它的股东或其他债权人支付利息。）

美国通常将这样企业的管制权限下放给州政府和地方政府一级。一般来说，电力、天然气和电话服务由州政府管制，而有线电视等则通常由比州政府更低的地方政府管制。

自然垄断的另一种解决之道是政府的公有企业经营。在这种情形下，最优解是在价格等于边际成本之处生产，由于该产量会亏损，政府每年会向企业支付一笔补贴，以维持企业的继续经营。这是公共汽车和地铁这类地方公交系统通常采用的做法。补贴本身也许并不意味着企业的经营是低效率的，它只反映了这类公共事业要投入巨额固定成本。

然而有的补贴可能正意味着低效率！确定公有垄断企业的生产成本并不比确定受管制的私营垄断企业的成本更容易。政府管制部门要频繁出席听证会，为成本的合理性辩驳，然而内部政府官僚却不吃这一套，他们会躲避这种细致的审查。在这个意义上，公有垄断企业比受管制的私营垄断企业对公众更不负责。

七、垄断的成因

如果得到某家企业的成本和需求数据信息，我们怎么判断它是一家竞争企业还是垄断企业？一般来说，判断依据是平均成本曲线和需求曲线的关系，其中决定性因素是——最小有效率规模（Minimum Efficient Size），它是指相对于需求的规模来说能使平均成本最小的那个产量水平。

如图 9 - 8 所示，我们在图中分别画出两种产品的平均成本曲线和市场需求曲线。在第一种情形下，市场可以容纳很多企业，每个企业的要价都接近于 P^*，每个企业的规模都相对较小。在第二种情形下，只有一家企业能取得正利润。我们可以预期第一个市场可能是竞争市场，第二个市场有可能是垄断市场。

将需求与最小有效率规模 MES 进行比较，若需求相对于最小有效率规模来说很大，结果可能会出现竞争市场，如图 9－8（a）所示；若需求相对较小，则可能出现垄断市场，如图 9－8（b）所示。

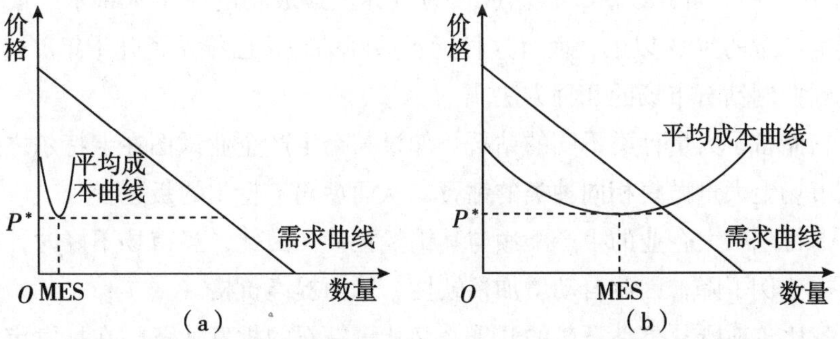

图 9－8　垄断的成因

因此，平均成本曲线的形状（由企业的生产技术决定）是判断一个市场是竞争还是垄断市场的重要依据。如果最小有效率规模——使平均成本最小的产量——相对于市场的规模来说很小，我们可以预期这样的市场可能是竞争市场。

这里要注意“相对”这个修饰语：最小有效率规模是相对于市场规模来说的，只有它相对较小时，我们才能判断该市场可能是竞争市场。我们不大可能改变最小有效率规模，它是由生产技术决定的。然而经济政策会影响市场的规模。如果某个国家选择自由的对外贸易政策，国内的企业面对外国企业的竞争，影响价格的能力就较小。相反，如果一个国家限制自由对外贸易，因此市场规模仅限于国内市场，那么就越有可能出现垄断现象。

如果某企业最小有效率规模相对于市场规模来说较大，而且不大可能增加市场的规模，则这样的企业很可能是垄断企业，因此，政府需要对该企业进行管制或干预。当然，这样的管制和干预也是有成本的。管制委员会需要经费；企业为了达到管制委员会的管制要求，也可能要花费大量的资金。从社会的观点来看，管制与否应该取决于垄断造成的净损失是否大于管制的成本。

造成垄断的第二个原因是，行业中的若干家不同企业可能会串谋——限制产量，提高价格，从而增加利润。当企业以这样的方式串谋并企图减少产量和提高价格时，我们说这个行业出现了一个卡特尔。

卡特尔是非法的。美国司法部反托拉斯局和联邦贸易委员会促进竞争办事处负责搜集企业的非竞争行为证据。政府如果证实一伙企业试图限制产量或从事某些其他的反竞争业务，将责令这些企业缴纳巨额罚金。

另外，某行业出现主导企业（Dominant Firm）的原因可能纯粹出于历史偶然。一家企业如果率先进入某市场，可能就具有足够的成本优势去阻止其他企业进入。例如，企业若想进入某行业，就需要购买大量的机械设备。而行业中已有的几家企业在某些条件下可能会威胁潜在的进入者：如果它们进入，则其会大幅降低价格，从而使潜在进入者“望而生畏”。这样，潜在进入者可能会打消进入的念头，而先进入该行业的企业可能最终变成市场中的主导企业。关于这种类似的方法，我们在博弈论的部分会有切实的讨论。

戴比尔斯（De Beers）钻石卡特尔，是由男爵欧内斯特·奥本海默这位南非矿石经营者于1930年建立的。自此以后，它已成长为世界上最成功的一个卡特尔。戴比尔斯占有世界年钻石生产量的80%以上，而且这种近乎垄断的地位已维系了几十年。这些年来，戴比尔斯已找到控制钻石市场的几种方法。

首先，它储备了大量种类不同的钻石。如果某个生产企业试图在卡特尔之外销售，戴比尔斯会在市场上大量抛售相同种类的钻石，从而惩罚卡特尔的叛逃者。

其次，卡特尔中大企业的生产配额与其销量挂钩。因此，当市场不好时，每个企业的生产份额会按比例下降，因此自动增加稀缺性，从而提高价格。

再次，戴比尔斯既从事钻石矿的开采，又从事钻石的批发业务。在批发市场上，钻石是按盒销售的，每个盒子都装有各种各样的钻石：买方要么整盒购买，要么什么也买不到——其不能挑选钻石。如果某类钻石的市场不好，戴比尔斯会减少盒子中这类钻石的数量，从而增加稀缺性。

最后，戴比尔斯每年花费1.1亿美元做广告，因此其能影响消费者对钻石最终需求的潮流方向。其还可以调整广告策略，比如鼓励人们购买某种相对稀缺的钻石。

第三节　垄断竞争市场

一个垄断性竞争的市场具有两个关键特征：第一，厂商之间是通过销售有差别的产品竞争，这些产品相互之间是高度可替代的，但不是完全可替代的（换句话说，需求的交叉弹性是大的，但不是无穷大）；第二，自由进出——新厂商带着这种产品的新品牌进入市场和已有厂商在其产品已无利可图时退出都比较容易。

为了明白为什么自由进入是一个很重要的要求，我们来比较一下牙膏市场和汽车市场。牙膏市场是垄断竞争的，而汽车市场则更表现为一个寡头垄断市场。其他厂商要推出可能会与佳洁士、高露洁等品牌竞争的新品牌牙膏相对比较容易。这就限制了生产佳洁士和高露洁的盈利性。如果利润很大，其他厂商就会花费必要的钱（用于开发、生产、广告和促销）推出自己的新品牌，这就会降低佳洁士和高露洁的市场份额和盈利性。

汽车市场也有产品差异的特征，但是生产中的大规模经济使新厂商的进入非常困难，因此，直到20世纪70年代中期日本生产商成为重要的竞争者之前，美国三大汽车制造商一直占有大部分市场。

除了牙膏以外，还有许多其他垄断竞争的例子。肥皂、洗发水、除臭剂、剃须刀、感冒药以及药店中能找到的许多其他东西都是在垄断竞争市场销售的。自行车和其他运动器材似乎也是垄断竞争的。

此外还有大多数零售业，因为商品都是由许多不同的零售店销售的，这些零售店通过地段、营业时间以及营业员的知识、提供的信用项目等区别它们的服务，相互竞争。进入相当容易，所以，如果一个街区因为只有很少几家商店而利润很高时，新的商店就会进入。

正如垄断一样，垄断竞争中厂商也面临向下倾斜的需求曲线，因而也有垄断势力。但这并不意味着垄断竞争厂商能赚取高利润。垄断竞争与完全竞争也是相似的，因为可自由进入，因此赚取利润的潜力会吸引新厂商的竞争品牌，从而将利润压低至零。

为了使这一点更清楚，我们来研究一个垄断竞争厂商短期和长期中的均衡价格和产量水平。图 9－9 反映了短期均衡。由于该厂商的产品与竞争者的有差别，因此它的需求曲线是向下倾斜的（这是该厂商的需求曲线，而不是市场的需求曲线，市场需求曲线的倾斜度更陡）。利润最大化的产量在边际收益和边际成本线的交点得到。由于相应的价格大于平均成本，厂商赚到一个利润，如图中阴影四边形所示。

在长期中，这个利润将诱使其他厂商加入。当它们推出竞争性品牌时，这个厂商将损失市场份额和销量，其需求曲线将向下移动，平均和边际成本曲线可能也会移动。为了简单化，我们假定成本是不变的。长期需求曲线 D_{LR} 会恰好与厂商的平均成本曲线 AC 相切。这时，利润最大化意味着产量为 Q_{LR}，价格为 P_{LR}，因为价格与平均成本相等，所以利润为零。

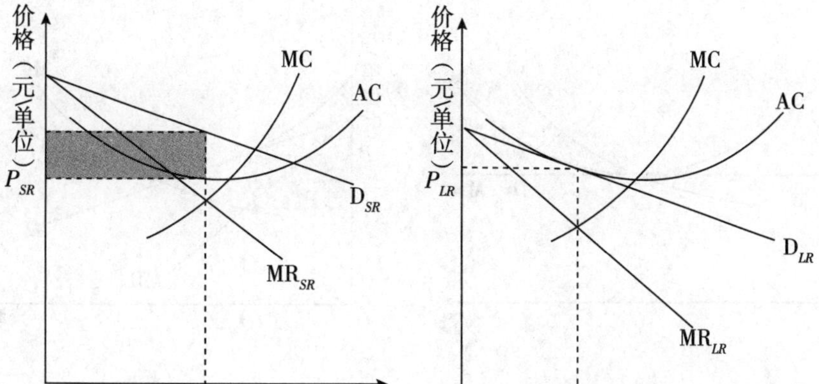

图 9－9　短期和长期的垄断竞争厂商

因为厂商是其品牌的唯一生产者，故其面临一条向下倾斜的需求曲线，价格大于边际成本，而且厂商具有垄断势力。在短期中，如图 9－9（a）所示，价格也大于平均成本，厂商赚到阴影四边形所示的利润。在长期中，这些利润会吸引竞争性品牌的新厂商进入该行业。该厂商的市场份额会下降，其需求曲线向下移动。在长期均衡中，如图 9－9（b）所示，价格等于平均成本，所以厂商只能赚到零利润，即使其有垄断势力。

该厂商仍然有垄断势力，因为其特殊品牌仍然是唯一的，其长期需求曲线向下倾斜。虽然其他厂商的进入和竞争已经使其利润为零，但这仍是一个有关垄断竞争的例子。

更一般地，厂商的成本可能会不同，而且有些品牌可能与其他品牌的区别更大。在这种情况下，各厂商可能会设定略微不同的价格，而有些厂商会赚到一点利润。

完全竞争市场之所以吸引人，是因为它在经济上有效率——只要没有外部性和没有什么阻碍市场的运作，消费者和生产者的总剩余会尽可能大。垄断竞争在某些方面是与完全竞争相似的，但它是一种有效率的市场结构吗？为了回答这个问题，我们来对一个垄断竞争行业的长期均衡与一个完全竞争行业的长期均衡加以比较。

图9-10显示，在垄断竞争行业中，有两种原因会造成非效率。

第一，不同于完全竞争，这里的均衡价格大于边际成本。这意味着额外单位产量对消费者的价值大于生产这些单位的成本。如果产量扩大到需求曲线与边际成本曲线相交之处，则总剩余可以增加到图中阴影面积所示的数量，这没有什么奇怪的，毕竟垄断势力总会造成一定的无谓损失，而在垄断竞争市场中也存在垄断的力量。

第二，图中垄断竞争厂商经营时有过剩能力，即它的产量是低于使平均成本最低的水平的。新厂商的加入在完全竞争市场和垄断竞争市场都会促使利润降为零。在一个完全竞争市场，各厂商面临一条水平需求曲线，而其零利润点出现在平均成本最低点。在一个垄断竞争市场，需求曲线则是向下倾斜的，所以，零利润点是在平均成本最低点的左边。厂商越多，平均成本会越低，因此这种过剩能力是非效率的。

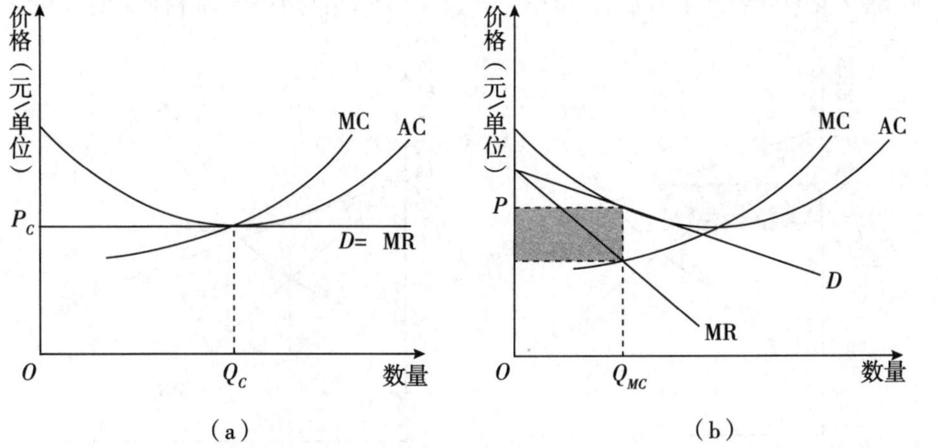

图9-10 垄断竞争均衡和完全竞争均衡的比较

在完全竞争之下，如图9-10（a）所示，价格等于边际成本；但在垄断竞争之下，价格大于边际成本，因而存在图9-10（b）中阴影面积所示的无谓损失。在两类市场中，直至利润降到零之前，都一定会有新厂商加入。在完全竞争下，厂商面临的需求曲线是水平的，所以，零利润点出现在平均成本最低点。在垄断竞争下，需求曲线是向下倾斜的，所以，零利润点在平均成本最低点的左边。在评价垄断竞争时，这些非效率必须与产品多样化给消费者带来的利益相平衡。

这些非效率使消费者受损，那么垄断竞争是否就是一种对社会来说应该加以管制的不好的市场结构？基于两个方面的理由，答案大概是否定的。

第一，在大多数垄断竞争市场，垄断势力并不大。通常，有足够多的厂商相互竞争，它们的品牌相互之间替代性相当强，没有哪个单个的厂商会有可观的垄断势力，所以垄断势力引起的无谓损失也不会很大；并且由于厂商的需求曲线是相当有弹性的，过剩能力也就不会很大。

第二，不管有多大的非效率，都必须与垄断竞争所产生的一大好处相平衡——产品多样性。大多数消费者都很重视可以在一大堆各方面有差异的竞争性产品和品牌中挑选。从产品多样化得到的利益可以是很大的，并且可能很容易就超过由向下倾斜的需求曲线引起的非效率的成本。

第四节　寡头垄断市场

在一个寡头垄断市场，可以有也可以没有产品差别，关键是要有几个厂商占有大部分或全部总产量。在有些寡头垄断市场，某些或全部厂商都在长期中赚到可观的利润，因为进入的障碍使得新厂商加入该市场很困难，或者完全不可能。寡头垄断是很普遍的市场结构形式。寡头垄断行业的例子包括汽车、钢铁、铝业、石油化工、电子设备和计算机。

进入障碍为什么会产生？对此，我们已经讨论过一些理由。规模经济可能会使得多个厂商共存于该市场却无利可图，专利或特定技术也可以排除潜在的竞争者，需要花大价钱让消费者认同和获得商誉，也会使新厂商不敢进入，这些都是“自然的”进入障碍，它们对这种特定市场结构是基本的。另外，已有厂商也可能采取有策略的行动，阻止新厂商进入。就和那些无意间提前进入某市场的“主导企业”一样，它们也可能会威胁新厂商进入就会向市场倾销并将价格压低，并且为了使自己的威胁更可信，它们还可以制造过剩生产能力。

竞争和垄断市场的均衡状态被描述为：当一个市场均衡时，厂商所采取的就是它们所能采取的最好的行为，并且它们没有理由改变它们的价格和产量。这是因为竞争性厂商无法改变，而具有垄断势力的厂商无须改变。

而对于寡头垄断市场中的厂商来说，则必须是在给定它的竞争者的行为以后采取它所能采取的最好的行为；至于它的竞争者会如何去做，厂商可以很自然地假设这些竞争对手也会在给定该厂商的行为以后才去采取它们所能采取的最好的行为，因此，各厂商考虑到它的竞争者，并假设它的竞争者也会同样做。

所以，经营一个寡头垄断企业很复杂，这是因为定价、产量、广告和投资决策都包含重要的策略性考虑。因为只有少数厂商在竞争，各厂商必须考虑它的行为对它的对手有什么影响，以及它的对手大概会如何反应。

假设由于汽车销不动，福特汽车正在考虑削价10%以刺激需求，那么其必须仔细考虑通用和克莱斯勒会怎样反应。它们可能完全没有反应，或者只是降价少许。在这种情况下，福特汽车的销量会有可观的增加，增加的销量主要来自竞争者的损失。它们可能会像福特一样削价，此时三个汽车制造商都能销出更多的汽车，但由于价格较低，都只能赚到较低的利润。另一种可能性是通用和克莱斯勒会比福特汽车削价更多。它们可能会削价15%以惩罚福特降价导致的不稳定，而这反过来又可能导致一场价格战和三厂商的利润都急剧下降。福特必须仔细权衡所有这些可能性。事实上，对一个厂商来说，在几乎所有重大经济决策，如定价、决定生产水平、采取一个重大促销行动或投资新的生产能力之前，都必须尽量确定其竞争者最可能的反应。

这些策略考虑可能是复杂的。在做出决策时，各厂商必须权衡其竞争者的反应，并且知道这些竞争者也会权衡其对它们的决策的反应。这就是更进一步决策—反应对反应的反应这样一个动态的、不断演进的过程。当一个企业的经营者估计其决策的潜在后果时，必须假设其竞争对手是和其一样理性和聪明的。然后，其必须将自己放在竞争对手的位置上，考虑这些竞争者会如何反应。

我们研究一个市场时，通常想要确定均衡时的通行价格和产量。例如，我们已经看到在一个完全竞争市场中均衡价格应使供给量和需求量相等。然后，我们又看到对于一个垄断者来说，均衡出现在边际收益等于边际成本之处。最后，研究垄断竞争时，我们看到了长期均衡是怎样通过新厂商的加入将利润压低到零而实现的。

在这些市场中，各厂商都能将价格和市场需求当作给定的，并且不必担心其竞争者。然而在一个寡头垄断市场中，一个厂商的定价和定产部分要基于对其竞争者的行为的策略性考虑。与此同时，竞争者的决策也取决于该厂商的决策。那么我们怎么能得出均衡时的市场价格和产量是多少？或者究竟是否存在一个均衡？为了回答这些问题，我们需要描述厂商明确考虑到相互行为时进行决策的均衡的基本法则。

请记住我们是如何论述竞争和垄断市场中的均衡的，做一些修改以后，我们可把同样的法则应用于寡头垄断市场。不过，现在各个厂商是在给定其竞争者的行为以后去采取其所能采取的最好的行为。而厂商应该假定其竞争者的行为是什么呢？由于该厂商会在给定其竞争者的行为后采取最好的行为，很自然其可以假设这些竞争对手也会在给定该厂商的行为以后采取它们能采取的最好的行为。因此，各厂商考虑到其竞争者，并假设其竞争者也会同样做。

这开始看起来可能有点抽象，但这是合乎逻辑的，而且正如我们将看到的，它给了我们一个在寡头垄断市场中确定均衡的基础。这个概念是 1951 年由数学家约翰·纳什首先解释清楚的，所以，我们将其所描述的均衡称为纳什均衡：在给定其竞争者的行为以后，各厂商采取其所能采取的最好的行为。

这是一个我们将反复使用的重要概念，尤其在之后博弈论的学习中，我们会更详细地讨论这个均衡概念，在那里我们将显示它能够怎样应用于范围很广的策略问题。在本章中，我们把这个概念应用于对寡头垄断市场的分析。

一、古诺模型

我们从法国经济学家奥古斯汀·古诺 1838 年引入的一个简单的双寡头模型，即两个厂商相互竞争的模型开始。假设两个厂商生产同样的产品且都知道市场需求。各厂商必须决定生产多少，并且两厂商是同时做出决策。在做出产量决策时，各厂商必须考虑到它的竞争者。它知道它的竞争者也正在决定生产多少，而它能得到的价格将取决于两厂商的总产量。

古诺模型的本质是各厂商将它的竞争者的产量水平当作固定的，然后决定自己生产多少。为了搞清这是如何运作的，我们来考虑厂商 1 的产量决策。假设厂商 1 认为厂商 2 什么都不会生产，则厂商 1 的需求曲线就是市场需求曲线，在图 9－11 中表示为 D_1（0），它表示假定厂商 2 产量为 0 时厂商 1 的需求曲线。图 9－11 中也给出了对应的边际收益曲线 MR_1（0）。该模型要求我们假设厂商 1 的边际成本为常数。正如图 9－11 所示，厂商 1 的利润最大化产量是 MR_1（0）和从 MC_t 交点处的 50 单位。所以，如果厂商 2 产量为 0，则厂商 1 应该生产 50。

反过来，假设厂商 1 认为厂商 2 将生产 50 单位，则厂商 1 的需求曲线就是市场需求曲线左移 50 个单位，在图 9－11 中表示为 D_1（50），而相应的边际收益曲线则表示为 MR_1（50）。厂商 1 的利润最大化产量现在是 MR_1（50）$=MC_1$ 处的 25 单位。现在假设厂商 1 认为厂商 2 将生产 75 单位，此时厂商 1 的需求曲线就是市场需求曲线向左移动 75 个单位，在图 9－11 中表示为 D_1（75），而相应的边际收益曲线表示为 MR_1（75）$=MC_1$ 处的 12.5 单位。最后，假设厂商 1 认为厂商 2 将生产 100 单位，则厂商 1 的需求和边际成本曲线（图 9－11 中没有给出）将与它的边际成本曲线在纵轴上相交，即如果厂商 1 认为厂商 2 将生产 100 单位或者更多，则它什么都不会生产。

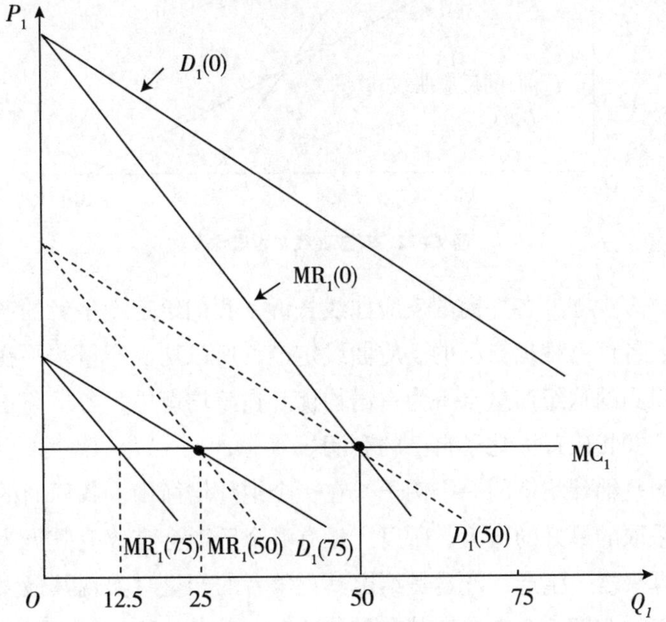

图 9－11　厂商 1 的产量决策

归纳起来，厂商 1 如果认为厂商 2 什么都不会生产，它将生产 50；如果认为厂商 2 将生产 50，它将生产 25；如果认为厂商 2 将生产 75，它将生产 12.5；如果认为厂商 2 将生产 100，则它什么都不会生产。因此，厂商 1 的利润最大化产量是它认为厂商 2 将生产的产量的减函数。我们称这个函数为厂商 1 的反应曲线，并记为 Q_1（Q_2）。这条曲线我们画在图 9－12 中，其中，我们前面求得的四个产量组合用 x 表示。

我们可以对厂商 2 进行同样的分析（即在给定厂商 1 将生产的产量的各种假定下，确定厂商 2 的利润最大化产量），结果得到厂商 2 的反应曲线，即将它的产量与它认为厂商 1 将生产的产量联系起来的函数 Q_2（Q_1）。

如果厂商 2 的边际成本曲线与厂商 1 的不同，那么它的反应曲线也会在形式上与厂商 1 的不同。例如，厂商 2 的反应曲线可能画起来就像图 9－12 中所画的那样。

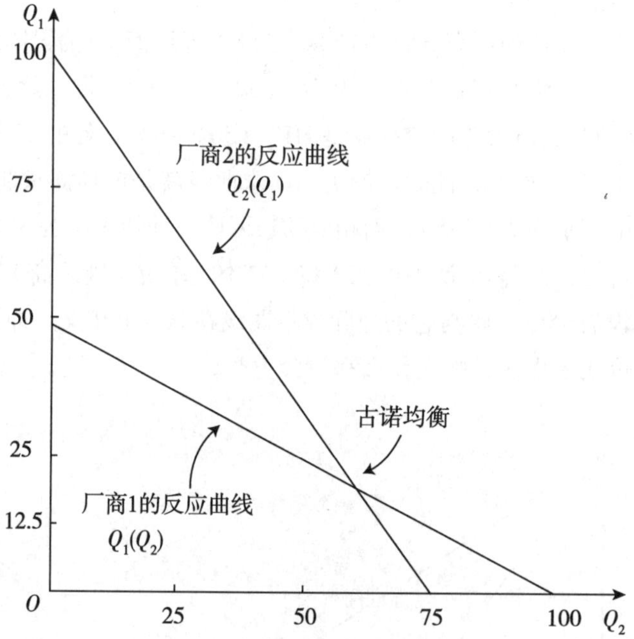

图 9－12　反应曲线和古诺均衡

各厂商将生产多少呢？各厂商的反应曲线告诉了我们给定竞争者的产量时其会生产的数量。在均衡时，各厂商根据自己的反应曲线定产，所以均衡产量水平在两反应曲线的交点找到。我们称得到的这组产量水平为古诺均衡。在该均衡中，各厂商正确假定了其竞争者将生产的产量，并相应最大化了自己的利润。

这个古诺均衡是纳什均衡的一个例子。在一个纳什均衡中，各厂商的行为是给定其竞争者行为时其能采取的最好的行为，所以，没有哪个厂商会有改变其行为的冲动。在该古诺均衡中，两个寡头之一生产的产量是给定其竞争者的产量时实现其最大利润的产量，所以，双寡头中任何一个都不会有改变其产量的冲动。

假设各厂商的初始产量水平不同于古诺均衡产量。其会调整其产量直至达到古诺均衡吗？遗憾的是，古诺模型并没有涉及调整的动态过程。事实上，在任何调整过程中，该模型的各厂商可以假定其竞争者的产量是固定的这样一个中心假设是不成立的。没有一个厂商的产量会是固定的，因为两厂商都会调整它们的产量。我们需要不同的模型来理解动态调整，这又将涉及之后的博弈论。

各厂商何时假设其竞争者的产量是固定的才是合理的？只有在两厂商是因为其产量无法改变才选定的产量的情况下，上述假定才是合理的。当它们处于古诺均衡时也是合理的，因为此时没有哪家厂商有任何改变产量的冲动。因此，当我们使用古诺模型时，必须将自己的讨论限制于厂商在均衡时。

二、斯塔克伯格模型

前面假设两个双寡头厂商是同时做出它们的产量决策的。现在，我们来看一下如果两厂商之一能先决定产量会发生什么。我们感兴趣的问题有两个：第一，先决策者是不是有利的？第二，现在各厂商将生产多少？

这里仍然使用前面的例子，设两厂商都有零边际成本，而且市场需求曲线由 $P=30-Q$ 给出，此处 Q 为总产量。假设厂商 1 先决定它的产量，然后是厂商 2 在看到厂商 1 的产量以后做出它的产量决策。因此，在设定自己的产量时，厂商 1 必须考虑厂商 2 会如何反应。这与古诺模型是不同的，古诺模型中没有哪个厂商有机会做出反应。

我们从厂商 2 开始。由于它是在厂商 1 之后做自己的产量决策，它可以将厂商 1 的产量看作固定的。因此，厂商 2 的利润最大化产量由它的古诺反应曲线给出，可求得为：

厂商 2 的反应曲线：$Q_2=15-0.5Q_1$

厂商 1 又会怎样呢？为了使利润最大化，它选择的 Q_1 要使得它的边际收益等于它的零边际成本。回顾厂商 1 的收益为：

$$R_1 = P\cdot Q_1 = 30Q_1 - Q_1^2 - Q_1\cdot Q_2$$

因为 R_1 取决于 Q_2，所以，厂商 1 必须要预计厂商 2 会生产多少。不过，厂商 1 事先知道厂商 2 将根据反应曲线选择 Q_2。结合上述两个等式，可求得厂商 1 的收益为：

$$R_1 = 30Q_1 - Q_1^2 - Q_1\cdot(15-0.5Q_1) = 15Q_1 - 0.5Q_1^2$$

所以，它的边际收益为：

$$MR_1 = \Delta R_1/\Delta Q_1 = 15 - Q_1$$

令 $MR_1=0$，得 $Q_1=15$。而根据厂商 2 的反应曲线 $Q_2=15-0.5Q_1$，可求得 $Q_2=7.5$。厂商 1 生产厂商 2 的两倍且赚两倍的利润。首先行动给了厂商 1 一种利益。这可能看起来是反直觉的，因为更多的人会在第一时间认为“先宣布你的产量似乎是不利的”。那么为什么先行动是一种策略优势？理由是先宣布就造成了一种既成事实——不管你的竞争者怎么做，你的产量都是大的。为了使利润最大化，你的竞争者必须将你的高产量水平作为给定的，并为它自己定一个低产量水平。（如果你的竞争者生产一个大的产量水平，这就会压低价格，你们双方都会亏损。所以，除非你的竞争者把“争取平等”看得比赚钱还重要，否则它生产一个大的数量是不合乎理性的。）这种在博弈论中被称为“先行者利益”的概念在许多策略问题中都会出现。

三、伯特兰德模型

上述两种模型中，我们都是假定模型中的寡头垄断厂商是通过定产进行竞争的。然而在许多寡头垄断行业，竞争出现在价格方面。例如，对通用、福特和克莱斯勒这些大汽车厂商来说，价格是一个关键的策略变量，各厂商在考虑其竞争对手的前提下选择其价格。我们继续运用纳什均衡的概念来研究价格竞争。

法国经济学家约瑟夫·伯特兰德在其 1883 年建立的模型中谈论了两个厂商生产同一种产品且进行价格决策而非产量决策的一种情况。

这里仍假设市场需求曲线为：

$$P = 30 - Q$$

其中，$Q = Q_1 + Q_2$。我们假设两个厂商的边际成本都始终为 3 元：

$$MC_1 = MC_2 = 3$$

现在假设这两个双寡头是通过同时选择价格而不是产量来互相竞争。各厂商将选择什么价格，各自将赚到多少利润？为了回答这个问题，要注意因为产品是相同的，消费者只会从价格最低的卖方那里购买。因此，如果两厂商定不同的价格，价格较低的厂商将供给整个市场，而价格较高的厂商将什么都卖不出去。如果两厂商定价相同，则消费者对于从哪个厂商那里购买是无差异的，所以，我们可以假定此时两厂商各供给市场的一半。

这种情况下的纳什均衡是什么？对此稍做考虑就会看出，由于有削价的冲动，纳什均衡就是完全竞争的均衡，即两厂商都将价格定为等于边际成本：$P_1 = P_2 = MC = 3$ 元。因此，产业产量为 27 单位，其中各厂商都生产 13.5 单位；并且由于价格等于边际成本，两厂商都只能赚取零利润。为了验证这是一个纳什均衡，可以判断一下是否有哪个厂商有单独改变它价格的冲动。假设厂商 1 提高价格，那么它就会把它的销售全部输给厂商 2，而不可能有什么得益。如果反过来，它降价，它虽然能够因此而夺得整个市场，但会在它生产的每个单位上都亏损，所以会有损失。因此，厂商 1（厂商 2 也是如此）没有偏离的冲动——它所采取的已经是给定它的竞争者的行为时所能采取的最好的行为。

为什么不存在一个纳什均衡，其中两厂商定相同的但是较高的价格（以本例来说，比如 5 元），从而各自赚得一些利润呢？因为在这种情况下，如果任一厂商降价一点点，它就能夺取整个市场并使自己的利润加倍，因此，各个厂商都会想削价以与其竞争者抢生意。这种削价竞争会持续下去，直到价格都降到 3 元。

通过将策略变量从产量改为价格，我们得到了一种非常不同的结果。在古诺模型中，各厂商只生产 9 单位，所以市场价格是 12 元；现在的市场价格为 3 元，在古诺模型中，各厂商都有利润；在伯特兰德模型中，厂商以边际成本定价，利润为零。

伯特兰德模型在几方面受到批评。第一，当厂商生产相同的产品时，通过定产竞争而不是定价竞争是更自然的；第二，即使各厂商是定价且选择了相同的价格竞争（如该模型所预测的那样），各厂商会得到多少份额呢？模型假设销售量会在厂商之间平分，但实际上不存在必然是这样的理由。尽管有这些确定，伯特兰德模型还是有用的，因为它表明了在一个寡头垄断中的均衡结果是如何决定性地取决于各厂商对策略变量的选择的。

四、差别产品的价格竞争

寡头垄断市场常常至少有某种程度的产品差别。市场份额并不只是由价格决定，同样也由各厂商产品的设计、性能和耐用性决定。因此，厂商通过选择价格而不是选择产量竞争就是很自然的事情了。为了明白差别产品的价格竞争怎样运作，我们来讨论下面的简单例子。设双寡头各有固定成本 20 元，但没有可变成本，并且它们面临相同的需求曲线。

厂商 1 的需求：$Q_1 = 12 - 2P_1 + P_2$

厂商 2 的需求：$Q_2 = 12 - 2P_2 + P_1$

式中，P_1 和 P_2 是厂商 1 和 2 各自所要的价格；Q_1 和 Q_2 是它们相应的销量。

注意，当提高自己的价格时，该厂商能销售掉的数量会减少；但当它的竞争者价格更高的时候，该厂商的销量会增加。

如果两厂商同时决定它的价格，我们可以利用古诺模型来确定相应的均衡。各厂商将在把竞争者的价格当作固定的前提下选择自己的价格。现在考虑厂商 1：它的利润 π_1 就是它的收益 P_1Q_1 减去它的固定成本 20 元，结合需求函数可得：

$\pi_1 = P_1 \times Q_1 - 20 = 12P_1 - 2P_1^2 + P_1 \times P_2 - 20$

价格 P_1 在哪个水平时，这个利润会最大化？答案取决于被厂商 1 假设为固定的 P_2。不过，不管厂商 2 定价多少，厂商 1 的利润都是在自己的价格的很小增量所带来的利润增量恰好为零时最大化。把 P_2 视为固定，从而厂商 1 的利润最大化价格由下式给出：

$$\Delta\pi_1 / \Delta P_1 = 12 - 4P_1 + P_2 = 0$$

将这个式子整理一下，可以得出下列厂商 1 的定价法则，或称反应曲线：

$$P_1 = 3 + \frac{1}{4}P_2$$

这就告诉了厂商 1 在给定厂商 2 所定价格 P_2 时该定什么价。我们同样可以得出厂商 2 的如下定价法则（反应曲线）：

$$P_2 = 3 + \frac{1}{4}P_1$$

纳什均衡就在两条曲线相交的点，你可证明此时各厂商都要价 4 元，并赚到 12 元利润。在这一点，由于各厂商所采取的是在给定其竞争者已定的价格的情况下所能采取的最好的行为，因此，没有哪个厂商有单独改变其价格的冲动。

现在假设两厂串通。它们现在不是独立选择它们的价格，而是决定共同的价格，也是最大化它们双方的价格。你可以证明此时两厂商会要价 6 元，并且串通使它们都得到利益，因为现在各自都赚到 16 元的利润。

最后，假设厂商 1 首先定价，得知厂商 1 的价格后，厂商 2 决定自己的价格策略。与斯塔克伯格模型中厂商确定产量不同，此时厂商 1 的首先行动将使它处于明显的不利地位（为了证实这一点，请计算厂商 1 利润最大化时的价格，同时，厂商 2 的反应曲线也应考虑在内）。为什么现在先行者会处于不利地位呢？这是因为它使跟着行动的厂商有机会削减一点点价格就可以获得更大的市场份额。（在课后的思考题部分，我们为同学们设计了一道相关的习题，参见思考题 7）

综上，古诺模型、斯塔克伯格模型和伯特兰德模型是寡头垄断行为的不同代表。哪种模型更适宜一些取决于不同的产业。对于一个由大致相似的厂商构成，没有哪个厂商具有较强的经营优势或领导地位的行业，古诺模型大概要更适用一些。另外，有些行业是由一个在推出新产品或定价方面领头的大厂商主导的，大型计算机市场就是一个例子，其中 IBM 就是领导者；此时，斯塔克伯格模型可能是更符合实际的。如果厂商更多地依赖价格决策，则伯特兰德模型会给我们更多的思路和启示。

第五节　不完全竞争的经济成本

出于某些政治上的目的，有的政治学家总是赞美“小企业”与“家庭农场”，而用“丑恶的利润”来批评“大企业”。经济学分析的结果也支持这种浪漫的构想吗？在这一部分，我们转入评估不完全竞争对当今经济的影响。我们首先说明垄断如何破坏资源配置，然后提供由于不完全竞争而产生的浪费的数量估计。

一、提高价格和产出不足的代价

我们的分析已经表明，垄断者减少产量和提高价格，其产量低于应有的像在完全竞争行业中的那种水平。在不完全竞争的极端情况即垄断中，这点尤为明显。为了说明垄断如何和为什么要保持太低的产量，我们假设：所有的货币选票都得到合适的分配，除了一个产业以外，所有其他产业都是完全竞争的。它们的 $MC=P$，而且不存在外部性问题。在这一经济中，价格是稀缺性的、正确的经济标准或指标，衡量的是居民消费的边际效用和企业提供产品的边际成本。

现在，垄断公司加入该经济之中，一个垄断者并不必然是一个邪恶的企业，它并没有抢劫别人或强迫消费者接受它的产品。垄断公司所利用的仅仅是它是某一产品或服务的唯一出售者这个事实。通过保持产品的稀缺性，垄断公司将其价格提高到边际成本之上。经济效率要求 $MC=P$，但垄断公司的产量低于最有效率产量，产品给消费者带来的边际产品价值也高于给厂商带来的边际成本。在寡头和垄断竞争的情形下，只要厂商能够把价格提高到边际成本之上，这种情况同样存在。

二、对不完全竞争所造成的浪费的衡量

我们利用分析垄断的图 9－13 来讨论不完全竞争所造成的效率损失。如果这个产业是竞争性的，那么在 $MC=P$，即 E 点将会出现均衡。在一般的完全竞争条件下，这一产业的产量为 6，而价格为 100。

现在，让一个垄断者进入该图，垄断者或许得到了关税、外贸配额，或是受益于政府设立的产业进入的法规、允许工会垄断某一产业的劳工等，我们得到了图 9－13。不管是出于哪一种原因，垄断者都会寻找令 $MC=MR$（而不是 $MC=P$）的产量，这一行为在图中就表现为厂商将均衡点移动到 $Q=3$ 和 $P=150$ 的点上，与零利润的竞争均衡相比，$GBAF$ 的面积就是垄断者的利润。

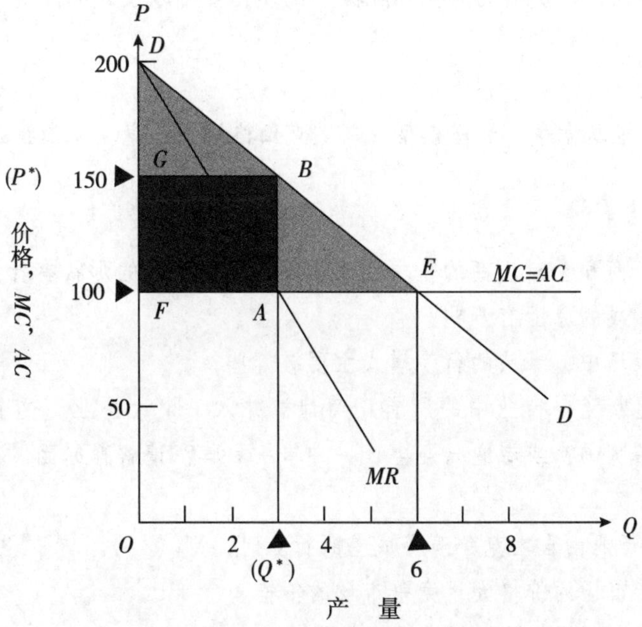

图 9－13　垄断者限制产量导致经济损失

垄断者限制其产量，因而提高产量，增加利润，如果该产业是竞争产业，那么均衡就会处于 E 点，此时福利最大化。

垄断者的产量处于 B 点时，价格高于 MC，消费者剩余遭受损失。把消费者剩余在 $Q=3$ 和 $Q=6$ 之间所遭受的全部损失加在一起，就得到了垄断所引起的经济浪费，等于阴影部分的面积 ABE。垄断者拥有的垄断利润等于 $GBAF$ 的面积。

经济学家用净损失这一术语来衡量缺乏效率所造成的经济危机：这一术语表示经济福利的损失，这种损失是由于垄断、税收、关税和配额等一系列对价格和产量决策造成扭曲的经济行为带来的。一种新上市的止痛药以边际成本出售，消费者可以获得大量的消费者剩余。但是，如果这种产品为某一家企业所垄断，比如由于专利保护，因而把价格抬高到垄断价格水平，则由此带来的消费者剩余的损失就会大于垄断者获得的垄断利润，这种经

济福利的纯消耗称为净损失。

我们仍可以利用图 9－13 来说明垄断造成的净损失。点 E 是有效率的产出水平，这里 $MC=P$。低于 E 点的每 1 单位产量下降，福利损失或消费者剩余的损失就是需求曲线与 MC 曲线之间的垂直距离。垄断者限制产量所造成的总福利损失就是所有这些损失之和，用三角形 ABE 来表示。

为了说明这一点，请记得 DD 曲线代表在每一产量水平的每种商品对于消费者的边际价值，而 MC 曲线代表生产这一物品而不是其他物品的机会成本。例如，在 $Q=3$ 时，B 与 A 之间的垂直距离代表了产量 Q 少量增加所导致的边际价值与边际成本之间的价差。把从 $Q=3$ 到 $Q=6$ 所损失的社会效用相加起来，就得到阴影区域 ABE 的面积。

如图 9－13 所示，用这种“小三角形”衡量不完全竞争市场的代价的方法同样也适用于其他的场合。例如，外贸中的关税和配额、税收和补贴以及外部性等。

本章关键词

垄断　寡头　垄断竞争　古诺模型　斯塔克伯格模型　串通　伯特兰德模型　净损失

思考题

1. 完全竞争厂商和垄断厂商的需求曲线和边际收益曲线的形状有什么区别？
2. 垄断市场形成的原因有哪些？
3. 寡头垄断市场中，寡头的行为模式主要有哪些？
4. 假设一个垄断竞争行业中的所有厂商都被并入一个大企业。这个新企业仍然会生产那么多品牌吗？或者它只会生产一种单一品牌？请解释原因。
5. 选择题：

   a）当一个行业由自由竞争演变成垄断行业时，则（　）。

   A. 垄断市场的价格大于竞争市场的价格

   B. 垄断市场的价格小于竞争市场的价格

   C. 垄断市场的价格等于竞争市场的价格

   D. 垄断价格具有任意性

   E. 以上说法都不对

   b）无论在竞争性市场还是垄断市场当中，若（　），厂商将扩大其产出水平。

   A. 价格低于边际成本　　B. 价格高于边际成本

   C. 边际收益低于边际成本　　D. 边际收益高于边际成本

   c）有的时候，垄断可能会比竞争更可取。这是因为（　）。

   A. 垄断厂商有更多的激励来降低其生产成本

   B. 给定市场规模，单一厂商往往带来规模不经济

   C. 一个正在污染的行业中，垄断是限制其产业水平以降低污染的最好方法

D. 出于专利权而拥有垄断地位是回报技术创新的一个最好的途径

d）完全竞争和垄断竞争之间的重要相同点是（ ）。

A. 长期中，价格等于平均成本，边际收益等于边际成本

B. 产品异质的程度

C. 长期平均成本上使厂商利润最大化的点是相同的

D. 以上都不对

e）一家生产厂商垄断了一种电器的生产，它知道人群A与人群B对这种电器的需求弹性分别是 -2 和 -4。如果这家生产厂商制定不同的价格，那么利润最大化的人群A的价格为（ ）。

A. 人群B的2倍　　B. 人群B的一半

C. 人群B的1.5倍　　D. 人群B的1/5

f）关于寡头垄断，以下说法中正确的是（ ）（多选）。

A. 卖方寡头垄断中，如果每个厂商的变动成本为零，每个厂商都假定另外一个的价格不变，而且每个厂商的生产能力都是有限的，以致价格不会下降到零，那么减价竞争将导致一种均衡，使两个厂商都在其生产能力点上生产

B. 勾结的需求曲线下的寡头垄断模型假定在行业中没有一个厂商处于主导地位

C. 在主导厂商的价格主导模型中，不是主导厂商的所有其他厂商都像一个完全竞争者那样行事

D. 当所有厂商相互之间约定相同的产量时，所有厂商的全部利润达到最大

E. 利润最大化的卡特尔达到了稳定的均衡，因为在它控制下的任何一个厂商不打算做任何变动

g）以下说法中不正确的是（ ）（多选）。

A. 垄断竞争与完全竞争的主要区别是垄断竞争的市场需求曲线是向下倾斜的

B. 在完全竞争条件下，当平均可变成本曲线向下倾斜时，厂商不可能处于均衡状态；但在长期及垄断竞争条件下，除非它的平均成本曲线向下倾斜，厂商不可能处于均衡状态

C. 在长期中，垄断竞争厂商得不到超额利润，所以，垄断竞争与完全竞争一样，是一种有效的市场

D. 垄断竞争条件下，厂商所面临的需求曲线在所有价格水平上都更缺乏弹性

6. X和Y公司是生产相同产品的企业，两家各占市场份额的一半，故两家公司的需求曲线均为 $P=2\,400-0.1Q$，但X公司的成本函数为 $TC=400\,000+600Q_x+0.1Q_x^2$，Y公司的成本函数为 $TC=600\,000+300Q_y+0.2Q_y^2$。

a）求X和Y公司的利润最大化的价格和产出。

b）两个企业之间是否存在价格冲突？

c）如果你是X公司的经理，对Y公司的定价会有什么反应？

7. 两厂商通过选择价格竞争，它们的需求曲线是 $Q_1=20-P_1+P_2$ 和 $Q_2=20+P_1-P_2$。式中，P_1 和 P_2 分别是两厂商所定的价格；Q_1 和 Q_2 则是相应的需求（注意：对各产品的需求只取决于它们的价格差，如果两厂商串通并定相同的价格，它们可以把价格定在任意的高度，从而赚取无限的利润），边际成本为零。

a）假设两厂商同时决定它们的价格，求出相应的纳什均衡。各厂商会定什么价格，它们将销出多少，利润为多少？

b）假设厂商1先定价格，然后厂商2再定价格，各厂商将定价多少，能销出多少，利润为多少？

c）假设你是两个厂商之一，而且有三种定价方法：同时定价；你先定价；你的竞争者先定价。如果能从中选择，你喜欢哪种，为什么？

第十章 博弈论和行为经济学

我们在上一章阐述的寡头理论，是企业间策略性互动的经典经济理论解释。然而这只是冰山一角。经济行为人的策略性互动有多种方式，经济学家借助博弈理论这个工具已研究了很多种策略性互动的行为。博弈理论关注的是策略性互动的一般分析。人们可使用博弈理论研究桌上游戏（纸牌可能是其中最好的代表）、政治协商和经济行为。在本章，我们将简要分析这一迷人的学科，目的是让你感受一下它是如何运行的，以及初步知道如何使用博弈理论分析寡头市场中的经济行为，并从博弈理论出发，进入行为经济学的领域。

第一节 博弈理论

一、博弈的收益矩阵

策略性互动可能涉及很多选手和策略，但是我们仅限于分析两个选手之间的博弈，而且限于分析策略的数量有限的情形。这样做的好处是可以用收益矩阵描述博弈。

这里假设两人玩一种简单的游戏。选手 A 在纸上写出“上”或“下”。与此同时，选手 B 独立地写出“左”或“右”。在两人写好后，经过分析，将他们的收益标记于表 10 - 1 中。若 A 选上且 B 选左，我们看矩阵左上角的小方格。在该小方格中，A 的收益是第一个数，B 的收益是第二个数。类似的，如果 A 选下且 B 选右，则 A 的收益为 1，B 的收益为 0。

表 10 - 1

一个博弈的收益矩阵		玩家 B	
		左	右
玩家 A	上	1，2	0，1
	下	2，1	1，0

选手 A 有两个策略：上或下。这些策略可以代表类似“提高价格”或经济选择，或者可以代表类似“宣战”或“不宣战”的政治选择。博弈的收益矩阵表明了对于每个选定的策略组合，每个选手得到的收益。

这类博弈的结果是什么？表 10 - 1 就表示了这种博弈，有一个很简单的解。从选手 A 的观点来看，选择下总是比选择上更好，因为选择下的收益（2 或 1）总是大于选择上的相应收益（1或0）。类似的，对于B来说，选择左总是比选择右更好，因为2或1相应地比1或0大。因此，我们可以预期均衡策略是：A选下，B选左。

这种情形下，我们得到了一个占优势的策略，或者简称占优策略。

每个选手只有唯一一个最优选择，不论对方怎么改变策略。例如，不论B怎么选择，若A选下，则A的收益总是大于选择上的收益，因此A自然会选择下。类似的，不论A怎么选择，B选择左的收益更高。因此，这些选择比其他选择好。这样，我们就得到了一个占优策略均衡解。

如果在一个博弈中，每个选手都有一个占优策略，我们可以预测占优策略组合就是该博弈的均衡结果。这是因为占优策略是指，不论对方如何选择，你选择的这个策略都是最优的。在这个例子中，我们可以预期均衡结果为：A选下（均衡收益为2），B选左（均衡收益为1）。

二、纳什均衡

占优策略均衡很好分析，可惜占优策略均衡不是那么常见。例如，表10-2所示的博弈不存在占优策略均衡解。在该博弈中，B选左时，A的收益为2或0；B选右时，A的收益为0或1。这表示：B选左时，A会选上；B选右时，A会选下。因此，A的最优选择取决于其认为B会怎么选。

表10-2

一个纳什均衡		玩家B	
		左	右
玩家A	上	2，1	0，0
	下	0，0	1，2

然而也许占优策略均衡要求太苛刻，因为它要求对于B的所有选择，A的选择都是最优的。现在我们不这么要求，我们只要求对于B的最优选择来说，A的选择是最优的即可。因为如果B是一个理性选手，那么其只会选择最优的策略。（当然，B的最优策略也取决于A的选择！）

如果给定B的选择时A的选择为最优，而且给定A的选择时B的选择也为最优，那么我们将A和B此时选择的策略称为一个纳什均衡。每个选手在选择自己的策略时，都不知道对方选择哪一个策略，但是可以猜测对方选择的策略。一个纳什均衡可以看成一对预期选择，这样的选择要使得一旦对方的选择展现后，选手都不再改变自己的行为。

表10-2代表的博弈中，策略（上，左）是一个纳什均衡。为了证明这一点，先分析B的行为。假设A选择上，那么B的最优选择是左，这是因为选择左的收益为1，而选择右的收益为0。如果B选择左，那么A的最优选择是上，因为选择上的收益为2，而选择

下的收益为0。

因此，如果A选择上，那么B的最优选择是左；而如果B选择左，那么A的最优选择是上。这样，我们就得到了一个纳什均衡：给定对方的选择，每个选手都做出了最优选择。

纳什均衡是上一章中介绍的古诺均衡的一般形式。在古诺均衡中，选择为产量水平，每个企业在选择产量水平时都假定对方的选择是既定的。每个企业在做选择时都假设对方选择原来的产量，也就是说按照以前选择的策略进行生产，在这种情形下，其选择的产量应该使自己的利润最大化。给定对方的行为，每个企业的利润都实现了最大化，这就是一个古诺均衡。按照纳什均衡的定义，古诺均衡显然是一种纳什均衡。

纳什均衡的概念有一定的内在逻辑。然而该均衡也存在一些问题。首先，一个博弈可能有多个纳什均衡。事实上，在表10－2中，选择（下，右）也是一个纳什均衡。对此，可以按照上面介绍的推理方法进行分析。当然，下面这种证明方法也可行。这个博弈结构是对称的：B在一种结果中的收益等于A在另一结果中的收益，因此，我们证明了（上，左）是一个纳什均衡，这意味着我们也证明了（下，右）是一个纳什均衡。

纳什均衡概念的第二个问题是有些博弈不存在上面描述的纳什均衡解，例如表10－3所示的情况。如果A选择上，则B选择左；而若B选择左，则A选择下。类似的，若A选择下，则B选择右；而若B选择右，则A选择上。

表10－3

不存在纳什均衡		玩家B	
		左	右
玩家A	上	0，0	0，－1
	下	1，0	－1，3

三、混合策略

然而如果扩大策略的定义，我们可以为表10－3中的博弈找到一个新类型的纳什均衡解。前面的思路其实是一直认为每个选手在选择策略时能做到一劳永逸，也就是说，每个选手做出选择后就坚持这个选择。这种情形下，每个选手的策略都为一个纯策略。

另外一种思路是我们允许选手将他们的策略随机化，也就是说对每个选择都赋予一个概率值，而且按照这些概率选择策略。例如，A以概率50%选择上、以概率50%选择下，而B以概率50%选择左、以概率50%选择右。这种情形下，每个选手的策略都为一个混合策略。

如果A和B都采用上述混合策略，即每个选手以相等的概率选择其两个策略中的一个，那么收益矩阵每个小方格中的收益出现的概率都为1/4。因此，A的平均收益为0，B的平均收益为1/2。

混合策略中的纳什均衡是指，均衡时，给定对方选择策略的概率，每个选手选择的含有概率的策略都是最优的。

这里可以证明，对于本章分析的这类博弈，总是至少存在一个混合策略纳什均衡解。因为混合策略的纳什均衡解总是存在的，也因为该概念具有一定的内在合理性，所以，它成为分析博弈行为的一个非常流行的工具。在表 10－3 所示的例子中，可以证明，如果 A 以 3/4 的概率选择上、以 1/4 的概率选择下，而且 B 以 1/2 的概率选择左、以 1/2 的概率选择右，那么这些策略就构成了一个纳什均衡。

我们对混合策略说得已经够多了。现在来看一个重要例子，这就是我们都知道的游戏——“剪刀石头和布”。在这个游戏中，每个选手同时选择出示拳头（石头）、手掌（布）或两个手指（剪刀）。游戏的规则为：石头砸烂剪刀，剪刀剪破布，布包住石头。

在人类历史上，该游戏百玩不厌。当然，在博弈论专家看来，这个游戏中的均衡策略是随机选择这三个选项中的一种。然而人类并不必然擅长选择完全随机的选项。你如果在某种程度上能预测到对手的选择，那么在选择策略时将占有一定的优势。

有人认为，在这种游戏中，“大多数人在无防备的情况下，都有自己偏好的选择，这反映了他们的性格”。“布”代表优雅甚至被动的选择，因此，文学人士和记者在玩这个游戏时一般会选择“布”。

经济学家在玩这个游戏时喜欢出哪一项呢？也许是剪刀，因为我们希望剪出影响人们行为的决定因素。经济学家出剪刀时，你是否应该出石头呢？也许是这样的。对此，你可以找自己的老师试试看。

四、囚徒困境

博弈纳什均衡解的另外一个问题是，它不必然导致最有效率的结果。例如，考虑表 10－4中的博弈。这个博弈称为囚犯的两难或囚徒困境。这个模型最初是这样的：警察将合伙犯罪的两个人关押在单独的囚房内分别审讯。每个罪犯的选择为：可以选择认罪，从而供出他的合伙人；也可以选择不认罪。如果只有一个罪犯认罪，那么他可以被释放，而另外一个罪犯会受到严惩——坐牢 6 个月。如果两个罪犯都不认罪，那么根据法律每人被监禁 1 个月；如果两个人都认罪，那么每个人被监禁 3 个月。这个博弈的收益矩阵可用表 10－4表示。每个小方格中的元素表示每个罪犯对各种结果的效用评价。为简单起见，我们用负数表示其效用，这个效用取决于坐牢期限，时间越长，则效用越小。

表 10－4

囚徒困境		囚徒 B	
		认罪	不认罪
囚徒 A	认罪	−3，−3	0，−6
	不认罪	−6，0	−1，−1

我们先来分析 A 的选择。如果 B 选择否认，那么 A 最好的选择是认罪，因为这样 A 就会被释放。类似的，如果 B 选择认罪，那么 A 最好的选择也是认罪，因为这样 A 会被监禁 3 个月而不是 6 个月。因此，不论 B 怎么选择，A 最好的选择是认罪。

同样，可以类似地推理 B 的选择，B 的最优选择也是认罪。因此，该博弈的唯一纳什均衡是两个罪犯都认罪。事实上，两个罪犯都认罪不仅是一个纳什均衡，而且是一个占优策略均衡，因为每个罪犯的最优选择和对方的选择无关。

然而如果他们咬紧牙关拒不认罪，那么他们的状况会变好！如果这两个人相信对方不会认罪，并且对方的确不会认罪，那么这种情形下，每个人的收益均为 -1，这会使得每个人的状况变得更好。策略（否认，否认）是最有效率的，因为已不存在能使两个人的状况都变好的策略。策略（认罪，认罪）是最无效率的。

问题在于这两个罪犯无法协调彼此的行为。如果彼此信任，则他们的状况都会变得更好。

囚犯两难模型可应用于广泛的经济和政治现象，例如军备控制问题。我们可以将囚徒困境中的策略“认罪”看作“使用新导弹”，将“不认罪”看作“不使用导弹”。注意，该情形下，表 10 -4 中表示的收益仍然是合理的。如果我的对手使用导弹，我当然希望是使用导弹，尽管我们双方最好的策略都是不使用导弹。但是，如果不能达成具有约束力的协议，则我们双方都会使用导弹，结果我们的状况变差了。

垄断竞争中企业之间相互欺骗的问题也是一个好例子。现在将策略认罪看成“生产比你的份额更多的产量”，将不认罪看成“坚持生产原来的份额”。如果你认为其他企业将坚持各自的份额，那么多生产对你是有利的。如果你认为其他企业会多生产，那么你可能也多生产！

囚徒困境问题引起人们激烈辩论到底怎样进行博弈才是“正确的”，或者更准确地说，参与博弈的合理方式是什么。答案似乎取决于你参与的是一次博弈还是无限次的博弈。

如果博弈只进行一次，欺骗的策略（在囚犯两难中是指认罪的策略）将是合理的。毕竟，不管其他人的策略如何，你选择这种策略都会让你的状况变好，而且你无法影响其他人的行为。

五、重复博弈

囚徒困境中，囚徒只相遇一次且只参与一次囚犯两难博弈。而如果这些囚徒重复进行博弈，情形将会有所不同。在这种情形下，每个选手都可能想出新的策略。如果其他选手在某一轮博弈中选择的策略为背叛，那么你可以在下一轮选择背叛的策略。因此，你的对手会因为“恶劣的”行为而“受到惩罚”。在一个重复博弈中，每个选手都有机会为自己塑造合作的声望，因此鼓励其他选手也这么做。

这种策略是否可行，取决于博弈是进行既定的次数（比如十次）还是进行无限次。

我们首先分析第一种情形，假设两个选手知道博弈将进行十次。该博弈的结果是什么？我们从第十轮开始分析。这是上述博弈的最后一轮。在这种情形下，似乎每个选手都会选择占优策略即背叛。最后一轮博弈和只进行一次的博弈毕竟没什么区别，所以，我们可以预期这两种博弈的结果是一样的。

现在分析第九轮的结果。我们刚得出结论，即每个选手都会在第10轮选择背叛的策略。既然这样，他们会在第九轮合作吗？不会。如果你选择合作，对方可能会利用你善良的天性而选择背叛。每个选手都可以同样推理，因此每个选手都会选择背叛。

现在考虑第八轮。如果某个选手在第九轮选择背叛……以此类推。如果选手都知道博弈进行的具体次数，那么每个选手在每一轮都会选择背叛。如果无法强制选手在最后一轮合作，自然也就无法强制选手从第一轮直至最后一轮选择合作。

选手相互进行合作的原因，是希望将来进一步合作。而这要求将来还有博弈的机会。由于在最后一轮，选手们都知道将来不可能再进行博弈，因此没有人会选择合作。既然这样，他们为什么要在倒数第二轮合作呢？或者在倒数第三轮合作？以此类推——在囚徒困境博弈中，若选手都知道博弈的具体次数，那么合作解从最后一轮博弈将像多米诺骨牌一样开始“倒塌”，因此均衡解必然是选手都选择背叛。

但是如果博弈将重复无限次，那么的确可以找到影响对手行为的方法：如果对手这一次不合作，那么下一次你可以拒绝合作。只要双方都非常看重将来的收益，将来不合作的这种威胁足以让人们选择帕累托有效率的策略，即都选择合作。

罗伯特·阿克塞罗德先生在进行了一系列实验后，令人信服地证明了上述结论。他恳请博弈论领域的几十位专家提交他们认为的囚徒困境的最优策略，然后他在计算机上开展了“锦标赛”，让这些策略互相进行比赛。在计算机上，每种策略都要和其他策略竞争，计算机实时记录博弈收益。

最终获胜的策略——收益最高的策略——竟然是一种最为简单的策略。这种策略叫作“以牙还牙”，它的运行方式如下。在第一轮，你选择合作（即选择不认罪的策略）。在以后的每一轮，如果你的对手在前一轮选择合作，则你也选择合作。如果对方在上一轮选择背叛，则你也选择背叛。换句话说，每个人的策略是选择对方在上一轮选择的策略。

以牙还牙策略收益最高，因为它对背叛行为立即实施惩罚措施。这种策略也是一种宽恕的策略：发现一次背叛，只惩罚一次。如果对方改邪归正开始合作，那么以牙还牙策略将以合作回报对方。在囚徒困境博弈将进行无限次的情形下，以牙还牙策略似乎是实现有效率结果的一种非常好的机制。

六、实施卡特尔

我们分析过双头垄断——想想伯特兰德模型——制定价格的博弈行为。我们断言，如果每个垄断企业能够选择价格，那么均衡结果将是竞争均衡。如果每个企业认为其他企业会保持价格固定不变，那么每个企业都会发现降价是有利可图的。这个结论只有在下列情形下才不会成立：每个企业的要价已是最低可能的价格，如果我们假设边际成本为零，那么这个最低价格就为零。如果使用本章的术语表达，每个企业索要零价格就是定价策略中的一个纳什均衡。

双头垄断的定价策略博弈和囚犯的两难博弈具有同样的收益矩阵的结构。如果每个企业索要高价，那么每个企业都能得到更大的利润。这种情形就是其合谋成卡特尔，并且坚持生产垄断产量。而如果一个企业索要高价，另外一个企业稍微降低一点价格就是值得的，因为这样做可以夺取其他企业的市场，因此得到更大的利润。而如果两个企业都降低价格，则其最终得到的利润都降低了。不论对方索要什么样的价格，你稍微降低一点价格总是有利可图的，当然前提是价格仍大于边际成本。纳什均衡发生在每个企业索要最低可能的价格时。

然而如果博弈重复进行无限次，那么可能还有其他结果。假设你决定实施以牙还牙策略。如果另外一个企业这周降价，你可以在下周降价。如果每个选手知道对方都会以牙还牙，那么每个选手都不会降低价格，因为这样会引起价格大战，各个选手的利益都会受损。因此，以牙还牙的潜在威胁能够使得所有企业维持高价。

现实生活中的卡特尔有时会使用以牙还牙策略。例如，美国的联合执行委员会是一个有名的卡特尔，它在 1800 年以后负责制定美国铁路货运的价格。这个卡特尔形成于美国反垄断法规生效之前，当时它是完全合法的。

这个卡特尔负责确定每个铁路公司货运的市场份额。每个企业独立制定自己的运费标准，该卡特尔记录每个铁路公司的货运数量。然而在 1881 年、1884 年和 1885 年间，有些公司认为其他成员公司偷偷降价来增加自身的市场份额，尽管所有公司事先约定不准降价。在这个时期，经常发生价格大战。当一个公司试图欺骗，所有其他公司都会降低价格以“惩罚”背叛者。这种以牙还牙策略显然能够保证卡特尔稳定运行一段时间。

七、序贯博弈

到目前为止，我们分析的博弈都有一个共同特征：选手都是同时行动的。而在很多情形下，其中一个选手可以率先行动，其他选手再做出反应。这样的博弈叫作序贯博弈。比如寡头垄断市场的斯塔克伯格模型，在该模型中，一个企业是领导者，另外一个企业是追随者。

下面我们分析这样的博弈。在第一轮，选手 A 率先进行选择，他可以选择上或下。选手 B 观察 A 的选择，并相应做出选择左或右的决策。该博弈的收益矩阵如表 10－5 所示。

注意，当该博弈以表 10－5 所示的形式表示时，它有两个纳什均衡解：（上，左）和（下，右）。然而下面我们将证明其中一个均衡解是不合理的。收益矩阵隐藏了下列事实：一个选手可以在观测另外一个选手选择之后再进行选择。在这种情形下，我们有必要用另外一种图形表示博弈的收益，这种图形能更好地反映该种类型博弈的非对称性质。

我们画出了这个博弈的展开图。展开图是博弈的一种表示方法，它能显示出选择的先后顺序。首先，A 必须选择上或下，然后 B 必须决定选择左还是右。然而在 B 做出决策时，他已经知道A选择了哪个策略。

表10－5

序贯博弈的收益矩阵		玩家B	
		左	右
玩家A	上	1，9	1，9
	下	0，0	2，1

这种博弈的分析方法是从后（树根）向前（树枝）追溯。假设A已经做出了选择，我们处在该博弈树的一个分支上。如果A选择上，则不管B怎么选择，A和B的收益分别为1和9，即图10－1中的（1，9）。如果A选择下，则B的合理选择是右，因此收益为（2，1）。

现在分析A的初始选择。如果A选上，则结果为（1，9），因此A得到的收益为1。而如果A选择下，则A得到的收益为2。因此，A会选择下。所以，该博弈的均衡解为（下，右），A的收益为2，B的收益为1。

策略（上，左）不是该序贯博弈的合理均衡解。也就是说，由于这两个选手的行动有先后之分，这个策略集不是一个均衡。的确，如果A选择上，则B会选择左——但A不会傻到选择上！

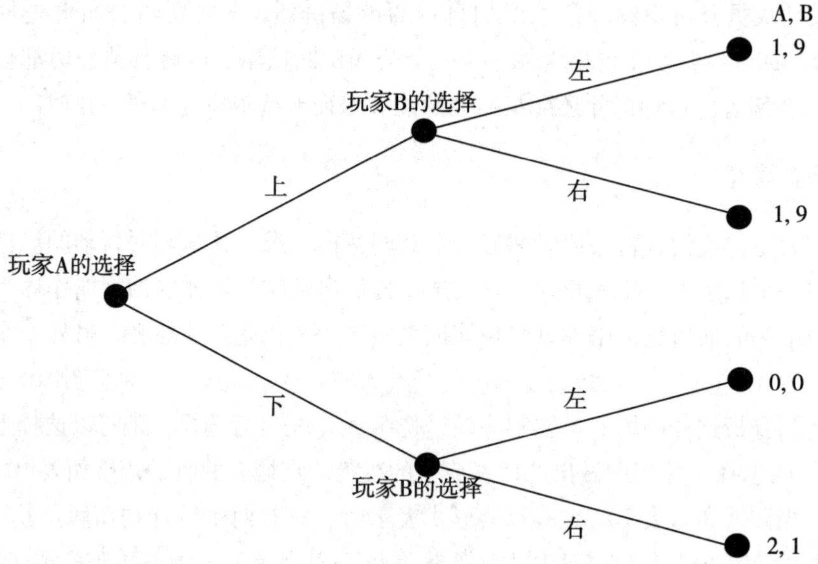

图10－1 序贯博弈

从B的角度来看，他相当不幸，因为他最终得到的收益为1，而不是9！他还有什么招数可使吗？

B可以威胁A，即若A选下则B就选左。如果A认为B真会这么做，那么他可能选择上。因为选择上的收益为1，而选择下——若B真实施威胁计划——的收益为0。

但A会相信B的威胁吗？毕竟A一旦做出了选择，就无法反悔。B的收益只能为0或1，他很可能得到1。除非B在某种程度上可以让A相信他一定会实施威胁计划，即使自己利益受损也在所不惜，否则他只能得到较小的收益。

B的问题是：一旦A已经做出选择，则A期望B理性行事。如果B承诺在A选择下时B会选择左，则B的状况会变好。

B做出承诺的一种方式是让别人为他做出选择决策。例如，B可以雇用律师，让律师警告A——如果A选择下则B必定选择左。如果A认识到这种警告的严重性，从A的角度来看，结果将大不相同。如果A知道B对律师的指示，那么他会知道如果他选择下，他最终的收益为0。因此，他自然会选择上。在这种情形下，B限定了自己的策略，从而使状况变得更好。

八、阻止进入的博弈

我们在分析双头垄断时假设行业中的企业数目是固定不变的。而在很多情形下，新企业可能会进入该行业。当然，行业中原有的企业会想方设法阻止新企业进入。原有企业由于已在行业中，可以先发制人，因此在阻止竞争对手进入的博弈中具有先行选择策略的优势。

例如，假设某个垄断企业面对另外一个企业进入行业的威胁。新企业（潜在进入者）决定是否进入市场，原有企业决定是否降低价格作为回应。如果新企业决定不进入，其得到的收益为1，原有企业得到的收益为9。

如果新企业决定进入，那么其收益取决于原有企业是否与其展开激烈竞争。如果企业进行竞争，那么我们假设两个选手的最终收益都为0。如果原有企业不进行竞争，我们假设进入者得到的收益为2，原有企业得到的收益为1。

注意，这正好是我们前面研究过的序贯博弈的结构。原有企业为B，而潜在进入者为A；策略上为不进入，策略下为进入；策略左为竞争，策略右为不竞争。我们已经知道，在这个博弈中，均衡结果是潜在进入者进入、原有企业不竞争。

原有企业的问题是其不可能事先承诺若其他企业进入其就会进行竞争。如果其他企业进入，损害已经造成，原有企业的理性行为是接受这一事实并且和平相处。然而如果潜在进入者认识到这一点，其自然会认为B的竞争威胁只是口号般的空话。

然而假设原有企业可以购买额外的生产能力，这样其就能以目前的边际成本生产更多的产量。当然，如果其仍然是垄断者，其就不希望实际增加产量，因为原有垄断产量已实现了利润最大化。

但是，如果其他企业进入，原有企业现在就能生产非常多的产量，因此可以与新进入者展开激烈的竞争。通过投资扩大额外产能，当其他企业试图进入时，其就可以降低成本来打击进入者。假设原有企业购买额外产能且选择竞争，那么其收益为2。此时，博弈树形如图 10 – 2 所示。

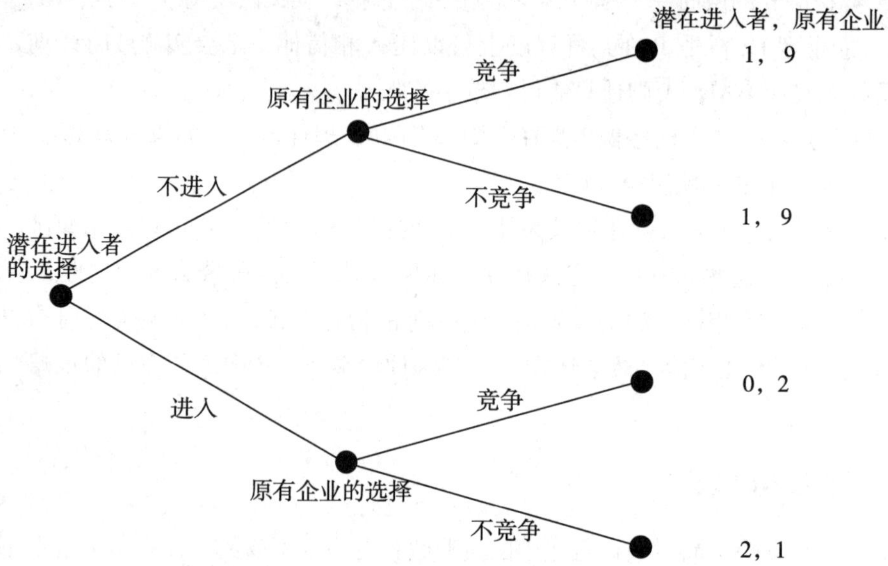

图 10 – 2　阻止进入的博弈

现在，由于增加了生产能力，竞争的威胁就是可信的。如果潜在进入者进入，若原有企业竞争则得到的收益为 2，若不竞争则其得到的收益为 1，因此，原有企业自然会选择竞争。潜在进入者如果进入得到的收益为 0，如果不进入得到的收益为 1，因此，其自然会选择不进入。

但是，这意味着原有企业仍然是唯一的垄断者，其根本不会使用额外的生产能力！尽管如此，垄断者投资扩大产能还是值得的，因为在新企业试图进入市场时，其能够做到让对方相信其有能力对进入者进行打击。垄断者投资于“过剩”产能的目的在于向潜在进入者发送信号：胆敢进入，必遭痛击。

第二节　博弈论的应用

上一节介绍了博弈理论中的几个重要概念，并分别举例进行了分析。在本节，我们分析博弈理论中的四个重要问题——合作、竞争、共存和承诺——看看它们在各种策略互动中是如何运行的。

为此，我们首先引入一个重要的分析工具，即最优反应曲线。我们可用这个工具求出博弈的均衡解。

一、最优反应曲线

我们以两人参与的博弈进行分析。假设你是其中一个选手，对于对方的任何选择，你的最优反应就是使得你的收益最大化。如果有若干个选择都能使你的收益最大，那么你的最优反应是这些选择的集合。

例如，考虑表 10－6 中的博弈，我们在上文曾用该博弈说明纳什均衡的概念。如果玩家 B 选择左，则玩家 A 的最优反应是选择上；若 B 选择右，则 A 的最优反应是选择下。类似的，若 A 选择上、下，则 B 的最优反应分别为左、右。

表 10－6

一个简单的博弈		玩家 B	
		左	右
玩家 A	上	2，1	0，0
	下	0，0	1，2

注意，若 B 认为 A 会选择上，则 B 会选择左；若 A 认为 B 会选择左，则 A 会选择上。因此，（上，左）这对选择是相互一致的，因为这对选择是由每个选手对对方选择的最优反应组成的。

考虑一个更一般的两人博弈，其中 A 的选择为 r_1、r_2、r_3……，B 的选择为 c_1、c_2、c_3……对于 A 的每个选择 r，$bc(r)$ 表示 B 的一个最优反应；对于 B 的每个选择 c，$br(c)$ 表示 A 的一个最优反应。一个纳什均衡为满足下列条件的一对策略（r^*，c^*）：

$$c^* = bc(r^*)$$

$$r^* = br(c^*)$$

选择的“相互一致性”其实指的就是纳什均衡。若 A 预期 B 会选择左，则 A 会选择上；若 B 预期 A 会选择上，则 B 会选择左。因此，纳什均衡时，选手之间的信念和行动实现了相互一致。

注意，有些情形下，其中一个选手可能对他的几个最优反应是无差异的。这也就是为什么我们只要求 c^* 是 B 的一个最优反应，r^* 是 A 的一个最优反应即可。如果每个选择的最优反应是唯一的，那么最优反应曲线可用最优反应函数表示。

这种看待纳什均衡概念的方式使我们更容易明白，纳什均衡只不过是古诺模型的一般形式。在古诺模型中，选择变量是产量，它是个连续变量。古诺均衡具有下列性质：给定其他企业的选择，每个企业选择的是能使利润最大化的产量。

而对于伯特兰德模型来说，该模型是价格策略的纳什均衡。给定其他企业的选择，每个企业选择的是能使利润最大化的价格。

这些例子表明最优反应曲线是以前模型的一般形式，借助最优反应曲线，我们可以更容易求出纳什均衡解。这些性质使得最优反应曲线成为求解博弈均衡的非常有用的工具。

二、混合策略

表 10－7

<table>
<tr><td colspan="2" rowspan="2">一个简单的博弈</td><td colspan="2">玩家 B</td></tr>
<tr><td>左</td><td>右</td></tr>
<tr><td rowspan="2">玩家 A</td><td>上</td><td>2，1</td><td>0，0</td></tr>
<tr><td>下</td><td>0，0</td><td>1，2</td></tr>
</table>

我们用最优反应曲线来分析表 10－7 中所示的博弈。

我们对混合策略均衡和纯策略均衡同样感兴趣，因此，令 r 表示 A 选择上的概率，$1-r$表示 A 选择下的概率；类似的，令 c 表示 B 选择左的概率，$1-c$ 表示 B 选择右的概率。由纯策略的定义可知，当 r 和 c 等于 0 或 1 时，就是纯策略。

下面我们计算如果 A 以概率 r 选择上且 B 以概率 c 选择左时，A 的期望收益，如表 10－8所示。

表 10－8　巡回医疗人数具体情况

组合	概率	A 的收益
上，左	rc	2
下，左	$(1-r)c$	0
上，右	$r(1-c)$	0
下，右	$(1-r)(1-c)$	1

为了计算 A 的期望收益，我们将表 10－8 第 3 列的收益乘以第 2 列的相应概率（权重），然后相加，可得：

A 的收益 $=2rc+(1-r)(1-c)$

整理可得：

A 的收益 $=2rc+1-r-c+rc$

现在假设 R 考虑将 r 提高 Δr，收益将会怎样变化？

A 的收益变化 $=2c\Delta r-\Delta r+c\Delta r=(3c-1)\Delta r$。

上述表达式当 $3c>1$ 时为正，当 $3c<1$ 时为负。因此，当 $3c>1$ 时，A 会提高 r；当 $3c<1$ 时，A 会降低 r；当 $c=1/3$ 时，概率 r 取任何值对 A 都是无差异的。

类似的，B 的收益为：

B 的收益 $=cr+2(1-c)(1-r)$

当 c 变动时，B 的收益变化为：

B 的收益变化 $= r\Delta c + 2r\Delta c - 2\Delta c =$ （$3r-2$）Δc

因此，当 $r>2/3$ 时，B 会提高 c；当 $r<2/3$ 时，B 会降低 c；当 $r=2/3$ 时，c 取任何值对 B 都是无差异的。

我们可以利用这些信息画出最优反应曲线。我们从 A 开始分析。若 B 选择 $c=0$，A 会使 r 足够小，因此 $r=0$ 是对 $c=0$ 的最优反应，这个选择将一直为最优反应，直到 $c=1/3$ 时；$c=1/3$ 时，任何 r 值都是最优反应；当 $c>1/3$ 时，A 的最优反应为 $r=1$。

这些曲线如图 10－3 所示。从中容易看出，它们在三个地方相交，分别为（0，0）、（2/3，1/3）和（1，1），它们分别对应着该博弈的三个纳什均衡解。这三组策略中，两组是纯策略，一组是混合策略。

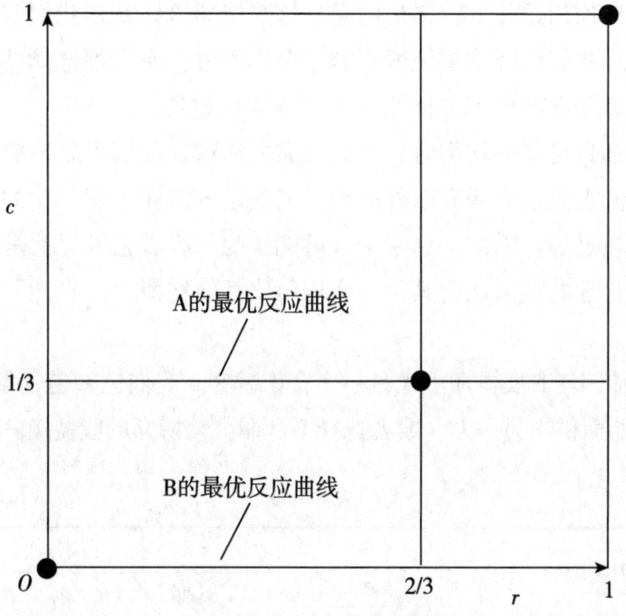

图 10－3　最优反应曲线

玩家 A 的最优反应曲线和 B 的最优反应曲线的交点均为纳什均衡解。在这个例子中，有三个均衡解，其中两个是纯策略均衡解，一个是混合策略均衡解。

三、合作博弈

利用最优反应曲线，我们现在开始分析合作博弈。合作博弈是指当选手能调和他们的策略时，他们的总收益最大。在实践中，这类博弈的问题是要找到能使选手合作的机制。

合作博弈中的一个经典例子就是所谓的性别大战。在这个博弈中，一个男孩和一个女孩希望约会去看电影，但是没约好看哪一部电影。他们又没带手机，因此无法提前商量看什么样的电影，只能猜测对方的偏好。

表 10 – 9

性别大战		女	
		动作片	文艺片
男	动作片	2，1	0，0
	文艺片	0，0	1，2

假设男孩想看新上映的动作片，而女孩则喜欢看文艺片；但是与不约会相比，他们宁愿看同样的电影。这些偏好的相应收益如表 10 – 9 所示。这里要注意合作博弈的特征：合作时的收益比不合作时的收益高。

这个博弈的纳什均衡是什么？幸运的是，这个博弈恰好就是我们前面用于介绍最优反应曲线的那个博弈。我们已经知道该博弈有三个均衡解：两人都选择动作片，两人都选择文艺片，或者每人以 2/3 的概率选择他（她）喜欢的电影。

由于这三个解都是可能的均衡解，因此仅靠上述信息我们很难确定他们具体会选哪一个。一般来说，我们需要依靠博弈以外的因素来确定该博弈的解。比如，假设播放艺术片的影院离其中一人较近等。因此，这两个人可能认为一起看艺术片就是均衡的选择。

当所有选手有合理的理由认为其中一个均衡比其他均衡更“自然”时，则这个均衡称为该博弈的一个焦点。

之前分析的囚徒困境其实本质上也是一个合作博弈。我们已知道这个博弈说的是：每个囚犯都可以选择认罪而供出另一方，或者选择不认罪。该博弈的收益矩阵如表 10 – 10 所示。

表 10 – 10

囚徒困境		囚徒 B	
		认罪	不认罪
囚徒 A	认罪	–3，–3	0，–6
	不认罪	–6，0	–1，–1

这个博弈的突出特征是：认罪是占优策略，尽管合作（双方都不认罪）的总收益更大。合作能使得每个罪犯的收益最大，但问题是在只有一轮的博弈中，几乎找不到能让他们合作的方法。

囚徒两难的一种解决方法是拓展该博弈，比如增加新的选择。我们在前面已知道，无限次重复的囚犯两难博弈，可以通过以牙还牙策略实现合作的结果。以牙还牙指的是在将来的行动中奖励合作、惩罚背叛。该情形下，新增加的选择就是今天的不合作将会导致后来的惩罚。

另外一种“解决”囚徒两难问题的方法是，选手之间可以签订合同彼此约束，和上面类似，这也是为原博弈增加备选策略的一种方法。例如，两个选手在合同中约定彼此坚持选择合作的策略。任何一方如果违约，则需要支付罚金或者受到其他惩罚。合同有助于实现博弈的各种结果，但是合同依赖法律系统，即需要法律保证这些合同的约束力。商业合同的约束力通常可由法律保证，但是对于军事博弈或国际谈判这类情形，似乎没有合适的法律能够约束人们的行为。

就好像20世纪50年代美国和苏联展开军事竞赛时那样，每个国家都可以选择制造或者不制造原子弹。这些策略的收益如表10－11所示。双方最好的结果是不制造原子弹，此时收益为（4，4）。如果一个不制造而另外一个制造，那么制造者得到的收益为3，而不制造者得到的收益为1。双方都制造时的收益为（2，2）。

表10－11

保证博弈		苏联	
		不制造	制造
美国	不制造	4，4	1，3
	制造	3，1	2，2

从中不难看出，该博弈有两个纯策略纳什均衡（不制造，不制造）和（制造，制造）。然而（不制造，不制造）对于双方更有利。问题在于，哪一方都不知道对方的策略选择。在承诺不制造之前，每个国家都希望对方率先做出不生产的保证。

做出保证的一种方法是，其中一个国家率先做出表率，例如允许对其进行检查。注意，这种行为可以是单方面的，至少在其相信该博弈的收益时其会这么做。一个国家如果宣布停止制造原子弹，并且能够向对方展示足够的停产证据，那么就会相信对方也会停止制造，因为此时的收益（4，4）是最大的。

然而实质上，这样做非常困难。如果你是某个合作博弈的选手，你可能希望对方与你合作：在合作博弈中，你希望对方选择你们都偏爱的均衡；在性别大战博弈中，你希望对方选择你们其中一方偏爱的均衡；在囚徒两难博弈中，你希望对方选择的不是实现均衡的策略（即希望对方不认罪）。

然而这都需要保证在博弈、性别大战博弈等情形中，其中一个选手率先行动，并且他向对方承诺坚持某个既定的选择。对方于是可以观察他的行为，从而相应地做出反应。迈出第一步的人是要承担一定风险的。

而在囚徒两难博弈中，这种方法甚至是不可行的：如果一个选手选择不认罪，则对方会选择认罪。此时，“解决”囚徒两难问题的主要方法是重复博弈和签订合同。

四、竞争博弈

竞争博弈是与合作博弈相反的另外一个极端。这种博弈就是有名的零和博弈，这是因为在这种博弈中，一方的收益等于另一方的损失。

绝大多数体育比赛都是零和博弈：一个队伍得到一分，另外一个队伍就失去一分。这种博弈的竞争非常激烈，因为不同选手的利益正好相反。

我们以足球为例进行分析。选手 R 来踢罚点球，选手 C 防守。R 可以踢向球门左方，也可以踢向右方；为了扑出点球，C 可以扑向左方，也可以扑向右方。

我们以期望得分（期望进球概率或期望扑出概率）表示这些策略的收益。显然如果 C 扑错了方向，R 的收益会更高。另外，这个博弈可能不是完全对称的，因为 R 可能只擅长向某一个方向踢，C 也可能只擅长向某个方向扑。

假设 R 踢向左，则 C 扑向右时，R 进球的概率为 80%；C 也扑向左时，R 进球的概率只有 50%。若 R 踢向右，则 C 扑向左时，R 进球的概率为 90%；C 也扑向右时，R 进球的概率只有 20%。这些收益如表 10－12 所示。

表 10－12

足球场上的竞争博弈		选手 C	
		左	右
选手 R	左	50，－50	80，－80
	右	90，－90	20，－20

注意，每个小方格中的两人收益之和为零，这表明选手得分正好完全相反。R 和 C 都希望使得自身的期望收益最大化，换句话说，就是使对方的收益最小化。

显然，如果 C 知道 R 的踢球方向，C 将具有明显优势。意识到这一点，R 会尽量让 C 猜测。R 有时会踢向自己擅长的方向，有时会踢向自己不擅长的方向。也就是说，R 使用的是一种混合策略。

假设 R 以概率 p 踢向左，若 C 扑向左，则 R 的期望收益为 $500+90\times(1-0)$；若 C 扑向右，则 R 的期望收益为 $800+20\times(1-0)$。R 极力使自己的期望收益最大，C 则极力使 R 的期望收益最小。

例如，假设 R 选择踢向左的概率为 50%。如果 C 扑向左，则 R 的期望收益为 $50\times 1/2+90\times 1/2=70$；若 C 扑向右，则 R 的期望收益为 $80\times 1/2+20\times 1/2=50$。

C 当然也可以进行类似推理。若 C 相信 R 踢向左的概率为 50%，则 C 会扑向右，因为这样的选择能使 R 的期望收益最小（因此最大化 C 自己的期望收益）。

图 10－4 表明了 R 选择不同概率值 p 时的期望收益。画出这个图并不难，只要画出函数 $50p+90(1-p)$ 和 $80p+20(1-p)$ 的图形即可。由于这两个函数都是 p 的线性函数，因此它们的图形都是直线。

R 知道 C 会极力使得 R 的期望收益最小。因此，对于任何概率水平 p，R 能获得的最大收益是他的两个策略的收益值中最小的那个。

这些最小收益中的最大值在哪个地方出现？显然，它位于这两条直线相交之处。

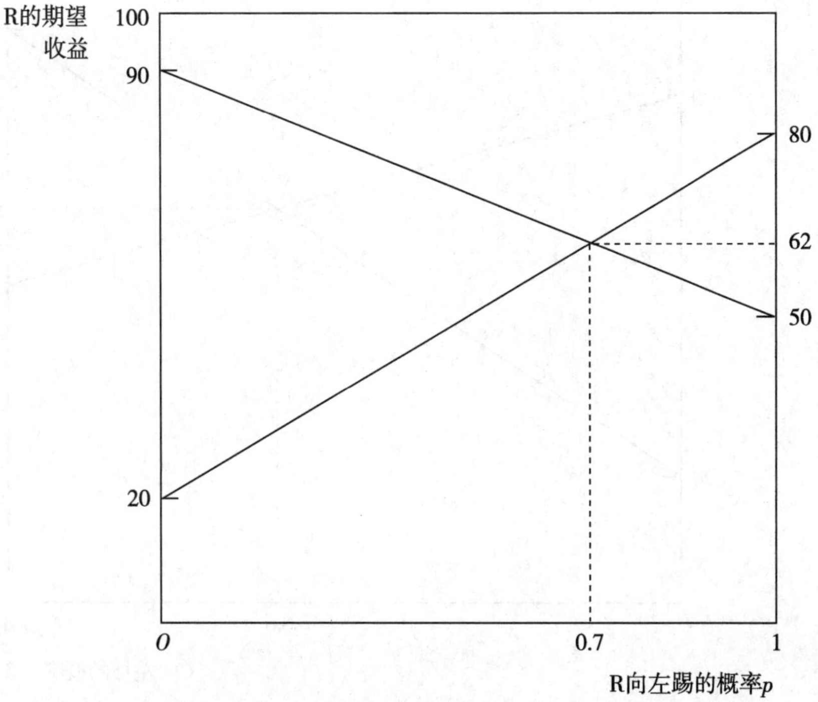

图 10-4　R 的策略

两条曲线表明，R 的期望收益是 p 的函数，其中 p 为他踢向左方的概率。不管 R 选择怎样的 p 值，C 都会极力使 R 的收益最小。

我们可以使用代数方法求解此时的概率值 p：

$50p+90(1-p)=80p+20(1-p)$

由此可得：$p=0.7$。

因此，若 R 以 70% 的概率踢向左，而且 C 做出了最优的反应，则 R 的期望收益为 $50\times0.7+90\times0.3=62$。

C 的结果如何？我们可以对 C 的选择进行类似分析。假设 C 以概率 q 扑向左方，以概率 $1-q$ 扑向右方。因此，C 扑向左方时，R 的期望收益为 $50q+80(1-q)$；C 扑向右方时，R 的期望收益为 $90q+20(1-q)$。对于每个概率水平 q，C 都会极力使得 R 的收益最小，但是 C 也知道 R 会尽量使得这个收益最大。

因此，若 C 以概率 1/2 扑向左方，他知道：若 R 踢向左，则 R 的期望收益为 $50\times1/2+80\times1/2=65$；若 R 踢向右，则 R 的期望收益为 $90\times1/2+20\times1/2=55$。在这种情形下，R 当然会选择踢向左方。

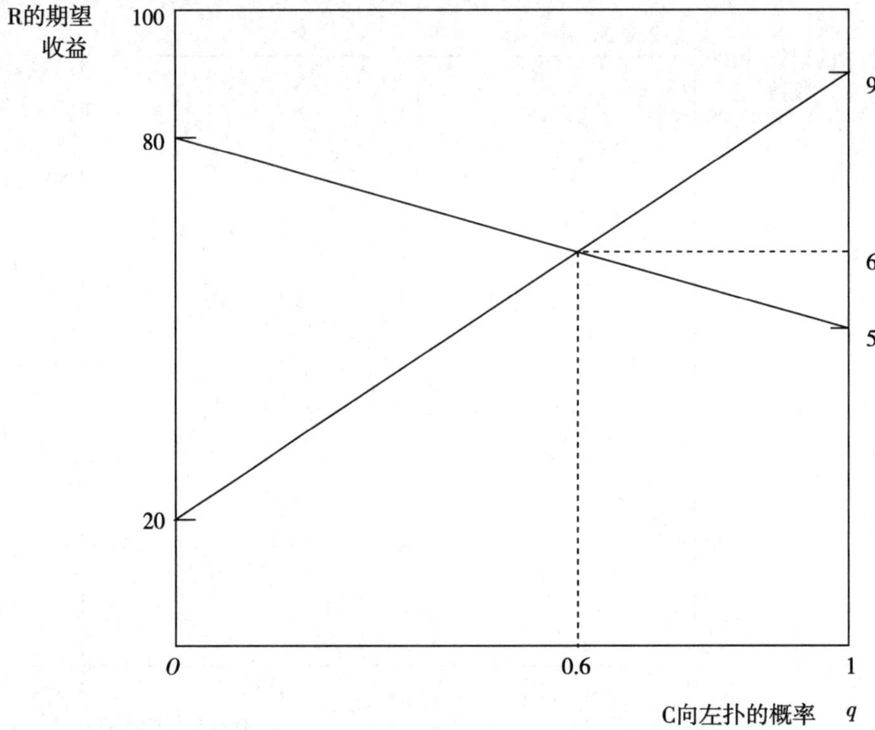

图 10－5　C 的策略

两条曲线表明，C 的期望收益是 q 的函数，其中 q 为他扑向左方的概率。不管 C 选择怎样的 q 值，R 都会极力使得自己的收益最大。

我们可以画出这两条收益曲线，如图 10－5 所示。从 C 的观点来看，他关注的是这两条曲线的最大值，因为最大值反映了对于 C 所选择的概率 q，R 的最优反应。和前面一样，我们可以找到 C 的最优 q 值，该 q 值恰好使得 R 从他的最大收益集中选出了最大的那个。这个最大值发生在：

$$50q+80(1-q)=90q+20(1-q)$$

由此可得：$q=0.6$。

我们已经计算出 R 和 C 的均衡策略。R 应该以概率 0.7 踢向左，C 应该以概率 0.6 扑向左。此时，不管对方选择何种策略，R 和 C 的期望收益是相同的，因为我们计算这两个概率的方法就是令对方两个策略的期望收益相等。

因此，当 R 选择以概率 0.7 踢向左，则 C 在扑向左还是扑向右之间是无差异的，或者说此时 C 可以以任意概率 q 扑向左。特别地，C 最喜欢以概率 0.6 扑向左。

类似的，若 C 以概率 0.6 扑向左，则 R 在踢向左还是踢向右之间是无差异的，或者说他可以随便踢向左或右。特别地，R 最喜欢以概率 0.7 踢向左。因此，（R 以概率 0.7 踢向左，C 以概率 0.6 扑向左）是一个纳什均衡：给定对方的选择，每个选手选择的策略都是最优的。

在均衡时，R 进球的概率为 62%，不进球的概率为 38%。如果 C 的反应是最优的，这是 R 能实现的最好结果。

如果 C 的反应不是最优的，结果会如何？R 能实现更大的收益吗？为了回答这个问题，我们需要使用本章一开始介绍的最优反应曲线。我们已经知道，当 p 小于 0.7 时，C 会扑向左；当 p 大于 0.7 时，C 会扑向右。类似的，当 q 小于 0.6 时，R 会踢向左；当 q 大于 0.6 时，R 会踢向右。

图 10－6 画出了 R 和 C 的最优反应曲线。注意，这两条曲线在 $p=0.7$ 且 $q=0.6$ 时相交。最优反应曲线的优点在于，不论对方的选择是否最优，它都能告诉选手自己如何进行选择。对最优反应的最优反应，就是这两条曲线相交之处，在这一点上实现了纳什均衡。

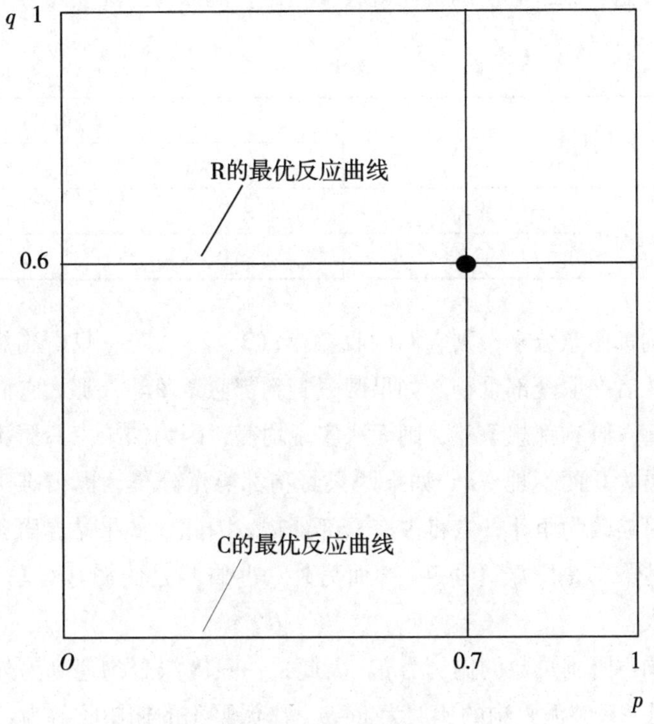

图 10－6　最优反应曲线

图 10－6 中分别画出了 R 和 C 的最优反应曲线。R 的最优反应曲线是他踢向左的概率 p 的函数；C 的最优反应曲线是他扑向左的概率 q 的函数。

五、共存博弈

前文将混合策略解释为选手随机选择策略。在罚点球的博弈中，若 R 的策略是以 0.7 的概率踢向左方、以 0.3 的概率踢向右方，则我们认为 R 将“混合使用他的策略”：70% 的时间内踢向左方、30% 的时间内踢向右方。

然而这里还有另外一种解释。假设我们随机选择一批罚球选手，而且假设这些选手中

70%的人总是踢向左方，30%的人总是踢向右方。从守门员的角度来看，这相当于他面对这样一个罚球手：他以70%的概率踢向左方、以30%的概率踢向右方。

这种解释对罚球博弈来说不太合理，但是对动物行为来说则是合理的。此处的思想是，动物的各种行为来自遗传，能够生存下来的种群通常具有稳定的进化能力。近些年来，在生物学家分析动物行为时，博弈理论成为不可或缺的研究工具。

动物间相互作用的最著名博弈就是鹰鸽博弈。这个博弈不是指鹰和鸽子之间的博弈（如果是，结果很容易预测），而是指具有两类行为的同一物种之间的博弈。

我们以野狗为例进行分析。当两只野狗同时遇到食物时，它们必须决定是争斗还是分享。争斗是鹰派的策略：一胜一输。分享是鸽派的策略：当对方也是鸽派时，分享是个好策略；但如果对方是鹰派，分享的提议就会被拒绝，鸽派将一无所得。

表 10－13

鹰鸽博弈		野狗 C	
		鹰派	鸽派
野狗 R	鹰派	－2，－2	4，0
	鸽派	0，4	2，2

如果两只野狗都愿意分享，则它们的收益为（2，2）。若一只野狗想争斗，而另外一只想分享，则争斗者夺取全部食物。如果两只野狗都愿意争斗，那么它们将受伤严重。

显然，如果每只野狗都想争斗，则无法实现均衡，因为如果一只野狗将争斗的策略改为分享，它的收益为0而不是－2。如果两只野狗都愿意分享，也很难实现均衡，因为若一只野狗将分享策略改为争斗，它将占有全部食物。因此，如果站在野狗种群的角度，那么均衡时必然有些野狗是鹰派（争斗），而另外一些野狗是鸽派（分享）。问题是：它们之间的比例是多大?

假设鹰派野狗占野狗总数的比例为p。因此，一只鹰派野狗遇到另外一只鹰派野狗的比例为p，而遇到一只鸽派野狗的比例为$1-p$。鹰派野狗的期望收益为：

$$H=-2p+4(1-p)$$

鸽派野狗的期望收益为：

$$D=2(1-p)$$

假设哪一类的收益高，哪一类野狗的繁殖能力就越快，而且还会将这种倾向遗传给后代。那么，如果$H>D$，那么种群中鹰派的比例就会上升；如果$H<D$，那么鸽派的比例就会上升。

野狗种群中的唯一均衡出现在鹰派收益和鸽派收益相等时，即：

$$H=D$$

由此可解得：$p=1/2$。

我们已经知道，均衡时，鹰派和鸽派的比例为50%：50%。这个均衡在某种意义上是一个稳定的均衡吗？我们在图中画出鹰派和鸽派的收益曲线，它们都是概率 p 的函数，其中 p 表示鹰派的比例。注意，当 $p>1/2$ 时，鹰派的收益小于鸽派的收益，因此我们可以预期鸽派的繁殖速度更快，这又回到50%：50%这个均衡比例。类似的，当 $p<1/2$ 时，鹰派的收益大于鸽派的收益，鹰派的繁殖速度更快，这又回到上述均衡比例。

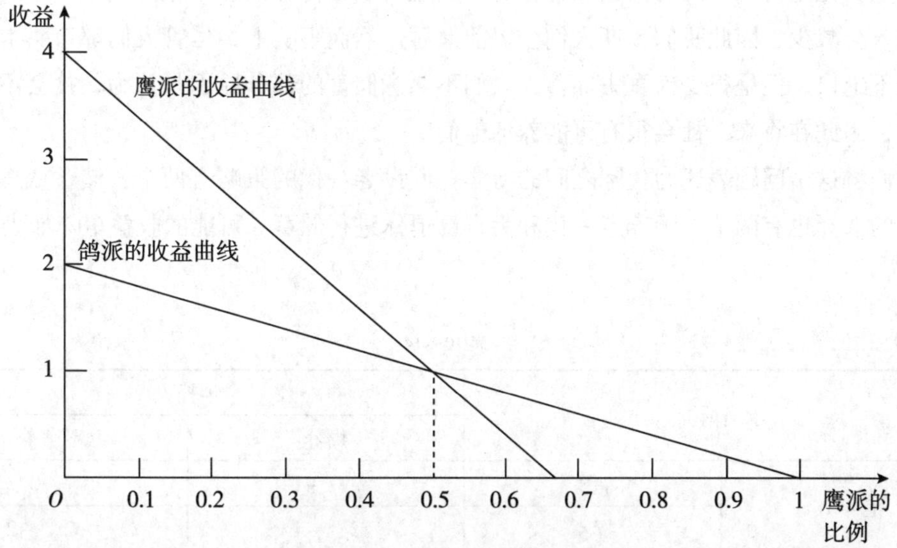

图 10－7　鹰鸽博弈中的收益

当 p 大于0.5时，鹰派的收益小于鸽派的收益，反之则相反，这表明该均衡（0.5，0.5）是稳定的。

这个论证表明，$p=1/2$ 不仅是一个均衡解，而且在进化力的作用下也是一个稳定均衡解。这类分析引出了一个进化稳定策略。明显地，一个进化稳定策略就是一个纳什均衡，尽管我们是用种群而不是个体推导出这个进化稳定策略的。

纳什均衡的概念旨在计算出下列情形下的均衡解：两个精于算计的理性人的博弈中，每个人试图找出自己的最优策略来应对对方的最优策略。而进化稳定博弈则是用来分析动物种群在进化力作用下的行为，哪一类（比如上例中的鹰派或鸽派）的收益更大，哪一类的繁殖速度更快。尽管存在应用环境的差别，进化稳定博弈也是纳什均衡，这再次说明了纳什均衡这个概念在博弈论中的地位有多么重要。

六、承诺博弈

前文介绍的合作博弈和竞争博弈都是同时行动的博弈。在不知道对方正在或者已经选择出何种策略的情形下，每个选手必须做出自己的选择决策。的确，在合作博弈或竞争博弈中，如果一个选手知道对方的选择，那么博弈的结果将非常容易解得。

现在，我们将分析序贯行动，即选手行动顺序有先后之分而不再是同时。这类博弈中的一个重要策略称为承诺。为了看清承诺是如何运行的，我们可以再回头看看：在保证博弈中，如果一方能率先行动，那么博弈的结果将对双方选手都更有利。

注意，这个承诺必须是不可撤销（即不可反悔）的，而且必须是能被对方观测到的。承诺本身就意味着不可撤销，否则还叫什么承诺？但是，承诺的可观测性非常重要，因为只有这样才能让对方改变行为。

范里安先生就视美国的储蓄和社会保障问题为承诺博弈的一个很好例子——人们在退休后收入会减少，因此我们预期人们会提前储蓄。然而事实上，尽管人们都口头上对提前储蓄赞不绝口，但是很少人真去储蓄。人们不愿意储蓄的部分原因是认为，社会不会让他们挨饿，因此在将来，社会很有可能养活他们。

我们将这个问题表述为代际之间的博弈。假设老一代的策略有两个：储蓄或挥霍。年轻一代的选择也有两个：赡养老一代和为自己退休进行储蓄。可能的收益矩阵如表 10 - 14 所示。

表 10 - 14

承诺博弈		年轻人	
		赡养	不赡养
老年人	储蓄	3，-1	1，0
	挥霍	2，-1	-2，-2

如果老年人自己储蓄而且年轻人也会赡养他们，那么老年人的收益为 3，年轻人的收益为 -1。如果老年人挥霍乱花而且年轻人赡养他们，那么老年人的收益为 2，年轻人的收益为 -1。

如果年轻人不赡养而且老年人自己储蓄，那么老年人的收益为 1，年轻人的收益为 0。最终，如果老年人挥霍而且年轻人不赡养，那么各自的收益均为 -2，因为这样老年人会挨饿，年轻人因旁观而心里会不安，所以收益均为负。

从中不难看出，这个博弈有两个纳什均衡。如果老年人选择储蓄，那么年轻人的最优选择就是不赡养老人。如果老年人选择挥霍，那么年轻人的最优选择是赡养他们。当然，如果年轻人选择赡养老年人，那么老年人的最优选择是储蓄。

然而上面的分析忽略了这个博弈的时间结构：老年人为数不多的好处是能先变老。如果我们画出博弈树，收益如图 10 - 8 所示。

如果老年人储蓄，年轻人就会选择不赡养，因此老年人的收益为 1。如果老年人挥霍，而年轻人不忍看他们到时挨饿而会赡养时，老年人的收益为 2。

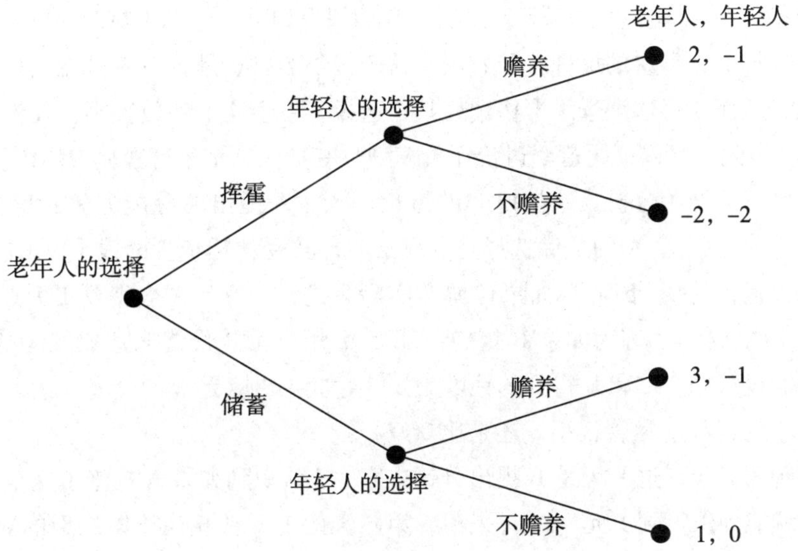

图 10-8　储蓄博弈的展开图

由于知道年轻人会赡养，老年人最优的选择就是储蓄。子博弈的完美均衡为（储蓄，赡养），均衡时收益为(3，-1)。

当然，大多数发达国家都实施了社会保障计划，强迫每一代人为将来的退休提前进行储蓄。

七、讨价还价

经典的讨价还价问题是分钱问题。两个选手有 1 元钱，如何分？

如果只给你上面那么少的信息，你无法给出具体的答案，因为这些信息还不足以建立一个合理的模型。建立讨价还价模型的关键是找到选手之间进行协商的机制。

例如，纳什讨价还价模型采用的是公理性的证明方法，也就是说，它首先假设合理的解应该具有什么样的性质，然后证明满足这些公理性假设的结果只有一个。最终结果取决于选手对风险的厌恶程度，以及如果没有讨价还价机制将会发生什么事情。然而这个模型的完整介绍超出了本书的范围。

此外还有一种模型，称为鲁宾斯坦讨价还价模型。这个模型的思路是分析一系列选择决策，然后求解子博弈完美均衡。这个模型的基本思想比较容易说明。

我们举个简单的例子加以说明。两个人——Alice 和 Bob（以下分别以 A 和 B 表示）共同分享 1 元钱。他们决定最多三天之内找到分钱的方法。第一天，A 提出一种分钱方法，B 可以接受，也可以拒绝。如果拒绝，B 要在第二天提出另外一种分钱方法。如果 A 拒绝了 B 的方法，那么 A 在第三天提出最终的分配方法。如果三天之内无法达成分钱的一致意见，那么每个人得到的钱数都为 0。

假设 A 和 B 的耐心程度不同：A 对未来收益的贴现率（折扣率）为 α 每天；B 对未来

收益的贴现率（折扣率）为 β 每天。最后，我们假设如果一个选手对两种分配方法无差异时，他总是选择对方喜欢的那种分配方法。这个假设的思想是，对手可能只分配给另一方很小的钱数，从而使得这个选手严格偏好某个选择。由于这个钱数很小，我们可以将之近似地看为0。因此，可以证明这个讨价还价模型只有唯一一个子博弈完美均衡。

我们从第三天开始分析。这是博弈的最后一天，A 提出的分配方案一般为“要么接受，要么走人”。显然，A 的最优选择是分配给 B 能接受的尽量少的钱，根据前面的假设，这个钱数可以近似为0。因此，如果该博弈实际只进行三天，A 会得到 1 元，B 会得到 0 元（即任意小的钱数）。因为如果 B 拒绝，那么说明 A 和 B 最终未达成统一的分配意见，根据前面的假设可知，A 和 B 得到的钱数为 0。而如果 B 接受 A 的分配方案，那么他还能得到一个很小的钱数（尽管很小，还是比 0 好）。

现在回到第二天，这一天是 B 提出分钱方案。B 认识到如果 A 拒绝了这个方案，那么 A 在第三天就能确保得到 1 元。对 A 来说，第三天的 1 元钱相当于第二天的 α 元。因此，如果 B 提出的方案中分配给 A 的钱数小于 α，那么 A 必定会拒绝 B 的方案。B 显然更喜欢此时的（$1-\alpha$）元，而不是第三天的 0 元。因此，B 应该理性地分配 α 元给 A，A 当然会接受，因为这相当于第三天的 1 元钱。因此，如果该博弈在第二天结束，那么 A 得到 α 元，B 得到（$1-\alpha$）元。

现在回到第一天。第一天是 A 提出分配方案。A 认识到如果 B 拒绝了他的方案，那么 B 在第二天可以得到（$1-\alpha$）元。因此，为了避免被拒绝，A 分配给 B 的钱数应该等于（$1-\alpha$）元在第一天的现值，即 $\beta(1-\alpha)$。B 发现这个钱数（恰好）是他能接受的，因此博弈结束。该博弈的最终结果是：博弈在第一天结束，其中 A 得到的钱数为 $1-\beta(1-\alpha)$，B 得到的钱数为 $\beta(1-\alpha)$。

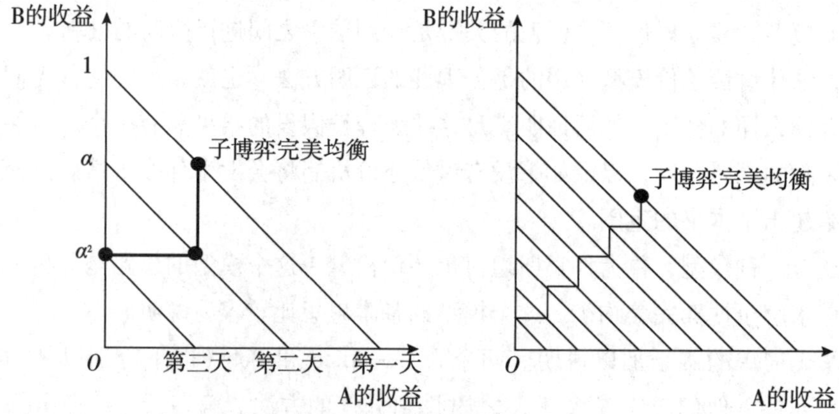

图 10－9　一个讨价还价模型

粗实线将子博弈的均衡结果连接起来，最外面那条线上的点是子博弈完美均衡。

图 10－9 中左侧的图形表示 $\alpha=\beta<1$ 时的博弈过程。最外面那条（45 度）直线表示的是第一天的可能收益模式，即 $X_a+X_b=1$。中间那条直线表示，如果博弈在第二天结束，

收益的现值为多少，即 $X_a + X_b = \alpha = \beta$。最靠近原点的那条直线表示，如果博弈在第三天结束，收益的现值为多少，即 $X_a + X_b = \alpha^2 = \beta^2$。图中，呈现直角形状的那条路径表示每一天最小可接受的分配钱数。图 10－9 中右侧的图表示博弈的天数为很多天时的博弈过程。

我们自然地将博弈次数推广到无穷次，即分析在博弈次数为无穷时结果是怎样的。对此，可以证明子博弈完美均衡时的分配额为：A 获得 $(1-\beta) / (1-\alpha\beta)$，B 获得 $\beta(1-\beta) / (1-\alpha\beta)$。

注意，如果 $\alpha = 1$ 且 $\beta < 1$，则 A 得到了全部的钱数。

鲁宾斯坦讨价还价模型的思想是如此优美，因此经济学家急忙做实验进行验证。然而他们发现，优美并不意味着准确。实验的结果意味着缺乏经验的被实验人员（比如你让非经济专业的学生进行博弈）也许最多只能预测一两步。

此外，可能还有其他因素影响了实验结果。为了看清这一点，假设前面介绍的讨价还价模型只进行一天。A 和 B 仍然要共享 1 元钱。A 提出分配方案，如果 B 接受，博弈结束。问题是：A 应该提出怎样的分配方案？

如果根据单纯的理论分析，A 提出的方案应该为分给自己 99 分钱，分给 B1 分钱。B 认识到 1 分钱也比 0 好，因此会接受这个方案。A 高兴地回家了，他心里想：自己学过的经济学看来帮了大忙。

然而结果并非如此。一个可能的结果是，由于 B 认为 1 分钱太少了，他会拒绝，因此 A 和 B 都一无所得。A 认识到这一点，会增大分配给 B 的钱数。在实际实验中，美国大学生分配给对方的钱数的平均值为 45 分钱，这种分配方案在大多数情形下都会被对方接受。

制定分配方案的一方是理性的，因为从实验中被拒绝的频率来看，分配 45 分钱给对方已非常接近自己最大的期望收益。与理论预期不同的是接受方的行为，因为在现实中，如果分配给他的钱数很小，他会拒绝，即使拒绝后他 1 分钱也得不到。

人们对理论结果和实验结果的差异提出了多种解释方法。一种观点是，如果分配给对方的钱数太小，则违背了人类行为的社会准则。的确，经济学家发现，不同文化对最后通牒博弈的实验结果有显著影响。另外一种观点是，接受方拒绝较小的钱数是对对方的报复，这样他能获得某种效用。报复的代价是自己损失了 1 分钱，却让对方失去了 99 分钱，这样一比较，通过报复对方得到的满足感还是相当有诱惑力的。

第三节　行为经济学

我们前面分析过的消费者选择模型简单且优美，它也是很多分析的合理起点。然而它肯定不是故事的全部，在很多情形下，为了更准确地分析消费者行为，必须建立更深入的消费者行为模型，其中就要用到不少有关博弈论的思维方式。

行为经济学致力于研究消费者实际如何做出选择的。行为经济学使用了部分心理学的思想，借以预测消费者的选择行为。行为经济学中的很多预测结果和“理性”消费者的传统经济模型的结果不一致。

在本章，我们将介绍行为经济学家识别出的若干重要现象，并将行为理论的预测结果和本书前面章节的结果进行比较。

一、消费者行为中的框架效益

在消费者行为的基本模型中，我们抽象地描述了消费者的选择：红铅笔和蓝铅笔、汉堡和炸薯条等。然而在现实生活中，消费者的选择受选择对象的具体提供方式的影响较大。

一条褪色的牛仔裤，你把它放在旧货店还是专卖店里给消费者的感觉是不同的。购买股票组合的决策和出售股票组合的决策在感觉上也不一样，即使这两种组合包含的股票种类和数量是一样的。一家书店将某书标价 29.95 元能卖出几十本，但如果标价 29 元却只能卖出寥寥几本。

这些都是框架效应的例子，它们显然对消费者行为有强大的影响力。事实上，很多市场营销策略恰恰是利用了消费者选择中存在的这些认知偏差。

框架效应在涉及不确定性的选择中非常常见。例如，考虑下面的决策问题：

某种严重的疾病威胁 600 个人的生命。你要在下列两种治疗方案 A 和 B 中做出选择，这两种方案的后果为：

方案 A：肯定可以挽救 200 人的生命。

方案 B：在 1/3 的概率下能挽救 600 人的生命，在 2/3 的概率下，一个人也救不活。

你会选择哪个方案？现在考虑下面两种方案的选择问题。

方案 C：有 400 人必定死亡。

方案 D：在 2/3 的概率下，600 人会死亡；在 1/3 的概率下，无人死亡。

现在你会选择哪一种治疗方案？肯定性框架给出的信息是能救活多少人，大多数人因此选择 A 而不是 B；但否定性框架给出的信息是不能救活多少人，大多数人因此选择 D 而不是 C。但是要注意，A 和 C 的结果是完全一样的，B 和 D 的结果也是完全一样的。显然，将同一方案置于肯定性框架（能救活多少人）比置于否定性框架内（不能救活多少人）更受人们欢迎。

即使是内行专家，在面对这样的问题时也会落入陷阱。心理学家曾经让医生对上述问题做出选择，当问题是以肯定性框架给出时，72% 的人选择了比较安全的治疗方案 A，而不是具有风险的方案 B；但是当同样的问题以否定性框架给出时，只有 22% 的医生选择了具有风险的方案 C，而 72% 的医生选择了安全的治疗方案 D。

尽管我们面对的问题通常不是生或死的选择问题，但是很多平凡的选择——例如股票的买或卖——和上述问题具有相似性。对于投资组合的理性选择，应该取决于对该投资可能结果的评估，而不是你如何得到这些投资组合。

例如，假设有人给你100股某公司的股票（它的广告是“我们无偿赠送建筑材料，你只要支付包装费和运输费”）。如果有人以礼物形式送给你该公司的股票，你可能不愿意卖掉它们，尽管你从未想过购买该公司的股票。

人们通常不愿意卖掉亏本的股票，因为他们认为这些股票的价格还会“回升”。价格也许会上升，也许不会，但是最终你不应该让历史成本决定你的投资组合。你应该问自己这样的正确问题：今天你是否拥有想要的投资组合？如果不是，就卖掉它们。

上面虚构的公司股票的例子和所谓的锚定效应有关。锚定效应是说人们的选择会受到完全伪造的信息的影响。有一个经典的研究是这样的：假设你是被调查人员，实验者当着你的面转动标有不同数字的转盘，转盘停下来时指针会指向某个数字，然后实验者就该数字向你提出一些问题。比如，实验者让你回答：联合国中非洲国家的数量是大于还是小于指针指向的数字？

在你回答完毕以后，实验者还会让你估计联合国中的非洲国家实际有多少个。尽管转盘上的数字是随机的，但研究表明，它对你的这一估计数字有显著的影响。

在类似的另外一项实验中，实验者给经济学专业的学生一瓶昂贵的酒，然后问他们是否愿意出一定的资金购买这瓶酒，所出资金等于学生社会保障号（类似于身份证号）最后两位数字。例如，如果社会保障号最后两位数字是29，问题就是：“你愿意出29元钱买这瓶酒吗?”在学生回答完毕上述问题后，实验者又让他们回答最多愿意出多少钱购买这瓶酒。研究表明，后面这个问题的答案受前一个问题答案的影响较大，也就是说，每个人愿意出的最高价明显受到他的社会保障号最后两位数字的影响。例如，社会保障号最后两位数字小于或等于50的学生报出的最高价的平均值为11.62元，但是社会保障号最后两位数字大于50的学生报出的最高价的平均值是19.95元。

也许你会说上面这几个例子更像实验室中的研究，但是有很多重大的经济决策也会受到框架效应的影响，也就是说，稍微改变一下问题的提问方式就会影响到人们的选择决策。

例如，人们对养老金方案的选择就是这样的。

有些经济学家分析了三个企业（雇主）的数据，这三个雇主的雇员可以自动加入401（K）养老金保险。雇员也可以不参加，但是如果不参加，他们必须在问卷上勾选“不参加”的 选项。经济学家发现，员工的自动参与率非常高，85%以上的员工自动选择了401（K）方案中的默认参与选项。

这当然是个好消息，因为高参与率有助于养老基金的积累。但坏消息是，几乎所有自动参与的员工都选择了默认的投资选项，这些默认的投资项目通常是货币市场基金，它的回报率很低，员工每月储蓄率也很低。雇主制定的默认投资选项通常非常保守，因为这样可以减少投资收益下跌的风险，以及减少员工可能提出的诉讼。

随后，这些经济学家又分析了一个企业，这个企业员工不是自动加入401（K）计划。它是这样规定的：新员工在进入公司的一个月之内，必须做出下列选择——要么加入401

(K) 计划，要么推迟加入。

这个企业显然没有提供“不加入”的默认选项，而且没提供加入回报率较低基金的默认选项，这种“积极的决策”方法将新员工加入 401（K）的参与率从 35% 提高到 70%；而且，加入 401（K）计划的员工大都选择了较高的储蓄率。

这个例子表明，对福利方案的精心设计可以显著改变员工对福利方案的选择结果，对他们的储蓄行为也有显著的影响。

但是，人们通常难以理解自己的行为，他们发现在不同的环境下要想预测自己的实际选择非常困难。

例如，一位营销学教授所做的实验是这样的：在每周 1 次的营销学课堂中，他让学生从 6 种快餐中做出选择，学生选择好后，就可以在课下吃他选择好的快餐，快餐是免费的，实验连续进行 3 周（即 3 次）。在一种方案中，学生必须提前选好 3 次快餐的种类；在另一种方案中，他们每次现场进行选择，然后立即吃掉。

当学生必须提前做出选择时，他们通常选择多样化的快餐。事实上，在这种方案中，有 64% 的学生每周选择不同的快餐；而在其他组中，只有 9% 的人选择了不同的快餐。当要求人们立即做出选择时，他们通常喜欢多样化而不是单一性。然而在实际选择时，他们选择的却是自己最喜欢的选项。我们都是有惯性的动物，即使在选择快餐时也是一样。

常规理论认为选择多多益善。然而这种断言忽略了选择的成本。在富裕的国家，消费者很容易迷失于过多的选择中，从而难以进行决策。

在一项实验中，两位市场营销研究人员在某超市中建立了两个果酱展示摊位。一个摊位展示了 24 种风味的果酱，另一个摊位只展示了 6 种。前面这个摊位聚集了更多的消费者，但是后面这个摊位的实际销量更多。选择更多似乎对消费者更有吸引力，但大摊位提供的过多选择似乎让消费者更难下决心购买。

两位行为金融方面的专家怀疑人们的投资决策中也可能存在“选择过多”的问题。他们研究了加州大学洛杉矶校区教职工的退休金投资方案，具体地说，他们计算出几种投资组合，其中一种是教职工自己设计的投资组合，这代表选择更多；另外一种是计算出这些教职工投资组合的平均数。研究发现，教职工对这两种投资组合的满意程度基本是一样的。人们在自己设计退休金投资组合时有很多选择，但这样做似乎并没让他们感到更满意。

我们如何解释这些案例？心理学家和行为经济学家认为偏好不是选择的向导；与此相反，他们认为，通过观察消费者的选择，可以“发现”偏好的一部分。

例如，你观察到某人在超市里拿起一个西红柿，放下，然后又将它拿起来。他想买还是不想买？这个价格—数量组合是可以接受的吗？当你观察到这样的行为时，你看到的这个人正处于决策的“边际上”。

或者，常规理论认为消费者的偏好是已经存在的。因此，偏好解释了行为。心理学家则认为偏好是构建出来的——人们通过选择和消费的行为创造了偏好。

心理学的模型对现实的解释力似乎更好一些。然而这两种观点并不是完全不相容的。我们已经知道，一旦人们发现了偏好，尽管这个过程有些神秘，偏好就成为选择行为的组成部分。选择一旦做出，选择就锁定了决策。如果前文的那个消费者买下了西红柿，而你又想从他手中购买，那么你所出的价格一般要高于他购买的价格。

二、不确定性

普通的选择已经非常复杂，但是不确定性环境下的选择更为复杂。我们已经知道，人们的决策可能取决于这些选项是如何阐述的（即框架效应等）。但是在该领域，行为还存在很多其他的偏离现象。

我们之前已经在风险的部分运用过大数法则。这个数学原理大致是说，总体的一个大样本的平均数趋近于该总体的平均值。

而我们这里的小数法则是一个心理学命题，它的意思是说，小样本尤其是人们亲身经历的小样本事件对他们的行为的影响更大。

考虑下面的问题：某个小镇只有两家医院。大医院每天有 45 个婴儿出生，小医院为 15 个。你已经知道，大约 50% 的婴儿为男孩。然而准确的百分比每天都在变化，有时可能高于 50%，有时会低于 50%。在某一年间，每家医院都记录了男孩比例大于 60% 的天数。你认为哪家医院记录的天数更多?

在对大学生所做的调查研究中，22% 的受访者认为大医院记录的天数可能更多些，56% 的受访者认为两个医院差不多一样多，只有 22% 的受访者正确回答出是小医院报告的天数多。

如果你对这个正确答案感到奇怪，不妨假设小医院每天出生 2 个婴儿，而大医院每天出生 100 个。在 $(1/2)^2$ 的时间里，小医院出生的婴儿全部为男孩；然而大医院出生的婴儿全为男孩的概率极其小，为 $(1/2)^{100}$。

人们预期这些样本和他们自己抽样时的分布似乎是一样的，或者换句话说，人们低估了一个样本中个体实际大小的波动性。

一个相关的问题是，人们可能不知道随机性的具体含义。在一项实验中，实验人员要求受访者写出 150 次“随机”掷硬币结果的序列。受访者写出的序列中，大约有 15% 在一行中含有 3 次硬币正面或反面，但这种模式按真正的随机计算其概率大约为 25%。受访者写出的序列中，有 3% 在一行含有 4 次正面或 4 次反面，但依据概率论，计算这种模式的发生概率为 12%。

这个例子对博弈论的应用有重要的启示意义。我们已经知道，在很多情形下，人们应该尽量使自己的策略选择随机化，从而不让竞争对手猜中。然而心理学文献却显示，人们并不擅长随机化。另外，人们也不擅长识别非随机的行为，至少没学过统计学的人是这样的。因此，尽管混合策略均衡结果在数学上可以预测，但是对参与博弈的人来说，其没有能力预测到这样的均衡结果。

有些经济学家研究了温布尔登网球比赛的决赛和半决赛结果。理想的情形是，选手应该随机变换发球区域以让对手猜测不到网球从哪个方向发过来。然而即使是非常熟练的选手也不能很好地做到随机发球。这几个经济学家的研究表明，网球选手并不特别擅长随机打球，为了满足随机性，他们似乎有些过于频繁地变换发球区域。这和大量心理学和经济学的实验结果是一致的，这些实验表明，人们在试图真正表现随机行为时倾向于矫枉过正。

在研究期望效用时，我们隐含地做出了下列假设：个人真正关心的是他最终拥有在各种可能结果下的财富总量，也就是财富的加权平均值，其中权重为相应结果的发生概率。这个假设称为资产整合假设。

尽管大多数人认为这个假设比较合理，但要将之付诸实践很难（即使对于经济学家来说也是如此）。一般来说，人们倾向于规避过多的小风险而接受过多的大风险。

假设你每年的收入为 10 万元。现在让你参加一个掷硬币的赌博，如果正面向上则你得到 14 元，如果反面向上则你损失 10 元。这个赌博的期望值为 12 元，它占你年收入的比重是微不足道的。除非你对赌博行为感到道德上的不安，你会认为这个赌博具有吸引力，你很可能参加。然而令人惊讶的是，现实调查研究表明，相当多的人不会参加这个赌博。

这种风险过度厌恶现象也存在于保险市场中，人们倾向于对各种小事件购买过度保险。例如，人们购买手机丢失保险，尽管其更换一个新手机的成本更低。人们还购买免赔额过低的汽车保险，但是其不知道如果免赔额非常小就几乎没有任何经济意义，因为只要有损失一般就会超过免赔额，这也说明人们是过度厌恶风险的。

一般来说，在做是否购买保险的决策时，你应该看看“获胜概率”或保险费率。如果手机保险的保险费为 3 元/月或 36 元/年，而且新手机的价格为 180 元，那么保险的年费率为 36/180 或者 20%。因此，在你的手机丢失率大于 20% 或者你没钱更换一个新手机时，购买保险才合算。

人们厌恶风险，但是这种厌恶程度似乎小于其对损失的厌恶程度。也就是说，人们似乎过度关注现状，即与将来相比过分强调起点如何。

在一个重复多次的实验中，两个研究人员向一组实验对象随机发放咖啡杯，咖啡杯的发放数量等于实验对象的数量的一半。实验者要求得到咖啡杯的人报出他们愿意卖掉咖啡杯的价格。接着，实验者要求没得到咖啡杯的人报出咖啡杯的最高买价。由于咖啡杯是随机发放的，买价和卖价应该大致相等。然而在该实验中，卖价的中位数为 5. 79 元，而买价的中位数为 2. 25 元，存在显著差异。显然，与没得到咖啡杯的人相比，拥有咖啡杯的人不愿意放弃咖啡杯。人们的偏好似乎受到其禀赋的影响，这一结论和标准的消费者理论的结论不同。

类似的效应出现在所谓的沉没成本错觉中。一旦你购买了某个东西，你支付的钱就“沉没”了，或者不可再挽回。因此，沉没成本不应该影响你的将来行为。

但是现实中，人们倾向于过度关注为某东西花了多少钱。举例来说，大多数股票所有者非常不愿意卖掉亏本的股票，即使他们知道这些损失可以冲减他们的纳税额。

普通百姓容易受沉没成本错觉的影响这一事实比较有趣。然而更有趣的是，专业人士一般不怎么受沉没成本错觉的影响。例如，对于房地产市场来说，研究人员发现，与购房自住的人相比，出于投资目的的购房者受沉没成本的影响较小。类似的，金融中介咨询机构一般愿意出售已遭受损失的资产，比如股票，尤其是这样做可以冲减其纳税额时。因此，人们咨询金融中介机构的原因之一可能就是希望听取其冷静的分析结论。

三、对行为经济学的评价

心理学家、营销专家和行为经济学家已经搜集了各种行为经济的案例，这些例子表明传统的选择理论是错误的，或者至少是不完整的。

这些例子中，有一些可能只是消费者的“错觉”。将选项置于不同的框架中，即以不同的方式提出选择问题，可能会影响消费者的选择决策。例如，你画出同样的物体，但衬以不同的背景，可能会影响人们对该物体大小和距离的判断。人们如果花点时间仔细思考如何选择，比如拿一把尺子量一量物体的大小或者距离，就能得到正确的答案。

尽管人们的行为不可能100%符合即使是最简单的经济行为理论，人们也会说没有哪一个理论是100%正确的。心理学家也指出，人们甚至不能理解简单的物理学原理。例如，如果在绳子的末端系上一块石头，在你头部上方绕上一圈然后松手，石头将向哪个方向飞去？

很多人回答说石头会像射线一样向外飞去，他们不知道正确答案为石头将沿着圆周的切线轨迹飞出。当然，人们的一生都是在物理世界中度过的，即使是这样，他们也会偶尔错误地理解物理原理，因此，我们也不应该对人们错误理解经济世界而感到惊讶。

显然，我们对物理学的直觉理解已经足够日常生活所需了。这些知识也足够满足业余或专业运动的需要：一个棒球选手可能无法描述出棒球的运动轨迹，尽管他可以打出漂亮的弧线球。类似的，我们可以认为，人们擅长处理各种日常必须面对的决策，即使他们无法对这些日常决策进行抽象推理，但那又何妨？

对反常行为的另外一种解释是，市场倾向于奖励理性行为而惩罚不理性的行为。即使很多参与人行为不合理，那些行为合理的人也会对价格和结果产生最大的影响。这种观点似乎有一定的合理性。例如，出于投资目的购买房产的人比购房自住的人更少地受到沉没成本的影响。

另外，你可以向专家求助，让他们帮助你做出更好的决策。减肥咨询师和财务咨询师可以客观地建议你怎么吃和怎么投资。如果你担心这些建议过于宽松，你可以求助更严格的专家。

我们再回到视觉错觉的例子中，我们使用尺子的原因是已学会不相信我们的眼睛。类似的，在做出重大决策时，最好咨询一下专家的客观意见。

本章关键词

博弈　均衡　行为经济学

思考题

1. 合作博弈与非合作博弈之间的区别是什么？请各给出一个例子。
2. 解释纳什均衡的意义。
3. 考虑重复10次且两博弈方都是理性的和有充分信息的囚徒的困境博弈。在这个例子中，以牙还牙策略还是最优的吗？这种策略在什么条件下是最优的？
4. 一个策略性行动限制你自己的灵活性并给你一种优势，为什么？策略性行动可以怎样给人带来讨价还价中的优势？
5. 联系上一章，在许多寡头垄断行业中，同样的一些厂商在很长的时间里相互竞争，反复定价和相互观察对方行为。假如重复多次，为什么典型的结果并不是串通的结果？
6. 许多行业常常被生产能力过剩困扰——各个厂商同时进行重大投资来扩张生产能力，从而使生产能力远远超过需求。这会发生在需求高度不稳定和不可预测的行业，但也会发生在需求相当稳定的行业。什么因素导致能力过剩？简要解释各种情况。
7. 两家竞争厂商各自计划推出一种新产品。每家厂商将决定是否生产产品A、B或C。他们将同时做出选择，得益矩阵如下：

得益矩阵		厂商2		
		A	B	C
厂商1	A	−10，−10	0，10	10，20
	B	10，0	−20，−20	−5，15
	C	20，20	15，5	−30，−30

a）是否存在纯策略的纳什均衡？如果存在，请指出。

b）如果两厂商都采用极大化极小策略，结果会怎样？

c）如果厂商1采用极大化极小策略，厂商2得知后会怎样做？

第十一章　生产要素市场

你从学校毕业参加工作，你的收入取决于你所从事的工作类型。例如，你做计算机程序员的收入要比做加油站服务员的收入高。这个事实并不令人惊讶，但原因不那么明显。没有法律规定计算机程序员的收入要高于加油站的服务员，也没有道德准则说程序员就收入高。那么为什么程序员的工资高？这是什么因素决定的？

当然，你的收入在经济总收入中的比重微小。2010 年，美国所有居民的总收入大约为 14 万亿美元。人们以各种方法挣得收入。劳动者的收入约占此总收入的 3/4，这部分收入形式为工资和福利补贴。其余约 1/4 的收入流向土地所有者和资本（设备和建筑物的存量）所有者，这部分收入形式为租金、利润和利息。什么因素决定了有多少收入流向劳动者？流向土地所有者？流向资本所有者？为什么有些劳动者的收入比其他劳动者的高？为什么有些土地所有者的租金收入比其他土地所有者的高？为什么有些资本所有者的利润比其他资本所有者的高？特别是为什么计算机程序员比加油站服务员挣得多？

这些问题的答案和经济学中大部分问题的答案一样，取决于供给和需求。劳动、土地和资本的供给和需求分别决定了劳动者、土地所有者和资本所有者得到的价格。因此，为了理解某些人的收入为何比其他人的收入高，我们需要深入分析这些市场。这是我们在本章的任务。

本章为要素市场的分析提供了基本理论。生产要素是用于生产商品和服务的投入物。劳动、土地和资本是三种最重要的生产要素。计算机企业生产新软件程序时，需要使用程序员的时间（劳动）、办公地点所用的物理空间（土地）与办公大楼和计算机设备（资本）。类似的，加油站销售汽油时，需要使用服务员的时间（劳动）、物理空间（土地）与油罐和油泵（资本）。

在很多方面，要素市场和我们前几章分析的商品和服务市场类似，但是它们有一个重要的区别：生产要素的需求是一种派生需求。也就是说，企业对于生产要素的需求，是企业向其他市场供给商品的决策派生的。计算机企业对程序员的需求与计算机软件的供给密不可分，加油站对服务员的需求与汽油的供给密不可分。

我们已经知道，有些产出市场是完全竞争或接近完全竞争的，而在另一些市场，生产者具有垄断势力。这对要素市场也一样，我们一般划分三种不同的要素市场结构，即完全竞争的要素市场、要素购买者具有垄断势力的市场、要素出售者具有垄断势力的市场；而且我们必须事先树立这样一个观念，即要素市场的均衡取决于产出品市场的市场势力有多大。

在本章，我们对要素市场的分析是通过下列方法进行的：考虑一个竞争性的、追求利润最大化的企业如何决定任何一种生产要素的购买量。我们首先分析劳动的需求。劳动是最重要的生产要素，因为劳动者得到的收入占一国经济总收入的比重最大。稍后，我们将看到，对劳动市场的分析范式完全可以应用于对其他生产要素市场的分析。

第一节 劳动的需求

劳动市场和经济中的其他市场一样，也受供给和需求力量的控制。如图 11－1 所示，在图（a）中，苹果的供给和需求决定了苹果的价格；在图（b）中，苹果采摘工的供给和需求决定了其劳动的价格，即工资。

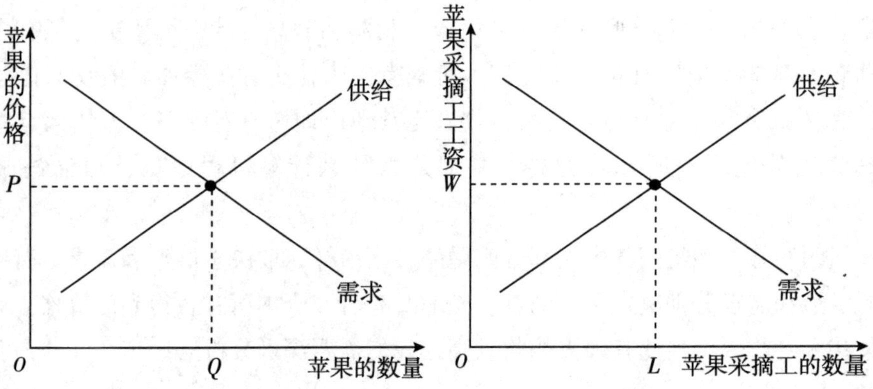

（a）苹果市场　　（b）苹果采摘工市场

图 11－1　供给和需求的多功能性

供给和需求这两种基本工具可以用于对任何商品和服务的分析，自然也包括对劳动服务的分析。图（a）表示的是苹果的供给和需求如何决定苹果的价格。图（b）表示的是苹果采摘工的供给和需求如何决定其工资。

而前文已经指出，劳动市场和大多数其他市场具有不同之处，因为劳动需求是一种派生需求。大多数劳动服务是用于生产其他商品的投入物，而不是消费者直接享用的最终商品。为了理解劳动的需求，我们需要将注意力集中在雇用劳动并用其生产其他商品的企业。通过分析商品的生产与为生产该商品而派生的劳动需求之间的关系，我们可以理解均衡工资是如何决定的。

一、竞争且追求利润最大化的企业

我们来看看典型的企业——例如某个苹果生产者——是如何决定劳动需求量的。企业主拥有一个苹果园，每周他必须决定雇用多少采摘工来采摘苹果。在企业决定工人雇用数量之后，工人们采摘的苹果越多越好。然后，企业将苹果售出，支付工人工资并将剩余的收入作为利润。

对于企业，我们做出两个假设。首先，假设企业在苹果市场（企业作为卖者）和在苹果采摘工市场（企业作为买者）都是竞争性的。竞争性的企业是价格接受者。由于市场上有很多其他企业销售苹果和雇用苹果采摘工，单个企业对苹果的价格和采摘工的工资的影响力微小。单个企业将苹果的价格和工人的工资作为由市场条件给定的，其只要决定苹果的销量和工人的雇用量即可。

其次，假设企业是追求利润最大化的。因此，企业并不直接关注工人雇用量和苹果的产量。其只关注利润，利润等于苹果的总销售收入减去生产这些苹果的总成本。企业的苹果供给和对工人的需求都可以从利润最大化这个首要目标上推导出来。

二、生产函数和劳动的边际产量

为了决定雇用多少工人，企业必须分析工人数量如何影响苹果的产量。表 11－1 给出了一个数值例子。

在表 11－1 中，第 1 列是工人的数量，第 2 列是工人每周采摘的苹果数量。

表 11－1　竞争性企业如何决定劳动的雇用量

工人的数量 L	原有工人每周采摘的苹果总量 Q	边际产量 $MPL = \Delta Q \Delta L$	边际产量的价值 $VMPL = P \times MPL$	工资 W	边际利润 $\Delta Profit = VMPL - W$
0	0				
1	100	100	1 000	500	500
2	180	80	800	500	300
3	240	60	600	500	100
4	280	40	400	500	－100
5	300	20	200	500	－300

我们已经知道，企业使用生产函数这个术语描述生产过程中要素投入量和产出量之间的关系。在本例中，生产要素是苹果采摘工，产出是苹果。其他生产要素——苹果树、土地和企业的货车和拖拉机等——暂时固定不变。企业的生产函数表明，如果雇用 1 个工人，则他每周能采摘 100 单位的苹果；如果雇用 2 个工人，则这两个工人每周一共可以采摘 180 单位苹果；等等。

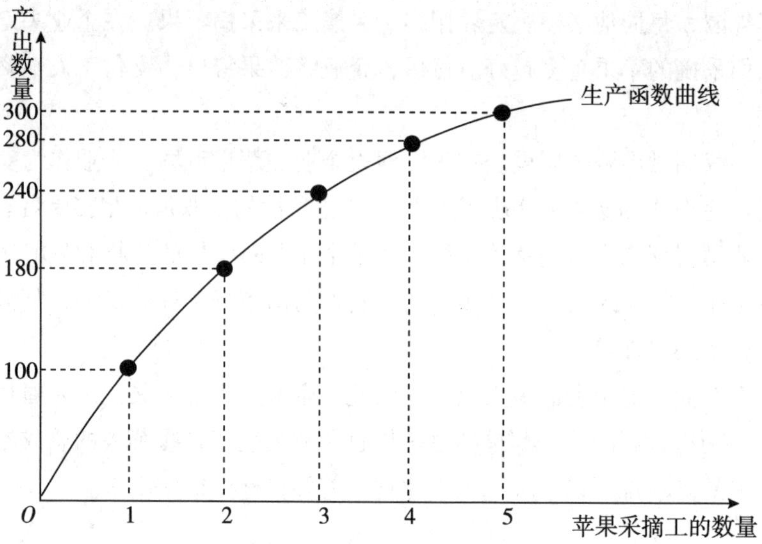

图 11－2 生产函数

生产函数表示的是生产中的投入（采摘工）和产出数量（苹果）之间的关系。当投入量增加时，生产函数曲线变得更平坦，这反映了边际产量递增的性质。

图 11－2 是根据表 11－1 中的劳动和产出数据画出的，用于表示二者之间的关系。工人的数量用横轴表示，产量用纵轴表示。这个图表示的是生产函数。

之前的经济学十大原理中，有一条指出：理性人在边际处思考。这个思想是理解企业劳动雇用量决策的关键。为了进一步看到这个决策，表 11－1 中第 3 列给出了劳动的边际产量。劳动的边际产量是指额外一单位劳动投入带来的产量增加量。例如，当企业的工人雇用量从 1 个增加为 2 个时，苹果的产量从 100 单位增加到 180 单位。因此，第二个工人的边际产量为 80（180－100＝80）单位苹果。

注意，随着工人数量的增加，劳动的边际产量是下降的。也就是说，生产过程呈现边际产量递减的性质。最初，当企业雇用的工人数量比较少时，他们可以采摘果树低枝上的苹果。工人数量增加后，额外的工人必须借助梯子爬到更高处摘苹果。因此，随着企业雇用的工人数量的增加，每个额外工人对苹果的采摘总量的贡献越来越少。正是由于这个原因，在图 11－2 中，随着工人数量的增加，生产函数变得越来越平坦。

三、边际产量的价值和劳动需求

企业更关注钱而不是苹果。因此，在决定雇用多少人摘苹果时，企业考虑的是每个工人能带来多少利润。由于利润等于总收入减去总成本，一个额外工人带来的利润等于此人对收入的贡献减去此人的工资。

为了发现工人对收入的贡献，我们必须将劳动的边际产量（用苹果数量衡量）转化为边际产量的价值（用钱衡量）。转化时，要用到苹果的价格。继续使用前面的例子，假设苹果的价格为每单位 10 元，而且额外一个工人可以生产 80 单位苹果，则这个工人贡献的收入为 800 元。

任何投入物的边际产量的价值是：该投入物的边际产量乘以产出物的价格。表 11 －1 给出了边际产量的价值，假设苹果的价格为每单位 10 元。由于市场价格对竞争性的企业来说是个常数，而边际产量随着工人的增加而递减，边际产量的价值也是递减的。经济学家有时将表 11 －1 中第 4 列的数字称为企业的边际收入产品，它是企业使用额外一单位生产要素带来的额外收入。

现在考虑企业会雇用多少个工人。假设苹果采摘工的市场工资为每周 500 元。在这个例子中（请时时对照表 11 －1 来理解），企业雇用第一个工人是有利可图的：第一个工人产生 1 000 元收入或 500 元利润。类似的，第二个工人产生 800 元收入或 300 元利润。第三个工人产生 600 元收入或 100 元利润。然而在雇用三个工人之后，如果继续增加工人数量就不再有利可图。第四个工人产生的收入只有 400 元，但是由于他的工资为 500 元，雇用第四个工人意味着利润减少 100 元。所以，企业只会雇用 3 个工人。

使用图形说明企业的决策更有启发性。图 11 －3 画出了企业的边际产量的价值。这条曲线是向下倾斜的，因为劳动的边际产量是递减的。图 11 －3 还画出了市场工资线，它是一条水平线。为了使利润最大，企业雇用工人的最优数量可以在这两条曲线的交点处找到。如果雇用的工人人数小于这个最优数量，则边际产量的价值大于工资，因此增加工人数量会增加利润。如果雇用的工人数量大于这个最优数量，则边际产量的价值小于工资，所以边际工人是无利可图的。因此，竞争且追求利润最大化的企业雇用工人的数量要能使得劳动的边际产量价值等于工资。

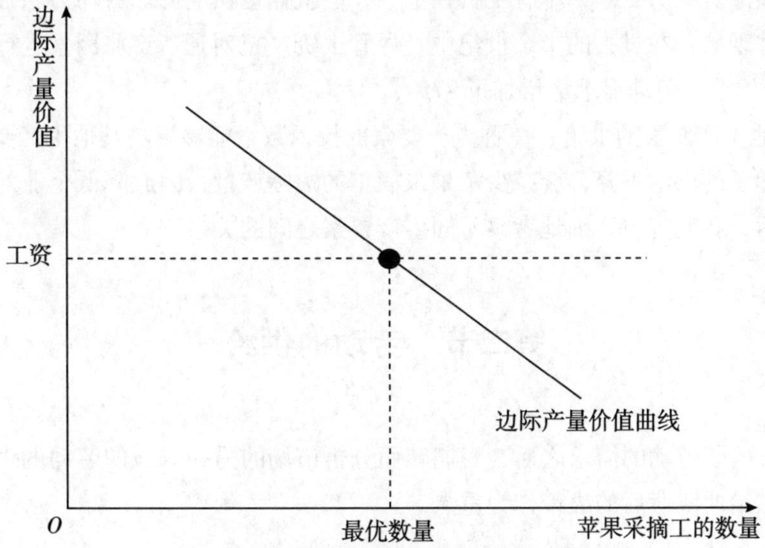

图 11 －3　劳动的边际产量的价值

图 11 －3 说明了边际产量的价值（边际产量乘以产出物的价值）如何决定企业雇用的工人数量。由于边际产量递减，边际产量价值这条曲线向下倾斜。对于竞争且追求利润最大化的企业，这条边际产量价值曲线也是该企业的劳动需求曲线。

在解释了竞争性企业的利润最大化策略之后，我们就可以提出劳动需求理论。我们已经知道，企业的劳动需求曲线表示的是在任何给定的工资水平上企业购买的劳动量。我们在图 11－3中也已经看到企业选择的是边际产量价值等于工资之处的劳动量，这就是企业的劳动需求决策。因此，边际产量价格曲线是竞争且追求利润最大化的企业的劳动需求曲线。

四、哪些因素能导致劳动需求曲线移动

现在我们已经理解了劳动需求曲线：它反映了劳动的边际产量价值。记住这一点之后，我们考虑能够引起需求曲线移动的一些因素。

（1）产出物的价格：边际产量的价值是边际产量乘以产出物的价格。因此，若产出物的价格变动，边际产量的价值就会变动，劳动需求曲线就会移动。例如，若苹果的价格上升，采摘苹果的每个工人的边际产量价值也会上升。相反，如果苹果价格下降，则边际产品价值会下降，劳动需求会减少。

（2）技术变革：在 1960 年到 2009 年间，一个典型美国劳动者的每小时产量上升了183%。为什么？最重要的原因是技术进步——科学家和工程师不断找到更新更好的做事情的方法。这对劳动市场有着深远的意义。技术进步通常会提高劳动的边际产量，这又会增加劳动需求，使劳动需求曲线向右移动。

技术变革也有可能减少劳动需求。例如，价格低廉的工业机器人发明之后，机器人的生产力很高，在相对的意义上，工人劳动的边际产量降低了，使得劳动需求曲线向左移动。经济学家将这种变革称为劳动力节约型技术变革。然而历史表明，大多数技术进步是劳动力增加型的。在历史上，尽管工资在上升，但就业也在上升。劳动力增加型的技术变革能解释这种现象：在过去的半个世纪中，尽管工资（已对通货膨胀因素进行了调整）增加了 150%，但企业劳动需求量增加了 87%。

（3）其他生产要素的供给：一种生产要素的投入数量能够影响其他生产要素的边际产量。例如，梯子的供给下降，会减少苹果采摘工的边际产量，因此降低企业对这些采摘工的需求。稍后，我们将更详细地考察不同生产要素之间的关系。

第二节　劳动的供给

在详细分析了劳动的需求之后，我们转而分析市场的另一方，即劳动的供给。在这一节，我们将供给曲线背后的决策作为重点。

一、工作与闲暇之间的权衡

第一章的经济学十大原理中有一条指出：人们面对着权衡。也许在人生中，最明显和最重要的权衡就是工作和闲暇之间的权衡。你用于工作的时间越多，用于闲暇的时间就越

少。这些闲暇活动包括看电视、和朋友吃饭或从事你喜爱的业余活动等。劳动和闲暇之间的权衡隐藏在劳动供给曲线之下。

经济学十大原理中还有一条指出：某事的成本是为了得到它而放弃的东西。为了得到1小时的闲暇时光，你放弃了什么？你放弃了1小时的工作，这意味着放弃了1小时的工资。因此，如果你的工资是每小时15元，那么每小时闲暇的机会成本为15元。如果你的工资上升为每小时20元，你享受闲暇的机会成本也上升到20元。

劳动供给曲线反映了机会成本变动时，劳动者关于劳动和闲暇之间的权衡如何变动。向上倾斜的劳动供给曲线表示，工资增加会诱使劳动者增加劳动供给量。由于时间是有限的，工作时间增加意味着劳动者享受闲暇的时间减少。也就是说，劳动者对闲暇的机会成本增加的反应是减少闲暇的消费量。

需要指出的是，劳动供给曲线未必是向上倾斜的，同学们是否还记得我们在完全竞争市场分析中提到的向后弯曲的劳动供给曲线？设想你的工资从每小时15元增加到20元。闲暇的机会成本现在更大了，但是你也比原来变得更有钱了。正因为有了额外的钱，你现在可能决定享受更多的闲暇。也就是说，在更高的工资水平上，你可能选择工作更少的时间。如果是这样，你的劳动供给曲线就是向后倾斜的。这都得益于两个作用方向相反的效应（称为收入效应和替代效应）对劳动供给决策的影响，它们之间的共同作用使得向后倾斜的劳动供给曲线是可能的。不过，我们暂时忽略向后倾斜的供给曲线，而假设劳动供给曲线是向上倾斜的。

二、哪些因素能导致劳动供给曲线移动

若人们改变给定任一工资水平时想提供的工作量，则劳动供给曲线移动。下面我们考虑可能导致这种移动的事件。

（1）爱好的改变：在1950年，只有34%的女性有支付工资的工作或者在寻找工作。到了2009年，这一数字上升为59%。这种变化有多种解释，其中一种认为女性的爱好或对工作的态度发生了改变。在我们的父母或祖父母时代，女性通常待在家里抚养孩子。现在，家庭人口数变少了，更多的母亲选择参加工作。因此，劳动供给增加。

（2）其他工作机会的改变：任何一个劳动市场中的劳动供给取决于其他劳动市场工作机会的多少。如果鸭梨采摘工的工资突然上升，一些苹果采摘工可能会改变工作——去摘鸭梨，苹果采摘工市场上的劳动供给可能就会下降。

（3）劳动力流动：劳动者从一个地区向另一个地区移动，或者从一个国家向另一个国家移动，是造成劳动供给曲线发生移动的另外一个重要原因，这一情况在国外尤其普遍，而在我国则可以反映为外来务工人员在各个省市之间的迁移。例如，当人们移民到美国后，美国的劳动供给增加，这些移民的祖国的劳动供给就会下降。事实上，人们对于移民政策的争论的中心问题就在于移民对劳动供给的影响，以及移民对劳动市场均衡工资的影响。

第三节　劳动市场的均衡

竞争性劳动市场上的工资是如何决定的？到目前为止，在这一问题上，我们已经确立了下列两个事实：首先，工资调整到劳动的供给等于劳动的需求时为止；其次，工资等于劳动的边际产品价值。

如果说工资可以同时完成这两件事情，你可能会感到惊讶。事实上，这里不存在真正让人感到困惑的地方。而理解为何不存在困惑有助于理解工资的决定。

图 11 －4 画出了均衡时的劳动市场。工资和劳动量已调整到使得劳动的供给等于需求。当劳动市场处于均衡状态时，每个企业购买了其在均衡工资时的最优劳动量。也就是说，每个企业都已遵循利润最大化原则：雇用能使边际产品价值等于工资。因此，一旦工资调整到劳动的供给等于需求时，工资必定等于劳动的边际产品价值。

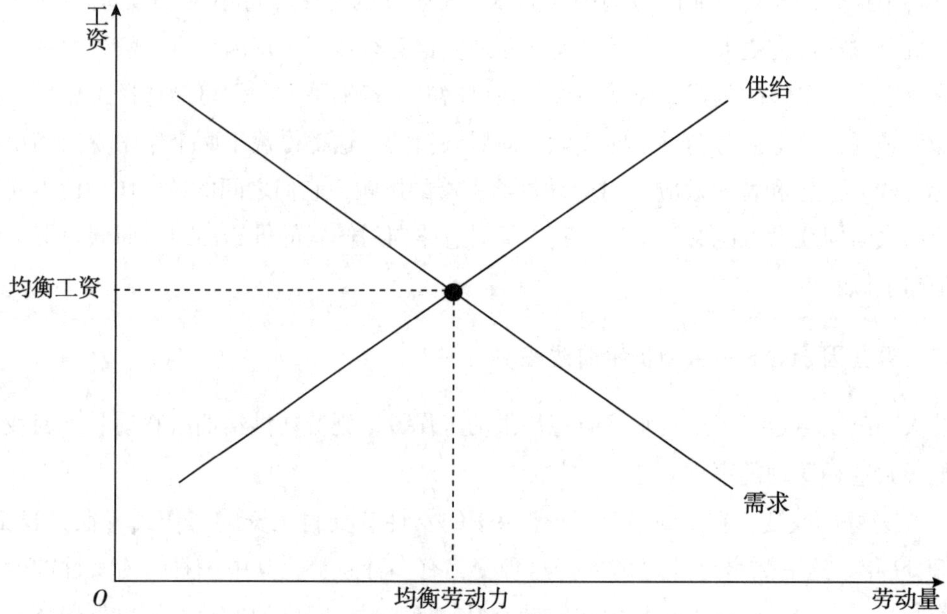

图 11 －4　某个劳动市场的均衡

工资（劳动的价格）和其他价格一样，也取决于供给和需求。由于需求曲线反映了劳动的边际产品价值，均衡时，劳动者得到的工资等于其对产品生产的边际贡献的价值。

我们由此可以得到一个重要结论：任何事件，只要能改变劳动的供给或需求，那么必定能同等程度地改变均衡工资和劳动的边际产量价值，因为均衡时工资必定等于劳动的边际产量价值。

一、劳动供给曲线的移动

假设由于移民的迁入增加了愿意采摘苹果的工人数量，如图 11 －5 所示，劳动的供给曲线从 S_1 向右移动到 S_2。

在初始工资 W_1 的水平上，现在的劳动供给量超过了需求量。劳动过剩对苹果采摘工的工资产生了向下的压力，工资从 W_1 下降为 W_2，工资的这种下降又能使企业雇用更多的工人。当每个果园雇用的工人数量增加时，工人的边际产量下降，边际产品价格也下降。在新的均衡处，工资和劳动的边际产量价值都下降了。

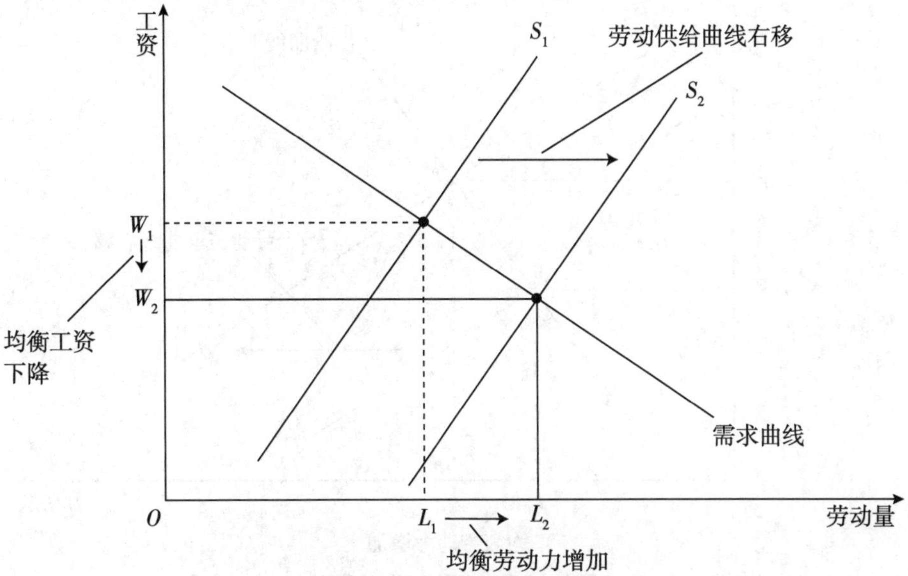

图 11－5　劳动供给曲线的移动

由于新工人迁入市场等因素，劳动供给曲线向右移动，均衡工资从 W_1 下降到 W_2。在 W_2 这个更低的工资水平上，企业将雇用更多的劳动力，雇用量因此从 L_1 增加到 L_2。工资的变动反映了劳动边际产量价值的变动：工人的数量更多时，额外工人带来的产量增加量变小。

来自以色列的一个插曲表明了劳动供给曲线的移动如何改变劳动市场的均衡。在 20 世纪 80 年代的大多数年份里，巴勒斯坦约旦河西岸和加沙地带（这一地带 1967 年被以色列占领）成千上万的居民定期迁到以色列工作，他们主要从事建筑业和农业。然而 1988 年，这些地带的政治骚乱导致以色列政府采取措施，结果导致工人供给减少。以色列政府对这一地带实施了戒严，他们更仔细地检查工作许可证，更严格地禁止巴勒斯坦人在以色列过夜。正如理论预期的一样，这些措施对经济的影响是：以色列境内拥有工作的巴勒斯坦人的数量下降了一半，而继续待在以色列的工人的工资上升了大约 50%。以色列境内的巴勒斯坦工人数量的下降，使得留在以色列工作的人的边际产量更高了。

二、劳动需求曲线的移动

现在假设人们突然爱吃苹果，导致苹果价格上升。在工人数量既定时，这种价格上升并未改变劳动的边际产量，但是它的确提高了劳动的边际产量价值。因为苹果价格升高了，雇用更多的采摘工现在变得有利可图了。如图 11－6 所示，当劳动的需求曲线从 D_1 向右移动到 D_2 时，均衡工资从 W_1 上升为 W_2，均衡雇用量从 L_1 上升为 L_2。注意，工资和劳动的边际产量价值也是同时同幅度变动的。

这个分析表明，某行业中企业的命运和该行业中劳动者的命运是联系在一起的。当苹果的价格上升时，果园主们的利润增加了，采摘工的工资也增加了。反之则相反。价格波动较大行业中的员工都知道这个事实。例如，油田工人从经验中知道，他们的收入和原油的世界价格的关系密切。

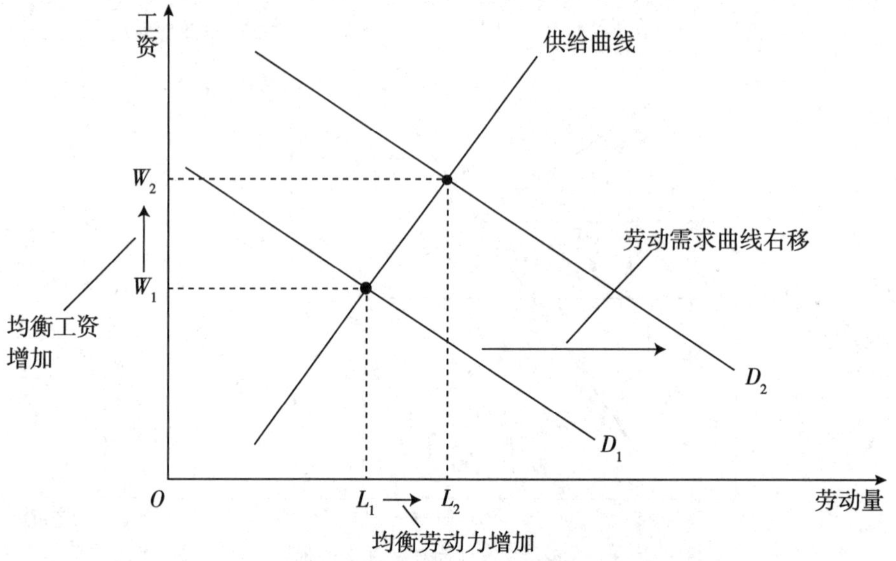

图 11－6　劳动需求曲线的移动

当产品价格上升等因素造成劳动需求曲线向右移动时，均衡工资从 W_1 上升到 W_2，雇用量从 L_1 增加到 L_2。工资的变动反映了劳动的边际产量价值的变动：产品价格越高，额外工人带来的产量越有价值。

通过这些例子，现在你应该知道在竞争性的劳动市场上工资是如何被决定的。劳动的供给和需求一起决定了均衡工资，劳动的供给曲线或需求曲线的移动导致了均衡工资的变动。与此同时，需求劳动的那些企业在利润最大化动机的驱赶下能做到使均衡工资总是等于劳动的边际产量价值。

第四节　其他生产要素：土地和资本

我们已经看到企业如何决定雇用的工人数量，以及这些决策如何决定了工人的工资。在雇用工人的同时，这些企业也要决定其他生产要素的使用量。例如，苹果生产企业可能需要选择果园的大小和用于采摘苹果的梯子的数量。所以，我们一般可以将企业的生产要素分为三类：劳动、土地和资本。

而平迪克先生在其著作中表示："在竞争性市场上，厂商通过把每种要素的边际产出与其成本进行比较，来决定每个月购买多少。所有厂商的决定确定了对每种要素的市场需求，而市场价格就是需求数量等于供给数量时的价格。对于像劳动和原料之类的要素投入品，这样的描述已经合乎情理地完成了，但是对资本还没有。而原因在于资本是耐用品——它在购买后能够维持多年并为生产做出贡献。”

而不单单资本是耐用品，土地也具有类似的性质，对于这两种更为特殊的生产资料市场来说，为同学指出其中的重点是有必要的。

劳动和土地这两个术语是明确的，但是资本的定义有些棘手。经济学家使用资本这个术语指代用于生产的设备和建筑物的存量。也就是说，经济中的资本是指现在用于生产新产品的那些商品，这些商品是在过去生产出来的。例如，对于苹果企业来说，资本存量包括用于爬树的梯子、用于运送苹果的货车、用于储存苹果的仓库等，甚至包括苹果树本身。

一、土地市场的均衡和资本市场的均衡

土地所有者和资本所有者对企业的生产过程都有贡献，那么他们怎样确定索要的报酬？在回答这个问题之前，我们有必要区分两种价格：购买价格和租赁价格。土地或资本的购买价格是某人为了无限期地拥有这些生产要素而支付的价格。租赁价格是某人为了在有限的时期内使用这些要素而支付的价格。你有必要记住这种区分，因为你将看到，这些价格是由不同的经济力量决定的。

在定义了相关术语之后，我们开始将在劳动市场发展出的要素需求理论运用到土地市场和资本市场。由于工资是劳动的租赁价格，我们在工资决定理论中学到的很多知识也适用于对土地的租赁价格和资本的租赁价格的分析。如图 11－7 所示，图（a）表示的是土地的租赁价格的决定，图（b）表示的是资本的租赁价格的决定。这两种生产要素的租赁价格都是由供给和需求决定的；而且，土地和资本需求的决定和劳动需求的决定类似。也就是说，当苹果生产企业决定租赁多少土地和梯子时，其遵循的逻辑和其决定雇用多少工人时的逻辑是一样的。无论对于土地还是资本来说，企业的最优使用数量都是此要素的边际产量价值等于此要素的价格时的要素数量。因此，每种要素的需求曲线反映了该要素的边际生产力。

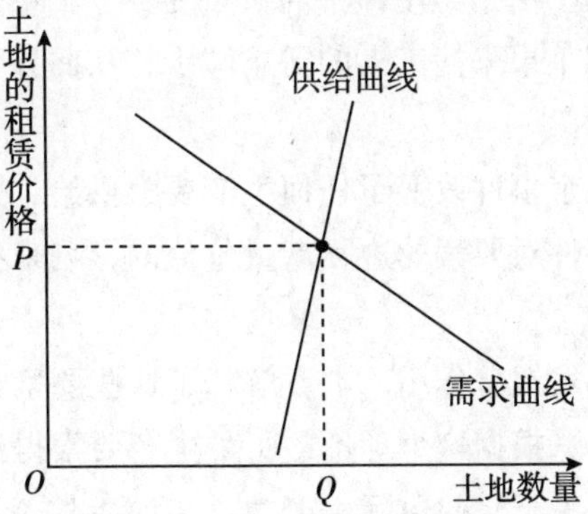

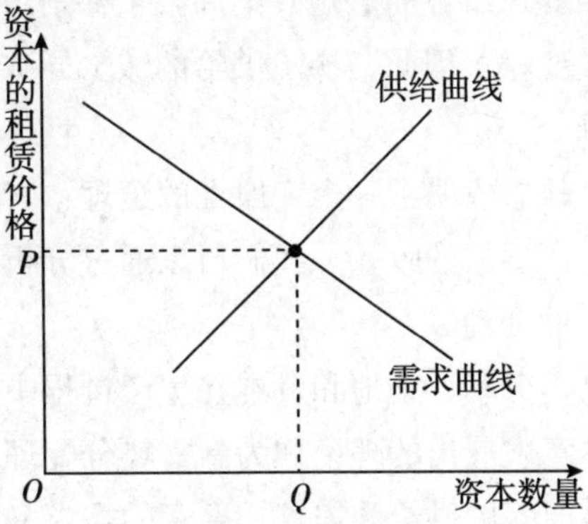

图 11－7　土地市场和资本市场

供给和需求同样决定了企业对土地所有者和资本所有者支付的报酬，分别如图（a）和图（b）所示。而每种要素的需求又取决于该要素的边际产量价值。

我们现在可以解释收入中有多少分别流向劳动者、土地所有者和资本所有者的手里了。只要使用生产要素的企业是竞争且追求利润最大化的，每种生产要素的租赁价格必定等于该生产要素的边际产量的价值。劳动、土地和资本的报酬分别等于各自对生产过程做出的边际贡献。

现在考虑土地的购买价格和资本的购买价格。租赁价格和购买价格是正相关的：土地或资本能生产出的租赁收入越大，买者就愿意出越高的价格购买这些要素。我们刚才已经看到，任何要素在任何时点的租赁收入等于该要素的边际产量价值。因此，一块土地或一件资本的均衡购买价格既取决于该生产要素当前的边际产量价值，又取决于未来预期的边际产量价值。

二、生产要素之间的联系

我们已经看到，企业支付给任何生产要素（劳动、土地或资本）的价格都等于该要素的边际产量价值。任何要素的边际产量又取决于企业能得到的该要素的数量。由于边际产量递减，供给充足的要素的边际产量较低，因此价格较低；而供给不足的要素的边际产量较高，因此价格较高。所以，当某种要素的供给下降时，该要素的均衡价格上升。

然而当任何一种要素的供给变动时，它的效应不局限于该要素市场。在大多数情形下，生产要素是联合使用的，每种要素的生产力取决于生产过程中能得到的其他要素的数量。所以，任何一种要素的供给的变动会改变所有要素的收入。

例如，假设飓风摧毁了梯子制造者的梯子。我们已经知道，苹果采摘工要借助梯子采摘苹果。这对各种生产要素的收入有何影响？最为明显的是，梯子的供给下降，因此梯子的租赁价格上升。那些侥幸躲过飓风损害的梯子所有者把梯子租赁给生产苹果的企业就可以获得更高的报酬。

然而飓风事件的影响并不局限于梯子市场。由于可用梯子的数量变少，苹果采摘工的边际产量变小。因此，梯子供给的减少导致了苹果采摘工人的需求减少，从而导致了均衡工资下降。

这个故事表明了一个一般性的道理：若某个事件改变了任何生产要素供给，则它改变了所有生产要素的收入。我们可以通过分析事件对要素的边际产量价值的影响来找到该要素的收入的变动。

可见，劳动、土地和资本在生产过程中都发挥着作用，本章解释了这些要素如何得到报酬。本章发展出的理论称为新古典分配理论。根据这个理论，每种生产要素得到的报酬取决于该要素的供给和需求。要素的需求又取决于它的边际生产力。在均衡时，每种生产要素得到的报酬等于它对产品生产的边际贡献的价值。

新古典分配理论被经济学家广泛接受。经济学家在试图解释美国的 15 万亿美元的经济收入如何在经济中的各种成员之间分配时，大多数都首先使用这个新古典理论。

现在，你可以使用这个新古典理论来回答本章开头提出的问题：为何计算机程序员的工资比加油站服务员的高？这是因为程序员创造的市场价值大于加油站服务员创造的市场价值。人们愿意为好的计算机游戏支付很多钱，但是只愿意向为他们加油的人和洗车的人支付较少的钱。这些工人的工资反映了他们生产产品的市场价格。如果人们突然厌倦了使用计算机，而决定花更多的时间开车旅行，那么这些商品的价格会发生改变，从而导致这两类工人均衡工资的改变。

本章关键词

生产要素市场　生产要素之间的联系　派生需求　闲暇　土地　资本　劳动

思考题

1. 结合之前对完全竞争市场的学习，简述在完全竞争条件下，产品的价格 P 与相应要素的边际产量 MP 对厂商的要素需求曲线变动的影响。
2. 生产要素的需求曲线是怎样形成的？
3. 何谓劳动的供给曲线？你还能回忆起之前学习过的向后弯曲的单个劳动者的劳动供给曲线吗？
4. 简要回答劳动的市场需求曲线及其形状。
5. 选择题：

a）厂商的要素需求曲线向右下方倾斜的原因在于（　）。

A. 边际成本递减　　B. 边际产量递减

C. 边际效用递减　　D. 规模报酬递减

b）劳动者供给劳动的一般原则是使闲暇对收入的边际替代率等于（　）。

A. 劳动率　　B. 利息率

C. 地租率　　D. 工资率

c）就单个劳动者而言，一般情况下，在工资率较低的阶段，劳动供给量随着工资率的上升而（　）。

A. 上升　　B. 下降

C. 不变　　D. 不能确定

d）劳动的市场供给曲线通常是（　）。

A. 向后弯曲的

B. 将单个劳动者的劳动供给曲线沿横轴相加而得

C. 向左上方倾斜

D. 以上均不是

e）有 A、B、C 三种生产要素，其投入量分别为（5，8，10），产量为 30。若现在改变其投入量，使其变为（6，8，10），这时的产量为 32，则（　）。

A. 要素 A 的边际产品价值等于 2

B. 要素B的边际产品价值等于2

C. 要素C的边际产品价值等于2

D. 要素A、B、C的边际产品价值都是2/3

f）在完全竞争市场上，土地的需求曲线与供给曲线是（　）形状。

A. 水平，垂直

B. 向左下方倾斜，向右下方倾斜

C. 向右下方倾斜，向左下方倾斜

D. 向右下方倾斜，垂直于数量轴

g）在其他条件不变的情况下，若市场的利息率提高，任何给定的资本资产的现值将（　）。

A. 下降，而且对未来资产的预期收益越高，现值下降越多

B. 下降，而且对现在资产的预期收益越高，现值下降越多

C. 提高，而且对现在资产的预期收益越高，现值提高越多

D. 提高，而且对未来资产的预期收益越高，现值提高越多

6. 设要素市场是完全竞争的，某生产要素的市场供给函数为 $L_s = 50P - 400$。若厂商对该要素的需求函数为 $L_d = 1\,200 - 30P$，则试求：

a）厂商的要素供给函数；

b）厂商的边际要素成本函数。

第十二章　市场失灵和政府的作用

我们在第八章中就提出了这样一个问题：为什么有经济学家主张国家行政干预，主张利用“看不见的手”来进行适当的资源配置？对此，我们以介绍“市场失灵带来的损失”和“政府政策所能提供的优越之处”做出了回答。

明白了“为什么”之后，希望大家可以进一步思考，并提出一个新的问题：什么时候市场会产生有效率的结果？什么时候市场会失灵，从而需要政府的干预？

第一节　一般均衡和经济效率

一、一般均衡

到目前为止，我们对市场行为的讨论主要是建立在局部分析之上的。在决定一个市场的均衡价格和数量时，我们假定该市场的活动对其他市场很少有或者没有影响。例如，我们假定小麦市场基本上是独立于像玉米、大豆这些相关产品市场的。

这种局部均衡分析通常足以使人理解市场行为。然而市场的相互关系有时很重要。例如，如果商品是互补品或替代品，一种商品价格的变化会影响另一种商品的需求；而一个厂商对投入品需求的增加会导致投入品的市场价格和产品价格都上涨。

与局部均衡分析不同，一般均衡分析同时决定所有市场的价格和数量，因而它明确地把反馈效应考虑在内了。反馈效应是由相关市场的价格和数量调整导致的某一个市场的价格或数量调整，假设美国政府对石油进行征税，这会立即使石油供给曲线向左移动（因为外国石油较昂贵了），并提高石油的价格。然而征税的效应并不仅限于此。较高的石油价格会提高对天然气的需求并使其价格上涨。而较高的天然气价格反过来又会导致对石油的需求提高（向右移动），并使石油价格进一步上涨。石油和天然气市场会一直相互作用，直到最后实现两个市场的需求数量和供给数量都相等的均衡。

在实践中，完全的一般均衡分析，即估计一个市场的变动对所有其他市场的影响是不可行的。为此，我们将只限于2～3个紧密相关的市场。例如，在考虑对石油征税时，我们可能还要考虑天然气、煤、电等市场。

为了研究市场的相互依赖性，我们考察录像带租赁和剧院门票这两 个竞争性市场。这两个市场有紧密的联系，是因为录像机的普遍拥有使大多数顾客可以选择在家而不是去影剧院看电影。影响某一市场的价格政策的变动也会影响另一个市场，而该市场的变化又会对第一个市场产生反馈效应。

图 12－1 分别显示了录像和电影的供求曲线：在图（a）中，电影票的价格一开始是 6 元，市场在 D_M 和 S_M 的相交处达到均衡；在图（b）中，录像市场在价格为 3 元时达到均衡。

现在假定政府对每一张购买的电影票征收 1 元的税。这一税收的局部 均衡效应就是使对电影的需求曲线向上提高 1 元，在图（a）中就是从 S_M 移动到 S_M^*。一开始，这使电影的价格上升到 6.35 元，并使出售的电影票从 Q_M 下降到 Q_M^*。局部均衡分析告诉我们的就这么多。而我们可以用一般均衡分析来进一步考察：（1）电影税对录像市场的影响；（2）录像市场对电影市场是否有反馈效应。

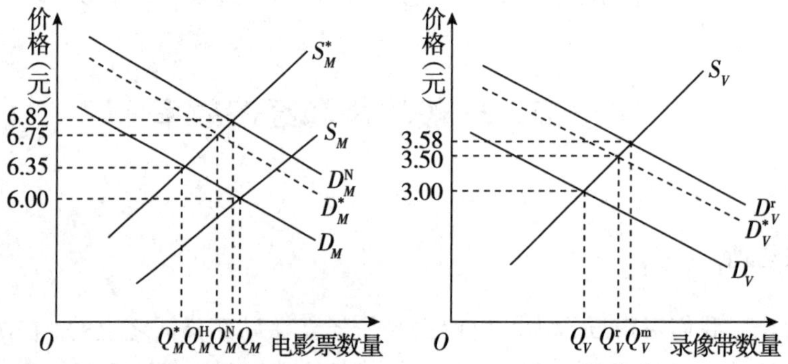

（a）　　　　　　（b）

图 12－1　两个相互依赖的市场：电影票和录像带租赁

当市场是互相依赖的时候，所有产品的价格必须同时决定。这里，对电影票征税使图（a）中的供给曲线上移。较高的电影票价格即 6.35 元/张，一开始使图（b）中录像带的需求上移，导致录像带价格上升至 3.50 元。较高的录像带价格反馈到电影票市场，导致其需求上移，价格提高至 6.75 元/张。这会一直持续到一般均衡的实现，此时，电影票价格为 6.82 元，录像带价格为 3.58 元。

电影税会影响录像市场是因为电影和录像是替代品。电影价格的提高使得图（b）中对录像的需求从 D_V 提高到 D_V^*。这就导致录像带的租赁价格从 3.00 元上升到 3.50 元。对一种产品征税会影响到其他产品的价格和销售，这是决策者在设计税收政策时需要记住的。

电影市场会怎样呢？原来对电影的需求曲线是假定录像的价格不变，为 3.00 元。然而现在价格已经是 3.50 元了，因此对电影的需求就会上移，在图（a）中就是从 D_M 提高到 D_M^*。新的均衡电影价格（在 S_M^* 和 D_M^* 的相交处）现在是 6.75 元，而不是 6.35 元，出售的电影票数量也从 Q_M^* 上升到 Q_M^H。因此，局部均衡分析会低估税收对电影票价格的影响。录像市场是非常密切地与电影市场相关的，因此，要确定税收的全部效应，我们就需要一般均衡分析。

这一分析还没有完成。电影市场价格的变动又会对录像的价格产生反馈效应，而录像价格的变动反过来又会影响电影票的价格，等等。结果，我们必须同时决定电影和录像两者的均衡价格和均衡数量。在图（a）中，电影票的均衡价格6.82元是由电影票的均衡供给曲线和需求曲线（S_M^* 和 D_M^N）的相交处给定的。而图（b）中录像的均衡价格3.58元则由录像的均衡供给曲线和需求曲线（S_V 和 D_V^r）的相交处给定。这两个是正确的价格，因为录像市场的供给曲线和需求曲线是在电影票的价格为6.82元的假定下画出的，而电影票的曲线则是在录像价格为3.58元的假定下画出的。换句话说，两组曲线都与相关市场的价格一致，我们没有理由期望任一市场的供给和需求曲线会进一步移动。

注意，即使我们只关心电影市场，在确定电影税的影响时考虑录像带市场也是很重要的。局部均衡分析会低估税收的效应，使我们得出税收会使电影票的价格从6.00元提高到6.35元的结论。然而一般均衡分析向我们显示，税收对电影票价格的影响要更大些——价格会上涨到6.82元。

电影和录像是替代品。通过作出与上面类似的图，你能使自己相信，如果有关的商品是互补品，局部均衡分析会高估税收的效应（考虑一下汽油和汽车：对汽油征税导致其价格上涨，但这会降低对汽车的需求，从而反过来又会降低对汽油的需求，导致其价格有所下降）。

前面学习竞争性市场的时候，我们就认识到，它能使消费者和生产者的剩余达到最大，因而是有效率的，接下来将更为详细地考察经济效率的概念，此时牵扯两个产品市场和两个生产要素市场，而且市场之间是相互影响的。

二、交换的效率

一个不受管制的竞争性市场是有效率的，因为它使消费者和生产者的剩余达到最大。为了更详细地考察经济效率的概念，我们从一个交换经济开始，分析两个消费者的行为。他们可以用两种商品中的任何一种进行贸易（这一分析也适用于两个国家之间的贸易）。假定两种商品初始的配置状况是经济上无效率的。在商品有效率的配置中，没有人能够在不使别人受损的情况下使自己得益。在下文中，我们将表明为什么互利的贸易会导致商品的有效配置。

一般来说，两个人或两个国家之间自愿的贸易总是互利的。要了解贸易是如何使人们得益的，我们来详细地看一下两人的交换。我们的分析是建立在两个重要的假设之上的："两人都知道对方的偏好"和"交换商品的交易成本为零"。

假定詹姆斯和凯伦有10单位食品和6单位服装。表12-1显示，一开始詹姆斯有7单位食品和1单位服装，而凯伦有3单位食品和5单位服装。要确定詹姆斯和凯伦之间进行贸易是否有利，我们需要知道他们对食品和服装的偏好。假定凯伦由于有很多的服装和很少的食品，她用服装换食品的边际替代率为3（她愿意放弃3单位的服装来获得1单位的食品）。然而詹姆斯用服装换食品的边际替代率只是1/2（他只愿意放弃1/2单位的服装来获得1单位的食品）。

表 12－1

个人	初始配置	贸易	最终配置
詹姆斯	7 食物，1 服装	1，－1	6，2
凯伦	3，5	1，－1	4，4

这样，由于詹姆斯对服装的估价比凯伦高，而凯伦对食品的估价比詹姆斯高，就有了进行互利贸易的余地。为了得到另一单位的食品，凯伦愿意用高到 3 单位的服装来进行贸易。而詹姆斯愿意放弃 1 单位的食品来得到 1/2 单位的服装。实际的贸易条件就是讨价还价的过程。可能的结果是（詹姆斯的）1 单位食品交换（凯伦的）1/2 单位到 3 单位之间任何数量的服装。

假定凯伦向詹姆斯提出用 1 单位服装换 1 单位食品，詹姆斯也同意，那么两人就会都得益。詹姆斯会得到更多的服装，而他对服装的估价比食品高；凯伦会得到更多的食品，而她对食品的估价比服装高。只要两个消费者的边际替代率不同，就有进行互利贸易的余地，因为资源的配置是无效率的——贸易会使两个消费者都得益。反之，要获得经济效率，两个消费者的边际替代率必须相等。

在有许多商品和消费者时，这一重要结论仍然成立：在任何两对商品的边际替代率对所有消费者都相同时，这一商品的配置才是有效率的。

如果贸易是有利的，那么哪种贸易会发生？哪种贸易会在消费者中有效率地配置商品，其又会因此得到多大的利益？我们可以利用埃奇沃斯盒形图，用两人、两种商品的例子来回答这些问题。

图 12－2 就显示了一个埃奇沃斯盒形图，其中横轴表示食品单位的数目，纵轴表示服装单位的数目。盒形图的长度为 10 单位的食品即全部可得食品的数量，而高度为 6 单位服装即全部可得服装的数量。

在埃奇沃斯盒形图内，每一点代表消费者的市场篮子。詹姆斯所持有的商品从原点 O_j 算起，而凯伦所持商品从原点 O_k 算起。例如，A 点代表食品和服装的初始配置。从左到右读盒形图底部横轴，詹姆斯有 7 单位的食品；从下往上读左边的纵轴，他有 1 单位的服装。因此，对詹姆斯来说，A 代表 7 单位服装和 1 单位食品。这给凯伦留下了 3 单位食品和 5 单位服装。凯伦的食品配置（3F）是在盒形图顶部的 O_k 处从右往左读的，而她的服装配置（5C）是在图的右边从上往下读的。

我们也可以看到凯伦和詹姆斯之间进行贸易的效应。詹姆斯放弃 1F 换回 1C，从 A 点移到 B 点。凯伦放弃 1C 得到 1F，也从 A 点移到 B 点。这样，B 点就代表进行了互利的贸易之后詹姆斯和凯伦两人的市场篮子。

由以上分析可以得知，从 A 点到 B 点的贸易使凯伦和詹姆斯的状况都得到改善。然而 B 点是不是一种有效率的配置呢？回答取决于詹姆斯的边际替代率和凯伦的边际替代率在 B 点是不是一致，而这又取决于其无差异曲线的形状。

图 12－2 显示了几条詹姆斯和凯伦的无差异曲线。詹姆斯的无差异曲线像通常一样画出，因为他的配置是以 O_j 为原点进行衡量的。但是对凯伦，我们把无差异曲线转了 180 度，使原点位于盒形图的右上角。与詹姆斯的一样，凯伦的无差异曲线也是内凸的——我们只是从不同的角度去看它们罢了。

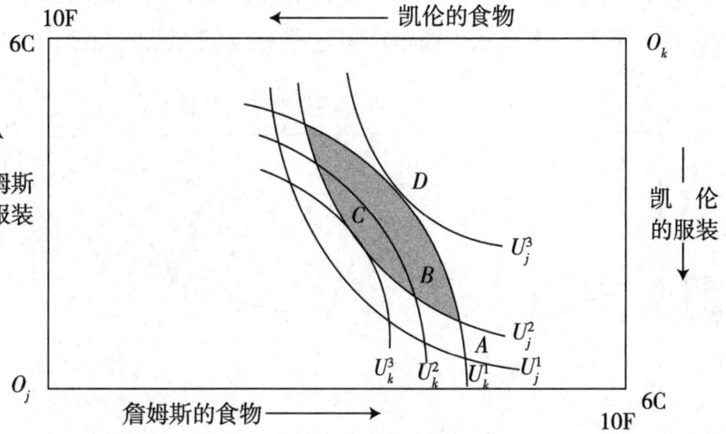

图 12－2　交换的效率

埃奇沃斯盒形图显示了每个消费者通过交换商品来提高其满足的可能性。若 A 点给出了初始的资源配置，则阴影部分描述了所有互利的贸易。

由于我们对两组无差异曲线已经熟悉了，我们来考察通过初始配置点 A、标有 U_j^1 和 U_k^1 的曲线。詹姆斯和凯伦的边际替代率给出了他们无差异曲线在 A 点的斜率。詹姆斯的斜率是 1/2，凯伦的是 3。在两条无差异曲线之间的阴影部分代表使詹姆斯和凯伦的状况都比 A 点好的食品和服装的所有可能配置。换句话说，它代表所有可能互利的贸易。

从 A 点起，任何使商品的配置移向阴影区域外的贸易都会使两个消费者中的一个受损，因而这种情况不会发生。我们已经看到，从 A 点移向 B 点是互利的。但在图 12－2 中，B 不是有效率的点，因为 U_j^2 和 U_k^2 是相交的。这意味着詹姆斯的边际替代率与凯伦的边际替代率还不一样，因而这时的配置还不是有效率的。这说明了一个重要的论点：即使从无效率配置开始进行的贸易使两人都得益，新的配置也并不必然是有效率的。

假定从 B 点开始进行贸易，詹姆斯放弃另一单位的食品来获得另一个单位的服装，凯伦放弃另一单位的服装来获得另一单位的食品。图中的 C 点给出了新的配置。在 C 点，两人的边际替代率完全一致，这就是无差异曲线在此处相切的原因。当无差异曲线相切时，边际替代率相同，因此，一个人不可能在不使别人受损的情况下得益。结果，C 就代表了一种有效率的配置。

当然，C 点并不是詹姆斯和凯伦讨价还价后唯一可能的有效率的结果。如果詹姆斯是一个有力的议价者，贸易可能使商品的配置从 A 点移向 D 点，这时，无差异曲线 U_j^3 与无差异曲线 U_k^1 相切。这不会使凯伦的境况比她在 A 点糟，而会使詹姆斯的境况大大改善；

并且由于没有进一步进行贸易的可能，D 是有效率的配置。因此，尽管詹姆斯更喜欢 D 而不是 C，凯伦更喜欢 C 而不是 D，但 D 和 C 都是有效配置。一般来说，很难预测讨价还价后实现的配置，因为它取决于有关人员的讨价还价能力。

我们已经看到，从初始的配置开始，通过互利的贸易可以达到许多可能的有效配置。要找出凯伦和詹姆斯之间食品和服装所有可能的有效配置，我们就要寻找他们之间无差异曲线的所有相切点。图 12－3 显示了通过所有这些有效配置点的曲线，它叫契约曲线。

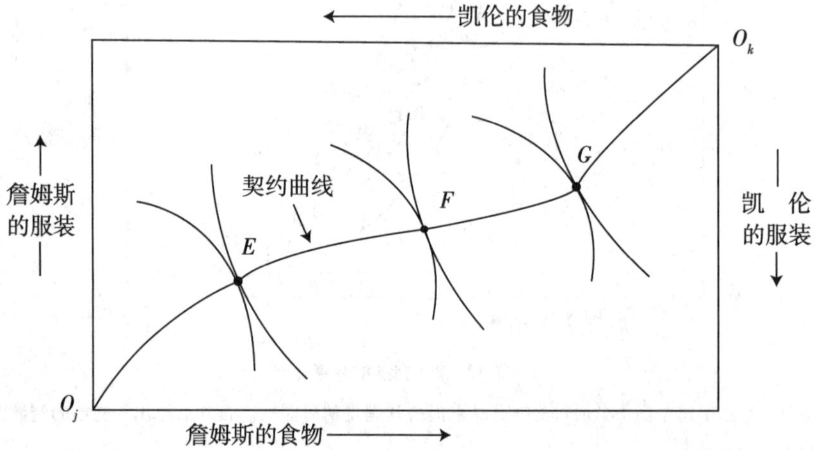

图 12－3　契约曲线

契约曲线包括了所有消费者无差异相切配置，曲线上的每一点都是有效率的，因为一个人不能在不使另一个人境况变遭的情况下使自己的境况得到改善。

契约曲线显示了所有不可能进行互利贸易的配置点。这些配置点有时叫作帕累托效率，是以意大利经济学家费尔弗雷多·帕累托的名字命名的。帕累托发展了有效交换的概念：如果商品的配置在不使另一些人境况变糟的情况下就不能使某些人的境况变好，这种配置就是帕累托有效的。在图 12－3 表示的契约曲线中，以 E、F、G 表示的三种配置虽然显示的是不同的服装和食品的分配，但都是帕累托有效的，因为一个人不可能在不使别人境况不变糟的情况下使自己的境况得到改善。

契约曲线的几个性质可能有助于我们理解有效交换的概念。一旦契约曲线上的某一点，例如 E 被选定，就不可能在不使一个人受损的情况下（在这个例子中是凯伦）移到契约曲线上的另一点，比如 F。在没有对詹姆斯和凯伦的偏好做进一步比较之前，我们无法比较 E 点和 F 点的配置——我们只知道两者都是有效率的。从这个意义上说，帕累托效率是一个并不很强的目标——它说明我们应当进行所有互利的交换，但它没有说明哪些交换好，然而帕累托效率可以是一个强有力的概念。如果一种交换能够提高效率，则支持它对每一个人的自身利益都有利。

即使提议交换的某一个方面使某些人受损，我们常常也能提高效率。我们只需要加入第二个交换，使得结合起来的交换与以前相比使某些人境况改善而没有人境况变糟就行。

例如，假定我们提议废除进口到美国的汽车配额，美国消费者就会因此而享受到较低的价格和较大的轿车选择范围，但这会使有些汽车工人失去工作。如果废除配额与对汽车工人的削减联邦税和工作重置补贴结合起来，将使美国消费者得益（在扣除工作补贴的成本之后），并使汽车工人不受损，结果就会提高效率。

在一个两人的交换中，结果取决于双方的议价力量。然而竞争性市场有许多买者和卖者，因此，如果人们不喜欢交换的条件，他们可转向另一个提出较好条件的卖者。结果是每一个买者和卖者都把商品的价格看作固定的，并以此来确定买和卖的数量。我们可以用埃奇沃斯盒形图模仿竞争性市场来说明竞争性市场是如何导致有效率交换的，例如，假定有许多詹姆斯和凯伦。这使我们能够把每一个詹姆斯和凯伦都当作价格接受者，即使我们只在一个两人的盒形图中进行分析。

图 12－4 显示了初始的配置在 A 点，并且食品和服装的价格都等于 1 时的贸易机会（实际的价格并不要紧，要紧的是相对于服装价格的食品价格）。当食品和服装的价格相等时，每单位食品可以交换到 1 单位的服装。结果，图中斜率为 －1 的价格线 PP' 描述了所有交换能够达到的可能配置。

假定每个詹姆斯决定购买 2 单位服装，并且作为交换，出售 2 单位食品。这使他们每个人都从 A 点移向 C 点，并使他们的满足程度从无差异曲线 U_j^1 提高到 U_j^2。同时，每个凯伦购买 2 单位食品并出售 2 单位服装。这使她们每个人也从 A 点移向 C 点，并使她们的满足程度从无差异曲线 U_k^1 提高到 U_k^2。

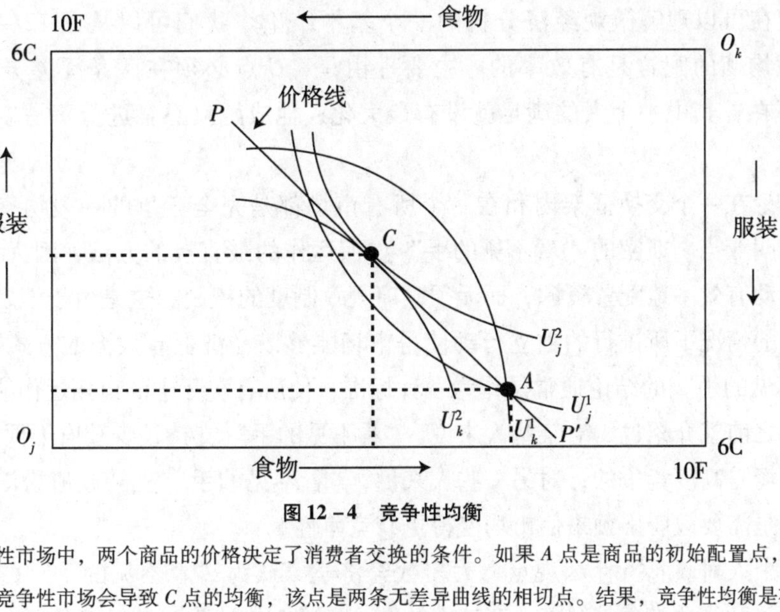

图 12－4　竞争性均衡

在一个竞争性市场中，两个商品的价格决定了消费者交换的条件。如果 A 点是商品的初始配置点，价格线 PP' 代表价格比例，则竞争性市场会导致 C 点的均衡，该点是两条无差异曲线的相切点。结果，竞争性均衡是有效率的。

我们选定两种商品的价格，使得每个凯伦所需求的食品数量等于每个詹姆斯愿意出售的数量，并使每个詹姆斯所需求的服装数量等于每个凯伦愿意出售的数量。结果，食品和服装市场都达到均衡。均衡是每个市场需求的数量等于供给的数量时的一组价格。这也是竞争性均衡，因为所有的供给者和需求者都是价格接受者。

所有的价格并不是都与均衡一致。例如，如果食品的价格为1，而服装的价格为3，食品就必须在3∶1的基础上与服装交换。但是这样一来，每个詹姆斯就不会愿意用任何食品来交换额外的服装，因为他们用服装换食品的边际替代率只是1/2。而每个凯伦会很高兴出售服装以换回更多的食品，但是没有人可以进行贸易。这时，市场是不均衡的，因为需求的数量与供给的数量不相等。

这种不均衡应当只是暂时的。在一个竞争性市场中，如果在某些市场存在过度需求（对一种商品需求的数量大于供给的数量），而在另一些市场存在过度供给（供给的数量大于需求的数量），价格就会调整。在这个例子中，每个凯伦对食品的需求大于每个詹姆斯愿意出售的数量，而每个凯伦愿意用服装进行贸易的数量又大于每个詹姆斯所需求的数量，我们就可预期食品的价格相对于服装的价格会上涨。而随着价格的变动，市场上所有人的需求也会变化。最终，价格会一直调整到均衡实现。在我们的例子中，食品和服装的价格可能都为2；我们从前面的分析中知道，当服装的价格等于食品的价格时，市场处于竞争性均衡（回想一下，只有相对价格才要紧，服装和食品的价格为2与价格为1是一样的）。

这里要注意两个人的交换与一个经济中许多人的交换之间的重要区别。当只涉及两个人时，讨价还价使结果不确定。然而当涉及许多人时，商品的价格就由商品的需求者和供给者的选择共同决定。

我们现在可以理解微观经济分析的一个基本结论。我们可以从图12－4的C点看到，竞争性均衡的配置是有效率的。主要理由是，C点必须在两条无差异曲线的切点上。如果不在，其中一个人的满足就没有最大化；他或她就愿意进行贸易以达到更高水平的效用。

这一结论在一个交换框架内和在一个所有市场都是完全竞争的一般均衡结构内都成立。这是说明亚当·斯密的“看不见的手”如何运作的最直接的方法，因为它告诉我们，经济可以自动有效率地配置资源，而无须政府规章制度的控制。这是由于消费者和生产者在价格给定的情况下所进行的独立行动使得市场能够以经济上有效率的方式运作。显然，这种“看不见的手”的结论通常是作为一种标准，使所有实际中的市场运作能够与之进行比较。我们之前就介绍过，对某些人来说，“看不见的手”支持较少政府干预的规范论点，其理由是市场是高度竞争的；对另一些人来说，“看不见的手”支持政府扮演更广泛的角色，其理由是需要政府干预来使市场变得更有竞争性。

无论一个人对政府持什么观点，大多数经济学家认为“看不见的手”的结论是重要的。事实上，竞争性均衡是经济上有效率的结论通常被描述为福利经济学第一定理（福利经济学涉及对市场和经济政策的规范评价），这一定理可以正式地这样表述：如果每个人都在竞争性市场上进行贸易，则所有互利的贸易都将得以完成，并且其产生的均衡资源配置在经济上将是有效率的。

我们从消费者的角度来总结一下所知道的竞争性均衡。第一，由于无差异曲线是相切的，消费者的所有边际替代率都相等；第二，由于每条无差异曲线都与价格线相切，每个人用食品换服装的边际替代率等于两种商品的价格比例。形式上，如果两种商品的价格为 P_c 和 P_r，则：

$$MRS = P_c/P_r$$

当存在许多消费者（和许多生产者）时，要实现有效配置并不容易。如果所有市场都是完全竞争的，它就能实现。而有效率的结果也可以通过其他手段来达到，例如通过一个政府配置所有商品和服务的集权体制。竞争性的解决办法之所以被选用，是因为它只用最少的信息来配置资源。所有消费者必须知道自己的偏好和面临的价格，但是消费者不必知道什么东西正在生产或者其他消费者的需求是怎样的。其他配置办法需要更多的信息，因而操作起来就比较困难和麻烦。

三、生产的效率

在描述了两种商品交换中实现有效配置所要求的条件后，我们现在来考虑生产过程中投入品的有效使用。

我们假设生产同样两种产品，食品和服装所需要的两种投入品——劳动和资本的总供给是固定的。然而我们现在假设不只是两个人，而是许多消费者都拥有生产投入品（包括劳动），并通过出售它们来获得收入。这种收入反过来就在两种商品之间配置。

这一框架把经济中各种各样的供给和需求因素联系在一起。人们供给生产投入品，而后将它带来的收入用于需求，消费商品和服务。当一种投入品价格提高后，那些供给许多这一投入品的人收入增加，并对两种商品中的一种的消费增加。这反过来提高了对生产该商品所需要的投入品的需求，从而对这些投入品的价格产生反馈效应。只有一般均衡分析能够发现使每个市场的供给和需求都相等的价格。

我们将继续利用埃奇沃斯盒形图，但是现在不是像前面做的那样用每根轴来衡量商品，而是衡量生产过程中的投入品。图 12 - 5 显示了一张盒形图，其中，劳动投入以横轴衡量，资本投入以纵轴衡量，有 50 小时的劳动和 30 小时的资本可供生产过程使用。在前面关于交换的分析中，每个原点代表一个人；现在，每个原点代表一种产出。食品的原点是 O_f，而 O_c 是服装的原点。生产分析与交换分析的唯一区别是，现在我们在图 12 - 5 中衡量的是投入而不是产出，并且我们集中在两种产出上而不是两个消费者上。

每点代表生产食品和服装的劳动和资本投入。例如，A 代表食品生产中 35 小时的劳动投入和 5 小时的资本投入，以及服装生产中 15 小时的劳动投入和 25 小时的资本投入。劳动和资本结合起来生产两种商品的每一种方法都由图中的一点代表。

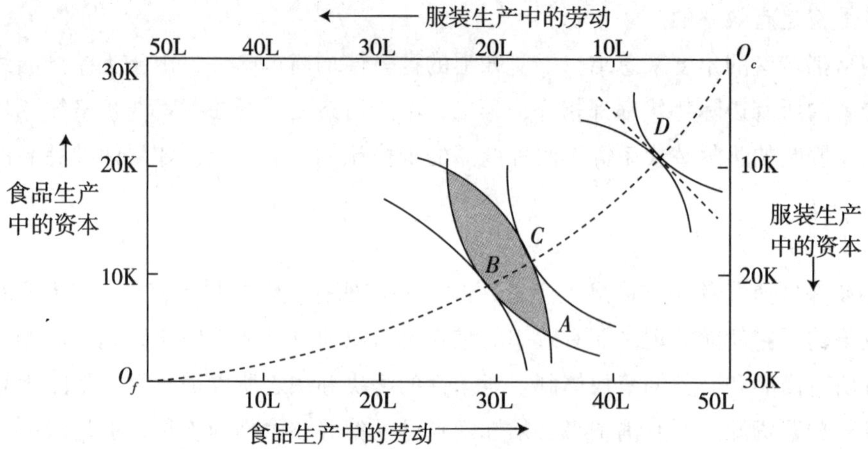

图 12－5　生产的效用

在一个有两种固定投入品和两种商品的埃奇沃斯生产盒形图中，当两种商品的等产量线相等时，投入品就得到了有效的使用。如果生产中使用的投入品一开始在 *A* 点阴影区域显示，在这一区域内，可以通过重新安排投入品的使用来生产出更多的两种产出品。点 *B*、*C* 和 *D* 都在生产契约曲线上，因而对投入品的使用是有效率的。

一系列生产的等产量线显示了用各种各样投入品组合生产的产出水平。每一条等产量线代表能够得到的一种商品的总生产，而不对生产的厂商做出区分。我们画出了代表 50 单位、60 单位和 80 单位食品产出的食品等产量线。食品的等产量线看上去就同我们在之前学习中讨论的等产量线一样，但是我们把服装的等产量线转 180 度，使它们能够从原点 O_c 的角度读出。例如，等产量线 50F 代表所有生产 50 单位食品的劳动和资本的组合；而 25C 代表所有生产 25 单位服装的劳动和资本的组合。

我们还画了代表 10 单位、25 单位和 30 单位服装的三条等产量线。随着从右上角移向左下角，由于某一种或两种投入品都增加了，这些等产量线代表的产出都提高了。现在我们可以看到，*A* 同时代表 50 单位食品和 25 单位服装，各自都与生产投入品的一种组合相联系。

要知道投入品如何才能有效地结合起来，我们必须找出用来生产每种产出的各种各样投入品的组合。在生产过程中，如果在不减少另一种产出的情况下，一种特定的投入配置就不能使一种商品的产出增加，那么这种配置就是技术上有效率的。生产效率不是一个新概念，一个生产函数代表在投入品给定的情况下能达到的最大产出。现在我们把这个概念扩大到两种商品而不是一种商品的生产上来。

图 12－5 显示，如果重新配置投入品能生产出更多的一种或两种商品，这些投入品的配置就是无效率的。例如，如果工会市场有效地实施低效率的劳动规则，像 *A* 点显示的那种无效率配置就会出现。*A* 点的配置显然是无效率的，因为任何在阴影区域内的投入品组合都能生产出更多的食品和服装。这样，通过把一部分劳动从食品生产转移到服装生产，并把一部分资本从服装生产转移到食品生产，我们可以从 *A* 点移到 *B* 点。这会产生同样数量的食品（50 单位）以及更多的服装（从 25 单位到 30 单位）。

图 12－5 中的 B 点和 C 点就像位于连接 O_f 和 O_c 的曲线上的其他所有点一样，也是有效配置点，就如交换契约曲线上的每一点都代表两条无差异曲线的切点一样，这些点中的每一点都是两条等产量线的切点。生产契约曲线代表所有在技术上有效率的投入品组合。不在这条生产契约曲线上的每一点都是无效率的，因为经过该点的两条等产量线是相交的。当两条等产量线像 A 点那样是相交的，就可以重新配置劳动和资本来提高两种商品中至少一种的产出。我们从 A 点看到，任何在阴影区域内的配置都会提高两种商品的生产，因此 A 点是技术上无效率的。

如果投入品市场是竞争性的，有效率的生产点就能达到。我们来看为什么。如果劳动和资本市场是完全竞争的，则工资率 w 在所有产业都相同。同样，资本的租赁价格 r 也会相同，而不论资本是用在食品产业还是服装产业。如果食品和服装生产者使生产成本最小化，其就会在利用劳动和资本的组合时使两种投入品边际产出的比例等于投入品价格的比例：

$$MP_L/MP_K = w/r$$

但是我们也要明确，两种投入边际产出的比例等于劳动对资本的边际技术替代率。其结果是：

$$MRTS = w/r$$

由于边际技术替代率是厂商等产量线的斜率，因此，要在投入品市场实现竞争性均衡，每个生产者必须在利用劳动和资本时使各等产量线的斜率都相等，并使它等于两种投入品的价格比例。结果，竞争性均衡处在生产契约曲线上，并且竞争性均衡在生产上是有效率的。

我们最终处在生产契约曲线上的哪一点取决于消费者对两种商品的需求。例如，假定消费者对食品的需求比对服装的需求多得多。一个可能的竞争性均衡就会在图中的 D 点产生。这里，食品生产者通过使用 43 单位劳动和 20 单位资本来使生产 80 单位食品的成本最小化。服装生产者用 7 单位劳动和 10 单位资本生产 10 单位服装。工资率等于资本的租赁价格，因此图中等成本线的斜率为 －1。在这些价格下，没有一个生产者愿意购买额外的生产投入品。

从中容易看出，如果从一个不在契约曲线上的点开始，两个生产者都会发现雇用劳动或租用资本是有利的，这样他们可以重新配置投入品以使成本最小化。从中还可以清楚地看到，投入品市场没有唯一的竞争均衡。投入品的有效使用可以是生产很多食品和很少服装，也可以是相反的。

生产可能性边界显示了用固定的劳动和资本投入可以生产出来的各种各样的组合。图 12－6中的边界是从图 12－5 中的生产契约曲线推导出来的。契约曲线和生产可能性边界上的每一点都描述了食品和服装的一种有效生产水平。

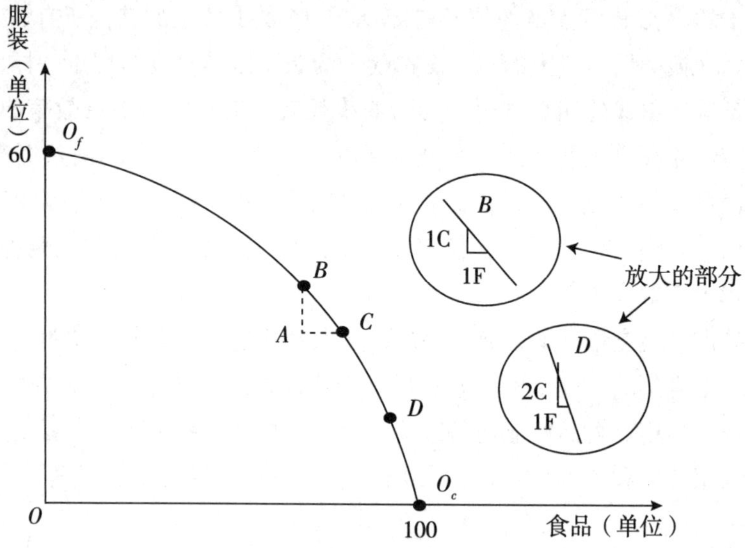

图 12－6　生产的可能性边界

生产可能性边界显示所有有效率的产出组合。点 B、C 和 D 来自生产契约曲线上相对应的点。生产可能性边界是内凹的，因为其斜率（边际转换率）随着食品生产水平的提高而提高。

我们像生产契约曲线上的点一样标出边界上的点。点 O_f 代表一种极端，只有服装生产出来；而 O_c 代表另一种极端，只有食品生产出来。点 B、C、D 是另外根据契约曲线标出的点。

点 A 处在生产可能性边界之内，它代表一种无效率的配置。在三角形 ABC 内的所有点都显示，在生产过程中劳动和资本全部被利用了。然而劳动市场的扭曲导致经济作为一个整体处于无效率生产状态。

生产可能性边界是向下倾斜的，因为要有效地生产更多的食品就必须将投入品从服装生产中转移过来，而这又会降低服装的生产水平。由于在边界内的点都是无效率的，因此它们都不在生产契约曲线上。

生产可能性边界是凹的（向内弯的），即其斜率的量值随着食品的增加而提高。为了描述这一点，我们把服装对食品的边际转换率定义为边界上每一点斜率的量值。边际转换率衡量额外增加 1 单位食品的生产要放弃多少服装。例如，图 12－6 中放大的区域显示，在边界上的 B 点，边际转换率为 1，因为要得到额外的 1 单位食品就要放弃 1 单位的服装。然而在 D 点，边际转换率是 2，因为要多得到 1 单位的食品就必须放弃 2 单位的服装。

注意，随着沿生产可能性边界增加食品的生产，边际转换率提高。这之所以会发生，是因为根据投入品是用来更多地生产食品还是服装，劳动和资本的生产率会有不同。假定我们从只生产服装的 O_f 开始。现在我们把一些劳动和资本从边际产出较低的服装生产中转移出来，并把它们投入边际产出较高的食品生产中去。这时，要得到第一个单位的食品，放弃的服装生产很少（边际转换率大大小于 1）。但是随着在边界上移动并生产越来越少的服装，服装生产中劳动和资本的生产率上升，而食品生产中劳动和资本的生产率下降。在 B 点，生产率相等，边际转换率为 1。继续沿边界移动，我们发现服装的投入品生产率进一步上升，而食品的生产率进一步下降，因此边际转换率大于 1。

我们还能用生产成本来描述生产可能性边界的形状。在 O_f，生产 1 单位额外食品受到的服装产出损失很小，生产食品的边际成本很低（用很少的投入生产很多的产出），而生产服装的边际成本很高（需要用很多的两种投入品来生产另一单位的服装）。因此，在边际转换率低的时候，生产食品的边际成本 MC_f 与生产服装的边际成本 MC_c 之比也低。实际上，生产可能性边界的斜率衡量相对于生产另一种商品的边际成本来说，生产可能性边界的曲率直接来自下述事实：相对于生产服装的边际成本来说，生产食品的边际成本是递增的。在边界上的每一点，下述条件成立：

$$MRT = MC_f/MC_c$$

例如，在 B 点，边际转换率等于 1。这里，当投入品从服装转移到食品生产中时，失去了 1 单位的产出，也得到了 1 单位的产出。如果生产任何一种商品的投入成本都是 100 元，则边际成本之比就是 100 元/100 元，或者说 1。上述等式在 D 点（以及边界上其他每一点）也成立。假定生产 1 单位食品的投入品成本为 160 元，则食品的边际成本就是 160 元，但是服装的边际成本只有 80 元（160 元/2 单位服装）。结果，边际成本的比例 2 等于边际转换率。

一个经济要有效率，商品不仅必须以最低成本生产，而且生产的商品组合必须与人们购买它们的意愿相一致。要理解这一点，回想一下，服装对食品的边际替代率 MRS 是衡量消费者减少服装消费来购买 1 单位额外食品的意愿。而边际转换率衡量减少服装生产来增加 1 单位额外食品的成本。一个经济要有效率地生产产出，对每个消费者来说，只有边际替代率等于边际转换率，即：

$$MRS = MRT$$

这里要理解为什么这个条件对效率是必需的。假定边际转换率等于 1，但边际替代率等于 2，这时，消费者就愿意放弃 2 单位服装来得到 1 单位食品，但是得到额外食品的成本只是 1 单位的服装损失。显然，食品生产得太少。要实现效率，食品生产必须增加，从而使边际替代率下降、边际转换率提高，直到两者相等。只有在所有各对商品的 $MRS = MRT$ 时，结果才是有效率的。

图 12－7 显示了这一重要的效率条件，这里，我们把一个消费者的无差异曲线添加到图中的生产可能性边界上。注意，C 点是生产可能性边界上使消费者满足最大化的唯一点。虽然生产可能性边界上的所有点在技术上是有效率的，但是从消费者的角度来看，它们并不都是商品最有效率生产的点。在无差异曲线与生产边界相切之点，边际替代率（无差异曲线的斜率）与边际转换率（生产边界的斜率）相等。

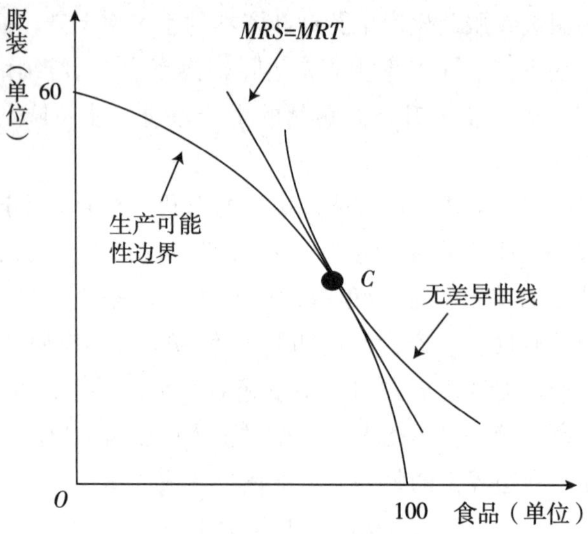

图 12－7　产出效率

当两种商品之间的边际转换率（它衡量生产一种商品相对于另一种商品的成本）等于消费者的边际替代率（它衡量消费一种商品相对于另一种商品的边际收益）时，有效率的产出组合就被生产出来了。

如果你是负责管理一个经济的计划者，你会面临一个困难的问题。要实现效率，你必须使边际转换率与消费者的边际替代率相等。但是如果不同的消费者对食品和服装有不同的偏好，你如何决定食品和服装的生产水平以及给每个消费者每种商品的数量，从而使所有消费者都有相同的边际替代率？这样做的信息成本和计算成本都是巨大的。（这是像苏联那样的中央计划经济表现得如此糟糕的原因之一。）幸运的是，一个运作良好的竞争性市场体制能够以相对较低的代价达到同样的有效结果。

当产出市场是完全竞争的时候，所有消费者对其预算的配置都使其两种商品的边际替代率等于价格比例。对于我们的两种商品——食品和服装来说，即达到：

$$MRS = P_f/P_c$$

同时，每个利润最大化的厂商都会将其生产调整到价格等于边际成本那一点，对我们的两种商品来说，即：

$$P_f = MC_f \text{ 和 } P_c = MC_c$$

由于边际转换率等于边际生产成本比例，即有：

$$MRT = MC_f/MC_c = P_f/P_c = MRS$$

当产出和投入市场都是竞争性的时候，由于边际转换率等于边际替代率，生产将是有效率的。这一条件其实是之前讨论过的边际收益和边际成本规则的另一种说法。我们可以看到，消费者购买一种商品的额外单位直到消费的边际收益与边际成本相等那一点。这里，我们选择食品和服装的生产，使消费另一单位食品的收益等于生产食品的边际成本，同时对服装的消费和生产也一样。

四、竞争性市场的效率

我们关于一般均衡和经济效率的分析现在完成了。在这一过程中，我们取得了两个重要的结论。

第一，对于任何初始的资源配置，一个在个人之间的竞争性交换过程，无论是通过交换、投入品市场还是产出品市场，都将导致经济上有效率的结果。福利经济学的第一定理告诉我们，一个竞争性的制度建立在消费者和生产者自我利益目标以及市场价格向双方传递信息的能力上，将通过斯密“看不见的手”实现资源的有效配置。

第二，在消费者偏好是凸形的情况下，可以在一个竞争性过程中通过对这些资源适当的再配置实现有效率的资源配置。福利经济学的第二定理告诉我们，在确定的、公认理想的条件下，公平和效率问题能够清楚地区别对待。

福利经济学的两个定理都极其依赖市场是竞争的假设。遗憾的是，当市场由于某种原因不再是竞争性时，这两个结论中没有一个必然成立。本节之后，我们将讨论市场失灵的方式，以及政府能够对此做些什么。然而在进行讨论之前，回顾一下我们对竞争性过程运作的理解是很重要的。为了做到这一点，我们列出在交换、投入品市场、产出品市场中经济要有效率所需要的条件。这些条件是非常重要的！对于这三种情况中的每一种，同学们都应当掌握对这些条件的解释，以及支撑这些条件的基础。

（1）交换的效率。所有交换都必须位于交换契约曲线上，从而使每个消费者食品的边际替代率都相同，即：

$$MRS_1 = MRS_2$$

一个竞争性市场之所以能够实现这一有效率的结果，是因为对消费者来说，预算线与可得到的最高无差异曲线的相切点确保了边际替代率相等，即：

$$MRS_1 = P_f/P_c = MRS_2$$

（2）生产中投入品使用的效率。所有投入品组合都必须位于生产契约曲线上，从而使每个生产者的劳动对资本的技术边际替代率在两种商品的生产中都相等，即：

$$MRST_1 = MRST_2$$

一个竞争性市场之所以能够实现这一有效率的结果，是因为每个生产者通过选择劳动和资本投入来使利润最大化，使得投入品的价格比例等于技术边际替代率，即：

$$MRST_1 = w/r = MRST_2$$

（3）产出市场的效率。产出品的组合必须这样来选择，它使产出品之间的边际转换率等于消费者的边际替代率，即：

$$MRT = MRS \text{（对所有消费者）}$$

一个竞争性市场之所以能够实现这一有效率的结果，是因为利润最大化的生产者会把产出提高到边际成本与价格相等的那一点，即：

$$P_f = MC_f,\ P_c = MC_c$$

其结果是：

$$MRT = MC_f/MC_c = P_f/P_c$$

但是，消费者要使其在竞争性市场中满足最大化，只有（对所有消费者）：

$$P_f/P_c = MRS$$

因此，有：

$$MRT = MRS$$

同时，效率条件得到满足。因此，效率要求商品生产的组合和成本与人们支付的意愿相符合。

第二节　市场失灵

现在，我们可以对效率所需要的条件做出两种不同的解释。第一种解释强调竞争性市场的运作，强调我们应当确保竞争所需要的前提条件成立，从而使资源能够有效率地配置。第二种解释强调竞争的前提条件不一定能成立，因而我们应当注重如何对付市场失灵。到目前为止，我们集中在第一种解释上。此时此刻，我们该将精力集中在第二种解释和应对之道上了。

竞争性市场失灵有四个基本原因：市场势力、不完全信息、外部性和公共物品。我们将逐个加以讨论。

一、市场势力

我们已经知道，当生产者或要素投入品的供给者拥有市场势力时，会产生无效率。例如，假定我们的埃奇沃斯盒形图中的食品生产者拥有垄断势力，它因此选择边际收入（而不是价格）与边际成本相等的产出量，并以比竞争性市场高的价格出售较少的产出。较低的产出意味着较低的食品生产边际成本。同时，多出来的生产投入品将被配置到生产服装上去，使服装生产的边际成本上升。结果，边际转换率会下降，因为 $MRT = MC_f/MC_c = P_f/P_c$。生产出太少的食品和太多的服装是一种产出的无效率，因为具有市场势力的厂商在其产出决策中所使用的价格与消费者在其消费决策中所使用的价格不一致。

同样的论点也可适用于投入品市场。假定工会使工人对其为食品生产供给的劳动具有市场势力，那么为食品产业提供劳动就会太少，而且工资（W_f）太高；而为服装产业提供的劳动就会太多，而且工资（W_c）太低。

在服装产业，投入的效率条件得到满足，因为 $MRTS = W_c/r$。而在食品产业，支付的工资将高于服装产业。因此，$MRTS_f = W_f/r > W_c/r = MRTS_c$。结果就是投入无效率，因为效率要求在所有商品的生产中技术的边际替代率都相等。

二、不完全信息

如果消费者对市场价格或产品质量没有准确的信息，市场体系就不会有效率运作。这种信息的不完全可能会给生产者一种刺激，使他们把某些东西生产得太多，而把另一些东西生产得太少。在另一些情况下，即使购买会使他们得益，某些消费者也不会购买某种商品，而另一些消费者会购买那些使他们受损的产品。例如，消费者可能购买那些保证减肥的药片，结果发现药片没有任何药用价值。最后，信息缺乏可能阻止某些市场的发展，例如可能会买不到某些保险，因为保险供给者缺乏关于哪些人可能会有风险的充分信息。而类似的每一种这样的信息问题都可能导致竞争性市场的无效率。

信息不对称的风险主要体现在两个方面：一为道德风险，二为逆向选择。

当一方充分保了险，而一家信息有限的保险公司又不能准确地监督保险方，则保险方可能采取会提高事故或受伤可能性的行动。一个人的行为在购买保险之后会改变的可能性是道德风险问题的一个例子。道德风险的概念可以得到更为普遍的应用，就存在于我们的日常生活之中，除了可应用于上述保险问题，还可应用于工人在雇主不能监督他们行为时不尽力工作。一般来说，当被保险的一方能够影响导致赔偿的事件的可能性或程度时，道德风险就会发生。例如，如果我有全额医疗保险赔偿，我就会比在赔偿额有限的情况下更多地去看医生。如果提供保险者能够监督被保险人的行为，其就能对那些索赔较多的人收取较高的费用。但是如果公司不能监督行为，其就会发现其赔偿比其预计的要大。在有道德风险的情况下，保险公司可能被迫提高其保险费甚至干脆拒绝出售。

接下来，我们用旧车市场来解释逆向选择。

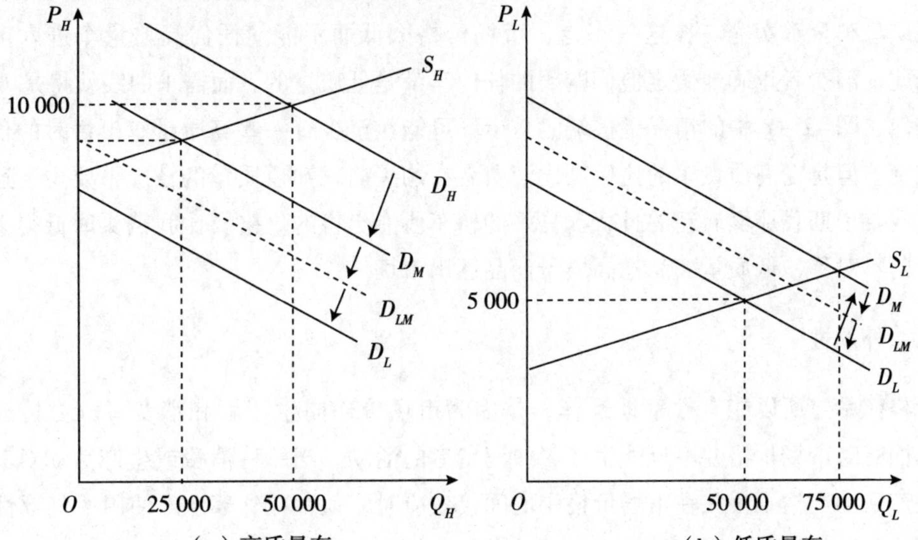

图 12－8　柠檬问题

当产品的卖方对产品质量比买方有更多的信息时，柠檬市场可能出现，使低质量商品驱逐高质量商品。在图（a）中，当买方对市场上汽车的平均质量预期降低时，对高质量汽车的需求曲线向下移动。同样，在图（b）中，对低质量汽车的需求曲线向上移动。结果，高质量汽车的销售从之前的 50 000 辆降到 25 000 辆，而低质量汽车的数量从 50 000辆提高到 75 000 辆。最终，售出的只有低质量汽车。

假定有两种旧轿车——高质量车和低质量车，再假定卖方和买方都知道哪一种轿车是高质量的而哪一种是低质量的，就会有图 12－8 所示的两个市场。图 12－8 中，S_H 是高质量车的供给曲线，D_H 是需求曲线。同样，S_L 和 D_L 分别是低质量车的供给曲线和需求曲线。在任何给定的价格下，S_H 高于 S_L，这是因为高质量车的车主更不愿意与他们的车分离，从而必须得到更高的价格才愿意这样做。同样，D_H 高于 D_L，这是因为买主愿意为得到一辆高质量车支付更多的钱。如图所示，高质量车的市场价格是 10 000 元，低质量车是 5 000 元，每种车出售的数量是 50 000 辆。

然而在实际生活中，旧车的卖主对车的质量比买主知道得多得多。我们来考虑，如果卖主知道车的质量而买主不知道会发生什么（买主只是在买了车并开了一段时间以后才发现其质量问题的，此时退货也晚了），那么起初，买主可能会想，他们买的旧车是低质量的可能性是 50%（理由是，如果卖主和买主都知道质量，每种车会出售 50 000 辆）。因此，在购买时，买主会把所有车都看作是“中等”质量的（当然，买了车以后，他们会知道它的真实质量）。在图 12－8 中，对中等质量车的需求用 D_M 表示，它低于 D_H 但高于 D_L。就如数字显示的，现在将有较少的高质量车（25 000 辆）和较多的低质量车（75 000 辆）售出。

当消费者开始明白，大多数售出的车（大约 3/4）都是低质量车时，他们的需求转移了。如图 12－8 所示，新的需求曲线 D_{LM} 可能意味着，平均来说，轿车是中低质量的。结果，需求曲线进一步向左移动，使轿车的组合进一步转向低质量。这一移动会持续下去，直到低质量车全都卖完。在这一点上，市场价格太低而不能使任何高质量车进入市场出售，因此，消费者正确地假定他们购买的任何车都是低质量的，而需求曲线就将是 D_L。

当然，图 12－8 中的情况是极端的。市场可能在至少有一些高质量车出售时的价格上达到均衡。但是，高质量车的比例会比消费者在购买前就知道质量的情况下要少。这就是为什么我要预期我那辆崭新的且状况良好的轿车所能出售的价格要比我购买时低得多。由于信息的不对称，低质量商品把高质量商品逐出市场。

三、外部性

价格体系之所以能有效率地运作，是因为市场价格向生产者和消费者双方传递了信息。然而有时市场价格并不反映生产者或消费者的活动。当一种消费或生产活动对其他消费或生产活动产生不反映在市场价格中的间接效应时，就存在外部性。使用“外部性”一词是因为对其他消费或生产的效应（无论是收益还是成本）就市场来说是外在的。

例如，假定一家钢厂向河中倾倒废水，导致下游的娱乐场所不能用于游泳或钓鱼。这里就有外部性，因为钢的生产并没有承担废水的真实成本，从而在钢的生产中使用了过多的废水，这导致了投入无效率。如果这种外在性在整个产业流行，钢的价格（等于生产的边际成本）就比生产成本反映废水成本时要低。结果，太多的钢生产出来，出现了产出的无效率。

四、公共物品

所谓外部性，是指并不直接反映在市场中的生产和消费的效应；而外部性的一个最突出的表现是公共物品，公共物品是使所有消费者都得益而市场不是供给不足就是根本没有供给的物品。

当市场不能供给许多消费者认为是有价值的商品时，就出现了市场失灵的最后一个来源。公共物品虽然能够便宜地向一部分消费者提供，但是一旦该商品向部分消费者提供，就很难阻止其他人也消费它。例如，一家厂商正在考虑是否要对一项其不能取得专利的新技术进行研究。一旦发明公之于众，其他厂商就能进行复制。只要排斥其他厂商销售该产品是很困难的，该研究就无利可图。

因此，市场对公共物品供给不足。一般来说，政府通过自己生产该产品或改变对私人厂商生产的刺激（比如最近非常流行的 PPP 项目，有兴趣的同学可以了解一下）有时可以解决这一问题，但有时效果并不理想。

第三节　政府政策在国际贸易市场的应用与影响

政府政策包括最低价格、价格支持、生产配额、进口配额、关税、征税、补贴。

对此，我们在第八章中就已经做了介绍。我们认为，这些手段将在具体的情况下予以应用，什么是具体的情况呢？政府的国际贸易政策——关税，就是一个不错的观察对象。

关税作为最简单的贸易政策，指的是对某种进口商品所征收的税款。从量关税指的是对每单位进口商品征收固定的税额（如每桶石油收 3 元的关税）。从价关税则指的是按进口商品的价值收取一定比例的税收（如美国对进口卡车征收 25% 的关税）。但无论哪种情形，最终的结果都是提高了进口商品的成本。

关税是最古老的贸易政策形式，并且一直作为政府收入的重要来源。例如，美国政府在引入所得税之前，其主要收入就来自关税。许多学者提出，关税的真正目的不仅仅在于提供收入，而且在于保护国内的某些产业部门。在 19 世纪早期，英国运用关税（著名的《谷物法》）来保护其农业不受外来竞争的影响；到了 19 世纪末期，德国和美国则通过对进口的制造品征收关税来保护其新兴的工业部门。而我们仍然举出关税的例子是因为政府对国内市场的保护往往建立在政府官员对市场失灵的担忧之上，在此我们无意论证政府的这种担忧和作为正确与否，我们的重点将放在政府此举对市场的影响上，其中我们要用到之前学过的供需关系，也算作对我们一直以来学习的一个检验。

世界经济某一部分的事件和行为在其他地方一般会产生反响。但是，在许多（并非全部）情形下，针对一个部门的贸易政策一般比较容易理解，而不需要详细考虑该政策对经济其他部分的影响。因此，对于贸易政策的分析，我们主要在局部均衡的框架下进行。

我们首先假定有两个国家——本国和外国，两国都生产小麦，而且小麦在两国间的运输成本为零。小麦在两国都是一个简单竞争行业，其需求曲线和供给曲线都是市场价格的函数。一般来说，本国的供给和需求将决定以本国货币计算的小麦价格，外国的供给和需求则决定以外国货币计算的小麦价格。而如果假定这两种货币之间的汇率根本不受任何贸易政策的影响，我们就可以用本国货币作为两国市场的计价基础。

如果没有贸易时两国的价格不一样，自然就会引发贸易。假定没有贸易时本国的小麦价格比外国的要高，那么如果允许两国从事贸易，贸易商就会把小麦从外国运到本国。小麦的出口导致其在外国的价格上升，而在本国的价格下跌，这个过程会一直持续到两国的价格差别完全消除时为止。

要想确定世界的小麦价格和贸易量，先定义两条新的曲线会很有帮助，即本国进口需求曲线和外国出口供给曲线。这两条曲线都是以原来各国的需求曲线和供给曲线为基础推导而来的。本国的进口需求就是本国消费者的需求量超过本国生产者的供给量的那一部分；外国的出口供给则是其生产者的供给量超过其消费者需求的部分。

图 12－9 展示了本国进口需求曲线的推导过程。在价格 P_1，本国消费者的需求量为 D_1，而本国生产者的供给量仅为 S_1，所以本国的进口需求量为 D_1-S_1。如果价格上升为 P_2，那么本国消费者的需求量降为 D_2，而本国生产者的供给量上升至 S_2，因此进口需求量也就降为 D_2-S_2。这样，就可推导出进口需求曲线 MD 是向下倾斜的。如果价格升至点 P_A，没有贸易下的国内供给和需求相等，因而其进口需求量为零。

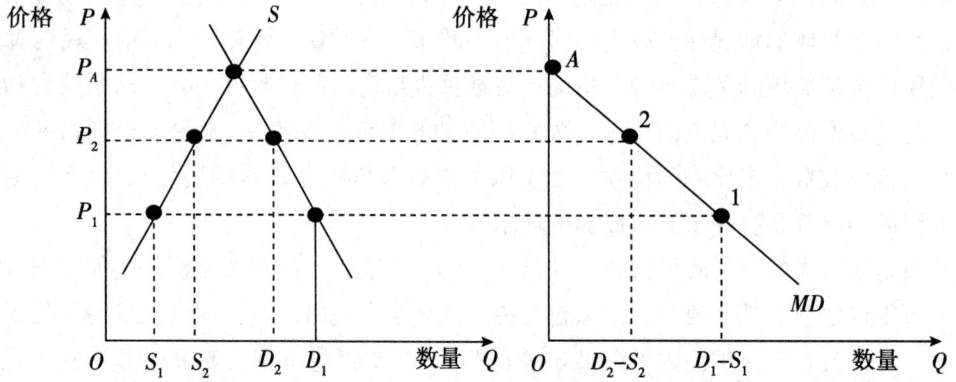

图 12－9　推导本国进口需求曲线

随着价格的上升，本国消费者的需求量减少，本国生产者的供给量增加，导致进口下降。

图 12－10 则展示的是外国供给曲线 XS 的推导过程。在点 P_1，外国生产者的供给量为 S_1^*，而外国消费者的需求量仅为 D_1^*，所以可供出口的产品为 $S_1^*-D_1^*$。在 P_2，外国生产者将其供给量增加至 S_2^*，且消费者的需求量降至 D_2^*，因此出口供给量上升为 $S_2^*-D_2^*$。这样，我们就导出外国出口供给曲线是向上倾斜的，如果价格低至 P_A^*，没有贸易下的外国供给与需求相等，因而出口供给为零。

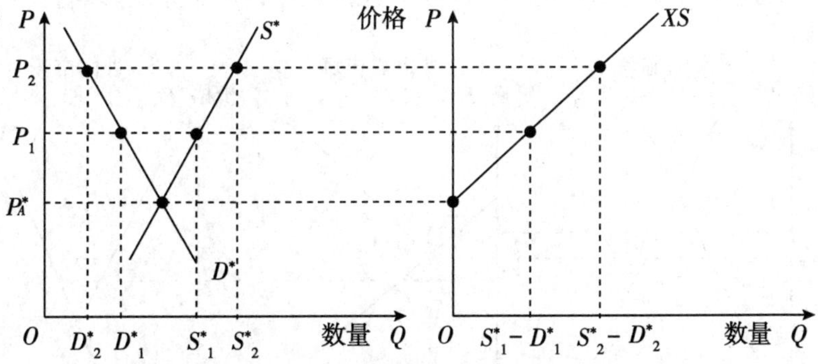

图 12-10　外国出口供给曲线

随着价格的上升，外国的生产者供应更多产品，而外国的消费者却减少了需求量，所以，供给出口的产品也就增多了。

当本国进口需求等于外国出口供给时，就实现了世界均衡。在两条曲线的交点，对应的价格为 P_W，此时世界的供给等于世界的需求。在图 12-10 中的均衡点 1 处：

本国需求 - 本国供给 = 外国供给 - 外国需求

整理得：

本国需求 + 外国需求 = 本国供给 + 外国供给

即：

世界需求 = 世界供给

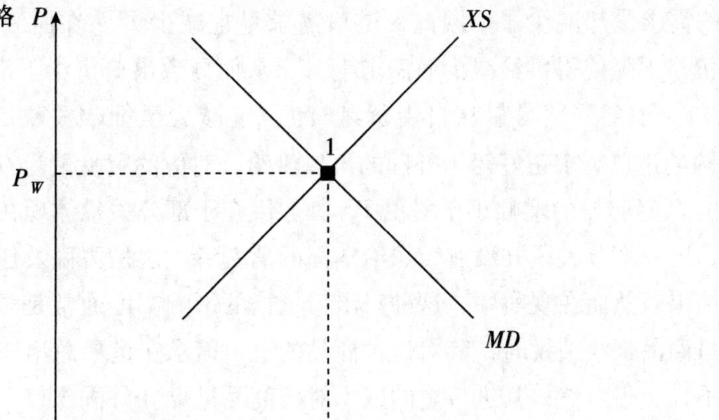

图 12-11　世界市场均衡

本国进口需求与外国出口供给相等时确定了世界的均衡价格。

从人们将商品从一地运到另一地的角度看来，关税就好比运输成本。如果本国对进口的每公斤小麦征收 2 元的关税，那么出口商只有在两国的小麦价格差异至少为 2 元时才愿意出口小麦 D。

图 12－12 说明的是对每单位小麦征收 T 元的从量税所带来的影响。

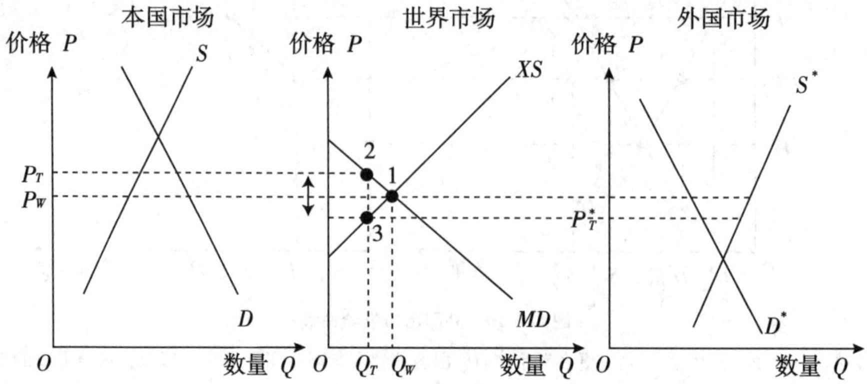

图 12－12 关税的影响

征收关税引起本国价格上升而国外价格下跌，总贸易量减少。

没有关税时，本国和外国的小麦价格均为世界价格 P_W。这一点可以从图 12－12 中看到。但若征收关税，出口商不会乐意从事小麦贸易，除非本国的小麦价格比外国的价格高出至少 T 元。如果没有贸易，本国就会出现小麦供不应求的情况，而外国则会出现小麦的超额供给，从而导致本国的小麦价格上升，而外国的价格则相应下降，直至价格差距为 T 元为止。

引进关税就好比在两国的价格之间插上了一片楔子。关税使本国的小麦价格上升至 P_T，而外国的则降至 $P_T^* = P_T - T$。这样，本国的生产者在更高的价格水平供应更多的小麦，而消费者的需求量却减少了。因此，进口需求量也减少了（在曲线上从点 1 移到点 2）。在外国，价格下降使得供给减少而需求上升，从而导致出口供给下滑（在 XS 曲线上从点 2 移到点 3）。小麦的贸易量从自由贸易时的 Q_W 减少至征收关税后的 Q_T。当 $P_T - P_T^* = T$ 时，本国的进口需求正好等于外国的出口供给，对应的贸易量为 Q_T。

本国价格由 P_W 到 P_T 的增幅小于关税 T，其原因在于部分关税体现在外国出口价格的下跌上，因此，这一部分关税并没有转嫁给本国的消费者，这是关税及任何限制进口的贸易政策的正常结果。然而在现实中，这种对出口价格的影响幅度通常是微小的。例如，当一个小国对进口商品征收关税时，其对这种商品的进口需求在世界总出口中所占份额小得几乎可以忽略不计，很自然，其进口量的减少对该商品世界（外国出口）价格的影响也就不足为道了。

在“小国”情形下，该国无法影响外国出口商品的价格，其征收关税的影响如图 12－13 所示：关税使得出口商品价格的上升幅度等于全部关税额，即从 P_W 升至 $P_W + T$。本国产量相应地从 S_1 上升到 S_2，而消费量却由 D_1 降为 D_2。征收关税的结果是进口量下降。

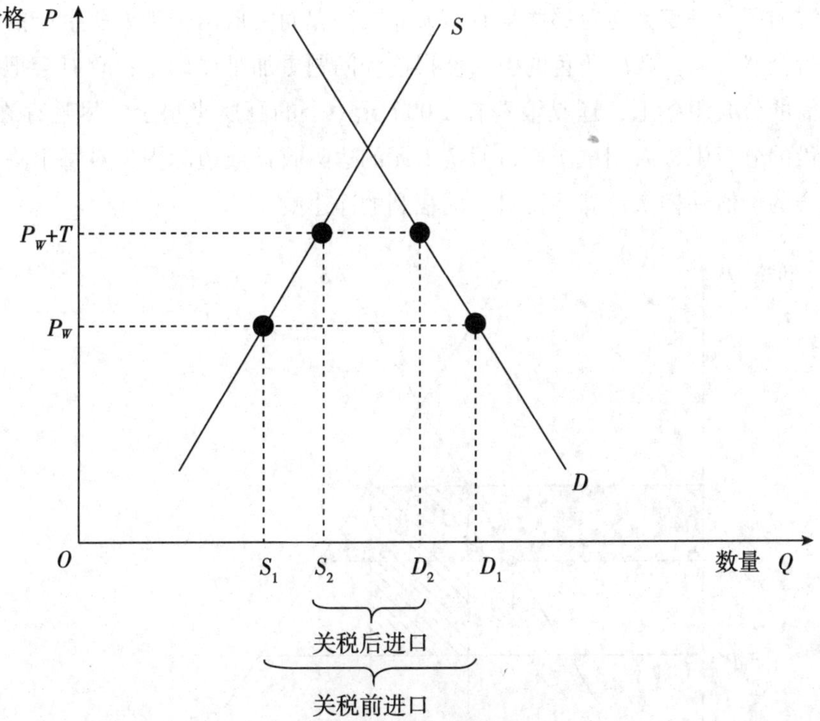

图 12-13　小国关税情形

当一国较小时，征收关税并不能使其进口的外国商品的价值降低。结果是，进口商品的价格从 P_W 上涨到 P_W+T，进口需求量从 S_1-D_1 减少到 S_2-D_2。

图 12-14 说明了关税给进口国带来的成本和收益。关税把国内的价格由 P_R^* 提高到 P_W，却把外国出口价格由 P_W 降为 P_R^*。国内的生产由 S_1 扩张至 S_2，而消费却从 D_1 下滑到 D_2。不同社会集团的成本与收益可以用标有 a、b、c、d、e 的五块面积不同的和来表示。

首先考虑国内生产者的所得。他们得到更高的价格，因而生产者剩余也更多。生产者剩余是价格之下、供给曲线之上的面积。在征收关税之前，生产者剩余等于 P_W 以下、供给曲线以上的面积；当价格上涨到 P_R，生产者剩余增加了面积 a，这是关税带来的生产者所得。

国内的消费者也面对更高的价格，并因此而受到损失。消费者支付的价格从 P_W 提高到 P_R，消费者剩余的减少等于 $a+b+c+d$ 的总面积。因此，关税使消费者受到了伤害。

此外，还有第三个角色——政府。政府通过征收关税从贸易中获益。收益的大小等于关税率 T 与进口量 $Q_T=D_2-S_2$ 的乘积。因为 $T=P_R-P_R^*$，所以，政府的收益就等于面积 c 与面积 e 之和。

由于收益和损失发生在不同的社会集团，因此，关税的整体成本—收益评价就取决于 1 元的收益对每个不同集团成员的价值。比如，如果被保护的是普通消费品，大部分的生产者利益由少数富有的生产资料所有者获得，而主要的消费者都是些低于平均收入的人，对这种关税的评价一定会与对那些只有富人才买得起而由低工资工人所生产的奢侈品征收关税的评价全然不同。政府角色的引入使得这个问题更加难以确定：政府会把税收收入用于社会急需的公共服务上，还是浪费在 1 000 元一个的厕所坐垫上？尽管存在这些问题，在贸易政策的分析中，人们试图通过假定 1 元的边际收益或边际损失对每个集团的价值和对整个社会的价值一样来计算关税对一国福利的净影响。

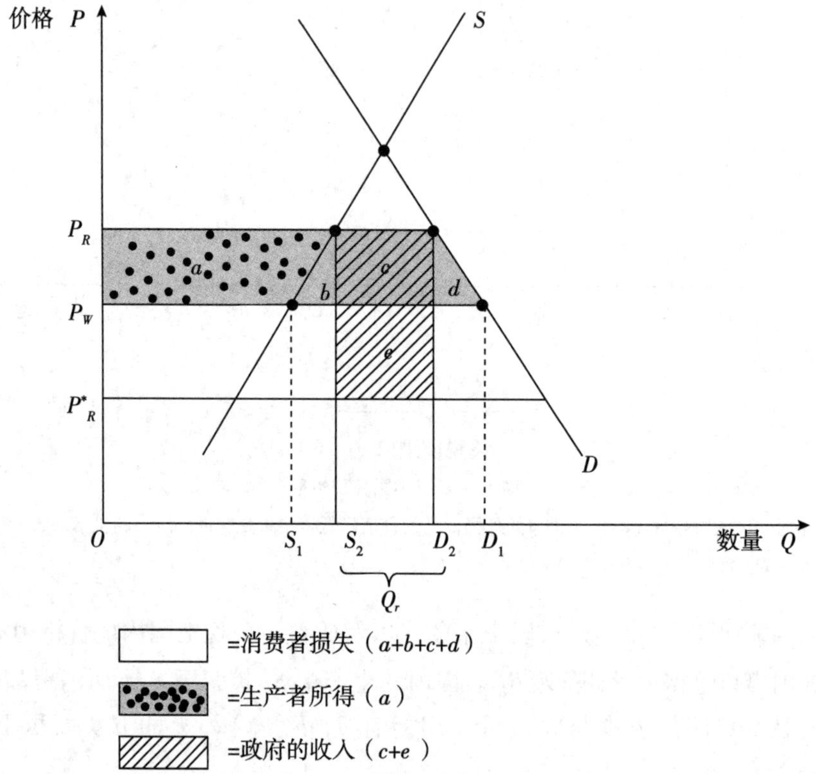

图 12－14　进口国征收关税的成本与收益

不同社会集团的成本与收益可以分别用 a、b、c、d 和 e 五块面积不同的和来表示。

结合图 12－14，我们不妨来看看关税对社会福利的净影响。关税的净损失为：消费者损失－生产者所得－政府收入，或者用图中的各块面积来取代上式中的概念，得：

$$(a+b+c+d)-a-(c+e)=b+d-e$$

也就是说，有两个用“三角”面积衡量的损失，一个用“矩形”面积衡量的有抵销作用的收益。我们可以用以下方法来有效地概括上述收益与损失：损失三角表示由于关税扭曲了消费和生产激励动因而产生的效率损失，而矩形则代表由于关税降低了外国出口价格而产生的贸易条件改善所得。

收益的大小取决于征收关税的国家迫使外国出口价格下降的能力。如果该国不能影响世界价格（小国情形），代表贸易条件改善所得的面积 e 就会减少直至完全消失。很显然，在这种情况下，征收关税会减少社会福利。关税提高了进口商品的价格，诱使生产者和消费者根据比实际价格要高的进口商品价格来从事生产和消费，从而扭曲了生产者和消费者的行为动因。社会每增加 1 单位消费的成本就是增加 1 单位进口商品的价格。然而由于关税使国内价格高于世界价格，消费者不得不将其消费量减少至边际单位产品产生的福利等于含有关税的国内价格。社会每增加 1 单位产出的价值就是少进口的那单位商品的价格，因而国内生产者会扩大生产直至边际成本等于含有关税的国内价格时为止。因此，该社会尽管可以更加便宜地从外国购买这些商品，但在国内增加了产量。

图 12－15 概括了关税的净福利影响。关税的负面影响由三角形 b 和三角形 d 构成。第一个三角形表示生产扭曲损失，这是由于关税而导致国内过多地生产该种产品造成的；第二个三角形则表示本国的消费扭曲损失，来自因为关税而造成的消费下降。与这两块损失相反的是由矩形 e 表示的贸易条件改善所得，它来自关税造成的外国商品出口价格的下降。但是在小国情形下，关税无法对外国价格产生重要影响，最后的一块面积 e 也就不存在了，从而使关税的成本明显超过其收益。

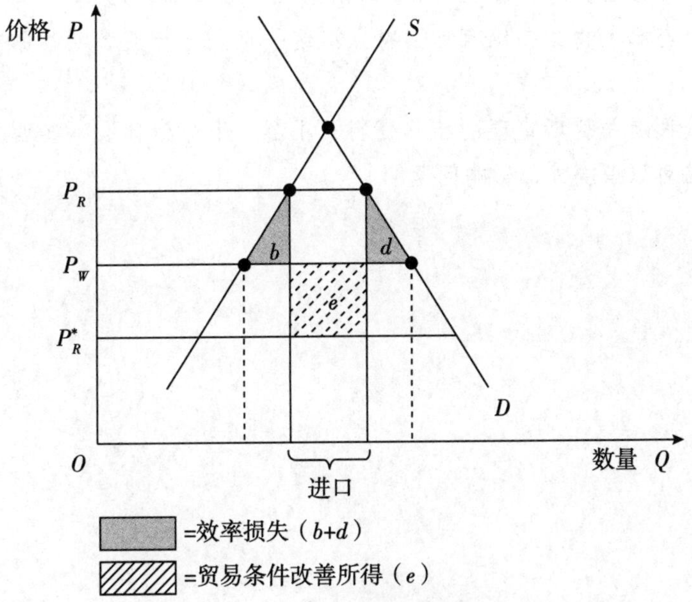

图 12－15　关税的社会福利净影响

两块三角形表示效率损失，而矩形反映的是贸易条件改善所带来的收益。

关于其他的政府政策分析，同学们不妨用同样的方法试试看，这将是非常有意思的事情和锻炼。

本章关键词

市场效率　市场失灵　道德风险　逆向选择　关税

思考题

1. 简述局部均衡和一般均衡的区别。
2. 什么是契约曲线?
3. “为了达到帕累托最优，任何使用两种投入要素的两个厂商，即使生产的产品相同，在该两个要素间的边际技术替代率也必须相等。”这个说法正确吗?为什么?
4. 什么是帕累托最优状态?实现帕累托最优状态需要满足的必要条件是什么?
5. 整个市场处于一个全面均衡的状态。如果某种原因使得商品 X 的市场供给减少，则:
   a）在 X 商品市场，其替代品市场和互补品市场会有什么变化?
   b）在生产要素市场会有什么变化?
   c）收入的分配会有什么变化?
6. 请举例说明信息不对称会破坏市场的有效性而导致市场失灵。
7. 公共物品与私人物品相比有什么特点?这一特点怎样使公共物品在生产市场上是失灵的?
8. 请自行查阅有关科斯定理的相关资料，了解一下：为什么一些西方学者认为规定产权办法可以解决外部影响问题?

参考文献

[1] 哈尔·R. 范里安. 微观经济学观点 [M]. 上海：格致出版社，上海三联书店，上海人民出版社，2011.

[2] N. 格里高利·曼昆. 微观经济学原理 [M]. 梁小民，梁砾，译. 北京：北京大学出版社，2012.

[3] 保罗·萨缪尔森，威廉·诺德豪斯. 经济学 [M]. 北京：商务印书馆，2013.

[4] 罗伯特·S. 平狄克，丹尼尔·L. 鲁宾费尔德. 微观经济学 [M]. 北京：中国人民大学出版社，2013.

[5] 保罗·R. 克鲁格曼，茅瑞斯·奥伯斯法尔德. 国际经济学 [M]. 北京：中国人民大学出版社，2011.

[6] 高鸿业. 西方经济学 [M]. 北京：中国人民大学出版社，2010.

[7] 梁小民. 微观经济学纵横谈 [M]. 北京：生活·读书·新知三联书店，2000.

后　记

现在市面上的经济学著作很多，多数是国外译本，其部头又往往较大，笔者结合自身教学时的一些感悟，按个人认为更适合同学们学习的方式安排了本书的写作顺序，希望能对同学们有所帮助。

本书的最后，笔者想提醒同学们一定要注意——经济学来自生活，依托生活，但由于生活环境、条件等，会随时间不停变化，同样的事件往往不能再次重现，经济学本质属于“伪科学”。然而“伪科学”并不是“假科学”，因为经济学思想实际上又是可以活用于未来生活的，它会指导你怎样生活，用最大的善意去期望最美好的未来。